Alexandra Roth

Das praktische Studiensemester Soziale Arbeit – Verhandlungsraum zwischen Hochschule und beruflicher Praxis

Alexandra Roth

Das praktische Studiensemester Soziale Arbeit – Verhandlungsraum zwischen Hochschule und beruflicher Praxis

Perspektiven anleitender Fachkräfte am Beispiel Gender*Wissen

Die Autorin

Dr. Alexandra Roth ist staatlich anerkannte Dipl. Sozialpädagogin, Dipl. Pädagogin und Coach (DGFC). Sie ist als wissenschaftliche Mitarbeiterin an der Ev. Hochschule Darmstadt mit den Schwerpunkten Professionalitätsentwicklung, Beratung, ko-produktive (Gender*) Wissensbildung und Forschung an der curricularen Schnittstelle von Hochschule und Praxis tätig.

Siegelziffer D30

Diese Arbeit wurde als Dissertationsschrift am Fachbereich Erziehungswissenschaften der Johann Wolfgang Goethe-Universität Frankfurt am Main unter dem Titel angenommen:

Das praktische Studiensemester: Verhandlungen zwischen Hochschule und beruflicher Praxis.
Begleiteten Praxisphasen in der Sozialen Arbeit am Beispiel von Gender*Wissen auf der Spur – eine rekonstruktive Studie mit anleitenden Fachkräften

Das Werk einschließlich aller seiner Teile ist urheberrechtlich geschützt. Jede Verwertung ist ohne Zustimmung des Verlags unzulässig. Das gilt insbesondere für Vervielfältigungen, Übersetzungen, Mikroverfilmungen und die Einspeicherung und Verarbeitung in elektronische Systeme.

Dieses Buch ist erhältlich als:
ISBN 978-3-7799-7873-2 Print
ISBN 978-3-7799-7874-9 E-Book (PDF)
ISBN 978-3-7799-8150-3 E-Book (ePub)

1. Auflage 2024

© 2024 Beltz Juventa
in der Verlagsgruppe Beltz · Weinheim Basel
Werderstraße 10, 69469 Weinheim
Alle Rechte vorbehalten

Herstellung: Ulrike Poppel
Satz: Helmut Rohde, Euskirchen
Druck und Bindung: Beltz Grafische Betriebe, Bad Langensalza
Beltz Grafische Betriebe ist ein klimaneutrales Unternehmen (ID 15985-2104-100)
Printed in Germany

Weitere Informationen zu unseren Autor:innen und Titeln finden Sie unter: www.beltz.de

Inhalt

Vorwort und Danksagung

Ausgangspunkt des Projektes ist mein Professionalisierungsinteresse an der curricularen Schnittstelle von Hochschule und professioneller Praxis im Studium Soziale Arbeit. Zur wissenschaftlichen Auseinandersetzung inspiriert haben mich zahlreiche Gespräche, Erfahrungen und Konflikte, die mir in meiner langjährigen Tätigkeit als Leiterin des Praxisreferates Soziale Arbeit einer hessischen HAW und in meiner Zeit als Vorstandsmitglied der BAG Prax begegnet sind. Seminarerfahrungen mit Studierenden und Veranstaltungen mit anleitenden Fachkräften haben meinen Blick für *begleitete Praxisphasen als Verhandlungsraum* geschärft und zugleich offenbart, dass das Thema Praxisanleitung ein ‚professionalisierungswürdiges Unterfangen' darstellt. All diesen Impulsgeber*innen danke ich sehr und ganz besonders danke ich von Herzen den Kolleg*innen, die sich als anleitende Fachkräfte an der Studie *(Praxis)Anleitung und Gender(Wissen)* beteiligt haben. Es war eine große Herausforderung das Projekt ‚unter berufstätigen Bedingungen' auf den Weg zu bringen und abzuschließen. Mein herzlichster Dank gilt daher meinen beiden Doktormüttern. Prof. Dr. Barbara Friebertshäuser, die mir von Anfang an die Bedeutsamkeit meines Forschungsanliegens gespiegelt hat und mit Ermutigungen, fachlicher Expertise, wertvollen Anregungen und kritischem Blick den Prozess mit allen Höhen und Tiefen begleitet hat. Prof. Dr. Elke Schimpf, die mit zugewandter Unterstützung, fachlicher Expertise, dem Ermöglichungsrahmen der Studie und fruchtbaren Diskussionen sowie stetigem Interesse den Promotionsprozess von Anfang an begleitet hat. Darüber hinaus waren für mich Netzwerke, wie das gFFZ, und Beziehungen unterstützend und förderlich. Ich danke den Mitgliedern des Doktorand*innenkolloquiums, unsere Sitzungen waren ein kontinuierlicher Anker und Raum der Inspiration und der konstruktiv kritischen Diskussion. Auch meinem Team und einzelnen Kolleg*innen, besonders Leonie Hammerla, bin für ihre Unterstützung dankbar. Ein großes Dankeschön gilt der BAG Prax, als für mich bedeutsamen Ort der Auseinandersetzung und des gemeinsamen Ringens um Fachlichkeit. Martina Kriener und Sonja Burkard danke ich ganz herzlich für die intensiven Diskussionen, ihre Unterstützung und Verbundenheit. Byrte Mayland bin ich zutiefst für die langjährige freundschaftliche Begleitung und ihre Unterstützung dankbar. Und mein allertiefster Dank und Respekt gilt Dir, Micha Heethoff. Du hast auf allen Ebenen zur Ermöglichung beigetragen. Meinen Eltern, meiner Familie und meinen Freund*innen danke ich für ihre Begleitung und Unterstützung auf unterschiedlichen Ebenen. Und ganz besonders für den Endspurt: Tack så mycket Byrte, Katja, Martina och Micha.

Alex Roth

1 Das praktische Studiensemester als Verhandlungsraum – eine Einführung

„Praktika sind ein wichtiger Ausgangspunkt für professionelle Entwicklungsprozesse" (Kittl-Satran/Reicher 2018, S. 113) im Studium der Sozialen Arbeit. Sie werden teilweise oder nahezu vollständig im Berufsfeld absolviert und sind Bestandteil aller grundständigen Curricula. Auf dieser curricularen Ebene sind Hochschulen und berufliche Praxis[1] in grundständigen Studiengängen Soziale Arbeit miteinander verknüpft. Diese Verknüpfung wird in Modulen mit studienintegrierten Pflichtpraktika, wie dem praktischen Studiensemester, besonders deutlich. Dabei sichert diese Verknüpfung einen notwendigen und bedeutsamen Erfahrungsraum für Professionalitätsentwicklung – angeleitet durch Fachkräfte ‚vor Ort'. Zugleich beinhalten praktische Studiensemester Herausforderungen und Spannungsfelder, da Hochschulen und berufliche Praxis mit ihren je spezifischen Vermittlungsaufträgen, -möglichkeiten und Lernarrangements nicht ohne weiteres wechselseitig anschlussfähig sind. Hier setzt die vorliegende Arbeit an. Im Kontext *begleiteter Praxisphasen* im Studium Soziale Arbeit geht es um die Perspektive anleitender Fachkräfte auf Professionalisierung und Professionalitätsentwicklung und die Frage, wie darüber das Verhältnis von Hochschule und Praxis verhandelt wird. Obwohl anleitende Fachkräfte innerhalb der Trias (Hochschule, Studierende, Praxis) am Lern- und Bildungsort berufliche Praxis die Begleitung und Anleitung von Studierenden übernehmen, sind sie empirisch betrachtet vor dem Hintergrund modularisierter Studiengänge in Deutschland kaum im Blick. Mit dem Ziel, hier einen Beitrag zu leisten, wurde einer praxeologischen Perspektive folgend mittels Gruppendiskussionen mit anleitenden Fachkräften am Beispiel von *Praxisanleitung und Gender*Wissen* empirisches Material generiert und mit der dokumentarischen Methode ausgewertet. Die Kategorie Gender – verstanden als inter- und transdisziplinäre Kategorie in intersektionaler Perspektive – zeigt sich dabei als besonders geeignet, um die Komplexität und Vielschichtigkeit des Forschungsgegenstandes empirisch fassbar zu machen.

Bereits im Blick der unterschiedlichen Erwartungen und Perspektiven innerhalb der Trias zeichnet sich die Komplexität der strukturellen Verknüpfung von Hochschulen und beruflicher Praxis ab. Davon ausgehend, dass

1 Die Begriffe „berufliche Praxis", „professionalisierte Praxis" und „professionelle Praxis" werden in der vorliegenden Arbeit von der Autorin synonym verwendet und als ‚Handlungspraxis der Sozialen Arbeit' verstanden.

Praxiserfahrungen im Studium für die Entwicklung von Professionalität bedeutsam sind, eröffnen sich mit dem praktischen Studiensemester für Studierende besondere Erfahrungs- und Lernmöglichkeiten zum Erwerb professioneller Kompetenzen, zur Herausbildung einer professionellen Identität und eines professionellen Habitus (vgl. Kittl-Satran/Reicher 2018; Harmsen 2014, S. 91; Becker-Lenz/Müller-Hermann 2014, S. 239; Harmsen 2012).[2] Praktikumszeiten werden von Studierenden vielfach positiv geschildert (vgl. Nierobisch 2010, S. 123) und Praktika werden u. a. als „gate opener" für den Berufseinstieg gesehen (vgl. Egloff 2022; 2014; Kerst/Wolter 202; Sarcletti 2007). Diese werden – im Gegensatz zum Studienalltag an der Hochschule – als abwechslungsreich erlebt und vermitteln „ein Gefühl potentieller Erwerbstätigkeit" (vgl. Nierobisch 2010, S. 123) oder anders fokussiert: „Sinnlich erfahrbare Praxisbezüge werden von den Studierenden intuitiv als identitärer Kern des Studiums begriffen und eingefordert" (Harmsen 2014, S. 63).[3] Zugleich steht an Hochschulen im Kontext der Begleitung von Praxisphasen ‚theoriegeleitete Analyse und Reflexion' im Mittelpunkt und Lehrende praxisbegleitender Veranstaltungen fordern eine Distanzierung und Bereitschaft zu kritischer Auseinandersetzung mit ‚vorgefundener Praxis' von Studierenden ein (vgl. Roth/Kriener/Burkard 2021, S. 25). Im Berufsfeld wiederum wird vielfach auf handlungsfeldspezifische Kompetenzen (auf Berufsorientierung) fokussiert und ein ‚Fehlen' als mangelnder Praxisbezug des Studiums bewertet – daran hat auch die Bologna-Reform und die damit verbundene Modularisierung der Studiengänge nichts Grundlegendes verändert (vgl. Roth/Kriener/Burkard 2021, S. 24 ff.).[4] So zeigt sich, dass Vertreter*innen der Hochschul(aus)bildung und Vertreter*innen der beruflichen Praxis „oftmals Unterschiedliches unter – der gerade durch die Bologna-Reform neu thematisierten – Berufsorientierung" (Kruse 2017, S. 189) verstehen. Mit „vermeintlichen Handlungskompetenzdefiziten des Studiums" (Harmsen 2014, S. 11) wird implizit von Vertreter*innen der professionellen Praxis „Professionalisierung" mit „Praxisbezug" gleichgesetzt. Eine

2 Nach Oevermann wird die professionelle Habitusbildung u. a. durch „Einführung und Einübung in eine Handlungs- und Kunstlehre" (Oevermann 1996, S. 125) in Form eines „kollegialen Noviziats" (Oevermann 2000, S. 75) im Rahmen der Ausbildung angeregt.

3 Widulle beschreibt die Funktion von Praktika mit Bezug auf Schrapper et al. (2000) wie folgt: „Das Praktikum oder die studienbegleitende Praxisausbildung erfüllt für das Studium drei grundlegende Funktionen. Sie vermitteln eine erfahrungsnahe Vorstellung von dem, worüber in Pädagogik und sozialer Arbeit nachgedacht wird (Orientierungsfunktion), sie integrieren Bausteine aus dem Studium (Integrationsfunktion) und sie ermöglichen den Erwerb von Professionswissen und Handlungskompetenz in spezifischen Anforderungskonstellationen der Praxis (Kompetenzerwerbsfunktion)" (Widulle 2009, S. 163).

4 In ‚Zeiten von Bologna' stehen Kompetenzerwerb und berufliche Qualifizierung im Vordergrund des Studiums (vgl. Hochschulrektorenkonferenz 2012), was sich in Deutschland u. a. mit der Forderung nach „Berufsfähigkeit" der Absolvent*innen dokumentiert (vgl. u. a. Lenzen 2014). Denn „die Ausrichtung auf den ersten Studienabschnitt, auf die Berufsorientierung – das war für die Praxis relevant" (Böwer/Wendt/Klein 2023, S. 8).

„Verkürzung, die sowohl professionstheoretisch wie auch hochschuldidaktisch nicht haltbar ist" (ebd.). Von „Praxis" wird gerne direkt anwendbares Handlungswissen eingefordert, während der Fokus der Hochschulen auf „von der direkten Praxisverwertung losgelöstem Lernen" liegt (Kruse 2017, S. 189).

Dieses vom Handlungsdruck entlastete Lernen soll „zu einer Qualifizierung jenseits einfacher Anpassungsqualifizierungen" (ebd.) beitragen. Studierende sollen damit „zur Weiterentwicklung von Praxis und zu Handlungsmöglichkeiten jenseits von Techniken und dem Bestehen von Standardsituationen" (ebd.) befähigt werden. Anders formuliert: Hochschulen führen Studierende in die Logik des wissenschaftlichen Diskurses ein (vgl. Becker-Lenz/Müller-Hermann 2014, S. 243). Sie ermöglichen über wissenschaftliche Auseinandersetzung den Erwerb einer „Beobachtungs- und Beurteilungskompetenz sowie diagnostische[r] Fähigkeiten" (Dewe 2012, S. 115) und öffnen damit den Blick auf sozialarbeiterisch/sozialpädagogisch relevante Situationen und Verhältnisse, ohne dabei dem Handlungsdruck der professionellen Praxis zu unterliegen (vgl. Roth/Kriener/Burkard 2021, S. 23). Die Funktion wissenschaftlichen Wissens kann dabei Bezugsrahmen, Deutungsgrundlage, Erklärungsfolie und Reflexionsdimension sein, um begründet handeln zu können (vgl. Helsper 2016, S. 54 ff.).[5] Dagegen sind in der professionalisierten Praxis vor allem Handeln, Beziehungsgestaltung und die institutionelle Grammatik der Organisation (vgl. Merten 2014, S. 25) im Fokus. Zudem hat „Praxis […] gegenüber der Hochschule den Vorteil, dass sie nicht ‚künstlich' Fälle als Bearbeitungs- und Reflexionsstoff suchen und lerntheoretisch aufarbeiten muss, sie bietet in der Regel eine Fülle von echten Lernfeldern und Lernsituationen direkt vor Ort" (Roth/Müller Fritschi 2014, S. 64).[6] Unter Handlungsdruck vollzieht sich dort „Denken und Handeln […] gleichzeitig" (Kunz/Stämpfli/Tov 2014, S. 178). Vor diesem Hintergrund kann davon ausgegangen werden, „dass Studierende an bestimmten [Lern- und Bildungs-]Orten mit Kritik oder Anforderungen konfrontiert sind, die sich an anderen [Lern- und Bildungs-]Orten gar nicht in dieser Weise stellen würden" (Becker-Lenz/Müller-Hermann 2014, S. 242). Zugespitzt lässt sich dies wie folgt formulieren: „Zuviel Reflexion [stört] beim Handeln, Handlungsdruck [stört] bei der Reflexion" (Göppner 2017, S. 290). In diesem Spannungsfeld ist das praktische Studiensemester, welches im Folgenden auch als *begleitete Praxisphase* im Studium Soziale Arbeit bezeichnet wird, verortet (vgl. Kriener et al. 2021).

---

5 „Das entscheidende Instrument praktischen Handelns [liegt] genau genommen nicht in der Theorie, sondern in der Person des Handelnden selbst" (May/Schäfer 2018, S. 17), die eigene Wissens- und Könnensbestände reflexiv aufeinander beziehen muss (vgl. Müller 2012, S. 964).

6 Im Gegensatz zu Rollenspielen und Simulationen im Seminarkontext finden Praktika unter „realen Bedingungen statt" (Egloff 2022, S. 211).

Problemaufriss

Die Frage nach wechselseitigen Anschlussmöglichkeiten öffnet den Blick für einen ausstehenden Diskurs zwischen den beiden Relevanzsystemen Hochschule und berufliche Praxis im Kontext *begleiteter Praxisphasen*. Welche Vorstellungen von Praxis als Lern- und Bildungsort liegen dem jeweiligen Curriculum zugrunde? Wie lassen sich diese mit denen der ‚Praxis vor Ort' verknüpfen, auf die Studierende im Rahmen ihrer studienintegrierten Pflichtpraktika stoßen? Bislang wird diesen Fragen – curricular betrachtet – mit Hierarchisierung begegnet. In Modulbeschreibungen, Studien-, Prüfungs- bzw. Praktikumsordnungen wird berufliche Praxis aus Hochschulperspektive beschrieben und mit Lernzielen hinterlegt, während die Perspektive ‚der Praxis' als Lern- und Bildungsort im Studium in grundständigen generalistischen Studiengängen Soziale Arbeit an Hochschulen in Deutschland bislang kaum erforscht ist (siehe dazu Kapitel 2.3). Auch ist weitgehend unklar wie Studierende Lerninhalte des Studiums rezipieren und welches Wissen Studierende in Praxissituationen nutzen (vgl. Harrer-Amersdorffer/Auner 2022, S. 364). Dies spiegelt sich auch auf der Ebene der Fachkräfte, die Studierende im Rahmen der Praktika in der beruflichen Praxis der Sozialen Arbeit begleiten und anleiten, wider: Zum einen wird das Thema ‚Praxisanleitung' in der Sozialen Arbeit in Leitfäden, Konzepten und Fachbeiträgen aus Hochschulperspektive (u. a. im Sinne eines Anforderungsprofils) beschrieben und deren Bedeutung unterstrichen. Zum anderen stellt die Perspektive der Fachkräfte und deren handlungsleitende Orientierungen – empirisch betrachtet – ein Desiderat dar (vgl. Scheer 2023). Hier ist es an der Zeit, den „Ethnozentrismus der Gelehrten" (Bourdieu 1993b, S. 370)[7] im Kontext von Professionalitätsentwicklung und Pflichtpraktika im Studium empirisch sichtbar zu machen, zu irritieren und vielleicht auch ein Stück weit zu überwinden. „Denn wenn sich Sozialwissenschaftler*innen mit Professionalisierung auseinandersetzen, besteht die Gefahr, die *Logik der Theorie*, wie sie ihrer eigenen wissenschaftlichen Expertise inhärent ist, in die Praxis hinein zu projizieren und damit deren *eigentümliche Logik* zu verkennen" (Bohnsack 2020, S. 7).

Bezogen auf die Konstruktionsprinzipien gelingender Professionalität im Studium Soziale Arbeit konstatiert Harmsen mit Blick auf Praxisbezüge: „Professionalität wird nicht vermittelt, sondern Studierenden werden Gelegenheiten geboten, erste professionelle Erfahrungen zu machen" (Harmsen 2012, S. 130). Der Aspekt der professionellen Erfahrung – verstanden als reflektiertes Erleben – unterstreicht die Relevanz curricular verorteter und begleiteter Langzeitpraxisphasen in grundständigen generalistischen Bachelorstudiengängen Soziale Arbeit. „Sie sind ein bedeutsamer Erfahrungsraum für sozialarbeiterisches Handeln und

7 Der „Ethnozentrismus der Gelehrten" besteht darin, all das zu ignorieren, was den spezifischen Unterschied zwischen Theorie und Praxis ausmacht (vgl. Bourdieu 1993b, S. 370).

bieten gleichsam ein intensives Reflexions- und Bearbeitungspotential" (Debiel et al. 2020, S. 16).[8] Denn in praxisbezogenen Modulen werden Relationierungserfordernisse in Bezug auf eigene Wissens- und Könnensbestände für Studierende besonders deutlich. Und gleichzeitig wird auch hier deutlich, dass diese Module mit ihrer spezifischen Organisationsform Herausforderungen für alle an Praxisphasen Beteiligten darstellen (vgl. Roth et al. 2021, S. 12). Das Spannungsfeld unterschiedlicher Erwartungen und Rahmungen (vgl. Roth/Kriener/Burkard 2021, S. 25) lässt „eine gelingende Bewältigung unterschiedlicher Ziele, Erwartungen und (Selbst)Ansprüche an Praxisphasen im Studium stellenweise wie eine ‚Quadratur des Kreises' (Schubarth et al. 2012b: 10)" (zit. nach ebd.) erscheinen.

Obwohl im Fachdiskurs der Sozialen Arbeit weitgehende Einigkeit darüber besteht, dass Fachlichkeit ein akademisches Studium mit Qualifizierungsanteilen am Lern- und Bildungsort professionelle Praxis voraussetzt (vgl. Müller-Hermann/Becker-Lenz 2018, S. 689; Harmsen 2014),[9] ist die curriculare Verschränkung der beiden Lern- und Bildungsorte Hochschule und beruflicher Praxis – empirisch gesehen – in Deutschland nur wenig im Blick.[10] Dies erstaunt umso mehr, wird doch in aktuellen Diskussionen beispielsweise zu dualen und trägernahen Studiermöglichkeiten in der Sozialen Arbeit um Wissenschaftlichkeit, Professionalisierung, Reflexivität und Qualitätsstandards gerungen (vgl. Böwer et al. 2023; DGSA 2019; Otto 2018; Autorengruppe Bildungsberichterstattung 2016). Oder in Entwürfen zum Beispiel zu reflexiver Professionalität in der Sozialen Arbeit erkannt, dass es auch um die Relationierungsnotwendigkeiten der jeweiligen Rationalitäten beider Relevanzsysteme geht. Dies weist zugleich auf eine Absage an Transfer- und Anwendungsdiskurse als vermeintlichem Rationalitätsgefälle hin (vgl. Kösel/Unger/Hering/Haupt 2022, S. 14; Dewe 2012). So lässt sich u. a. fragen, was Hochschulen im Zusammenhang mit der Entwicklung ihrer Studienprogramme von professionalisierter Praxis als Lern- und Bildungsort wissen oder gar wissen wollen und wie in den Prozess der Entwicklung von Studienprogrammen an Hochschulen für angewandte Wissenschaften sowie

8 Auch in weiteren Studiengängen, wie z. B. in erziehungswissenschaftlichen Studiengängen, werden Praktika, die über einen längeren Zeitraum absolviert werden, „Potentiale für eine reflektierende Profilbildung im Studium und eine ‚individuelle Professionalisierung' (vgl. Männle, 2018)" (zit. n. Egloff 2022, S. 210) zugeschrieben.

9 Bereits Alice Salomon verwies auf das besondere Merkmal sozialer Bildungsanstalten „[…], daß sie *sowohl Wissen lehren wie Handeln anleiten sollen*" (Salomon 1917, S. 265).

10 Mit einer im Zuge des Bologna-Prozesses thematisierten Qualitätsentwicklung von Studiengängen kommen Praxisphasen zwar stärker in den Fokus (vgl. u. a. Schubarth/Speck/Ulbricht 2016; Schubarth et al. 2012), dies spiegelt sich jedoch nicht in Forschungen der Sozialen Arbeit wider. Und das obwohl Hochschulen und berufliche Praxis der Sozialen Arbeit doch vor dem Hintergrund einer gemeinsamen – über die jeweiligen Sozialberufeanerkennungsgesetze (SozAnerkG) der Bundesländer bestehende – Qualifizierungsverantwortung (vgl. Ross 2021, o. S.) miteinander über die curriculare Ebene hinaus verbunden sind.

in Akkreditierungsverfahren auch empirisch fundierte Erkenntnisse und Perspektiven des Berufsfeldes einfließen könn(t)en (vgl. Weber et al. 2023). Dies ist bedeutsam, um der Notwendigkeit nachgehen zu können, beide Lern- und Bildungsorte im Studium – auch didaktisch – fundiert aufeinander beziehen zu können (vgl. Kriener et al. 2021; Debiel et al. 2020; Freis 2019; Kösel 2017; Becker-Lenz/Müller-Hermann 2014). Nicht zuletzt ist dies auch vor dem Hintergrund wichtig, dass – anders als zum Beispiel in der Medizin – das ‚Berufsfeld' der Sozialen Arbeit nicht zur Ausbildung des eigenen Nachwuchses verpflichtet ist und Hochschulen zur Durchführung ihrer grundständigen generalistischen Studienprogramme auf die Kooperation mit Praxisstellen angewiesen sind. Mit den voranstehenden Ausführungen ist die Problematik fehlender Forschung deutlich geworden. Wie kann diese Gemengelage nun konkret empirisch in den Blick genommen werden?

Zum Ausgangspunkt der Studie mit anleitenden Fachkräften

Den nachstehenden Ausführungen liegt die Annahme zugrunde, dass die Genese von Professionalität und Professionalitätsentwicklung im Studium Soziale Arbeit im Zusammenhang mit curricularen Leitvorstellungen und Studienanteilen sowie Lernarrangements an unterschiedlichen ‚Professionalisierungsorten' steht.[11] „Die qualitativen Studien von Ebert (2011; 2012) zur professionellen Habitusbildung sowie Harmsen (2004; 2014) zur professionellen Identitätskonstruktion der Sozialen Arbeit bestätigen grundsätzlich die These, dass praxisintegrierende Elemente im Studium zur Professionalisierung der Studierenden beitragen" (Harmsen 2020, S. 198 f.).[12] Daher bilden praktische Studiensemester als studienintegrierte begleitete Langzeitpraxisphasen den Ausgangspunkt der vorliegenden Arbeit. Diese sind in praxisbezogenen Modulen verortet, gehören zu den Pflichtpraktika im Studium, werden zu einem großen Teil in der professionalisierten Praxis absolviert und als *begleitete Praxisphasen* bezeichnet (vgl. Kriener et al. 2021). Sie sind modularisiert und werden in der beruflichen Praxis studiert und angeleitet und von Hochschulen mit Lehrveranstaltungen begleitet. In Verbindung mit allen anderen Studienanteilen sollen sie u. a. zur Befähigung für professionelles Handeln in der Sozialen Arbeit beitragen, so *„dass der Studiengang in Verbindung mit der Praxisphase eine vertiefte Eignung und Befähigung zu eigenverantwortlicher Arbeit im Bereich der sozialen Arbeit und der Sozialverwaltung vermittelt"* (SozAnerkG HE 2010). Sie sind landesrechtlichen Regelungen zur staatlichen

11 Mit curricularen Leitvorstellungen verbunden sind implizit Konzepte der „Figuren der Relationierung von Wissen und Können" (Neuweg 2014, S. 601 ff.), die Kösel (2014) als „Theorie-Praxis-Figuren" für die Soziale Arbeit ausformuliert hat.

12 Zugleich ist die Frage „Welches Wissen nutzen Studierende [der Sozialen Arbeit] tatsächlich in Praxissituationen?" (Harrer-Amersdorffer/Auner 2022, S. 364) kaum erforscht.

Ankerkennung unterworfen.[13] Bei dieser curricular verorteten ‚Praxistätigkeit' von Studierenden in einer von der Hochschule *anerkannten Praxisstelle*[14] unter *qualifizierter Praxisanleitung*[15] wird ein Teil der Qualifizierungsverantwortung an die jeweilige Praxisstelle delegiert.[16] Die curriculare Gesamtverantwortung verbleibt bei der jeweiligen Hochschule – *begleitete Praxisphasen* sind formal, organisatorisch, konzeptionell und inhaltlich der Hochschule zugeordnet. Diese „stellt Kooperationsbezüge sicher, in deren Rahmen inhaltliche und didaktische Ansätze und Verfahren in der Umsetzung und Begleitung von Praxisphasen abgestimmt, qualifiziert und gesichert werden können" (Roth/Kriener/Burkard 2021, S. 27).

Mit dem Ausgangspunkt der begleiteten Langzeitpraxisphasen wird auf beide Lern- und Bildungsorte fokussiert, wurde doch die berufliche Praxis hier bislang vernachlässigt (Roth/Burkard/Kriener 2023, S. 35 f.)[17]. Mit dem Forschungsgegenstand *praktische Studiensemester als Verhandlungsraum zwischen Hochschule und beruflicher Praxis* sollen in der vorliegenden Arbeit zwei unterschiedliche Wissens- und Relevanzsysteme mit ihren je eigenen Rationalitäten – Hochschule und professionalisierte Praxis – in den Blick kommen. Ziel ist es zunächst im Kontext modularisierter Praxisphasen die Logiken, Unterschiedlichkeiten, Widersprüche sowie Anschlussstellen und Gemeinsamkeiten der Herausforderungen von Hochschule und beruflicher Praxis aufzuzeigen und Spannungsverhältnisse sowie inkorporierte Verhandlungen zwischen beiden Relevanzsystemen im Kontext *begleiteter Praxisphasen* zu rekonstruieren und Macht- und Konfliktverhältnisse sichtbar zu machen. Vor dem Hintergrund der Denkwerkzeuge Bourdieus und im Anschluss an eine praxeologische Perspektive verortet sich die Arbeit als

13 Vgl. dazu beispielhaft § 2 des Hessischen Gesetzes über die staatliche Anerkennung von Sozialarbeiterinnen und -arbeitern, Sozialpädagoginnen und -pädagogen, Heilpädagoginnen und -pädagogen sowie Kindheitspädagoginnen und -pädagogen vom 21. Dezember 2010 zuletzt geändert durch Artikel 5 des Gesetzes von 14. Dezember 2021 (GVBl. S. 931, 985).

14 Praxisstellen werden auf Grundlage der landesrechtlichen Sozialberufeanerkennungsgesetze und ggf. der jeweiligen Studien-, Prüfungs- bzw. Praktikumsordnungen von Hochschulen (in einzelnen Bundesländern von Behörden) anerkannt, wenn sie als Lern- und Bildungsort im Studium Soziale Arbeit fachlich geeignet sind.

15 In dieser Arbeit werden Fachkräfte im Berufsfeld der Sozialen Arbeit, die i. d. R. Berufsrollenträger*innen sind (staatlich anerkannte* Sozialarbeiter*innen/Sozialpädagog*innen) und über mehrjähriger Berufserfahrung verfügen als anleitende Fachkräfte bezeichnet, wenn sie die Begleitung der Studierenden in der jeweiligen Praxisphase ‚vor Ort' übernehmen.

16 Dem liegt die Annahme zugrunde, „dass in der Praxisausbildung [in *begleiteten Praxisphasen*] etwas geschieht, was an der Hochschule nicht passiert und auch nicht simuliert werden kann" (Engler 2022, S. 5).

17 Qualifikationsrahmen und Kerncurriculum bilden ab, was Sozialarbeiter*innen/Sozialpädagog*innen wissen und können sollen, setzen den Auftrag Sozialer Arbeit in einen gesellschaftlichen Rahmen und legen Gütekriterien, wie z. B. ethische Fundierung fest.

rekonstruktive Studie mit anleitenden Fachkräften im Bereich der Hochschul-, Fachkultur-, Professions- und Genderforschung.

Damit stehen anleitende Fachkräfte im Fokus des Forschungsinteresses. Schließlich wird Soziale Arbeit in einer strukturellen Kopplung der beiden Lern- und Bildungsorte studiert (vgl. Kösel 2014, S. 247 f.) und anleitende Fachkräfte werden sowohl von Hochschulseite als auch von den beteiligten Praxisorganisationen mit besonderer Bedeutung und Funktion adressiert. Wenngleich Untersuchungen mit Absolvent*innen darauf hinweisen, dass vor allem professionalisierte Praxis als sozialisatorische Instanz für die berufliche Identitätsbildung bedeutsam ist (vgl. Bondarowicz-Kaesling/Polutta 2017; Ackermann 2000; Grunert 1999) und auch Berufsanfänger*innen in ihren ersten Berufsjahren ihre im Studium erworbenen Vorstellungen und Haltungen zunehmend an die vorherrschenden Einstellungen der Kolleg*innen in der professionellen Praxis angleichen,[18] sind anleitende Fachkräfte im Berufsfeld bislang kaum Gegenstand von (Hochschul-)Forschung in Deutschland.[19] Das korrespondiert nicht mit der Relevanz, die ihnen beispielsweise für die Bildung eines professionellen Habitus zugesprochen wird (vgl. dazu u. a. Busse/Ehlert 2009) und mit ihrer ‚Schlüsselrolle' bei der Relationierung differenter Wissensbestände im Kontext professionellen Handelns (vgl. Kunz 2015). „MentorInnen [anleitende Fachkräfte] kommt in den Praxiseinrichtungen eine wichtige Rolle zu, wobei deren zentrale Rolle in diesem Kontext eher kaum systematisch erforscht ist" (Kittl-Satran/Reicher 2018, S. 124).[20] Ihre aus der Verknüpfung der Lern- und Bildungsorte resultierende ‚institutionalisierte Rolle' als Praxisanleitung, ihre Perspektiven auf Studierende als sogenannte ‚Praktikant*innen', ihre Vorstellungen zu Professionalität und Professionalitätsentwicklung im Kontext *begleiteter Praxisphasen* und der darin eingelagerten Verhältnisbestimmung von Hochschule und professionalisierter Praxis im Studium Soziale Arbeit sowie damit korrelierende Relationierungsfragen und -herausforderungen im Sinne einer ko-produktiven Wissensbildung

18 „Der kollegiale und fachliche Austausch und der tägliche Umgang mit sozialen Problemen wird zur zentralen prägenden Instanz für die Herausbildung von Fachlichkeit und Professionalität" (Seeck/Ackermann 2000, S. 11). Siehe dazu auch Ebert (2012) sowie Kraler (2008) und Moch/Bense/Meyer (2013).

19 Für den deutschsprachigen Raum sei hier auf die beiden Dissertationsstudien in der Schweiz „Handlungsorientierungen von Praxisausbildenden [anleitenden Fachkräften] der Sozialen Arbeit" von Goldoni (2023) und „Kompetenzerwerb in Praxisorganisationen" von Engler (2022) hingewiesen, die vielfältige Anknüpfungspunkte auch für Studiengänge in Deutschland bieten.

20 Praxisphasen in Deutschland sind bislang kaum Gegenstand systematischer Forschung (vgl. Stauder 2017).

stellen weitgehende Leerstellen der bisherigen Professionalisierungsforschung dar.[21] Somit bleiben die Orientierungen der anleitenden Fachkräfte und ihr Blick auf praktische Studiensemester verdeckt,[22] obwohl anleitenden Fachkräfte von Hochschulseite mit einer vermittelnden Funktion adressiert werden und Hochschulen erwarten „dass die Praxisanleitung von einer in hohem Maße selbstreflexiven, sensiblen, theoretisch und methodisch kompetenten Fachkraft durchgeführt wird“ (Markert 2020, S. 280).[23] Interessant ist an dieser Stelle auch, dass einige qualitative Forschungen zu Studienverläufen in der Sozialen Arbeit gezeigt haben (vgl. u. a. Becker-Lenz/Müller-Hermann 2012a; Schweppe 2006), dass Wissensbestände im Studium biografisch überformt werden und biografische Krisen vor allem auch während der Praktika zu bedeutsamen Auslösern für Bildungsprozesse führen (können).[24] Ein weitgehender Konsens besteht dahingehend, „dass zwischen Professionalität und der Biographie der Professionellen ein Zusammenhang besteht. Personenbezogene Tätigkeiten wie die der Sozialen Arbeit sind nicht unabhängig von der Biographie der Professionellen denkbar. Entsprechend bezeichnet z. B. Nagel (2000) Professionalität als ‚biographisches Projekt‘.“ (zit. nach Grasshoff/Schweppe 2009, S. 308).[25] Deutlich wird, dass anleitenden Fachkräfte eine bedeutende Funktion in Bezug auf Professionalitätsentwicklung zukommt, auch wenn dies nicht unbedingt mit den adressierten Erwartungen übereinstimmt. Als Fachkräfte, die im Rahmen der strukturellen Verknüpfung der beiden Lern- und Bildungsorte eine ‚vermittelnde‘ Rolle einnehmen, sind ihre Perspektiven und Handlungsorientierungen besonders relevant, wenn es um Forschungsfragen zu *begleiteten Praxisphasen* geht. Zugleich ist angesichts

21 Bezüglich der Wissensproduktionen in der Sozialen Arbeit wird für eine dialogische Wissenstransformation plädiert. In Forschungen hat sich gezeigt, dass theoretisches Wissen häufig als ‚höherwertig‘ angesehen wird bzw. in der beruflichen Praxis biographische und lebensweltliche Bezüge im Gegensatz zu theoretischem oder wissenschaftlich-empirischem Wissen von zentraler Bedeutung sind (vgl. u. a. Sehmer et al. 2020; Thole 2018).

22 Bereits Müller (Müller 2003) stellte in ihrer Diplomarbeitsstudie *„Anleitung im praktischen Studiensemester. Ein Kernstück im Studium der Sozialen Arbeit“* verwundert fest, „dass die Anleitung im praktischen Studiensemester, von der ein Großteil der Zufriedenheit und des Erfolgs des Praktikums abhängt, anscheinend so wenig Beachtung und Aufmerksamkeit erfährt. Dies zeigt sich vor allem am Mangel an Literatur und Untersuchungen“ (ebd., S. 5 f.).

23 Erwartungen, die hochschulseitig an anleitende Fachkräfte gerichtet werden geben zugleich Einblicke in curricularen Leitvorstellungen zum Verhältnis der beiden Lern- und Bildungsorte, dies wird beispielweise in Leitfäden o. ä. zum jeweiligen Curriculum der einzelnen Hochschulen deutlich.

24 Bonß und Hartmann beschreiben schon 1985, dass „wissenschaftliches Wissen nicht per se beanspruchen kann, handlungsrelevant zu sein“ (Sehmer et al. 2020b, S. 2).

25 Die Bedeutsamkeit biografischer Aspekte bei anleitenden Fachkräften findet sich auch bei Goldoni wieder (vgl. Goldoni 2023).

der Heterogenität der Praxisstellen[26] sowie der ohnehin ambivalenten Beziehung zwischen Hochschulen bzw. Hochschulvertreter*innen und Praxisorganisationen bzw. Praxisvertreter*innen (vgl. Engler 2022; Engelke/Spatscheck/Borrmann 2016) die Frage zu stellen, wie der Verhandlungsraum zwischen Hochschule und beruflicher Praxis im Kontext *begleiteter Praxisphasen* empirisch fassbar gemacht werden kann.

Begleiteten Praxisphasen am Beispiel von Gender*Wissen auf der Spur

Anknüpfend an die Bedeutung des Lern- und Bildungsortes berufliche Praxis sowie die Relevanz anleitender Fachkräfte können Verhandlungen zwischen Hochschule und professionalisierter Praxis als Begegnung zweier sozialer Felder im Kontext des praktischen Studiensemesters betrachtet werden. Dies geschieht in der vorliegenden Arbeit exemplarisch entlang des Professionalitätsmerkmals Gender*Wissen[27]. Damit fokussiert die vorliegende Studie mit anleitenden Fachkräften auf die Rekonstruktion kollektiver und handlungsleitender Orientierungen der Fachkräfte, wie sie sich beispielhaft am Thema *Gender in der Praxisanleitung reflektieren* entfaltet. Einer praxeologischen Perspektive folgend wurden Gruppendiskussionen aus dem Forschungsprojekt *„(Praxis)Anleitung und Gender(Wissen): Kollektive Wissensbestände und Positionierungen im Berufsfeld der Sozialen Arbeit“*[28] von der Autorin genutzt und mit der dokumentarischen Methode (vgl. u. a. Bohnsack/Przyborski/Schäffer 2006; Bohnsack 2010b) ausgewertet. So konnte mit der weiteren Auswertung der Gruppendiskussionen die Komplexität und Vielschichtigkeit des Forschungsgegenstandes *praktische Studiensemester als Verhandlungsraum zwischen Hochschule und beruflicher Praxis* empirisch fassbar gemacht werden. Denn schließlich lässt sich nicht einfach danach fragen, was mit dem Verhältnis von Wissenschaft bzw. Hochschule und Praxis in der Praxisanleitung passiert. Denn „Könnerschaft unterliegt einem Explikationsproblem, wonach nicht über alles, was handlungsleitend ist,

---

26 *Begleitete Praxisphasen* in der Sozialen Arbeit werden sowohl national als auch international in heterogenen Praxisstellen (Praxisorganisationen) studiert (vgl. Engler 2022, S. 62).

27 Der Begriff ‚Gender*Wissen‘ wird hier in Anlehnung an Döllings ausformulierten Begriff des Geschlechter-Wissens (vgl. Dölling 2005) gewählt und als Bündelung unterschiedlicher Wissensformen und Ebenen, die ineinandergreifen und deren jeweilige Präsenz von sozialen Feldern und der Positionierung abhängt (vgl. Roth/Schimpf 2020), sowie als inter- und transdisziplinäres Wissen in intersektionaler Perspektive (vgl. Ehlert 2022) verstanden.

28 Das Forschungsprojekt wurde von 2018 bis 2019 unter der Leitung von Prof.[in] Dr.[in] Elke Schimpf an der Ev. Hochschule Darmstadt durchgeführt und vom Hessischen Ministeriums für Wissenschaft und Kunst gefördert. Die Autorin war als wissenschaftliche Mitarbeiterin und Leiterin des Praxisreferates Soziale Arbeit am Projekt beteiligt.

gesprochen werden kann“ (Kösel/Hering/Unger 2022b, S. 316).[29] Zugleich bietet sich Gender*Wissen als Professionalitätsmerkmal für das Forschungsvorhaben in besonderer Weise an, da „Genderwissen [...] nicht nur bewusst im Kopf [existiert]. Es ist im Habitus der Menschen inkorporiert und in Routinen und Verfahrensregeln von Organisationen eingeschrieben (West/Zimmermann 1991; Bourdieu 1997; Acker 1991; Goffman 2001)“ (zit. n. Seemann 2009, S. 95). Mit Blick auf Soziale Arbeit als *„stark vergeschlechtlichte Profession“* (Schimpf/Rose 2020, S. 17), gehört die Kategorie Geschlecht bzw. Gender zu den „Konstitutionsbedingungen der Professionalisierung Sozialer Arbeit“ (Lenz 2003, S. 53). Zudem sind „Disziplinen und Studiengänge, Arbeitsfelder und Professionen [...] geschlechtlich konnotiert“ (Ehlert 2018, S. 203) und Gender ist als Strukturkategorie und Wirkfaktor sozialer Ungleichheit von besonderer Relevanz (vgl. u. a. Bitzan 2021; Ehlert 2020; Brückner 2018). Gender*Wissen kann als relevantes Professionswissen – als Teil eines Professionsverständnisses in der Sozialen Arbeit – verstanden werden (vgl. Ehlert 2020; Bereswill 2016; Bereswill/Ehlert 2012). Und obwohl Soziale Arbeit eine *„stark vergeschlechtlichte Profession“* (Schimpf/Rose 2020, S. 17) ist, was Auswirkungen auf Disziplin und Profession hat (vgl. ebd.),[30] fehlen bislang in der Professionsforschung und den Professionalisierungsdebatten der Sozialer Arbeit „Auseinandersetzungen mit der Vergeschlechtlichung von Berufen und Tätigkeiten und der Bedeutung der Ungleichheitsdimension von Geschlecht“ (vgl. Ehlert 2020, S. 23). Auch eine professionsbezogene Geschlechterforschung in der Sozialen Arbeit, die die wechselseitigen Perspektiven einer professionellen Wissensentwicklung zwischen Wissenschaft und Praxis thematisiert, existiert bislang nicht (vgl. Rose/Schimpf 2020; Ehlert 2020; 2011; 2010).[31]

Im Rahmen der vorliegenden Studie wurden mit der dokumentarischen Methode, die der rekonstruktiven Sozialforschung zuzuordnen ist, die „Relevanzsysteme“ (Bohnsack 2014a, S. 22 ff.) der Fachkräfte sowie implizite, präreflexive und handlungsleitende Wissensbestände (vgl. Bohnsack 2014a; Nohl

29 Für Studierende der *begleiteten Praxisphasen* bedeutet dies zum Beispiel auch, dass sie „‚etwas‘ sehen, was die Praxisausbildenden [anleitenden Fachkräfte] nicht beschreiben können“ (Engler 2022, S. 82).

30 „Disziplinen und Studiengänge, Arbeitsfelder und Professionen sind geschlechtlich konnotiert“ (Ehlert 2018, S. 203).

31 Es fehlt eine empirische Basis, mit der die komplexen Zusammenhängen zwischen Professionalität und Geschlecht sichtbar gemacht und wechselseitige Perspektiven zwischen Wissenschaft und professioneller Praxis im Zusammenhang einer sozialarbeitswissenschaftlichen Geschlechterforschung untersucht und verhandelt werden können – auch in intersektionaler, queertheoretischer und heteronormativitätskritischer Verschränkung.

2012; Przyborski/Wohlrab-Sahr 2009) entsprechend vor dem Hintergrund eines genderreflexiven Professionsverständnisses rekonstruiert.[32]

Nachstehendes Kapitel 1.1 konkretisiert nun den Fokus der Studie und führt den Forschungsgegenstand *praktische Studiensemester als Verhandlungsraum zwischen Hochschule und beruflicher Praxis* sowie die leitenden Forschungsfragen weiter aus und definiert zugleich relevante Begrifflichkeiten der vorliegenden Arbeit. Daran schließt sich Kapitel 1.2 an, indem sich die Logik und der Aufbau der Arbeit anhand kurzer Skizzierungen der einzelnen Kapitel entfaltet sowie Begriffe (praktische Studiensemester als *‚besondere Professionalisierungsorte'*; *‚Gelebte Trias'* von Hochschule, Praxis und Studierenden; Lern- und Bildungsort berufliche Praxis; anleitende Fachkräfte im Berufsfeld) in ihrem Verwendungskontext der vorliegenden Studie zusammengefasst werden.

1.1 Forschungsgegenstand und Forschungsfragen

Im Rahmen *begleiteter Praxisphasen* kommen Studierende ganz unmittelbar in Handlungsfeldern der Sozialen Arbeit mit professionalisierter Praxis in Berührung und begegnen alltäglichen Routinen, Logiken, Wissen und Praktiken, die sich von Diskursen, Logiken und Wissensbeständen der Hochschule unterscheiden und in Spannung dazu geraten (vgl. u.a. Roth 2021). Curricular eingebettete und durch die Hochschule begleitete Praxisphasen am Lern- und Bildungsort professionelle Praxis intendieren in der Regel die Förderung von Handlungskompetenz und beruflicher Identität (vgl. Harmsen 2014), sowie die Entwicklung einer „kritischen und lebensgeschichtlicher Distanz zu sich selber“ (Schweppe 2002, S. 222) und sind als ‚Professionalisierungsort' im Kontext von Habitusformation zu betrachten (vgl. Harmsen 2012). Phänomene, die im Kontext von Berufseinmündungen vielfach als sogenannter Praxisschock beschrieben werden (vgl. z.B. Oestreicher 2013, S. 197 ff.), markieren Differenzlinien und eine soziale Ordnung, die mit unterschiedlichen Positionen und mit feldspezifischen Prozessen von Anerkennung und Nicht-Anerkennung, von Zugehörigkeit und Nicht-Zugehörigkeit sowie Statusfragen und Unsicherheiten verbunden sind. Darin verorten sind auch studienintegrierte begleitete Langzeitpraxisphasen, wie praktische Studiensemester, welche zwar von Hochschulen konfiguriert und verantwortet, jedoch in den jeweiligen Praxisstellen ‚vor Ort' umgesetzt werden. Vor dem Hintergrund der beiden Relevanzsysteme – Hochschule und berufliche Praxis – lassen sich unterschiedliche Bezüge aufzeigen. In Abbildung 1 werden

32 Böllert und Karsunky unterstreichen beispielsweise die zunehmende Bedeutung der Auseinandersetzung mit Geschlecht als Strukturkategorie in Theorie, Praxis und Lehre der Sozialen Arbeit, indem sie „Genderkompetenz“ als wichtiges Professionsmerkmal avancieren (vgl. Böllert/Karsunky 2008, S. 6).

begleitete Praxisphasen als Lernarrangement (C) zwischen Hochschule (A) und professioneller Praxis (B) aufgespannt und darin eingelagerte Spannungsverhältnisse skizziert:

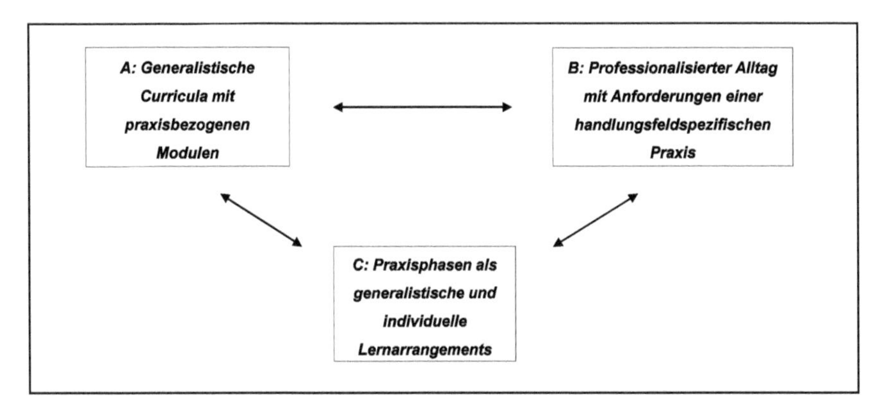

Abbildung 1: *Begleitete Praxisphasen als Lernarrangement im Spannungsverhältnis* (Roth 2021, S. 39)

> *„So wird beispielsweise von Hochschulseite (A) erwartet, dass in der beruflichen Praxis (B) exemplarische Lern- und Bildungsprozesse (C) im Kontext einer generalistischen Berufsbefähigung initiiert werden – und diese auf Basis eines kompetenzorientierten Qualifikationsrahmens (QR SozArb 6.0), der in den jeweiligen Curricula (A) zum Ausdruck kommt. Von Seiten der jeweiligen Praxisstelle (B) wird beispielsweise erwartet, dass Lernprozesse (C) handlungsfeldspezifisch verlaufen und Praxisphasen von Hochschulen (A) konkret und handlungsfeldbezogen vorbereitet, begleitet und nachbereitet werden. Eine berufsorientierende und berufsfeldqualifizierende Funktion steht hier vielfach im Vordergrund.[33] Die Verbindung zwischen Hochschule (A) und Berufspraxis (B) stellt sich als kontinuierlich zu bearbeitende Konstruktionsleistung dar, die in unterschiedlichen Reflexionsformaten von anleitenden Fachkräften und Lehrenden der praxisbegleitenden Veranstaltungen gemeinsam mit den Studierenden erbracht werden muss (vgl. Freis 2019: 176). Dies gilt es bei der Gestaltung der Lernarrangements mitzudenken und zwischen studentischer Kultur, akademischer Fachkultur und Berufskultur zu vermitteln" (Roth 2021, S. 39 f.).*

33 Arbeitgeber*innen äußern zunehmend Erwartungen, dass Hochschulausbildung auf das jeweilige Handlungs-feld vorbereitet und spezialisiert, schnell und passgenau einsetzbare Fachkräfte „zuliefert" (vgl. AGJ 2011, S. 3).

Deutlich wird mit Abbildung 1, wie unterschiedliche Erwartungen und Ziele[34] in ein Spannungsverhältnis zueinander geraten (können). Schön hat bereits 1990 formuliert, dass sich das Praktikum in einem intermediären Raum zwischen alltäglicher Wirklichkeit mit ihrem Wissen, dem Wissen der Professionellen, und der „hochschulischen Welt" befindet (vgl. Schulze-Krüdener/Homfeldt 2001, S. 212). Der Forschungsgegenstand ist daher von einer Gemengelage unterschiedlicher Interessen, Rahmungen, Rationalitäten, Funktionen und hierarchischer Verhältnisse gekennzeichnet. Aus den im Folgenden zusammengefassten zentralen Perspektiven auf praktische Studiensemester in der Sozialen Arbeit und entsprechenden Rahmungen gehen diese unterschiedlichen Interessen, Logiken und Machtverhältnisse hervor:

- Sie unterliegen landesrechtlichen Regelungen vor dem Hintergrund der staatlichen Anerkennung von Sozialarbeiter*innen/Sozialpädagog*innen als reglementiertem Berufszugang (normative Rahmung).[35]
- Sie sind als integrale Bestandteile der jeweiligen Studienprogramme konzipiert und stehen daher im Zusammenhang mit Modularisierung, Lehre und Forschung an der jeweiligen Hochschule (feldimmanente Logiken der Hochschule).
- Sie stellen wichtige ‚Professionalisierungsorte' im Studium dar, die zur Entwicklung einer beruflichen Identität und eines professionellen Habitus beitragen sollen (Professionalisierungserwartung).[36]
- Sie sind als Kooperationsverhältnis zwischen Hochschule und beruflicher Praxis konzipiert, wodurch für Studierende eine Art ‚Pendelbewegung' zwischen Wissenschafts- und Berufsfeld, zwischen Disziplin und Profession, zwischen Fach- und Berufskultur, zwischen Generalistischem und Konkretem strukturell verankert ist (gemeinsame Qualifizierungsverantwortung).[37]
- Sie eröffnen Studierenden den Kontakt mit der realen Arbeitswelt, mit Adressat*innen, potentiellen Arbeitgeber*innen, Organisationen, Hierarchien, Handlungsproblemen, Antinomien sowie Widersprüchlichkeiten

---

34 Betrachtet man Ziele als ‚erwünschte Zustände', treffen in *praktischen Studiensemestern* unterschiedlichste Ziele aufeinander (Näheres dazu siehe z. B. Merten 2014).

35 So gilt auch für Soziale Arbeit: „Durch direkte oder indirekte rechtliche Regelungen hat die*der Gesetzgeber*in die Ausübung beruflicher Tätigkeiten an das Rechtsinstrument der staatlichen Anerkennung gebunden" (Kriener et al. 2021, S. 245).

36 Praktika beinhalten verschiedene Professionalisierungschancen, dazu gehören arbeitsfeldbezogene und berufsbiographische Orientierungsmöglichkeiten in Bezug auf die Vielfalt sozialpädagogischer Handlungsfelder, der Erwerb von professioneller Handlungskompetenz in komplexen Praxisbezügen sowie ein zueinander in Beziehung setzen von Theorie- und Praxiswissen (vgl. Neuberger et al. 2016, S. 224 ff.).

37 Um u. a. die Kompetenz zu entwickeln, „sich auf die Praxis einzulassen und sich von ihr distanzieren zu können" (Kösel 2014, S. 14).

professionellen Handelns und konfrontieren Studierende mit ihrer Studien- bzw. Berufswahlentscheidung (Beziehung zum Berufsfeld).[38]

- Sie eröffnen ‚Praxisstellen' als potentiellen Arbeitgeber*innen die Möglichkeit Studierende als zukünftige Fachkräfte kennenzulernen, für sich zu gewinnen, ggf. schon im Rahmen des Studiums an sich zu binden und in die ‚Praxis' einzusozialisieren (feldimmanente Logiken der beruflichen Praxis).

Empirische Forschungen zu *studienintegrierten begleiteten Langzeitpraxisphasen* in der Sozialen Arbeit, welche vor dem Hintergrund der Bologna-Reform auch die Perspektive der professionellen Praxis rekonstruieren, sind offensichtlich – zumindest bislang – in Deutschland vernachlässigt worden.[39] So lässt sich an dieser Stelle kritisch danach fragen, wie praktische Studiensemester als Lernarrangement und Qualifizierungskonzept curricular beschrieben und (weiter-)entwickelt werden können, wenn kaum empirische Grundlage dafür vorliegt. Ebert konstatierte bereits 2012: „Ein offener Dialog innerhalb der Hochschule darüber, wie Praxiserfahrungen von Studierenden für die Lehrveranstaltungen relevant werden können und wie bei ‚Praktikern' Interesse an Theorie geweckt werden kann, ist dringend geboten" (Ebert 2012, S. 300). Auch ein (kooperatives) Zusammenwirken beider Lern- und Bildungsorte, fachdidaktische Fragestellungen bezüglich Professionalitätsentwicklung im Studium sowie die Prämisse einer berufsbefähigenden Hochschul(aus)bildung erscheinen dementsprechend bedenkenswert. Entsprechend zeigt sich der Forschungsgegenstand *praktische Studiensemester als Verhandlungsraum zwischen Hochschule und beruflicher Praxis* zu Beginn des Forschungsprozesses – empirisch gesehen – als ‚*ahnungsloser Verhandlungsraum*'. In diesem sollen die Studierende im weitgehenden ‚*Blindflug der Beteiligten*' das für ihren Professionalisierungs- und Professionalitätsentwicklungsprozess Relevante und Bedeutsame in produktiver Art und Weise zusammenbringen, was als Differenzlinien von Wissenschaft und professioneller Praxis markiert wird.[40] So, etwas zugespitzt, der Ausgangspunkt der vorliegenden Arbeit. Denn damit „die Vermittlung und Verknüpfung unterschiedlicher Diskurse und Wissensformen nicht nur an die Studierenden delegiert werden" (Schimpf 2022, S. 243), sind auch Verständigungsformen und -räume zwischen den beiden Lern- und Bildungsorten erforderlich.

Entlang der nachstehenden Leitfragen soll mit der vorliegenden empirischen Studie mit anleitenden Fachkräften auf das Desiderat aufmerksam gemacht werden und ein Beitrag zur perspektivischen Schließung dieser Forschungslücke geleistet werden. Es geht in erster Linie darum, Widersprüche sichtbar zu machen,

---

38 „Praxiserfahrungen im Studium werden häufig als „das positiv Andere", im Gegensatz zum theoretischen bzw. zu praxisfern eingeschätzten Studium erlebt" (Bolay 2001, S. 113).

39 Siehe dazu Kapitel 2.3.

40 „Wissenschaft (als HW) und Praxis sind […] unter der Bedingung einer wechselseitigen Intransparenz aufeinander verwiesen" (Göppner 2017, S. 301).

Konflikt- und Spannungsverhältnisse zu benennen, Irritationen sowie Anschlussstellen und Gemeinsamkeiten der Herausforderungen aufzuzeigen und das praktische Studiensemester als ‚Verhandlungsraum' empirisch zu beschreiben. Damit könnte der ‚*Blindflug der Beteiligten*' ein Stück weit in den Blick genommen und erhellt werden, damit *begleitete Praxisphasen* vor dem Hintergrund von Qualitätsentwicklungs- und Qualitätssicherungsprozessen im Studium Soziale Arbeit weiterentwickelt werden können.

Die empirische Studie mit anleitenden Fachkräften wird von drei zentralen Fragestellungen geleitet:

- Wie wird das Verhältnis von Hochschule und professioneller Praxis im Kontext *begleiteter Praxisphasen* von Fachkräften verhandelt?
- Wie thematisieren anleitende Fachkräfte Professionalisierung und Professionalitätsentwicklung im Kontext der Praxisphasen am Beispiel von Gender*Wissen in der Sozialen Arbeit?
- Was zeichnet das handlungsleitende Wissen der Fachkräfte in Bezug auf die Anleitung von Studierenden aus?

Zur Bearbeitung dieser Forschungsfragen wird auf gemeinsame Orientierungen und handlungsleitendes, inkorporiertes Erfahrungswissen der anleitenden Fachkräfte fokussiert. Somit bilden konjunktive – über das Individuum hinausgehende – Orientierungen den Mittelpunkt der Analyse. Davon ausgehend, dass der Forschungszugang bereits bedeutsame Informationen über das Feld beinhaltet und die Forschungssituation selbst eine soziale Praxis darstellt, rücken diese mit in den Fokus der Analyse. Dem Grundsatz der qualitativen Forschung folgend, wird auf die Forschungslogik der Rekonstruktion fokussiert. Mit der dokumentarischen Methode, eingebettet in den metatheoretischen Rahmen der „Praxeologischen Wissenssoziologie" (vgl. Bohnsack 2017), wird die Analyse von Praxis im Anschluss an Mannheims Lehre von der ‚Seinsverbundenheit' des Wissens (vgl. u. a. Mannheim 1929; 1952) durch eine systematische Differenzierung von kommunikativem Wissen und implizitem Wissen möglich.[41] „So ist bei einer dokumentarischen Interpretation immer in Rechnung zu stellen, dass sich ‚hinter' einem Thema, über das etwas (verbal oder non-verbal) ausgedrückt wird (immanenter Sinn) und der damit verbundenen Intention des- oder derjenigen, der sich ausdrückt (intendierter Ausdruckssinn), existenzielle Erfahrungen ‚verbergen', die zur Ausprägung einer bestimmten, ‚typischen' Form der

41 „Bohnsack (2017) hat die Verbindung des Mannheim'schen Dokumentsinns mit dem Habitusbegriff, wie er von dessen Zeitgenossen, dem Kunsthistoriker Erwin Panofsky, entwickelt wurde, herausgearbeitet – jenen Begriff, auf den sich auch die Praxeologie des französischen Soziologen Pierre Bourdieu entscheidend stützt" (Wagner-Willi/Bischoff-Pabst/Nentwig-Gesemann 2019, S. 4).

Selbst- und Weltsicht geführt haben“ (Wagner-Willi/Bischoff-Pabst/Nentwig-Gesemann 2019, S. 4). So stellt sich zum Beispiel die Frage, ob die Verwendung der Begriffe *Studierende*r* und *Praktikant*in* in Anlehnung an Bourdieu als feldspezifische Begriffe interpretiert werden können, die Hinweise auf das jeweilige soziale Feld und die Doxa im Sinne Bourdieus geben (vgl. u. a. Bourdieu 2007).[42] Insgesamt sollen mit der vorliegenden Studie empirische Leerstellen im Konstrukt praktisches Studiensemester aufgezeigt, beschrieben, analysiert und in ihrer Bedeutung für Hochschul(aus)bildung und Professionalisierung sowie Professionalitätsentwicklung interpretiert sowie weitere Forschungsbedarfe herausgestellt werden.

1.2 Aufbau, Überblick und zentrale Begrifflichkeiten

Die vorliegende Arbeit gliedert sich in acht übergeordnete Kapitel. Diese führen in die Forschungsfragen, den Forschungskontext und -gegenstand *praktische Studiensemester als Verhandlungsraum zwischen Hochschule und beruflicher Praxis* ein, beinhalten eine theoretische und methodologische Fundierung sowie die Darstellung der empirischen Studie mit anleitenden Fachkräften samt Ergebnisdiskussion und Ausblick. Im Folgenden wird mit einem Überblick zu Aufbau und zentralen Begrifflichkeiten die Struktur der vorliegenden Arbeit vorgestellt und im Kontext ausgewählter inhaltlicher Aspekte thematisiert.[43]

Kapitel 2 fokussiert auf den Forschungsgegenstand und eröffnet das Forschungsfeld aus unterschiedlichen Perspektiven.[44] Vor dem Hintergrund der Bologna-Reform wird das *praktische Studiensemester Soziale Arbeit* in seiner Gemengelage von institutionellen Vorgaben, feldspezifischen Logiken, Zielen, Erwartung und Zuschreibungen entfaltet. Dieses wird als berufsfeldbezogener Studienanteil, als Lernarrangement und im Spiegel der ‚gelebten Trias‘ (Studierende, Hochschule, berufliche Praxis)[45] beleuchtet. Erste Spannungsfelder zwischen Hochschule und professionalisierter Praxis werden als Verhandlungs- und Gestaltungsanlässe herausgearbeitet. Bereits Schulze-Krüdener und Homfeldt haben darauf hingewiesen, dass Praktika einen besonderen Stellenwert erhalten, „wenn die wechselseitige Beeinflussung von Wissenschaft und Berufs(feld) in den Blick genommen und zum Ausgangspunkt für kontextualisiertes,

---

42 Siehe dazu auch Kapitel 3.1 bis 3.3.

43 In den einzelnen Kapiteln werden zentrale Aspekte zum Forschungsgegenstand immer wieder aufgegriffen, um Leser*innen auch eine nicht chronologische Lesart ein Stück weit zu erleichtern.

44 Zugleich dokumentiert sich darin auch eine spezifische Perspektive der Autorin als Leiterin eines Praxisreferates Soziale Arbeit mit darin eingelagertem Vorwissen.

45 Sowie im Sinne einer ‚gelebten‘, gemeinsamen Qualifizierungsverantwortung (vgl. Roth/Kriener/Burkard 2021).

kompetenzorientiertes Lernen und Studieren wird“ (Schulze-Krüdener/Homfeldt 2001a, S. 196). Empirische Forschungen zum berufsbegleitenden Studium (vgl. Busse/Ehlert 2011) stellen die Wechselwirkungen von Organisationskulturen und Handlungsstrukturen im Berufsfeld der Sozialen Arbeit als bedeutsamen Kontext der Professionalitätsentwicklung heraus und weisen darauf hin, dass ‚berufsbiographische Krisen‘ von Studierenden auch einer Thematisierung der Veränderungen der Arbeitswelt, wie Subjektivierung und Eingrenzung von Arbeit, bedürfen. Davon ausgehend, dass professionalisierte Praxis zum Erwerb beruflicher Handlungskompetenz wichtig ist (vgl. Widulle 2009, S. 163) und einen eigenen Erwerbskontext von Wissen darstellt (vgl. Pfister 2017, S. 131), wird berufliche Praxis als bedeutsamer Lern- und Bildungsort im Rahmen der akademischen Hochschul(aus)bildung beleuchtet. Rauschenbach (2020) geht von „Fachpraxis“ als drittem Ausbildungs- und Qualifizierungsort neben Hochschulen für angewandte Wissenschaften und Universitäten aus und beschreibt diesen als „einen Ort, in dem wissenschaftlich ausgebildete Fachkräfte der Sozialen Arbeit, Professionelle, längst ihren Platz gefunden haben“ (ebd., S. 147). Die beschriebenen Differenzierungen bilden zusammen mit einem Überblick über den aktuellen Forschungsstand und Fachdiskurse die Grundlage zur Rekonstruktion des *praktischen Studiensemesters als Verhandlungsraum*. Deutlich wird in diesem Kontext, dass professionelle Praxis als Lern- und Bildungsort curricular benannt, jedoch wenig erforscht ist. Mit dem Fokus der Studie auf anleitende Fachkräfte am Lern- und Bildungsort berufliche Praxis wird in Kapitel 2.5 am Beispiel von Gender*Wissen als relevantem Professionswissen in der Sozialen Arbeit der Problemaufriss im Zusammenhang mit *begleiteten Praxisphasen* verdeutlicht, indem Grundthematiken im Spannungsverhältnis von Hochschule und professionalisierter Praxis exemplarisch umrissen werden.

Der theoretischen Rahmung und Verortung der Arbeit sind die Kapitel 3 bis 3.5 gewidmet. Zugänge zu (Wissens-)Verhältnissen, Anerkennung und sozialer Ordnung werden insbesondere aus einer praxeologischen Perspektive und vor dem Hintergrund der Denkwerkzeuge Bourdieus entfaltet. So nimmt die vorliegende Studie das Habituskonzept und die feldspezifische Logik Bourdieus (vgl. u. a. Bourdieu 2007) zum Ausgangspunkt und folgt der Grundannahme, dass insbesondere Studierende herausgefordert sind, sich in praktischen Studiensemestern auf unterschiedliche Logiken, Wissensbestände, Perspektiven und damit verbundene Widersprüche und Spannungsverhältnisse sowie feldimmanente Selbstverständlichkeiten einzulassen, damit ‚reflektiertes Erleben‘ für sie möglich und bewältigbar wird (vgl. Roth 2021, S. 38). Mit der Habitus-Feld-Theorie und einer übergangstheoretischen Perspektive wird der Blick auf praktische Studiensemester als ‚begrenzte Orte‘ gerichtet, sowie anerkennungstheoretische Spuren verfolgt. Auch Hochschulvertreter*innen und Fachkräfte im Berufsfeld kommen im Rahmen *begleiteter Praxisphasen* mit dem jeweils anderen Feld und den entsprechenden Feldkräften in Berührung und sind herausgefordert beide

Lern- und Bildungsorte „bewusst, gezielt, implizit oder unbewusst, in jedem Fall aber faktisch in ein Verhältnis zueinander" (Kösel 2014, S. 247) zu bringen. Die institutionelle Setzung der Akteur*innen, die soziale Ordnung[46] und das Betrachten der Feldgrenzen ist mit Aspekten gesellschaftlicher Macht- und Konfliktverhältnisse verbunden, die auch im Forschungszugang und in der Forschungssituation selbst deutlich werden. So sind differente Wissensformen und Wissensbestände im Wissenschaftsfeld und im Berufsfeld unterschiedlich präsent und zugänglich und unterliegen einer hierarchisierenden Klassifikation (vgl. Busche/Streib-Brzic 2019). Besonders interessant erscheint an dieser Stelle: Hochschulen explizieren in ihren jeweiligen Curricula ihre ‚offizielle Logik des Studiums'. Sie weisen u. a. in praxisbezogenen Modulbeschreibungen (und z. T. in Praktikumsordnungen) Inhalte, Ziele und Kompetenzbereiche *begleiteter Praxisphasen* aus, auch wenn diese zu einem großen Teil oder nahezu vollständig in der beruflichen Praxis studiert werden. Hierzu existieren unterschiedliche Studien, die in diesem Kontext empirische Einblicke in Hochschulcurricula und Studierendenperspektiven geben. Die ‚Logik der Praxis', welcher Studierende (aber auch Hochschulvertreter*innen z. B. bei Praxisbesuchen) im Rahmen praktischer Studiensemester begegnen, ist jedoch in Deutschland kaum beschrieben und untersucht.[47] Dies erstaunt umso mehr, bezieht man zum Beispiel Erkenntnisse von Ebert (2012) ein: „Er konstatiert, dass *Studierende* in Praxisphasen „[…] sich grundlegende Regeln des Feldes der sozialen Hilfe […]" (2021: 272) aneignen." (zit. n. Harmsen 2020, S. 199). Am Beispiel von Gender*Wissen als relevantem Professionswissen der Sozialen Arbeit, welches zur Bearbeitung von Ungleichheitsphänomenen grundlegend ist (vgl. u. a. Brückner 2018; Bereswill 2016; Bütow/Munch 2012), wird in Kapitel 3.5 die theoretische Rahmung weiter ausgeführt. „Professionalisierungsprozesse sind […] in Geschichte und Gegenwart mit Geschlechterfragen verbunden, und eine Auseinandersetzung mit Geschlechterverhältnissen sowie den kulturellen Symbolisierungen von Geschlechterdifferenzen ist grundlegend für ihr Verständnis" (Ehlert 2020, S. 23).

In den Kapiteln 4 bis 4.4 rückt die empirische Studie mit anleitenden Fachkräften mit der Methodologie der dokumentarischen Methode, dem forschungsmethodischen Vorgehen, der Forschungsprozess sowie damit verbundene Herausforderungen und dessen Reflexion in den Mittelpunkt. Mit diesen Kapiteln wird u. a. der Übergang zur Empirie geschaffen. Mit der Rekonstruktion handlungsleitenden (Erfahrungs-)Wissens eröffnen sich Einblicke in die soziale Welt der Handelnden. Daher folgt die Studie einer praxeologischen Perspektive und nimmt die dokumentarische Methode methodologisch und methodisch zum

---

46 Goffman beispielweise geht es bei sozialer Ordnung um „jene[n] Grundregeln und Verhaltensregulierungen, die im Bereich des öffentlichen Lebens wirksam sind – bei Personen, die zusammentreffen, und Orten und Situationen, die Schauplatz solcher Kontakte von Angesicht zu Angesicht sind" (Goffman 1974, S. 10 f.).

47 Siehe dazu Kapitel 2.3.

Ausgangspunkt der empirischen Forschung. Der Klugheit im Handeln der anleitenden Fachkräfte auf die Spur zu kommen, sich ihren impliziten Wissenspotentialen zu nähern und zugleich Forschung als Ort der Begegnung und Aushandlung zu rekonstruieren und sich den Herausforderungen der (Selbst-)Reflexion im Forschungsprozess zu stellen, sind in diesen Kapiteln zentral. Das empirische Material wird aus Gruppendiskussionen mit anleitenden Fachkräften generiert, welches im Rahmen des Forschungsprojektes *„(Praxis)Anleitung und (Gender) Wissen: Kollektive Wissensbestände und Positionierungen im Berufsfeld der Sozialen Arbeit"* gewonnen wurde. Forschungsmethodisch wurden Gruppendiskussionen als Erhebungsinstrument gewählt, um eine wechselseitige Bezugnahme der Fachkräfte untereinander zu ermöglichen und auf Basis erfahrungsbezogener Gemeinsamkeiten die Konstruktion und Herstellung kollektiver Orientierungsmuster zu rekonstruieren und zu analysieren (vgl. Przyborski/Wohlrab-Sahr 2009; Bohnsack/Nentwig-Gesemann/Nohl 2007; Kubisch 2018).

Mit den Kapiteln 5, 6 und 7 schließt sich der empirische und rekonstruktive Teil der empirischen Studie mit anleitenden Fachkräften an. Die Analyse der Gruppendiskussionen zeigen Grundmuster zwischen Hochschule und professionalisierter Praxis, die entlang der zentralen Forschungsfragen aufgespannt werden. In den Kapiteln 5 bis 5.4 werden Verhältnisse zwischen Hochschule und beruflicher Praxis in ihrer Macht- und Konflikthaftigkeit rekonstruiert. Dabei stellt die Analyse des Forschungsprozesses den Ausgangspunkt der Erkenntnisgewinnung dar. Deutlich wird, wie bereits mit der Anfrage der Forscherinnen das Wissenschaftsfeld und das Berufsfeld machtvoll miteinander in Berührung kommen und Positionierungspraktiken herausfordern sowie Wissenshierarchien aufrufen, die sich auch in *begleiteten Praxisphasen* widerspiegeln. Die Phase der Kontaktaufnahme ist hier ebenso erkenntnisreich wie die Frage danach, wer zu den Gruppendiskussionen gekommen ist. Mit der Analysekategorie des Arbeitsbündnisses (vgl. Resch 2014; Schimpf/Stehr 2012; Wahl/Honig/Gravenhorst 1982) kann gezeigt werden, welche Forschungsverhältnisse bereits im Forschungszugang bei der Kontaktaufnahme erzeugt werden. Auch *Irritationen des Arbeitsbündnisses als krisenhafter Moment* geben wichtige Hinweise auf den Forschungsgegenstand und den Forschungsprozess und stellen bedeutsame Schlüsselstellen dar. Daran werden erkenntnisreiche Selbstverständlichkeiten sowie Selbst- und Fremdpositionierungen rekonstruiert und sichtbar gemacht, die sich auch in der Adressierung und Konstruktion von ‚Studierenden und Praktikant*innen' dokumentieren. Die Wirkmächtigkeit der sozialen Ordnung sowie feldspezifische Logiken, Doxa und Dynamiken stehen im Mittelpunkt der Kapitel 5 bis 5.4, welche mit dem praktischen Studiensemester als *Überschneidungszone* abschließen. Die folgenden Kapitel 6 bis 6.5 greifen auf die Basistypik der Studie ‚Irritation des Alltäglichen im Kontext des institutionellen Alltags' zurück und stellen den institutionellen Alltag als begrenzten Möglichkeitsraum und als eingeschränkten, bornierten Raum im Sinne der Alltagstheorie (vgl. u. a.

Grunwald/Thiersch 2016) dar und das Erfahrungswissen anleitender Fachkräfte – auch unter generationalen Aspekten und Übergangsphänomenen – in den Mittelpunkt der Rekonstruktion. Darüber werden insbesondere Vorstellungen von Professionalität und Professionalitätsentwicklung im Kontext der *begleiteten Praxisphasen* verhandelt und die Mehrdeutigkeit des Alltags wird vor dem Hintergrund gesellschaftlicher Realitäten rekonstruiert. Oder mit Bourdieu gesprochen: „Die soziale Realität existiert sozusagen zweimal, in den Sachen und in den Köpfen, in den Feldern und in den Habitus, innerhalb und außerhalb der Akteure" (Bourdieu 1996, S. 161). Mit den unterschiedlichen handlungsleitenden Orientierungen der Fachkräfte, die sich exemplarisch am Thema Gender entfalten, kann gezeigt werden, wie praktische Studiensemester einerseits als Relationierungskonzept (vgl. Roth et al. 2021; 2022) entworfen und andererseits von wechselseitiger Intransparenz und Differenzmarkierungen sowie wirkmächtigen (Wissens-)Hierarchien und (inkorporierten) Positionierungsverhandlungen durchdrungen sind. Das praktische Studiensemester als ‚Idealkonzept' wird in Kapitel 6.5 beispielhaft am Thema Gender zur großen allgemeinen Verunsicherung, die empirisch Aufschluss über Praktiken, Ambivalenzen, Begrenzungen, Bündnisse und Widerstände im Verhältnis von Hochschule und professioneller Praxis gibt. Herausgearbeitet wird, wie „ein nahezu paradox erscheinendes Spannungsfeld" (Roth/Kriener/Burkard 2021, S. 30) *begleitete Praxisphasen* umschließt. In den Kapiteln 7 bis 7.4 wird dann der Fokus auf rekonstruierte (Handlungs-)Orientierungen zum Thema ‚Gender in der Praxisanleitung reflektieren' gelegt. In allen fünf Gruppendiskussionen wurde das Thema explizit entweder von den Forscherinnen oder selbstläufig nachgefragt. Über den Vergleich dieser thematisch ähnlichen Passagen miteinander sowie gruppendiskussionsintern mit weiteren Passagen konnten drei zentrale Orientierungen herausgearbeitet werden, die in den Kapitel 7.1 bis 7.3 zwischen den beiden Kontrasthorizonten der Konstruktion von ‚Gender als Spezialthema' und der ‚Grundlage ist sozusagen unsere eigene Praxis' aufgespannt werden. Darüber wird zugleich deutlich, wie Gruppendiskussionen zur (Selbst-)Evaluation herausfordern und Grundthematiken sowie Begrenzungen zwischen Hochschule und professionalisierter Praxis berühren. Dies wird in Kapitel 7.4 aufgegriffen und als ‚sprachlose Zumutung' zusammenfassend identifiziert. Die empirischen Kapitel 5, 6 und 7 enden jeweils mit einer kurzen Zusammenfassung, in der die empirischen Erkenntnisse vor dem Hintergrund der leitenden Forschungsfragen und theoretischen Bezüge eingebettet und verdichtet werden.

In dem abschließenden Kapitel 8 werden die zentralen Rekonstruktionen der Studie in Form einer thesenartigen Zusammenschau mit den Kapiteln 8.1 bis 8.3 resümiert. Die empirischen Erkenntnisse werden insbesondere im Kontext gegenläufiger Logiken, Widersprüche, Konflikt- und Spannungsverhältnisse, Leerstellen und möglicher Anschlussstellen diskutiert, in aktuelle Diskurse und Entwicklungen eingeordnet sowie offene Fragen und weitere Forschungsbedarfe aufgezeigt. Abschließend werden in Form einer Schlussbetrachtung (Kapitel 8.4) der Problemaufriss und die Fragenstellungen aufgegriffen, resümiert und mit einem Ausblick verbunden.

Als Verständigungsgrundlage für die nun folgenden Kapitel werden nachstehend vier zentrale Begrifflichkeiten in ihrem Verwendungskontext der vorliegenden Arbeit zusammengefasst:

- *Praktische Studiensemester als ‚besondere Professionalisierungsorte'*
  Als praktische Studiensemester werden nachfolgend Module mit studienintegrierten begleiteten Langzeit-Praxisphasen (mind. 100 Tage) bezeichnet. Diese werden in der beruflichen Praxis studiert und von Hochschulen mit Lehrveranstaltungen begleitet. Studierende behalten während praktischer Studiensemester ihren Studierendenstatus, über entsprechende Praktikumsvereinbarungen begründen sich ‚Lernverhältnisse' – keine Arbeitsverhältnisse (vgl. Gans-Raschke 2021). Module mit praktischen Studiensemestern stellen Teile des jeweiligen Curriculums dar. In Modulhandbüchern, Studien- und Prüfungsordnungen bzw. Praktikumsordnungen sind u. a. die entsprechenden Lerninhalte, -ziele sowie Kompetenzbereiche, Workloads und Modulprüfungen festgelegt. In der vorliegenden Arbeit werden praktische Studiensemester als bedeutsame Erfahrungsräume und ‚Professionalisierungsorte' im Studium Soziale Arbeit betrachtet, die Studierenden besondere professionelle Erfahrungen ermöglichen (vgl. Harmsen 2012, S. 130).
- *‚Gelebte Trias' von Hochschule, Praxis und Studierenden*
  Die curriculare Verknüpfung von Hochschulen und professioneller Praxis entfaltet sich im Kontext praktischer Studiensemester in der Trias von Hochschule, Studierenden und Praxis, wenn sich die an *begleiteten Praxisphasen* Beteiligten aufeinander beziehen. Damit wird der Fokus auf die ‚besondere' Verknüpfung in praxisbezogenen Modulen gelegt, die sich auf unterschiedlichen Ebenen vollzieht: Auf der strukturellen Ebene von Hochschule und Praxisstelle, auf der konzeptionellen Ebene im Rahmen von Modulbeschreibungen und Curricula, auf der Ebene der einzelnen Akteur*innen wie Studierenden, anleitenden Fachkräften und Lehrenden praxisbegleitender Veranstaltungen sowie Praxisreferent*innen (vgl. Roth/Kriener/Burkard 2021, S. 29).
- *Lern- und Bildungsort berufliche Praxis*
  Vor dem Hintergrund der curricularen Verknüpfung werden Hochschule und berufliche Praxis als zwei Lern- und Bildungsorte im Studium bezeichnet (vgl. Roth/Burkard/Kriener 2023; Schimpf/Roth 2022a; Kriener et al. 2021), die in wechselseitiger Verschränkung und Ergänzung *begleitete Praxisphasen* zu einem bedeutsamen Erfahrungsraum für sozialarbeiterisches/sozialpädagogisches Handeln machen und ein intensives Reflexions- und

Bearbeitungspotenzial bieten (vgl. Debiel et al. 2020, S. 16). Um hervorzuheben, dass es sich auch bei den Studienanteilen, die nahezu vollständig in der professionellen Praxis studiert werden (*begleitete Praxisphasen*), um curriculare Studienanteile handelt, die mehr sind als eine ‚fachpraktische Qualifizierung', wird der Begriff des Lern- und Bildungsortes gewählt.[48] Praktische Studiensemester werden als professionsspezifische Lernarrangements gefasst und professionelle Praxis kann für Studierende als eigenständiger Sozialraum für „sinnlich erfahrbare Praxis" (Harmsen 2014, S. 119) verstanden werden.[49] Dabei unterscheidet sich die Wissensbasis der beruflichen Praxis von der Wissensbasis der Hochschulen. An beiden Lern- und Bildungsorten werden je eigene Wissensbestände erzeugt, die unterschiedlich präsent und zugänglich sind. So wird z. B. wissenschaftliches Wissen „von Praktiker*innen selektiv rezipiert, bezogen auf ihre konkreten Problemstellungen interpretiert, es amalgamiert sich mit beruflichem Erfahrungswissen, letzten Endes verändert es seinen Charakter, es transformiert sich zusammen mit beruflichem Erfahrungswissen zu einem neuen Wissenstyp, dem Professionswissen (vgl. Dewe 2012)" (zit. n. Becker-Lenz et al. 2012b, S. 11).

- *Anleitende Fachkräfte im Berufsfeld*
  Als anleitende Fachkräfte im Berufsfeld werden staatlich anerkannte Sozialarbeiter*innen/Sozialpädagog*innen (sogenannte Berufsrollenträger*innen) mit mehrjähriger Berufserfahrung in der Sozialen Arbeit bezeichnet, die in der beruflichen Praxis die Begleitung und Anleitung von Studierenden während der *begleiteten Praxisphasen* übernehmen (vgl. Roth/Schimpf 2020, S. 132; Roth 2014). Sie nehmen die studierendenspezifische Kommunikation mit der Hochschule wahr und fungieren i. d. R. im Innen- wie auch im Außenverhältnis der eigenen Organisation als Ansprechpartner*innen, wenn es um von ihnen angeleitete Studierende geht.[50] Auch wenn der Begriff „Praxisanleitung" dem (dualen) Berufsausbildungssystem entstammt, wird daran im Rahmen praktischer Studiensemester angeknüpft: Praxisanleitung, verstanden als strukturierter Lernprozess, „soll

48 Egloff ist – bezogen auf den Diplomstudiengang Erziehungswissenschaft – in ihrer länger zurückliegenden Studie zum Ergebnis gekommen, das Praktika „innerhalb des Studiums nicht nur einen besonderen Lern- und Erfahrungsraum, sondern auch einen Ort der Bildung" (Egloff 2004, S. 263) darstellen.

49 „Sinnlich-reflexive Professionalisierungsprozesse in entsprechenden curricular und informell gestalteten Lernorten zu ermöglichen ist eine zentrale Aufgabe von Studiengängen Sozialer Arbeit" (Harmsen 2020, S. 206).

50 Der Begriff der Praxisanleitung auf der Ebene der einzelnen Fachkräfte entstammt ursprünglich dem (dualen) Berufsausbildungssystems und ist von einer Schüler*innen-Meister*innen-Beziehung geprägt. In der jeweiligen (dualen) Ausbildungsordnung kommt Praxisanleitung die Aufgabe der „sachlichen und zeitlichen Gliederung der Vermittlung der beruflichen Fertigkeiten, Kenntnisse und Fähigkeiten (Ausbildungsrahmenplan)" (BBiG 2020: § 26 Abs. 1 Satz 4) zu.

[…] als ein Qualifizierungsprozess von angehenden Fachkräften der Sozialen Arbeit verstanden werden, der sich in einem konkreten beruflichen Handlungsfeld vollzieht" (BAG Prax 2019, S. 36).[51] Anleitenden Fachkräften wird eine wichtige Schlüsselfunktion im Qualifizierungsprozess von Studierenden zugeschrieben (vgl. u.a. Hochuli Freund/Stotz 2014, S. 151 f.)[52] und Hochschulen erwarten, dass Praxisanleitung von Fachkräften mit ausgewiesenen selbstreflexiven, theoretischen und methodischen Kompetenzen übernommen wird (vgl. Markert 2020, S. 280).

51 „Praxisanleitung ist ein didaktisches Mittel in der berufsbezogenen Ausbildung von Sozialarbeiterinnen/Sozialpädagoginnen und kommt in den Praxisphasen zur Anwendung. Sie dient der Integration des Fachwissens und des beruflichen Könnens. Außerdem fördert sie die Entwicklung und Findung einer Berufsidentität. Schwerpunktmäßig ist die Praxisanleitung für die Praktikantin Begleitung bei der Einarbeitung in ein bestimmtes Arbeitsfeld der Sozialarbeit/Sozialpädagogik, wobei auch persönliche Anteile der Praktikantin, soweit sie das berufliche Handeln beeinflussen, Berücksichtigung finden. Die Praxisanleitung unterstützt den Versuch, Zusammenhänge zwischen Theorie und Praxis herzustellen und fördert die Auseinandersetzung mit der Berufsrolle und dem beruflichen Handeln der zukünftigen Sozialarbeiterin/Sozialpädagogin. Praxisanleitung umfasst Informationen, Einübung, Vertiefung und Verselbständigung" (BAGFW 1989, S. 11).

52 Zu „Handlungsorientierungen von Praxisausbildenden der Sozialen Arbeit" siehe Goldoni 2023.

2 Praxisphasen im Studium – eine mehrperspektivische Annäherung an den Forschungsgegenstand

Vor dem Hintergrund der Bologna-Reform[53] und der damit verbundenen stärkeren curricularen Verankerung von Praxisphasen im Studium (vgl. Schubarth et al. 2012, S. 89) wird das *praktische Studiensemester* in seiner Gemengelage von institutionellen Vorgaben, feldspezifischen Logiken, Zielen, Erwartungen, Zuschreibungen und im Spiegel der ‚gelebten Trias' im Kontext einer gemeinsamen Qualifizierungsverantwortung (vgl. Roth/Burkard/Kriener 2023) als Forschungsgegenstand im Folgenden vorgestellt und als Verhandlungsraum zwischen Hochschule und professionalisierter Praxis beschrieben. Dazu werden Orientierungslinien zur Rahmung und Einordnung von Praxisphasen im Studium eingeführt sowie Divergenzen, Spannungsfelder, Anschlussstellen sowie Herausforderungen, die aus der Verknüpfung der beiden unterschiedlich konstituierten Lern- und Bildungsorte Hochschule und Praxis resultieren, auf verschiedenen Ebenen herausgearbeitet. Am Beispiel von Gender*Wissen, verstanden als inter- und transdisziplinäres Wissen in intersektionaler Perspektive, und als relevantes Professionswissen der Sozialen Arbeit (vgl. u. a. Ehlert 2020; 2022) werden Grundthematiken und Dilemmata zwischen Hochschule und beruflicher Praxis skizziert, woran der Problemaufriss deutlich wird.[54] Denn trotz des Ziels der Harmonisierung der Studienstruktur in Europa hat ‚Bologna' (bundesweit) Unterschiedlichkeiten und Widersprüche hervorgebracht, was sich auch im empirischen Material der vorliegenden Studie dokumentiert. Grundständige, generalistische Bachelorstudiengänge Soziale Arbeit sollen in Verbindung mit studienintegrierten bzw. postgradualen Praxisphasen zu professionellem Handeln in der Sozialen Arbeit (handlungsfeld- und handlungsformübergreifend)

53 Damit verbunden ist u. a. die gestufte Studienstruktur von Bachelor- und Masterstudiengängen. Spätestens mit der Einführung der gestuften Studiengänge sind angeleitete Praxisphasen (wenn sie studienintegriert verortet sind) integrale Bestandteile der Curricula und unterliegen der Modularisierung. Sie können als strukturelle Verbindung zwischen Hochschule und professionalisierter Praxis verstanden werden (vgl. Roth/Gabler 2012) und sind im Spannungsfeld von Disziplin und Profession verortet.

54 Siehe dazu auch Kapitel 1.

befähigen.[55] Absolvent*innen sollen in der Lage sein „Praktiken, Routinen, Aufträge und Arbeitsbedingungen, die dem professionellen Handeln entgegenstehen, zu erkennen, zu kritisieren, sich dagegen zur Wehr zu setzen und fachlich begründete Alternativen zu entwickeln" (Müller-Herrmann 2020, S. 178). Zugleich ist mit den jeweiligen Studienprogrammen eine wissenschaftliche Anschlussfähigkeit sicherzustellen und mit Einsozialisation in Disziplin und Profession verbunden. Interessant ist an dieser Stelle, dass *begleitete Praxisphasen* wie das praktische Studiensemester an der professionellen Handlungslogik der Sozialen Arbeit orientiert sind, während die akademische Einbindung von beruflicher Praxis im jeweiligen Studienprogramm ohne verpflichtende Mitwirkung der professionalisierten Praxis konzipiert wird. Die Ausgestaltung der Module obliegt inhaltlich, formal und strukturell den Hochschulen, auch wenn es dabei um die Studienanteile geht, die zu einem großen Teil oder nahezu vollständig in der professionalisierten Praxis studiert werden. Berufliche Praxis fungiert zwar als zweiter Lern- und Bildungsort in grundständigen generalistischen Studiengängen Soziale Arbeit und ist auf Grundlage der jeweils akkreditierten Curricula und der entsprechenden landesrechtlichen Regelungen zur staatlichen Anerkennung in den Qualifizierungsprozess verantwortungsvoll eingebunden, bei der Konfiguration und inhaltlichen Ausgestaltung praxisbezogener Module bleibt diese jedoch auf konzeptioneller Ebene außen vor.[56] Den damit verbundenen Spannungsfeldern wird in der vorliegenden Arbeit nachgegangen und es wird danach gefragt, wie sich das Verhältnis von Hochschule und beruflicher Praxis im Kontext *begleiteter Praxisphasen* konstituiert und welche Grundthematiken und Dilemmata zwischen beiden Relevanzsystemen sich darin dokumentieren.

Mit dem nachstehenden Kapitel 2.1 werden zunächst *Praxisphasen als berufsfeldbezogene Studienanteile* eingeordnet und in Kapitel 2.2 werden *praktische Studiensemester als Lernarrangement* beleuchtet und danach befragt, inwiefern *begleitete Praxisphasen* als handlungsfeldbezogene, exemplarische Studienanteile und als *generalistische* Lernarrangements im Studium Soziale Arbeit verstanden werden können. Kapitel 2.3 fokussiert dann auf praktische Studiensemester als komplexes Gefüge im ‚triadischen Verhältnis' und die unterschiedlichen und institutionell gerahmten Perspektiven der Beteiligten stehen im Vordergrund. Dem *Stand von Fachdiskurs und Forschung* widmet sich Kapitel 2.4. Kapitel 2.5 schließt mit *begleiteten Praxisphasen und Gender*Wissen im Kontext der Entwicklung der Studie* an und gibt einen ersten empirischen Materialeindruck.

55 Vor der Gefahr der De-Professionalisierung durch eine zunehmende Spezialisierung von Studiengängen im Bereich sozialer Dienstleistungen wird gewarnt (vgl. Harlow 2003).

56 „Die Feststellung, ob ein Studiengang über die qualitativen Voraussetzungen für eine staatliche Anerkennung verfügt, obliegt der zuständigen Landesbehörde. Ein solches Verfahren zur Feststellung der berufsrechtlichen Eignung kann bei allen reglementierten Berufen gemäß § 35 Abs. 1 MRVO optional organisatorisch mit dem Akkreditierungsverfahren verbunden werden" (Weber et al. 2023, S. 57).

2.1 Praxisphasen als berufsfeldbezogene Studienanteile

In diesem Kapitel werden Pflichtpraktika als integrale Bestandteile des Studiums eingeordnet.

Ausgehend von unterschiedlichen Prinzipien des Berufsfeldbezuges werden sie in Beziehung zur vorliegenden empirischen Studie mit anleitenden Fachkräften gesetzt. Anschließend ist der Blick auf Wissensproduktionen zwischen Wissenschaftsfeld und Berufsfeld gerichtet und schließt an Diskurse zu dialogischer Wissensproduktion und -transformation an (vgl. Löffler 2020; Sehmer et al. 2020; Unterkofler 2020; Thole 2018; Oestreicher 2014; 2013). Wie bereits erwähnt hat Schön schon 1990 formuliert, dass das Praktikum sich in einem intermediären Raum zwischen alltäglicher Wirklichkeit mit ihrem Wissen, dem Wissen der Professionellen, und der hochschulischen Welt befindet (vgl. Schulze-Krüdener/Homfeldt 2001a) und hat damit das Praktikum als „besonderes Studienelement" gerahmt.[57] Anknüpfend an den Aspekt des Intermediären betrachtet Kösel anleitende Fachkräfte als „*‚intermediäres Bildungspersonal‘*" (Kösel 2019, S. 286), da sie Studierende „bei ihren *Bildungsprozessen* hin zur eigenen Professionalität in und durch [...] *intermediäre Räume* begleiten" (vgl. ebd.). Ihnen schreibt er eine vermittelnde Funktion zu, sie sollen bei der Begleitung zwischen den Anforderungen der Hochschule und den Anforderungen der Praxisstelle vermitteln.

Spätestens mit der Einführung der gestuften Studiengänge sind Praxisphasen – wenn sie studienintegriert als Pflichtpraktika verortet sind – integrale Bestandteile der Curricula, praktische Studiensemester sind als begleitete und studienintegrierte Langzeit-Praxisphasen in grundständigen, generalistischen Studiengängen Soziale Arbeit verortet. Sie werden von Studierenden in Handlungsfeldern der Profession absolviert und von Hochschulen gerahmt, gesteuert und begleitet. Über das jeweilige Curriculum und das Formalziel ‚staatliche Anerkennung‘ sind beide Relevanzsysteme – Hochschule und berufliche Praxis – lose miteinander verknüpft. Über das jeweilige Sozialberufeanerkennungsgesetz (SozAnerkG) oder entsprechende Rechtsnormen, Modulhandbücher, Praktikumsordnungen und konzeptionelle Papiere zu praktischen Studiensemestern werden sie auf der formalen Ebene strukturiert und gerahmt und mit Inhalten konfiguriert. So sind beispielweise curriculare Ziele, Inhalte und Kompetenzen des jeweiligen Moduls, welches das praktische Studiensemester beinhaltet, sowie Anforderungen an Praxisstellen und anleitende Fachkräfte ebenso formuliert, wie praxisvorbereitende und -begleitende Lehrveranstaltungen und Modulprüfungen der jeweiligen Hochschule (vgl. Kriener/Roth/Burkard/Gabler 2021).

57 „Als herausragendes Element innerhalb des Studiums gilt [...] das *Praktikum*, bei dem sich Studierende über einen längeren Zeitraum in [...] Einrichtungen aufhalten und am Arbeitsalltag teilnehmen, mit dem Ziel [...] Handeln *in situ* kennenzulernen" (Egloff 2022, S. 209).

Dennoch stehen Studierende in diesen Studienphasen nicht in erster Linie der Fachkultur gegenüber, sondern werden von Berufs- und Organisationskultur(en) beeinflusst, die ihnen in den jeweiligen Praxisstellen begegnen. Für praktische Studiensemester zeigt sich vielfach folgendes Bild: Studierende bleiben über das jeweilige Curriculum und den Status *Studierende* inhaltlich und formal mit der jeweiligen Hochschule verbunden. Gleichzeitig sind sie während der Praxisphase mit dem beruflichen Alltag der Sozialen Arbeit konfrontiert und bewegen sich im Arbeitskontext der jeweiligen Organisation – der Praxisstelle.[58] Damit werden sie von einer Berufskultur beeinflusst und stehen Rationalitäten der jeweiligen Organisation mit deren Konzepten und Handlungsroutinen gegenüber, die sich von dem, was sie von Hochschule kennen, unterscheiden. „Studierende sind in ihren Praxisphasen gefordert, selbst praktisch handelnd Soziale Arbeit herzustellen" (Aghamiri 2021, S. 178). Sie studieren unter realen Handlungsbezügen und sind herausgefordert, sich auf unterschiedliche Denk- und Handlungslogiken, Wissensbestände, Handlungsprobleme, Antinomien und Widersprüche professionellen Handelns, Erwartungen und Adressierungspraktiken, Loyalitätskonflikte, sowie auf den Prozess der eigenen Rollenfindung und damit verbundene Statusunsicherheiten einzulassen. „Studierende geraten im Zuge der mit dem Studium angestrebten Professionalisierung typischerweise dann in Krisen, wenn sie feststellen, dass ihre persönlichen Überzeugungen mit Inhalten des Studiums, aber auch mit den Bedingungen, die sie in der Praxis vorfinden, unvereinbar sind" (Müller-Hermann 2020, S. 180). Diskrepanzen zwischen dem, was an der Hochschule gelehrt und in der Praxis erfahren wird, können zu einer „Glorifizierung von Praxis" (Harmsen 2014, S. 125) führen. Dies aufzugreifen und eine kritische Auseinandersetzung mit „‚vorgefundener Praxis' zuzulassen und zum Gegenstand von Reflexionsprozessen" (Roth 2021, S. 41) zu machen,[59] erfordert einerseits ein Wissen und Anerkennen der Lehrenden an der Hochschule von beruflicher Praxis als begrenztem Möglichkeitsraum und als eingeschränktem, bornierten Raum im Sinne der Alltagstheorie (siehe dazu Kapitel 7.1) sowie der Komplexität von Begründen und Entscheiden unter Handlungsdruck. Andererseits ist auch die Hinwendung anleitender Fachkräfte zu theoretischen Bezügen und aktuellen Diskursen im wissenschaftlichen Kontext der Hochschulen relevant (vgl. Roth 2021, S. 41). Damit bewegen sich Studierende während dieser Studienanteile in einer Art ‚Pendelbewegung' zwischen Fach- und Berufskultur, zwischen Wissenschafts- und Berufsfeld, zwischen Disziplin und Profession und sind mit beiden Relevanzsystemen unmittelbar konfrontiert. Beide sozialen

58 Zu „Gewährleistungsinstrumenten" wie z.B. Praktikumsvereinbarungen und Ausbildungspläne zur inhaltlichen und organisatorischen Abstimmung in der Trias (Hochschule, Praxis, Studierende) siehe Burkard/Kriener 2021.

59 Dabei ist zu berücksichtigen, dass Inhalte des Studiums Soziale Arbeit – vergleichbar mit erziehungswissenschaftlichen Studiengängen – u.a. von Studierenden an ihrer *„Berufsnützlichkeit"* gemessen werden (Vogel 2019, S. 50).

Felder – Wissenschaftsfeld und Berufsfeld – sind strukturell lose miteinander gekoppelt und folgen einer jeweils eigenen feldspezifischen Logik (vgl. Bourdieu). Aus dem empirischen Material der vorliegenden Studie lässt sich beispielsweise die hohe Bedeutung erfahrungsbasierten (Gender*)Wissens anleitender Fachkräfte rekonstruieren, womit Studierende als angehende Praktiker*innen angerufen und damit den Regeln des Berufsfeldes unterworfen werden.[60] Harmsen stellt fest: „Nur was Studierende in der Praxis an Wissensbeständen und Konzepten antreffen, gilt ihnen als Indikator für Professionalität" (Harmsen 2014, S. 125). Professionalität erscheint damit verkürzt als „gute Arbeit in der Praxis" (Harmsen 2020, S. 203) und die für Soziale Arbeit grundlegenden theoriegeleiteten, reflexiven Lern- und Bildungsprozesse laufen Gefahr dabei unberücksichtigt zu bleiben. „Werden Praxisphasen in ihrer Funktion als Lern- und Bildungsphasen [von allen daran Beteiligten] gewürdigt, haben Studierende die Gelegenheit sich im professionellen Handeln zu erproben und sich sowohl mit der Anleitung [anleitende Fachkräfte] als auch mit den für die Begleitung durch die Hochschule Verantwortlichen mit erlebten Widersprüchen zu beschäftigen" (Burkard 2021, S. 60) – aus unterschiedlichen Perspektiven und vor dem Hintergrund der jeweils eigenen Wissensbestände und hierarchischer Wissensordnungen.[61]

Vor dem Hintergrund der Abbildung 2, die unterschiedlichen Modelle des Verhältnisses von ‚Studium am Lern- und Bildungsort Hochschule' und Praktika visualisiert, können (Pflicht-)Praktika am Lern- und Bildungsort berufliche Praxis eingeordnet werden.[62]

60 Siehe dazu die empirischen Kapitel fünf bis sieben der vorliegenden Arbeit.

61 „Die Praxis der Sozialen Arbeit als Vollzugswirklichkeit zu begreifen, ermöglicht dabei zugleich die Erkenntnis, dass Studierende in der Konfrontation mit der Praxis sich einen Zugang zu den impliziten Regeln der Handlungspraxis verschaffen müssen" (Freis 2021, S. 51) – einen Zugang zu den die Praxis konstituierenden Regeln.

62 „Praktika sind je nach Fachkultur unterschiedlich im Studium verankert und haben unterschiedliche Funktionen: Vor allem in Studiengängen mit klarem Professionsbezug, wie dem Medizinstudium und dem Lehramt, zielen Praktika auf die Herausbildung beruflicher Identität und professioneller Handlungskompetenz ab. Besonders in professions- und berufsfeldbezogenen Fächern dienen Praktika bereits vor Studienbeginn der Eignungsüber-prüfung und sind Voraussetzung für die Studienaufnahme (z. B. Medizin, Gesundheitswissenschaften, Ingenieurwissenschaften)" (Schubarth et al. 2016, S. 68).

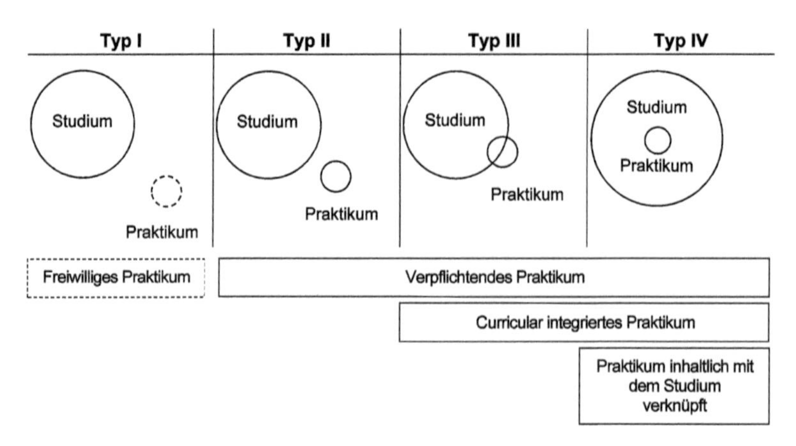

Abbildung 2: *Modelle zum Verhältnis von Studium und Praktikum*
(Schubarth et al. 2016, S. 68)

Richtet man den Blick in Abbildung 2 auf den Bereich des verpflichtenden Praktikums, fällt zunächst Typ II auf. Hier ist zwar ein Praktikum im Studium vorgesehen, dieses ist jedoch nicht curricular integriert. Dagegen ist das Praktikum bei Typ III curricular integriert, steht jedoch nicht im inhaltlichen Bezug zum Studium. Eine curriculare und inhaltliche Verknüpfung sehen Studiengänge des Typs IV vor, „das Praktikum ist sowohl curricular integriert als auch inhaltlich mit dem Studium verknüpft" (vgl. Schubarth et al. 2016, S. 68). Vor diesem Hintergrund ist das praktische Studiensemester Studiengängen des Typs IV zuzuordnen.

Zudem liegen Praxisphasen unterschiedliche curriculare Vorstellungen zum Verhältnis von Wissenschaft und professionalisierter Praxis zugrunde. So fokussieren beispielsweise Klassifikationen der jeweiligen Praxisphasen i. d. R. auch unterschiedliche Prinzipien des Berufsfeldbezuges. In Anlehnung an Schulze-Krüdener/Homfeldt (2001a) und Faust-Siehl/Heil (2001) werden Praxisphasen nachstehend mit 1) selbstreflexivem Wissenschaftsbezug, mit 2) didaktisch-vermittelndem, 3) handlungskompetentem und 4) forschungstheoretischem Berufsfeldbezug unterschieden. Sie werden im Folgenden kurz skizziert und in ihrer Relevanz für den Forschungsgegenstand beschrieben.

- Praxisphasen mit einen *selbstreflexiven Wissenschaftsbezug* kennzeichnet, dass beide Felder – Wissenschaftsfeld und Berufsfeld – vollständig voneinander getrennt sind und Praxisphasen nicht als integrale Bestandteile des Studiums verstanden werden. Mit der Modularisierung der Studiengänge erscheint ein selbstreflexiver Wissenschaftsbezug für praktische Studiensemester auf der curricularen Ebene zunächst unwahrscheinlich bzw. ausgeschlossen. Vielmehr stellt sich aber empirisch die Frage, ob auf der individuellen Ebene der einzelnen Akteur*innen diese Kategorie zu finden ist und wie dies die Gestaltung der Lernarrangements beeinflusst.

- Praxisphasen mit *didaktisch-vermittelndem Berufsfeldbezug* stellen das Kennenlernen von professionellem Handeln und die „Weitergabe von wissenschaftlichem Wissen in das Berufsfeld“ (Schubarth/Speck/Ulbricht 2016, S. 7) in den Mittelpunkt. Werden praktische Studiensemester beispielsweise mit spezifischen Projektvorgaben von Hochschulseite versehen, kann darüber ein didaktisch-vermittelnder Berufsfeldbezug sichtbar werden. Dem liegen zum Teil ‚Transfer-Vorstellungen‘ sowie ein hierarchisch geprägtes Wissenschaft-Praxis-Verhältnis zugrunde.[63]
- Praxisphasen mit *handlungskompetentem Berufsfeldbezug* erinnern an ein handwerklich-praktizistisches Verständnis zur Aneignung der im Berufsfeld erforderlichen Kompetenzen. Dies, vielfach als *berufspraktische Ausbildungsphase* bezeichnet, erschließt sich vor allem mit Blick auf die historische Entwicklung der Ausbildung in der Sozialen Arbeit. Die frühere Qualifizierung zur Wohlfahrtspflegerin sah nach einer zweijährigen Ausbildung und bestandener Prüfung an der Wohlfahrtsschule vor, dass sich die Schülerinnen in einem anschließenden Berufsjahr zur Erlangung der staatlichen Anerkennung als Wohlfahrtpflegerin bewährten – unter der Voraussetzung, dass sie das 24. Lebensjahr vollendet hatten (vgl. Amthor 2016, S. 108; Rauschbach/Züchner 2018, S. 135). Auffällig ist, dass der Begriff der „berufspraktischen Phase“ oder des „berufspraktischen Semesters“ bis heute – Jahrzehnte nach Bologna – im Kontext studienintegrierter Praxisphasen noch Verwendung findet (vgl. z. B. Escher 2020; Borbe/Skyba 2020). Damit wird ein Dualismus aufgerufen, der sich aus einem gegensätzlich verstandenen Terminus als „Theorie-Praxis-Problem“ (Dewe 2012, S. 111) ableitet.
- Praxisphasen mit *forschungstheoretischem Berufsfeldbezug* finden sich beispielsweise in Modulen mit ‚Forschendem Lernen‘ wieder. Konzepte hierzu wurden bereits in den 70er Jahren im Kontext von Hochschuldidaktik entwickelt (vgl. Obolenski/Meyer 2006). Mit dem Bologna-Prozess, der zunehmenden Forschungsorientierung der Hochschulen für angewandte Wissenschaften und dem Diskurs zur Verknüpfung von Forschung und Professionalisierung im Studium (vgl. u. a. Hanses 2012) hat forschendes Lernen an Bedeutung gewonnen und stellt eine Verknüpfung von Wissenschaft und professioneller Praxis her, die auch dem Einüben der Befremdung der eigenen Praxis dient (vgl. z. B. Schimpf/Göbel 2015; Schimpf/Stehr 2012b; Miethe/Stehr 2007; Friebertshäuser 2003).[64] Aktuelle hochschuldidaktische Entwicklungen knüpfen an das Konzept von Friebertshäuser (2001), im erziehungswissenschaftlichen

63 „Hierarchisierung des Besserwissens“ (Luhmann 1992, S. 508 ff.).

64 „Die Stärke eines forschenden Zugangs besteht darin, die Selbstverständlichkeit bestimmter Handlungsweisen zu erkennen, diese durch künstliche Befremdung in Frage zu stellen und sie durch die explizite Formulierung und Benennung zum Objekt zu machen, über das ein Austausch stattfinden kann (Bourdieu 2015 [1979], S. 333)“ (zit. n. Sehmer et al. 2020b, S. 3).

Praktikum aus ethnografischer Perspektive Feldforschung zu betreiben, an (vgl. u. a. Aghamiri 2021; Freis 2021).

Da die Arbeiten von Schulze-Krüdener/Homfeldt (2001a) und Faust-Siehl/Heil (2001) im Spiegel von Diplom-Studiengängen zu betrachten sind, ist danach zu fragen, wie ein Berufsfeldbezug im Kontext der Bologna-Reform beschrieben werden kann, der differente Wissensformen und Wissensbestände im Sinne dialogischer Wissenstransformation und -produktion und im Kontext der Modularisierung aufzunehmen vermag. Mit dem Konstrukt *begleitete Praxisphasen* sind, wie bereits dargestellt, zwei soziale Felder miteinander verknüpft. In beiden Feldern werden jeweils eigene Wissensbestände erzeugt (vgl. Sehmer et al. 2020, S. 174), die unterschiedlich präsent und zugänglich sind und einer hierarchisierenden Klassifikation unterliegen – so Busche und Streib-Brzic (2019). Wissenssoziologische Perspektiven zeigen, „dass es sich bei der Wissensproduktion in Professionen um einen wechselseitig aufeinander bezogenen Prozess der Entwicklung, Verwendung und Weiterentwicklung von Wissen handelt" (Oestreicher/Unterkofler 2014, S. 12). Oestreicher hat in ihrer Untersuchung *Die PaarProbleme* danach gefragt, wie sich der Transfer von professionellem Wissen zwischen Akteur*innen aus beiden Feldern im Kontext Sozialer Arbeit gestaltet (vgl. Oestreicher 2014). Sie hat erkannt: „Die institutionellen Unterschiede als ‚feldspezifische Illusio' (Bourdieu 1993a, S. 109 f.) führen dazu, dass die dem Feld genuinen Wissensbestände nur im jeweiligen Feld generiert werden können und deshalb ist die Trennung der Felder unabdingbar" (Oestreicher 2014, S. 127). Professionelle Praxis im Studium lässt sich also als eigenständiger Erwerbskontext von Wissen betrachten (vgl. Pfister 2017, S. 130) und Studierende sind herausgefordert sich in diesem Kontext auf unterschiedliche Logiken, Wissensbeständen, Perspektiven und damit verbundene Widersprüche und Spannungsverhältnisse einzulassen, auch innerhalb der jeweiligen Praxisstelle. „Spannungsfelder, Widersprüche und Dilemmata ergeben sich zum einen aus dem Handlungsfeld der Sozialen Arbeit und dem gesellschaftlichen Auftrag der Profession, zum andern aus der Tatsache, dass bei der Arbeit mit Menschen nicht auf technisches und somit standardisiertes Wissen zurückgegriffen werden kann, um das Handeln präzise zu planen, durchzuführen und zu evaluieren" (Müller/Gerber/Markwalder 2014). Die Verbindung zwischen Hochschule und professionalisierter Praxis, zwischen Disziplin und Profession, stellt sich dabei als kontinuierlich zu bearbeitende Konstruktionsleistung dar, die in unterschiedlichen (Reflexions-)Formaten von anleitenden Fachkräften und Lehrenden der praxisbegleitenden Veranstaltungen gemeinsam mit Studierenden zu erbringen ist (vgl. Freis 2019, S. 176). Dazu ist einerseits reflektierende Distanz zu professioneller Praxis erforderlich, da nur aus dieser Distanz heraus Routinen und handlungspraktische Abläufe umfassend und objektivierend erkannt werden können. Andererseits müssen ‚Situationen', die reflektiert werden sollen, auch vertraut und mit konkreten Erfahrungen verknüpft sein. Reflektierende Distanz bzw. ‚reflektierte Praxis' kann demnach nur innerhalb einer Anwesenheit von ‚Praxis' im Studium der Sozialen Arbeit hergestellt werden. Auch wenn die Generierung professioneller Identität im Studium Soziale Arbeit ihren Ausdruck in diversen Publikationen findet, wird die Bearbeitung des Verhältnisses von Hochschule und Professionalität in der Regel aus hochschulpolitischer oder disziplinärer Perspektive bearbeitet.[65] Die Perspektive der beruflichen Praxis bleibt, wie auch in anderen Beiträgen aktueller Professionsforscher*innen, vielfach außen vor. „Die Identitäts- oder Habitusthematik wird vorzugsweise curricular in Begleitveranstaltungen zu Praxisphasen bearbeitet" (Harmsen 2014, S. 8). An dieser Stelle lässt sich danach fragen, was in den Blick käme, wenn Perspektiven der professionalisierten Praxis systematisch erfasst und vor dem Hintergrund ko-produktiver Wissensbildung eingebunden wären.

Mit dem nun folgenden Kapitel wird auf die Bedeutung praktischer Studiensemester als *generalistische* Lernarrangements für Disziplin und Profession Sozialer Arbeit fokussiert. Es wird beleuchtet, inwiefern Praxisphasen als handlungsfeldbezogene, exemplarische Studienanteile und als *generalistische* Lernarrangements im Studium Soziale Arbeit verstanden werden können und mit dem Fokus auf strukturelle Aspekte und Spannungsverhältnisse eine weitere Annäherung an den Forschungsgegenstand *praktische Studiensemester als Verhandlungsraum zwischen Hochschule und beruflicher Praxis* erfolgen kann.

2.2 Praktische Studiensemester als Lernarrangement[66]

An den Gedanken anschließend, dass Professionalitätsentwicklung im Studium Soziale Arbeit im Zusammenhang mit curricularen Leitvorstellungen und konkreten Lernarrangements steht, wird nachstehend auf das praktische Studiensemester als Lernarrangement fokussiert.[67] Davon ausgehend, dass studienintegrierte begleitete Langzeit-Praxisphasen ihre Relevanz im Studium erst umfänglich entfalten können, wenn sie neben einer handlungsfeldbezogenen, exemplarischen Vertiefung auch als handlungsfeldübergreifende, generalistische Lernarrangements wahrgenommen und gestaltet werden, stellt sich die Frage: Wie kann es in der Hochschul(aus)bildung angehender Fachkräfte der Sozialen Arbeit gelingen, Praxisphasen als *generalistische* Lernarrangements zu begreifen und zu gestalten? Geht man davon aus, dass berufliche Praxis für den Erwerb jeder beruflichen Handlungskompetenz unerlässlich ist (vgl. Widulle 2009, S. 163), ist

65 Das Verhältnis von Professionalität Sozialer Arbeit und Hochschule wird beispielweise von Becker-Lenz, Busse, Ehlert und Müller-Hermann bearbeitet.

66 Kapitel 2.2 ist in etwas veränderter Form als Beitrag *Lernarrangements im Spannungsfeld von Hochschule und beruflicher Praxis* veröffentlicht (siehe Roth 2021).

67 Zum Zusammenhang von curricularen Leitvorstellungen und Professionsverständnissen siehe Engler 2022.

damit auch die Frage verbunden, wie Studierende von Erfahrungen in Praxisphasen zu ‚reflektierter Praxis' gelangen (können). Mit der Bologna-Reform ist zwar eine stärkere curriculare Verankerung von Praxisphasen im Studium erfolgt (vgl. Schubarth et al. 2012, S. 89), doch die Orientierung an der professionellen Handlungslogik der Sozialen Arbeit ist für Hochschulen mit Studiengängen Soziale Arbeit nicht neu. Die akademische Einbindung von beruflicher Praxis ins Studium durch Modularisierung bringt jedoch nach wie vor spezifische Fragen und Herausforderungen mit sich, was bereits in den voranstehenden Kapiteln deutlich wurde. Interessant und bislang nur wenig beleuchtet sind vor allem die strukturellen Aspekte, die Gestaltungsanlässe für Praxisphasen bieten und weiterführende Perspektiven eröffnen (vgl. Roth/Burkard/Kriener 2023, S. 35). Praxisphasen basieren auf Modulen, in denen professionalisierte Praxis als zweiter Lern- und Bildungsort in Studienprogrammen eingebunden ist. Auf Grundlage der jeweils akkreditierten Curricula und der entsprechenden landesrechtlichen Regelungen zur staatlichen Anerkennung sollen generalistisch ausgerichtete Bachelorstudiengänge in Verbindung mit *begleiteten Praxisphasen* u. a. eine vertiefte Befähigung zu eigenverantwortlicher und professioneller Tätigkeit in der Sozialen Arbeit vermitteln, und zwar handlungsfeldübergreifend (vgl. ebd.). Ausgehend von diesem handlungsfeldübergreifenden Aspekt wird im Folgenden auf praktische Studiensemester als ‚Lernarrangement' in der professionalisierten Praxis fokussiert. Unter Lernarrangement werden individuelle, didaktisch und inhaltlich gerahmte Lernsettings verstanden, die dem Prinzip der Selbstbestimmung folgen und zugleich einer professionellen Strukturierung und Begleitung insbesondere von Seiten anleitender Fachkräfte unterliegen (vgl. Roth 2021, S. 37). Vor dem Hintergrund der jeweiligen Module mit den jeweils ausgewiesenen Lernziel-, Lerninhalt- und Kompetenzbeschreibung, soll Studierenden darüber ermöglicht werden unter ‚komplexitätsreduzierten Bedingungen' einen zeitlich begrenzten Teil ihres Studiums in der beruflichen Praxis zu absolvieren und Soziale Arbeit praktisch handelnd herzustellen (vgl. Aghamiri 2021, S. 178) und diese Herstellungsprozesse zu reflektieren. Unabhängig davon, bei welchem Träger der Sozialen Arbeit und in welchen konkreten Handlungsfeldern Studierende ihre *begleiteten Praxisphasen* studieren, soll das Lernarrangement praktisches Studiensemester zugleich handlungsfeldbezogene, exemplarische Lern- und Bildungsprozesse befördern und die Entwicklung von Professionalität im Sinne eines generalistischen Studiums unterstützen. Denn „Wissensbildungsprozesse finden sowohl in der Wissenschaft als auch in der Praxis statt, jedoch unter spezifischen Rationalisierungslogiken und somit der Betonung unterschiedlicher Wissenstypen" (Kösel/Schreiber 2019, S. 183).[68]

68 „Die Praktikumszeit selbst wird [von Studierenden] überwiegend positiv geschildert; sie wirkt im Kontrast zum Studienalltag abwechslungsreich und vermittelt ein Gefühl potentieller Erwerbstätigkeit" (Nierobisch 2010, S. 123).

Praxisphasen bieten individuelle Professionalisierungsmöglichkeiten (vgl. Egloff/Männle 2012, S. 65 ff.), da sie Lern- und Bildungsarrangements beinhalten, in denen Handlungsprobleme, Antinomien und Ungewissheiten erfahren, reflektiert und mit unterschiedlichen Wissensbeständen relationiert werden können. Individuelle Professionalisierungsprozesse sind in besonderem Maße durch Vielfalt gekennzeichnet. Doch erst wenn Studierende, anleitende Fachkräfte und Lehrende praxisbegleitender Veranstaltungen Widersprüche und Spannungsfelder wahrnehmen, anerkennen und sensibilisiert damit umgehen, können Praxisphasen als *generalistische* Lernarrangements und wichtige Bestandteile des Studiums Soziale Arbeit gestaltet, begleitet und reflektiert werden und zu Professionalisierung und Professionalitätsentwicklung beitragen.[69]

Anhand zwei exemplarisch ausgewählter Perspektiven, die für die vorliegende Studie von besonderer Relevanz sind (*Wissensverhältnisse* sowie *Spannungs- und Konfliktverhältnisse*), werden *begleitete Praxisphasen* als Lernarrangements im Spannungsfeld von Hochschule und beruflicher Praxis aufgespannt:

- *Wissensverhältnisse* und die wechselseitige bzw. fehlende Anerkennung von wissenschaftlichem Wissen und Erfahrungswissen kann für Studierende im Kontext *begleiteter Praxisphasen* besonders spürbar werden, da sie einerseits am beruflichen Alltag der Praxisstelle beteiligt sind und die Rolle der sogenannten ‚Praktikant*in' einnehmen und andererseits als ‚Studierende der Sozialen Arbeit' mit der Hochschule verbunden sind.[70] Im alltäglichen Sprechen und in Fachdiskursen wird die Frage nach Wissenstransfer meist einseitig konzipiert – von der Wissenschaft in die Praxis (vgl. Sehmer et al. 2020a, S. 173). Unterschiedliche Studien weisen jedoch darauf hin, dass wissenschaftlich generiertes Wissen keine unmittelbare Verwendung in der professionellen Praxis findet (vgl. u. a. Thole et al. 2016; Retkowski/Schäuble/Thole 2011; Beck/Bonß 1989). Erst über einen gemeinsamen und auf Anerkennung basierenden Austausch differenter Wissensbestände kann es gelingen wechselseitig aufeinander bezogene Prozesse der Verständigung zu initiieren (vgl. Roth/Schimpf 2020, S. 133 f.). Dafür sind gemeinsame Begegnungs- und Artikulationsräume erforderlich. Zudem sind Fachkräfte und Hochschulvertreter*innen herausgefordert ihre immanenten Perspektiven vor dem Hintergrund der eigenen Standortgebundenheit zu reflektieren, in den

69 Praktische Studiensemester sind, wie auch wissenschaftliche Weiterbildung (siehe dazu auch Schulze-Krüdener 2012, S. 1072 f.), im Spannungsfeld von zum Teil gegensätzlichen Interessen und Ansprüchen der Hochschulen, der Träger, der Politik, der Studierenden und „der die Leistungen der Sozialen Arbeit Nutzenden" (Kruse 2017, S. 191) verortet.

70 In Hochschul- und Forschungskontexten werden Angehörige des Berufsfeldes vielfach als Praktiker*innen bezeichnet (vgl. u. a. Ohling 2021; Unterkofler 2020; Sehmer et al. 2020b; Debiel et al. 2020).

Dialog einzubringen und diese für die Begleitung der Studierenden nutzbar zu machen. Dem Gedanken einer dialogischen Wissenstransformation folgend (vgl. Thole 2018) können Lernarrangements in Praxisphasen auch dahingehend verstanden werden, dass in Handlungsfeldern der Sozialen Arbeit anderes Wissen generiert wird, als dies der Wissenschaft in Form von Empirie und Theorie zugänglich ist (vgl. Sehmer et al. 2020a, S. 174 f.). Dieses Wissen als gleichwertig und wertvoll anzuerkennen und Wissenshierarchien zu überwinden, ist für die (Weiter-)Entwicklung der Sozialen Arbeit als Disziplin und Profession wichtig. Lernarrangements, die Möglichkeitsräume eröffnen, Widersprüche und Differenzen sowie Spannungsfelder aus unterschiedlichen Perspektiven zu thematisieren und auch hierarchisierende Klassifikationen zwischen Hochschule und professionalisierter Praxis vor dem Hintergrund der sozialen Ordnung zu beleuchten, sind hierfür relevant.
- *Begleitete Praxisphasen* im Studium lassen sich auch als *Spannungs- und Konfliktverhältnisse* vor dem Hintergrund unterschiedlicher Positionierungen und Interessen der jeweiligen Akteur*innen, die an praxisbezogenen Lernarrangements beteiligt sind, sowie der institutionellen Vorstrukturiertheit, betrachten. Auch können sie als Machtverhältnisse zwischen Wissenschaft und beruflicher Praxis gefasst werden und auf eine konflikthafte Beziehung zwischen Wissenschaft und Praxis hinweisen. Deutlich wird dies beispielsweise für Studierende, wenn über institutionelle Anforderungsstrukturen Dispositionen und Praxen hervorgebracht werden, die im jeweiligen Feld – Wissenschaftsfeld oder Berufsfeld – als nicht erwünscht gelten und keine Anerkennung finden (vgl. Klinger 2014, S. 96). So kann es zum Beispiel als ‚störend' betrachtet werden, wenn sich Studierende dem Handlungsdruck der professionellen Praxis nicht anpassen und alltägliche Routinen hinterfragen. An dieser Stelle lässt sich fragen, mit welchen unausgesprochenen Selbstverständlichkeiten Studierende, anleitende Fachkräfte und Lehrende der praxisbegleitenden Veranstaltungen im Kontext der Praxisphasen agieren. Dies kann mit der Analysekategorie des Arbeitsbündnisses sichtbar gemacht werden. Resch (2014) formuliert bezogen auf diese Analysekategorie: „Das Selbstverständliche zeichnet aus, dass es nicht ausgesprochen wird und werden muss. Aber erst wenn wir benennen können, was der Situation als Selbstverständlichkeit unterlegt ist, verstehen wir ein Artefakt oder ein Ereignis, eine Situation oder eine Interaktion" (ebd., S. 84). Darüber können auch Verhältnisse zwischen Hochschule und beruflicher Praxis sowie konkrete Alltagserfahrungen der anleitenden Fachkräfte in den Blick kommen.

Werden begleitete Praxisphasen als Lernarrangements im Spannungsfeld von Hochschule und professionalisierter Praxis wahrgenommen und anerkannt, können daraus Anregungen zur (didaktischen) Gestaltung der Praxisphasen als generalistische Lernarrangements abgeleitet werden. Es ginge also darum

Lernarrangements zu schaffen, die es Studierenden ermöglichen, die Selbstverständlichkeiten des organisationalen Alltags sowie darin eingelagerter Handlungsroutinen aus unterschiedlichen Perspektiven zu beleuchten und zu hinterfragen. Auch darüber kann die Verbindung zwischen Hochschule und beruflicher Praxis als kontinuierlich zu bearbeitende Konstruktionsleistung (vgl. Freis 2019, S. 176) für alle Beteiligten erfahrbar werden. Die gemeinsame Qualifizierungsverantwortung der beiden Lern- und Bildungsorte wäre hier handlungsleitend und würde voraussetzen, dass sich die beteiligten Akteur*innen mit ihren Interessen, Möglichkeiten und Grenzen auf Grundlage einer wechselseitigen Anerkennung einbringen und sich zugleich als ‚Wissende' und ‚Unwissende' begegnen (können). Als Artikulationsräume für Studierende werden in der Literatur insbesondere Anleitungsgespräche in der jeweiligen Praxisstelle sowie praxisbegleitende Lehrveranstaltungen an der Hochschule – jeweils in ihrer spezifischen Verantwortlichkeit – betrachtet (vgl. u. a. Kriener et al. 2021; Debiel et al. 2020; Roth/Merten 2014; Müller 2003). Denn Relationierungsprozesse sind an beiden Lern- und Bildungsorten didaktisch zu begleiten – oder anders formuliert: „‚Praxis' wird nicht automatisch zum Professionalisierungsort" im Studium (Roth/Burkard/Kriener 2023, S. 36). Zudem sind Verständigungsformen und -räume zwischen Hochschule und professionalisierter Praxis erforderlich, sollen Studierende nicht alleine für die Vermittlung und Verknüpfung unterschiedlicher Wissensformen und Diskurse verantwortlich sein (vgl. Schimpf 2022, S. 243). Vor diesem Hintergrund besteht die Notwendigkeit der wechselseitigen Bezugnahme. Im Kontext *begleiteter Praxisphasen* generierte Wissensbestände und Deutungsalternativen müssten also auch von Akteur*innen der Hochschule und der beruflichen Praxis dazu genutzt werden, Prozesse der wechselseitigen Verständigung anzuregen, die unterschiedliche Wissensformen miteinander in den Dialog bringen. Eingebettet in generalistische curriculare Erfordernisse, konkrete Bedingungen professionalisierter Praxis und individuelle Lern- und Bildungsbiografien von Studierenden, die sich wie *Pendler*innen* zwischen zwei sozialen Feldern bewegen, könnten sich mit dem Konstrukt praktisches Studiensemester Möglichkeiten eröffnen, um *begleitete Praxisphasen* als generalistische Lernarrangements zwischen akademischer Fachkultur, Berufskultur und studentischer Kultur zu gestalten, differente Wissensformen, Brüche, Widersprüche sowie Anschlussstellen und gemeinsame Herausforderungen sichtbar zu machen und zu Professionalisierung und Professionalitätsentwicklung – handlungsfeldübergreifend – anzuregen bzw. beizutragen. Das folgende Kapitel 2.3 widmet sich dem praktischen Studiensemester als komplexem Gefüge im triadischen Verhältnis und beleuchtet dabei systematisch unterschiedliche Perspektiven der ‚gelebten Trias' vor dem Hintergrund einer gemeinsamen Qualifizierungsverantwortung (vgl. Roth/Kriener/Burkard 2021).

2.3 Praktische Studiensemester als komplexes Gefüge im triadischen Verhältnis

Praktische Studiensemester sind curriculare Bestandteile vieler grundständiger Studiengänge Soziale Arbeit in Deutschland.[71] Sie werden, wie bereits dargestellt, am Lern- und Bildungsort berufliche Praxis studiert und von Hochschulen mit Lehrveranstaltungen begleitet. Als Pflichtpraktika sind sie Teil der Regelstudienzeit und unterliegen dem Primat des Handlungsbezugs (vgl. Stichweh 2005). Studierende sind in praktischen Studiensemestern mit typischen Handlungsproblemen der Sozialen Arbeit konfrontiert (vgl. Becker-Lenz/Müller-Hermann 2013, S. 212 ff.) und dazu aufgefordert Soziale Arbeit selbst praktisch handelnd herzustellen (vgl. Aghamiri 2021). Hochschulen und professionalisierte Praxis sind über das Konstrukt *praktisches Studiensemester* strukturell in Form einer Lernortverknüpfung miteinander verbunden (vgl. u. a. Roth/Gabler 2012), was seine Ausgestaltung in Modulhandbüchern sowie Studien-, Prüfungs- und ggf. Praktikumsordnungen findet und sich mittels Praktikumsvereinbarungen als Gewährleistungsinstrument (vgl. Gans-Raschke 2021) für die jeweiligen Studierenden abbildet: „In der Praktikumsvereinbarung werden die curricularen Vorgaben durch die Hochschule mit den Vereinbarungen zur Umsetzung der Praxisphasen zwischen Studierenden und Praxisstelle zusammengeführt. […] Damit kann die Praktikumsvereinbarung als *Gewährleistungsinstrument* verstanden werden, weil dort die jeweiligen Erwartungen und Voraussetzungen transparent abgestimmt werden“ (ebd., S. 114). Die Verknüpfung der Lern- und Bildungsorte im Rahmen praktischer Studiensemester vollzieht sich auf mehreren Ebenen (strukturell, konzeptionell, individuell), je nach Ebene sind unterschiedliche Akteur*innen beteiligt. Die strukturelle Ebene ist durch die beteiligten Organisationen bzw. Institutionen, die rechtlichen Rahmungen und die gemeinsame Qualifizierungsverantwortung gekennzeichnet. Auf konzeptioneller Ebene können praktische Studiensemester als *generalistische* Lernarrangements (vgl. Roth 2021) charakterisiert werden, die ‚Pendelbewegung‘ zwischen konkret Beispielhaftem und abstrakt Generalistischem initiieren.[72] „Hochschulen müssen dabei einen Spagat leisten, damit das an der Hochschule vermittelte (disziplin- und professionsbezogene) Wissen eine Bedeutung für die Praxisausbildung [*begleitete Praxisphasen*] in allen Praxisorganisationen hat, die teilweise in hoch spezialisierten Feldern agieren“ (Engler 2022, S. 6). Auf individueller Ebene treten die beteiligten Personen als Akteur*innen in Erscheinung, worauf im Folgenden

71 I. d. R. immer dann, wenn kein postgraduales Modell oder duales Studiengramm den Zugang zur staatlichen Anerkennung ebnet.

72 „[…] exemplarische Lern- und Bildungsprozesse Studierender [können] als kontinuierliche Pendelbewegung zwischen konkret Beispielhaftem und abstrakt Generalistischem bezeichnet werden“ (Roth/Burkard 2021, S. 147).

noch einzeln eingegangen wird. Eine kompetenzorientierte Ausrichtung, die auf die Formulierung sogenannter Lernergebnisse fokussiert, ist mit der Bologna-Reform zentral geworden. Auf Basis des deutschen Fachqualifikationsrahmens Soziale Arbeit (QR SozArb) rückt für das gesamte Curriculum – neben der wissenschaftlichen Anschlussfähigkeit – auch der Aspekt des berufsbefähigenden Kompetenzerwerbs in den Fokus der Betrachtung. „Als für die Soziale Arbeit spezifische Kompetenzentwicklung wird die Befähigung/Fähigkeit zur Wissensgenerierung/Innovation mit wissenschaftlichen Methoden im Feld der Sozialen Arbeit aufgefasst. Sozial-, Fach-, Methoden- und Personalkompetenz in Kombination mit einer ethisch reflexiven Haltung begründen Innovation in fachspezifischen Kontexten der Sozialen Arbeit als Wissenschaft und als Praxis" (Schäfer/Bartosch 2016, S. 15). Im QR SozArb 6.0 werden auch die Wechselwirkung zwischen wissenschaftlicher Reflexion, sogenannten berufspraktischen Herausforderungen und Selbstwahrnehmung thematisiert. „Auf dem Bachelorlevel steht die Weiterentwicklung von Fachwissen, Erfahrungen, Allgemeinwissen und Spezialwissen im Vordergrund" (Spindler 2020, S. 33 f.). Dies kann im übergeordneten Sinne auch für praxisbezogene Module relevanter Bezugspunkt sein.

Exkurs: Ausbildungsplanung als Aushandlungs- und Gewährleistungsinstrument

Da in praktischen Studiensemestern ein Teil der Qualifizierungsverantwortung von Hochschulseite an die professionalisierte Praxis – die jeweilige Praxisstelle – delegiert wird, bilden meist individuelle und schriftlich fixierte Aushandlungs- und Gewährleistungs-instrumente wie Ausbildungs-, Kompetenzerwerbsplanungen bzw. Lernzielvereinbarungen die Grundlage für die jeweils konkrete Ausgestaltung der *begleiteten Praxisphase*. Dem Ausbildungsplan o. ä. kommt damit als „triadisches Aushandlungsinstrument" (Burkard/Kriener 2021, S. 125 ff.) eine vermittelnde Funktion innerhalb der Trias zu und soll Transparenz und wechselseitige Anschlussfähigkeit gewährleisten:

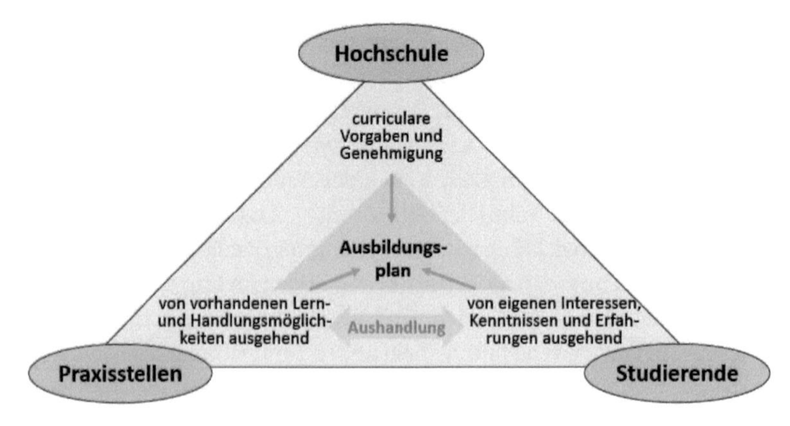

Abbildung 3: *Aushandlung des individuellen Ausbildungsplans*
(Burkard/Kriener 2021, S. 128)

Der *Ausbildungsplan* als „triadisches Aushandlungsinstrument" (Burkard/Kriener 2021, S. 128) zur didaktischen Strukturierung und Begleitung individueller Lern- und Bildungsprozesse im Kontext praktischer Studiensemester dient auch als *Übersetzungshilfe* der abstrakt-generalistischen Anforderungen in die konkret-spezifischen Wissens- und Könnensbedarfe und umgekehrt. Wie in Abbildung 3 dargestellt sollen curriculare generalistische Vorgaben mit individuellen Lernzielen und auf dem biografischen und motivationalen Hintergrund der Studierenden und im unmittelbaren Handlungsbezug der jeweiligen Praxisstelle und den daraus resultierenden Anforderungen miteinander verknüpft werden (vgl. Burkard/Kriener 2021). Das Instrument der sogenannten Ausbildungsplanung ist dabei nicht neu. Ein ursprünglich aus der beruflichen Ausbildung stammender und im Berufsbildungsgesetz (BbiG) normierter Begriff, ist auch schon in der Sozialen Arbeit in Ausbildungsordnungen höhere Fachschulen zu finden (vgl. Roth 2014). Neu sind die mit der Bologna-Reform verbundene Kompetenzorientierung und der Fokus auf die Lernergebnisse.

An dieser Stelle lassen sich zwei unterschiedliche Logiken skizzieren: Einerseits sollen *begleitete Praxisphasen* als professionsspezifische Lernarrangements gefasst werden und einen Beitrag zur Professionalisierung und Professionalitätsentwicklung leisten, indem sie u. a. als eigenständiger Sozialraum für „sinnlich erfahrbare Praxis" (Harmsen 2014, S. 119) verstanden werden und der Logik des Berufsfeldes folgen. Andererseits sind *begleitete Praxisphasen* als Studienanteile in einem Gesamtcurriculum zu betrachten und in die Logik des Wissenschaftsfeldes eingebunden. Somit kommen zwei separat zu fassende soziale Felder miteinander in Berührung, die unterschiedlichen Logiken, Rationalitäten und feldspezifischer Illusio folgen (vgl. Bourdieu 1993a, S. 109 f.). Während die vom praktischen Handlungsdruck entlastete Logik des Wissenschaftsfeldes, die um „Wahrheitsproduktion" bemüht ist und „wissenschaftlichen Idealen des (performanten) kommunizierten Zweifels und der umfassenden Explikation" (Bohnsack 2020, S. 10) folgt, ist die Logik des Berufsfeldes an alltäglichen Routinen der Entscheidungsfindung orientiert und lässt sich durch die Bewältigung performativer Routinen charakterisieren (vgl. ebd.). Vor diesem Hintergrund ist es von besonderer Relevanz, wie von den Beteiligten – insbesondere auch von anleitenden Fachkräften – das praktische Studiensemester vorstrukturiert wird. Ein Blick auf die Ebene der beteiligten Akteur*innen zeigt unterschiedliche, teilweise institutionell gerahmte, Perspektiven:

- *Praxisstelle: Organisation und anleitende Fachkräfte.* Träger der Sozialen Arbeit, die auf Grundlage landesrechtlicher Regelungen zur staatlichen Anerkennung und entsprechender Ordnungen der einzelnen Hochschulen als Lern- und Bildungsort für Studierende *begleiteter Praxisphasen* von Hochschulen anerkannt sind, werden i. d. R. als Praxisstelle oder Praxiseinrichtung bezeichnet. Es kann davon ausgegangen werden, dass Träger an gut qualifizierten Absolvent*innen interessiert sind (vgl. Ebert 2015, S. 20) und spezifische Erwartungen an Hochschulabsolvent*innen stellen.[73] In Bezug auf die Kinder- und Jugendhilfe sind das beispielsweise Erwartungen im organisations-, berufsbezogenen und persönlichkeits-bezogenen Bereich (vgl. AGJ 2011, S. 69). Damit rückt bei Trägern eine ‚berufsorientierende und berufsfeldqualifizierende Funktion' der Praxisphasen in den Fokus. Es stellt sich also die Frage, ob davon auszugehen ist, dass der Blick von Praxisstellen auf Studierende in *begleiteten Praxisphasen* mit Qualifizierungserwartungen verbunden ist, die nicht zwangsläufig mit curricularen Inhalten und Vorgaben korrelieren (siehe dazu Kapitel 5.3). Zudem sind Träger herausgefordert „in Zeiten des Fachkräftemangels […] überhaupt noch geeignete Sozialarbeiter*innen mit arbeitsfeldspezifischen Handlungskompetenzen zu gewinnen" (Harmsen 2020, S. 195).[74]
  Praxisstellen delegieren die ihnen in Teilen übertragene Qualifizierungsverantwortung für einzelne Studierende nahezu vollständig an *anleitende Fachkräfte*, erforderliche Ressourcen und Rahmenbedingungen für Anleitung sind dabei wenig im Blick (vgl. Scheer 2023; Roth/Burkard/Kriener 2023; Müller 2003), was auf ein Konfliktfeld hinweisen kann. So sind es i. d. R.

73 „Häufig werden Studierende nach einem Praktikum in einer Einrichtung, in der sie sich ‚bewährt' haben, weiterbeschäftigt, so dass sie einen fließenden Übergang vom Studium in den Beruf haben. In diesem Sinne sind Praktika in der Tat ‚Türöffner'" (Egloff 2022, S. 214).

74 „Die Forderung nach einer weiteren Akademisierung der Ausbildung Sozialer Arbeit könnte angesichts des Fachkräftemangels als Provokation verstanden und eine duale bzw. trägernahe verschlankte Ausbildung stattdessen als Lösung angesehen werden" (Röh et al. 2023, S. 70).

die mit Anleitung betrauten Fachkräfte, die im Rahmen praktischer Studiensemester als Akteur*innen und Vertreter*innen der Praxisstellen für Studierende und Hochschulen in Erscheinung treten.[75] Sie sind diejenigen, auf die Qualifizierungsverantwortung in *begleiteten Praxisphasen* innerhalb der Praxisstellen operativ übertragen wird und die als Person für die individuelle, an Studierenden orientierte Kooperation mit der jeweiligen Hochschule zuständig sind. Interessant ist an dieser Stelle die Frage, wie sie ihre eigenen Vorstellungen von Professionalisierung und Professionalitätsentwicklung sowie (biografische) Erfahrungen mit Hochschule in den Anleitungsprozess einbringen.[76] Auf dieser individuellen Ebene ist professionelles Handeln eng mit der eigenen Person und der eigenen Biografie verbunden. Darauf weisen sowohl jüngere Studien (vgl. Goldoni 2023; Marks et al. 2018; Thole et al. 2016) als auch ältere Studien z. B. aus den 80er Jahren (vgl. Beck/Bonß 1989) hin und machen deutlich, dass der Zugriff auf wissenschaftliches Wissen von Seiten der Fachkräfte selektiv und ‚eigenwillig' erfolgt.[77] Im Sinne von Habitualisierung und Routinisierung werden die eigenen Erfahrungen und Relationierungspraktiken der Fachkräfte zum Bezugspunkt für die (didaktische) Strukturierung der Praxisphase und beeinflussen deren Erwartungshaltung an Studierende (vgl. Goldoni 2023) – auch wenn dies i. d. R. nicht unmittelbar expliziert und erfasst werden kann.[78] Erst die Teilnahme am beruflichen Alltag der Fachkräfte in den Praxisstellen eröffnet Studierenden die Möglichkeit eigene Erfahrungen mit Denk- und Handlungslogiken der professionalisierten Praxis zu machen, deren Praktiken kennenzulernen und unter komplexitätsreduzierten Bedingungen selbst aktiv zu werden. Darüber erhalten Studierende Einblicke, die Hochschulvertreter*innen in der Regel verwehrt bleiben.

---

75 Sie übernehmen beispielsweise die Ausbildungsplanung mit den Studierenden, beteiligen sich an Hochschulveranstaltungen zu *begleiteten Praxisphasen*, führen regelmäßige Anleitungsgespräche und beurteilen die Studierenden am Ende der Praxisphase.

76 Mit der Lern- und Bildungsorientierung von Praxisausbildenden der Sozialen Arbeit in der Schweiz beschäftigt sich auch Goldoni in seiner Dissertationsstudie (vgl. Goldoni 2023).

77 Dewe (2012) konstatiert, dass wissenschaftliches Wissen von Praktiker*innen selektiv rezipiert werde. Wissenschaftliches Wissen werde auf konkrete Problemstellungen bezogen interpretiert und „es amalgamiert sich mit beruflichem Erfahrungswissen, letzten Endes verändert es seinen Charakter, es transformiert sich zusammen mit beruflichem Erfahrungswissen zu einem neuen Wissenstyp, dem Professionswissen (vgl. Dewe 2012)" (zit. n. Becker-Lenz et al. 2012b, S. 11).

78 Fachkräfte verfügen über ein sogenanntes „lebendiges Wissen" (Sehmer et al. 2020, S. 2). Darüber „werden Muster der Deutung und Wahrnehmung und daraus resultierende Handlungsschemata in Form von Praktiken entwickelt" (ebd.).

- *Hochschulen: Lehrende praxisbegleitender Veranstaltungen und Praxisreferent*innen.* Hochschulen obliegt die Gesamtverantwortung der Hochschul(aus)bildung und sie sind in den meisten Bundesländern auch mit der Sicherung der Voraussetzungen und der Verleihung der staatlichen Anerkennung betraut. Da Pflichtpraktika am Lern- und Bildungsort berufliche Praxis integrale Bestandteile der jeweiligen Studienprogramme darstellen und in Modulhandbüchern sowie Studien-, Prüfungs- bzw. Praktikumsordnungen geregelt und Teil der (Re-)Akkreditierungsverfahren sind, fallen auch sie in den Gesamtverantwortungsbereich der Hochschule. Module mit begleiteten Langzeit-Praxisphasen nehmen hier einen besonderen Stellenwert ein, da sie als Lernarrangement eine der zentralen Antinomien professionellen Handelns (vgl. Helsper 2016) aufgreifen: Die Praxisantinomie, die „zwei deutlich kontrastierende und sich eigentlich ausschließende Haltungen miteinander zu vermitteln [sucht] – einerseits das hoch belastete und verantwortliche praktische Handeln und andererseits das gerade möglichst weitreichend vom Handlungsdruck befreite theoretisch-reflexive Handeln" (Helsper 2016, S. 54). Sie sollen u.a. dabei unterstützen „die mögliche Kluft zwischen praktischem und diskursivem Wissen in einer Weise zu verringern, dass es [...] in zunehmendem Maße gelingt, durch Selbstreflexion sowohl eigene Handlungshintergründe einem fachlich/wissenschaftlichen Diskurs verfügbar zu machen, als auch aus diesem Diskurs Folgerungen für ‚implizite Theorien' im praktischen Handlungswissen zu ziehen" (Moch 2006, S. 543). Während in der professionalisierten Praxis anleitende Fachkräfte die Begleitung der Studierenden während der Praxisphasen übernehmen, sind es an Hochschulen die Lehrenden der praxisbegleitenden Veranstaltungen und die Praxisreferent*innen, die den Kontakt bzw. die Verknüpfung (inhaltlich und organisatorisch) zur Praxis – sogenannte Praxisbezüge[79] – gestalten. Davon ausgehend, dass Absolvent*innen der Sozialen Arbeit „[...] in der Lage sein [sollen], eine Position in Bezug auf Grundfragen professionellen Handelns [...] einzunehmen" (Müller-Hermann 2020, S. 178), kommt Lehrenden beispielsweise die Aufgabe zu, Studierende bei der Aneignung und Verknüpfung unterschiedlicher Denk- und Handlungslogiken zu unterstützen, zu produktiver Krisenbewältigung und theoriegeleiteter (Selbst-)Reflexion anzuregen, Lern- und Bildungsprozesse zu begleiten und Kontakte mit anleitenden Fachkräften im Sinne der Lernortverknüpfung zu pflegen. Dazu gehört auch in den praxisbegleitenden Lehrveranstaltungen Studierende dazu anzuregen gesellschaftspolitische Verhältnisse und Praktiken der jeweiligen Praxisstelle auf Distanz zu bringen und – ebenso wie das eigene Handeln – einer kritischen Reflexion zuzuführen und dies im Sinne von Professionalisierung und

79 Im Alltag und in der Fachliteratur wird der Begriff Praxisbezug nicht einheitlich verwendet (vgl. Schubarth et al. 2012).

Professionalitätsentwicklung einzuüben. Zu berücksichtigen ist dabei, „dass der Forschungs- und Wissenschaftsbezug das wesentliche Kriterium der akademischen Lehre ist“ (Spindler 2020, S. 43) und sich hauptamtlich Lehrende der Hochschulen (insbesondere Professor*innen)[80] nicht zwangsläufig als Vertreter*innen der Profession definieren. Im Kontext von interdisziplinären Fallseminaren kommt Harmsen zu der Einschätzung: „Ein Professionsbezug gelingt allerdings nur dann, wenn die Lehrenden sich explizit als Sozialarbeitende definieren, Handlungskompetenzen im jeweiligen Handlungsfeld besitzen und zur Reflexivität fähig sind“ (Harmsen 2020, S. 200). Neben hauptamtlich Lehrenden – als Angehörige des Wissenschaftsfeldes – sind vielfach auch Lehrbeauftragte im Kontext praxisbegleitender Veranstaltungen tätig. So setzen beispielsweise Hochschulen, die praxisbegleitende Supervision anbieten, zu einem großen Teil „externe Supervidierende als Lehrbeauftragte“ (Middendorf/Thorausch 2021, S. 196) ein.[81] Lehrbeauftragte können häufig dem Berufsfeld zugeordnet werden und stellen ein „wichtiges Bindeglied zwischen Fachhochschulen und dem Beschäftigungssystem“ dar (Pahl 2018, S. 156 f.).[82] Vor diesem Hintergrund werden sie i. d. R. in vermittelnder Funktion angerufen.

Als weitere an *begleiteten Praxisphasen* beteiligte Akteur*innen kommen sogenannte Praxisreferent*innen in den Blick, die i. d. R. in Praxisreferaten (Praxisbüros, Praxisämtern o. ä.) tätig sind.[83] Praxisreferate sind als strukturelle Organisationseinheit an der Schnittstelle von Hochschule und beruflicher Praxis verortet und vor dem Hintergrund eines staatlich reglementierten Berufszugangs mit einem akkreditierten Curriculum leiten sich die Befugnisse der Praxisreferent*innen als ‚Grenzstelleinhaber*innen‘ ab.[84] Dazu gehört es, Erwartungen und Anforderungen an die Praxisstellen und die Hochschule zu stellen und einzufordern. Während der praktischen Studiensemester sind Praxisreferent*innen operativ z. B. mit der Beratung von Studierenden, Lehrenden und Praxisstellen sowie der Organisation praxisbegleitender Lehrveranstaltungen und der Umsetzung der Standards zur Erlangung der staatlichen

80 Als hauptamtlich Lehrende werden in der vorliegenden Arbeit neben Professor*innen auch wissenschaftliche Mitarbeiter*innen und Lehrkräfte für besondere Aufgaben bezeichnet (siehe dazu auch Pahl 2018, S. 147 ff.).

81 „Grundsätzlich sollten die Supervisionsseminare durch externe Lehrbeauftragte durchgeführt werden, um eine Rollenvermischung von Lehrenden und Supervisor*innen zu vermeiden“ (Harmsen 2020, S. 202).

82 „Besondere Herausforderungen bei den Lehrbeauftragten, häufig erfahrene Praktiker*innen, die hinsichtlich praxisorientierter Lehre eine wichtige Funktion haben, ist die Einbindung in den fachlichen Austausch in den Studiengängen, verbunden mit der Sicherung der Qualität von Lehre (Pahl 2018: 147 ff.)“ (zit. n. Spindler 2020, S. 41).

83 Die Autorin selbst hat als wissenschaftliche Mitarbeiter*in die Leitung eines Praxisreferates Soziale Arbeit inne.

84 Näheres zu Praxisreferaten als Grenzstelle siehe Roth (2021) und Freis (2019).

Anerkennung beschäftigt. Sie wirken darüber hinaus bei der curricularen Ausgestaltung und Weiterentwicklung praxisbezogener Studienanteile im Kontext von Professionalitätsentwicklung in der Sozialen Arbeit mit und übernehmen beispielsweise Modulverantwortung für Module mit integrierten begleiteten Langzeit-Praxisphasen. Auch sind sie mit der Wahrnehmung hoheitlicher Aufgaben im Rahmen der Erteilung der staatlichen Anerkennung und mit Aufgaben zur Kooperation zwischen den Lern- und Bildungsorten Hochschule und Berufspraxis betraut (vgl. Kriener/Roth/Burkard/Gabler 2021). Die Expertise liegt genau im Spannungsfeld der ‚Grenzstelle', d.h. in der Gestaltung von Kooperations- und Interaktionsbeziehungen zwischen Hochschule und Praxisstellen. Beispielhaft seien an dieser Stelle „Klarheit und Transparenz in Bezug auf (Formal-)Struktur, Entscheidungsprämissen und Beteiligung an der Schnittstelle von Hochschule und beruflicher Praxis" (Roth/Kriener/Burkard 2021, S. 31) als spezifische Kommunikations- und Abstimmungsleistungen genannt.[85]

- *Studierende: Akademischer und professioneller Nachwuchs im Übergang.* Während Studierende im Laufe ihres Studiums einen Sozialisationsprozess an der Hochschule (Hochschulsozialisationsprozess) durchlaufen, sind *verschiedene Kulturen* bedeutsam: Eigene Herkunftskultur, studentische Kultur, akademische Fachkultur und Berufskultur (vgl. Richter/Friebertshäuser 2019, S. 37 f.). Im Rahmen der *begleiteten Praxisphasen* studieren sie vorwiegend am Lern- und Bildungsort berufliche Praxis und sind ganz unmittelbar mit Berufs- und Organisationskulturen in den jeweiligen Praxisstellen konfrontiert. Von Seiten der Praxisstellen und der (anleitenden) Fachkräfte werden Studierende vielfach als *Praktikant*innen* positioniert, was auch aus dem empirischen Material der vorliegenden Studie deutlich hervorgeht.[86] Sie werden „als Novizen [Noviz*innen] der beruflichen Praxis im Modus der Ausbildung" (Leonhard/Lüthi/Betschart/Bühler 2019, S. 95) adressiert. Zugleich bringen Studierende eigene Vorstellungen, Erwartungen und Erfahrungen sowie biografische Orientierungsmuster in Bezug auf Soziale Arbeit und die ‚Praxis' der Sozialen Arbeit mit und bewegen sich im Arbeitskontext der jeweiligen Organisation (Praxisstelle). Parallel dazu besuchen sie praxisbegleitende Lehrveranstaltungen der Hochschule. Interessant wäre an dieser Stelle auch die Frage, wie sie hier von Seiten der Lehrenden positioniert werden. Denn: „Indem

---

85 „Ein [...] Problem der Grenzstelle besteht in dem inhärenten Rollenkonflikt für die Mitglieder, die dort arbeiten. Zum einen müssen die Akteure der Grenzstelle Kooperation und Flexibilität nach außen hin zeigen, zum anderen ist diese Flexibilität aber nicht in die eigene Organisation vermittelbar, bzw. die Akteure der Grenzstelle besitzen nicht die Macht, diese Flexibilitätsanforderung in der eigenen Organisation durchzusetzen" (Wilkesmann 2009, S. 45).

86 Näheres zum feldspezifischen Begriff *Praktikant*in* siehe Kapitel 5.4 dieser Arbeit.

Studierende in den jeweiligen Seminaren eher als Wissenschaftler*innen oder als Praktiker*innen adressiert werden, wird ihnen ein sozialer Ort und eine spezifische Subjektivität zugewiesen" (Budak/Dumke/Hellmann 2019, S. 154). Studierenden in studienintegrierten begleiteten Langzeit-Praxisphasen begegnen daher u. U. unterschiedlichen Anrufungen, indem sie mit verschiedenen Erwartungen und ‚Platzanweisungen' – explizit und implizit – von Seiten der Hochschule und der Praxisstelle (sowie Adressat*innen) konfrontiert werden, die in einem Spannungsverhältnis zueinanderstehen können. Hinzu kommt – aus biografischer Perspektive – die „Konfrontation mit neuen Anforderungen, deren biographische Anschlussfähigkeit und Passung nicht von vornherein gegeben sind, sondern aktiv hergestellt werden und aus der Bilanzierung des vergangenen und vor dem Entwurf des zukünftigen Lebens subjektiv Sinn machen müssen" (Walther/Stauber 2013, S. 31).

Neben diesen voranstehenden Perspektiven[87] wird im Folgenden der Blick auf das Rechtsinstitut der staatlichen Anerkennung vor dem Hintergrund eines reglementierten Berufszugangs (siehe Kriener/Gabler 2021) und als Ausdruck einer gemeinsamen Qualifizierungsverantwortung von Hochschule und beruflicher Praxis gerichtet:

- *Die staatliche Anerkennung als Ausdruck gemeinsamer Qualifizierungsverantwortung.* Der Beruf der Sozialarbeiter*in/Sozialpädagog*in gehört in Deutschland zu den reglementierten Berufen. Erst die Verleihung der staatlichen Anerkennung eröffnet den vollen Berufszugang (vgl. Kriener/Gabler 2021, S. 69 ff.). Die Verleihung des akademischen Abschlusses und der staatlichen Anerkennung sind rechtssystematisch voneinander getrennte Verfahren (vgl. BAG Prax 2019, S. 45). Voraussetzungen, die mit der Erteilung der staatlichen Anerkennung verbunden sind, werden in Sozialberufeanerkennungsgesetzen (SozAnerkG) oder entsprechenden Rechtsnormen auf Länderebene geregelt. Die Jugend- und Familienministerkonferenz hat 2008 für die staatliche Anerkennung den Begriff des Gütesiegels geprägt, „mit dem die Qualität der Ausbildung, insbesondere deren Praxisbezug und die Professionalität der Absolventinnen und Absolventen auch hinsichtlich der Ausübung hoheitlicher Aufgaben gewährleistet wird" (JFMK 2008, S. 3).[88] So wird Fachkräften mit der staatlichen Anerkennung hoheitlich bescheinigt, „dass sie in einem ‚Handlungsfeld mit besonderer professioneller und

87 Die bedeutsame Perspektive der Adressat*innen Sozialer Arbeit als weitere an *begleiteten Praxisphasen* beteiligte Akteur*innen bleibt im Rahmen der vorliegenden Arbeit außen vor.

88 Hoheitliche Tätigkeiten werden immer dann ausgeübt, wenn der Staat oder eine sonstige öffentlich-rechtliche Körperschaft oder Anstalt kraft öffentlich-rechtlicher Überordnung gesetzlich geregelte Ziele und Aufgaben umsetzt (vgl. DGfE 2018, S. 21).

gesellschaftlicher Verantwortung' über für eine eigenständige Berufsausübung angemessene theoretische und praktische Kompetenzen" verfügen (Weber et al. 2023, S. 56). In den letzten Jahren hat die Auseinandersetzung mit der Staatlichen Anerkennung an Aktualität gewonnen, da diese zum einen vor dem Hintergrund der Anerkennung ausländischer Bildungsabschlüsse und Berufsqualifikationen diskutiert wurde,[89] und zum anderen ist die Reglementierung des Berufszugangs zur Sozialen Arbeit durch die staatliche Anerkennung – rechtlich betrachtet – auch umstritten (vgl. ebd.). So hat beispielweise die Kommission Sozialpädagogik der Deutschen Gesellschaft für Erziehungswissenschaften (DGfE) dazu ein Rechtsgutachten in Auftrag gegeben, welches die Frage der „Staatlichen Anerkennung in Berufen der Sozialen Arbeit" (Wiesner et al. 2017) beleuchtet.[90] Zugleich messen Fachöffentlichkeit und Berufspraxis „der staatlichen Anerkennung weiterhin hohe Bedeutung bei" (Kriener 2017, S. 51).
Qualifikationen, die an die staatliche Anerkennung gebunden sind, werden in Studiengängen mit einphasiger Studienstruktur innerhalb des Studiums erworben und angerechnet. Dabei stellen beispielsweise Module mit begleiteten Langzeit-Praxisphasen, wie das praktische Studiensemester, einen wichtigen Bezugspunkt dar. Beim Zugang zur beruflichen Praxis ist mit Blick auf die staatliche Anerkennung jedoch nicht selten zu beobachten, dass Studierende und teilweise auch Lehrende die staatliche Anerkennung kaum als eigenständigen Qualifikationsnachweis wahrnehmen (vgl. Speth/Bartosch 2007, S. 134). Auch anleitenden Fachkräften sind Rahmenbedingungen und Erwartungen, die aus der Bedeutung der praxisbezogenen Module für die staatliche Anerkennung resultieren, nicht zwangsläufig präsent. Daraus resultieren Spannungen, die u. a. in „Praxisreferate[n] als ‚institutionalisierte Jongleur*innen (in) der Trias'" (Roth/Kriener/Burkard 2022) kumulieren.

Bemerkenswert ist an dieser Stelle, dass trotz Sozialberufeanerkennungsgesetze und entsprechender Rechtsnormen, welche die Verknüpfung der beiden Lern- und Bildungsorte Hochschule und berufliche Praxis festschreiben, keine Verpflichtung für Träger der Sozialen Arbeit besteht, als Praxisstelle zu fungieren

89 Siehe dazu u. a.: *Empfehlungen des Deutschen Vereins zur staatlichen Anerkennung von Absolventinnen und Absolventen ausländischer Studiengänge für Soziale Arbeit (2015)* https://www.deutscher-verein.de/de/uploads/empfehlungen-stellungnahmen/2015/dv-36-14_auslandsstudiengaenge.pdf (Abruf: 17.03.23), *„Positionspapier der BAG der Praxisreferate auf Chancengleichheit bei der beruflichen Integration von Menschen mit ausländischen Bildungsabschlüssen und Berufsqualifikation" (2014)* https://bagprax.sw.eah-jena.de/data/stellungnahmen/bag/BAG_Position_Chancengleichheit_Integration_Auslandsabschluesse.pdf (Abruf: 17.03.23).

90 Weiteres dazu siehe https://www.dgfe.de/fileadmin/OrdnerRedakteure/Zeitschrift_Erziehungswissenschaft/EW_64.pdf (Abruf: 17.03.23).

und an der Qualifizierung des professionellen Nachwuchses mitzuwirken.[91] Auch ist berufliche Praxis als Lern- und Bildungsort nicht organisiert und Entwicklungen wie z. B. der in Hessen ca. zehn Jahre bestehende „ständige Gesprächskreis auf Landesebene zur Ausbildung von Sozialarbeiter_innen und Sozialpädagog_innen“ (Roth 2014, S. 169), in dem „alle Sozialfachbereiche, Sozialministerium, Hessisches Ministerium für Wissenschaft und Kunst sowie Arbeitgeber/Träger vertreten“ (ebd.) waren, gehört schon lange der Vergangenheit an.[92] Daneben enthüllt ein Blick auf heutige Akkreditierungs- und Reakkreditierungsverfahren die Frage, wie die im Qualifikationsrahmen Soziale Arbeit (QR SozArb 6.0) formulierten Mindeststandards zur Erlangung der staatlichen Anerkennung systematisch in diesen Verfahren in den Blick genommen und überprüft werden (können).[93] Denn die „Feststellung, ob ein Studiengang über die qualitativen Voraussetzungen für eine staatliche Anerkennung verfügt, obliegt der zuständigen Landesbehörde“ (Weber et al. 2023, S. 57) und ein solches Verfahren kann „organisatorisch mit dem Akkreditierungsverfahren verbunden werden“, ist jedoch unabhängig von der Akkreditierungsentscheidung (ebd.).[94]

2.4 Zum Stand von Fachdiskurs und Forschung

Der wachsende Bedarf an Fachkräften in der Sozialen Arbeit (vgl. u. a. Fischer/Graßhoff 2021; Klomann/Breuer-Nyhsen 2019, S. 11 f.), strukturelle Veränderungen in der Hochschullandschaft – die sich u. a. in aktuellen Kontroversen um duale und trägernahe Studiengänge zeigen (vgl. Graßhoff 2022; DGSA 2019; Otto 2018), Akkreditierungspraktiken und -erfordernisse (vgl. Weber et al. 2023; FBTS/BAG Prax 2020; KMK 2017; Bülow-Schramm/Heumann 2012), wissenschaftliche

91 Anders als zum Beispiel in der Medizin. Für den Bereich der Fachhochschule in der Deutschschweiz konstatiert dies Engler (Engler 2014, S. 39).

92 „Der gemeinsame Wille, ein ‚gutes‘ und konsensfähiges Ergebnis zu erzielen, wurde im Gesetz und vor allem in der hessischen Verordnung über die Staatliche Anerkennung von Sozialarbeitern und Sozialarbeiterinnen und von Sozialpädagogen und Sozialpädagoginnen vom 16. Juni 1992 (GVBl. I 381) deutlich“ (Roth 2014, S. 169 f.).

93 Siehe dazu die Handreichung des Fachbereichstages Soziale Arbeit (FBTS) und der Bundesarbeitsgemeinschaft der Praxisämter/-referate an Hochschulen für Soziale Arbeit (BAG Prax) zu Akkreditierungsverfahren und reglementierte Berufszugänge in grundständigen generalistischen Studiengängen „Soziale Arbeit“: https://bagprax.sw.eah-jena.de/data/stellungnahmen/bag/Handreichung_Staatliche_Anerkennung_Akkreditierungsverfahren_FBTS_BAG_09.pdf (Abruf 18.05.2022).

94 „§ 35 Abs. 2 [MRVO] stellt dabei klar, dass es sich hierbei um eine von der Akkreditierungsentscheidung getrennte Entscheidung handelt und die von der zuständigen staatlichen Stelle zu benennenden externen Experten das Gutachtergremium ‚mit beratender Funktion‘ ergänzen“ (Weber et al. 2023, S. 57).

Anschlussfähigkeit,[95] die Generierung des eigenen wissenschaftlichen Nachwuchses (vgl. DGSA 2016), Diskurse um Wissensformen und -verhältnisse sowie dialogische Wissensproduktionen und Wissenstransformationen (vgl. Löffler 2020; Sehmer et al. 2020; Unterkofler 2020; Thole 2018; Oestreicher 2014; 2013) haben in der Sozialen Arbeit in jüngster Zeit an Aktualität gewonnen.[96] Damit rücken auch Debatten zum Professionsverständnis der Sozialen Arbeit und zu (De-) Professionalisierung und Professionalität (vgl. u. a. Ehlert 2022; Müller-Hermann 2020; Völter et al. 2020; Domes 2017; Dewe/Stüwe 2016; Ebert 2011; Becker-Lenz et al. 2009; Dewe 2009), dem Verhältnis von Wissenschaft und beruflicher Praxis sowie „dem Stellenwert von Theorie- und Praxisanteilen im Studium" (Harmsen 2020, S. 195) in den Blick.[97]

Begleitete Praxisphasen im Studium stellen curricular verortete Verknüpfungen zwischen den beiden Relevanzsystemen Hochschule und professionelle Praxis mit ihren je eigenen Denk- und Handlungslogiken dar. Zunächst sind es jedoch die Studierenden selbst, die sich zwischen beiden Sphären (sozialen Feldern) und unterschiedlichen Kulturen bewegen und mit feldspezifischen Regeln, Spannungsverhältnissen und Feldkräften konfrontiert sind. „Ein fachspezifischer Habitus bildet sich unter dem Einfluss verschiedener Einflusskulturen heraus: der Herkunftskultur, der studentischen Fachkultur, der akademischen Fachkultur und der antizipierten Berufskultur" (Richter/Friebertshäuser 2019, S. 37). Auch wenn sich Wissenschaft und professionalisierte Praxis auf dasselbe Gegenstandsinteresse beziehen (vgl. Füssenhäuser/Thiersch 2011), wird an dieser Stelle nochmals hervorgehoben, dass sie unterschiedlichen Referenzkriterien und Logiken unterworfen sind. Während Wissenschaft der Wahrheitsfindung dient und einem Begründungszwang unterliegt, ist professionalisierte Praxis an Wirksamkeit und Handlungszwang orientiert (vgl. von Spiegel 2008). Bedeutsam erscheint hier der Hinweis darauf, dass ‚Theorie und Praxis' nicht pauschal nach Feldern zu trennen sind. So findet in der beruflichen Praxis der Sozialen Arbeit auch ‚Theorieproduktion' statt, ebenso findet ‚Praxis' auch im Wissenschaftskontext an Hochschulen statt (vgl. May u. a. 2010). Vielmehr lässt sich also nach einer ‚Praxis der Wissenschaft' und einer ‚Praxis der Profession' unterscheiden. Ebenso kann nach May die professionalisierte Praxis der Sozialen Arbeit auch unter

95 Das Studium dient in erster Linie dem Erreichen eines berufsqualifzierenden Abschlusses und nicht der Befähigung für eine Tätigkeit in der Wissenschaft (vgl. Bundesministerium für Bildung und Forschung 2017).

96 An dieser Stelle kann beispielhaft auf die DGSA-Jahrestagung 2022 mit dem Tagungsthema „Geteiltes Wissen – Wissensentwicklung in Disziplin und Profession Sozialer Arbeit" und die dazugehörige Publikation „Geteiltes Wissen – Wissensentwicklung in Disziplin und Profession Sozialer Arbeit" (Köttig/Kubisch/Spatscheck 2023) hingewiesen werden.

97 „Deutlich wird der *hohe Anspruch von Sozialer Arbeit als Disziplin, Profession und Praxis*, der strukturell im Widerspruch zu dem stehen muss, was real erreicht und umgesetzt werden kann" (Völter et al. 2020, S. 13).

dem Fokus der ständigen ‚Theorieproduktion' betrachtet werden. May spricht von sogenannten „Theorien (aus) der Praxis" und meint damit, „dass Praktiker mit Annahmen operieren, die einen zugleich hypothetischen wie analytischen, mitunter auch einen prognostischen Charakter haben" (ebd., S. 22). Veränderungen der letzten Jahre in beiden Relevanzsystemen (Hochschule und berufliche Praxis) haben dazu geführt, dass die Verwissenschaftlichung der Sozialen Arbeit zur Veränderung des Praxisbezugs führte, der sich auch in Veränderungen von Forschung zeigt, indem der Anwendungsbezug als Leitdiskurs schwindet – dies konstatiert beispielweise Lutz (vgl. Lutz 2013). Lutz sieht in der impliziten Logik der Gleichstellung der Abschlüsse von Hochschulen und Universitäten, dass Hochschulen in der Gefahr stehen ihre Praxisnähe zu verlieren bzw. teilweise schon verloren hätten. Denn diese wollen bzw. müssen sich hinsichtlich Forschung und Promotionsrecht den Universitäten annähern, um nicht wieder zu „Hochschulen zweiter Klasse" zu werden bzw. dies zu bleiben. Forschung bekommt im Konkurrenzkampf der Hochschulen eine zentrale Bedeutung, die sich auch in zusätzlicher Mitteleinwerbungen zeigt. Zudem zwinge die Trennung in wirtschaftliche und nichtwirtschaftliche Bereiche die Hochschulen zu einem betriebswirtschaftlichen Denken und Handeln, in dem Praxisbezug keine Vorteile bringe, außer es ließen sich Gelder damit akquirieren (vgl. Lutz 2013). Inwiefern die nicht unumstrittene Verbreitung dualer (z. T. trägernaher) Studiengänge auch als mögliche Antwort hierauf gedeutet werden kann, bleibt an dieser Stelle eine offene Frage.[98] Zugleich besteht im Fachdiskurs Soziale Arbeit ein weitgehender Konsens darüber, dass das Studium u. a. die Aufgabe hat, Professionalisierungsprozesse auf der Ebene der Person zu initiieren und zu befördern (vgl. Müller-Hermann/Becker-Lenz 2020; 2018). U. a. Becker-Lenz et al. (2012b), Riegler et al. (2009) und Buttner (2007) greifen die Frage nach dem Verhältnis von Hochschule und Professionalität in der Sozialen Arbeit auf. Ebenso wie in Studien der 1990er und 2000er Jahre, die sich auf universitäre Diplomstudiengänge der Pädagogik und der Sozialpädagogik beziehen (vgl. Schweppe 2006; Grunert 1999), wird hier auf das Verhältnis von Biographie und Studium fokussiert. Ergebnisse weisen auf eine enge Beziehung zwischen lebensgeschichtlichem Verlauf und Studienverlauf hin, allerdings werden *begleitete Praxisphasen* in diesen Forschungen nur selten explizit thematisiert. Daran hat sich auch mit der Bologna-Reform und der stärkeren curricularen Verankerung von Praxisphasen im Studium (vgl. Schubarth et al. 2012, S. 89) nichts Grundlegendes verändert – obwohl „Wissensbildungsprozesse [...] sowohl in der Wissenschaft als auch in der Praxis statt[finden], jedoch unter

98 Zur Auseinandersetzung mit dualen Studiengängen Soziale Arbeit „zwischen Privatisierung, (De-) Professionalisierung und Prekarisierung" siehe Graßhoff 2022; DGSA 2019; Otto 2018.

spezifischen Rationalisierungslogiken und somit der Betonung unterschiedlicher Wissenstypen" (Kösel/Schreiber 2019, S. 183).[99]

Neben grundsätzlichen wissenschafts- und professionstheoretischen Überlegungen stehen in der Sozialen Arbeit auch empirische und hochschuldidaktische Erörterungen im Vordergrund (vgl. Harmsen 2014). Der Blick ist dabei stark auf curriculare Arrangements rund um ‚Hochschule als Lern- und Bildungsort für professionelle Identitätsentwicklung' gerichtet. Ebert (2011) hat in seiner Studie zur Aneignung eines professionellen Selbstverständnisses festgestellt, dass bei der Planung von Bachelor-Studiengängen Soziale Arbeit die Aspekte der Ausbildung einer professionellen Identität bzw. eines professionellen Habitus vernachlässigt erscheinen. Nur an wenigen Hochschulen seien zum Zeitpunkt der Untersuchung Module geschaffen, die für die Entwicklung eines professionellen Habitus relevant sind (vgl. Ebert 2011). Auch erscheinen in diesem Zusammenhang Relationierungsthematiken nach wie vor herausfordernd.[100] Eine Relationierung differenter Wissensformen wird zwar gefordert, die Frage, wie dies zu verwirklichen sei, bleibt jedoch häufig diffus und kann als Hinweis auf offene Forschungsfragen interpretiert werden. Dabei sind „Praktika und Projekte als Orte von Professionalität […] für ein Studium der Sozialen Arbeit allein nicht ausreichend. Die von Studierenden oftmals geforderte Erhöhung der Praxisanteile übersieht, dass Professionalität mehr ist als die Anwendung von Konzepten und Methoden" (Harmsen 2012, S. 140). Jüngste fachdidaktische Diskurse (vgl. Debiel et al. 2020) sprechen von einem „(hochschul)didaktischen Wechselspiel theoriebezogener und praxisintegrierender Professionalisierungsprozesse" (ebd., S. 11) und gehen davon aus, dass dieses Wechselspiel stattfindet. Die Beiträge zur Begleitung praxisintegrierender Professionalisierungsprozesse im Studium verbleiben jedoch i. d. R. auf der Ebene von Praxisbegleitseminaren und Projektstudium und die Ebene der Lernortverknüpfung sowie professionalisierte Praxis als zweitem Lern- und Bildungsort im Studium mit eigenen Intentionen und Zielen sind in Deutschland in modularisierten Studiengängen der Sozialen Arbeit kaum explizit im Blick.[101] Anleitende Fachkräfte werden in diesem Kontext zwar vereinzelt erwähnt: „Im Praktikum selbst obliegt die fachliche Begleitung den Anleiter*innen"

---

99 An dieser Stelle sei auch auf die Herausforderungen in Bezug auf die Forschungsförderung in der Sozialen Arbeit in Deutschland hingewiesen: „In der „Fächersystematik der DFG […] [wird] Soziale Arbeit außerdem nicht berücksichtigt. Zudem stellen sowohl die Praxisorientierung als auch die Interdisziplinarität der Sozialarbeitsforschung Hindernisse für eine Förderung durch die DFG dar" (Graumann 2021, S. 123).

100 In Bezug auf Hochschul(aus)bildung ist damit – vor dem Hintergrund der Heterogenität von Professionalitätskonzepten – auch die Frage verbunden, wie „neben erlernbarem Wissen, spezifische Kompetenzen und nicht zuletzt eine orientierende (berufsethische) Grundhaltung" (Müller-Hermann 2020, S. 173) vermittelt und unterstützt werden können.

101 Anders stellt sich dies beispielsweise in der Schweiz dar (siehe dazu u. a. Goldoni 2023; Kösel 2019; SASSA 2017; Abplanalp 2014; Roth/Merten 2014).

(Escher 2020, S. 233) und „einer strikten Trennung der Sphären von Theorie und Praxis“ (ebd.) wird widersprochen, dennoch sind sie – empirisch gesehen – nicht im Fokus. Auch „der Austausch zwischen Hochschule und Praxiseinrichtungen [als] eine Grundvoraussetzung, die zudem der Qualitätssicherung dient“ (Borbe/Skyba 2020, S. 268) wird nicht systematisch in Erkenntnisprozesse eingebunden. Als ältere Befragung, die sich dem Thema Praxisanleitung in der Sozialen Arbeit widmet, kann zunächst die Studie von Müller *Anleitung im praktischen Studiensemester* (vgl. Müller 2003) genannt werden. Hier wurde anhand von acht Leitfadeninterviews mit anleitenden Fachkräften und Studierenden des praktischen Studiensemesters im Diplomstudium der Bedeutung von Praxisanleitung sowie den Einstellungen von anleitenden Fachkräften und Studierenden diesbezüglich nachgegangen. Zudem kann eine *kleine Absolvent*innenbefragung* von Reitemeier und Frey genannt werden, die das postgraduale Berufspraktikum als Statuspassage nach Abschluss des Diplomstudiums betrachten (vgl. Reitemeier/Frey 2012). Dabei fokussieren sie auf die spezifischen Prozessstrukturen dieser Übergangsphase und auf die Beziehung zwischen anleitenden Fachkräften und Praktikant*innen (vgl. ebd.).[102] Doch erst in jüngster Zeit wird Praxisanleitung vor dem Hintergrund modularisierter Studiengänge Soziale Arbeit mit *begleiteten Praxisphasen* vereinzelt im Forschungskontext aufgegriffen, wie es beispielsweise der vorliegenden Arbeit zugrunde liegt. Neben dem Projekt von Schimpf und Roth *(Praxis)Anleitung und Gender(Wissen)*[103], den Dissertationsprojekten von Freis[104] und Goldoni[105], kann an dieser Stelle auch auf das Forschungsvorhaben *ALFOSA* hingewiesen werden (vgl. Erdmann/Kloha/Sellmaier 2022). Es setzt sich mit anleitenden Fachkräften auseinander und fragt nach zentralen Elementen von Praxisanleitung in verschiedenen Handlungsfeldern der Sozialen Arbeit.

Zusammenfassend lässt sich feststellen, dass anleitende Fachkräfte bislang kaum Gegenstand von Forschung in der Sozialen Arbeit in Deutschland sind. Auch Forschungen im Kontext von Qualitätsentwicklung und -sicherung im Studium, die berufliche Praxis systematisch und dialogisch einbeziehen, stehen noch aus. Denn „Diskussionen zu (mehr) Qualität in Studium und Lehre sind nicht losgelöst von praxisbezogenen Studienanteilen zu führen – diese gilt es auch bei der Mittelverteilung explizit zu berücksichtigen und vor dem Hintergrund von

102 Aus eigenen Erfahrungen als Supervisor*in mit Absolvent*innen des postgradualen Berufspraktikums hat Dittmann eine kleine Typologie von Anleitungspersönlichkeiten entwickelt (vgl. Dittmann 2012).

103 Siehe dazu Kapitel 4.2.

104 Darin setzt er sich mit dem Zusammenspiel anleitender Fachkräfte und Studierender vor dem Hintergrund ethnographischer Zugangsweisen auseinander (vgl. Freis 2021, S. 191).

105 Goldoni fokussiert auf Handlungsorientierungen von Praxisausbildenden der Sozialen Arbeit in der Schweiz (vgl. Goldoni 2023). Die Anschlussfähigkeit der Erkenntnisse für Deutschland wäre noch aufgrund der Länderspezifika zu prüfen.

Qualitätsentwicklung und -sicherung als ‚kritische Denk-, Lern- und Bildungsräume' im Sinne von Professionalitätsentwicklung im Studium zu verstehen" (Roth/Burkard/Kriener 2023, S. 41). Dabei ist die Trennung der Felder als unabdingbar zu berücksichtigen. Denn: „Wird die Differenz zwischen Wissen und Können (vgl. Dewe 1990) außer Acht gelassen und das Spannungsfeld zwischen dem vom Praxisbezug, vom Handlungs- und Entscheidungszwang entlasteten Theoretisieren und Forschen *einerseits* und dem stets situationsbezogenen, fallorientierten und unter hohem Handlungs- und Entscheidungsdruck stehenden professionellen Tun *andererseits* missachtet – kann der akademischen Sozialen Arbeit (als wissenschaftliche Disziplin) die Verpflichtung auferlegt werden, praxisnahes anwendbares Wissen zu ‚produzieren'" (Dewe 2012, S. 112).[106] Zudem ist zu berücksichtigen, „dass die dem Feld genuinen Wissensbestände nur im jeweiligen Feld generiert werden können" (Oestreicher 2014, S. 127). Deutlich wird hieran, wie eng Fragen der Lernortkooperation mit dem Spannungsfeld von Wissenschaft und Praxis verknüpft sind. Dies wird in zahlreichen Veröffentlichungen thematisiert (vgl. u. a. Borrmann 2016; Becker-Lenz 2015; Sommerfeld 2014; Becker-Lenz et al. 2012; Becker-Lenz/Müller 2009). Darin eingelagert sind auch Vorstellungen zum Professionsverständnis, welches den einzelnen Studienprogrammen zugrunde liegt.[107] Und dennoch: Auch wenn man den Blick auf Forschungsaktivitäten im deutschsprachigen Raum weitet, „zeigt sich insgesamt, dass die Forschungen zu Praktika in der Sozialen Arbeit [...] keine Priorität geniessen" (Engler 2022, S. 8). Zu den Forschungsaktivitäten im deutschsprachigen Raum, die berufliche Praxis als Lernort im Studium Soziale Arbeit aufgreifen und das Thema Praxisanleitung berühren, gehören u. a. die im Folgenden genannten Projekte an der Fachhochschule Nordwestschweiz (FHNW): TheoPrax (Untersuchung studienformspezifischer Formen der Theorie-Praxis-Relationierung), In-Perso (Praxisausbildenden als intermediäres Bildungspersonal)[108] und KOPRA (Untersuchung der Ausbildungsprozesse zwischen Studierenden und Praxisausbildenden). Für die vorliegende Arbeit sind Erkenntnisse aus dem Forschungsprojekt KOPRA besonders interessant. Dieses befasst sich mit Kooperationsprozessen in der Praxisausbildung – mit Themen der Lernortkooperation und unterschiedlichen Formen der Arbeitsbeziehung zwischen anleitenden Fachkräften (Praxisausbildenden) und Studierenden. In dem u. a. daraus entwickelten

---

106 „Eine ‚Theorie für die Praxis' würde dazu führen, dass die Praxis als technologischer Anwendungsfall dieser Theorie angesehen wird (vgl. kritisch LeCroy/Ashford 1993)" (Dewe 2012, S. 112).

107 „[...] that the curriculum of any school of social work is an expression of the view of its faculty members and key stakeholders at a particular point in time: their perception about what social work should look like; what knowledge base is important; their ideologies, values, preferred methodologies, and skills" (Bogo 2010, S. 23).

108 Siehe dazu: https://web0.fhnw.ch/portalpraxisausbildung/forschung-und-entwicklung/lernkooperation (Abruf 31.01.2021).

Konzept der Lernortidentitäten (Kösel 2019, S. 286 ff.)[109] verweist Kösel auf die Anforderungen und Eigenlogiken der beiden Lern- und Bildungsorte im Studium, denen Studierende auf unterschiedliche Weise begegnen.[110] Dies wiederum stellt er in Zusammenhang mit dem zugrunde liegenden Lernortkooperationsverständnis des Curriculums. Für die FHNW definiert er dieses als dual-konnektiv (vgl. ebd., S. 285 f.), welches in die Rahmenbedingungen für die *Praxisausbildung an Fachhochschulen der Sozialen Arbeit in der Schweiz* eingebettet ist und nur vor dem Hintergrund der ‚noch jungen' Entstehungsgeschichte der Fachhochschulen in der Schweiz (vgl. Becker-Lenz/Braches-Chyrek/Pantuček-Eisenbacher 2022), der Studienstruktur und insbesondere des Auftrags und der Logik der „Praxisausbildung" (siehe dazu u. a. Engler 2022; Merten 2014) gedeutet werden kann.[111] Daran kann auch die Bedeutung der spezifischen Rahmung *begleiteter Praxisphasen* für die vorliegende Arbeit deutlich gemacht werden. Im internationalen Vergleich fällt beispielsweise auf, dass in Bachelor-Studiengängen der Schweiz ein Umfang von ca. 1500 Stunden für die sogenannte Praxisausbildung vorgesehen ist, was deutlich mehr ist als in anderen Ländern (vgl. Goldoni 2023, S. 16; Engler 2022, S. 57). „In Deutschland sind es 800 Stunden respektive 100 Tage (Bundesarbeitsgemeinschaft der Praxisreferate [BAG], 2019), in den USA für den Bachelor 400 Stunden (CSWE, 2015), und in England sind es 1400 Stunden (Social Work England)" (Engler 2022, S. 57). In Australien müssen Studierende „1000 Stunden in der Praxis tätig sein (ASWEAS, 2020)" (vgl. ebd., S. 58). Vor diesem Hintergrund bleibt festzuhalten, dass Erkenntnisse und Anknüpfungspunkte aus dem deutschsprachigen und internationalen Raum stets auf ihre Aussagekraft hin für Studiengänge in Deutschland reflektiert und ggf. empirisch

---

109 Dem Konzept liegen Forschungserkenntnisse aus zwei Projekten von Kösel und Goldoni (Kösel/Goldoni 2015) zum Erleben von „Praxisausbildung bei Studierenden" zugrunde (vgl. Kösel 2019, S. 286 ff.).

110 Kösel und Goldoni unterscheiden vier Formen der Lernortidentitäten: „*diffuse* Identitätsform (Commitment –/Exploration –), *übernommene* Identitätsform (Commitment +/ Exploration –), *krisenhafte* Identitätsform (Commitment –/Exploration +) und *erarbeitete* Identitätsform (Commitment +/Exploration +)" (Kösel 2019, S. 286).

111 „Praxisausbildung ist eine mehrmonatige, fachlich angeleitete Praxistätigkeit von Studierenden der Bachelor-Studien Soziale Arbeit (Sozialarbeit, Sozialpädagogik, Soziokulturelle Animation) in einer von der Hochschule anerkannten Praxisorganisation. Zur Praxisausbildung gehören Angebote der Hochschule, die sich mit dem Transfer zwischen Lehre und Praxis befassen. Orientierung für die praktische Arbeit geben die zu erwerbenden Kompetenzen (Fach-, Methoden-, Sozial- und Selbstkompetenzen) der Hochschulen und das jeweilige Ausbildungskonzept der Praxisorganisationen" (SASSA 2013, S. 1). „Die Anerkennung von Praxisausbildenden [anleitenden Fachkräften] ist daran geknüpft, dass diese ein Studium in Sozialer Arbeit auf Tertiärstufe oder eine äquivalente Ausbildung absolviert haben, mindestens zwei Jahre Praxiserfahrung als Professionelle der Sozialen Arbeit nach Abschluss der entsprechenden Grundausbildung und eine methodisch-didaktische Ausbildung nachweisen können" (Engler 2022, S. 58).

geprüft werden müssen.[112] Nichtsdestotrotz kann „für die Soziale Arbeit im Jahre 2020 festgehalten werden: ‚Die Forschungen zu Praktika sind ein brachliegendes Feld im deutschsprachigen Raum'" (Engler 2022, S. 8).[113] Anders stellt sich die Situation im englischsprachigen Raum dar: *Social work field education* gehört in Großbritannien, Kanada, Australien, Neuseeland und den USA zur Forschungslandschaft (vgl. u. a. Bogo 2022; 2010; Bogo et al. 2011; Callen 2018; Pack 2018; Smith/Cleak/Vreugdenhil 2015; Barlow/Hall 2007) und ‚Anleitungsforschung' ist Bestandteil dessen.

Auf das Forschungsdesiderat in der deutschen Forschungslandschaft hat auch das von Seiten der Hochschulrektorenkonferenz (HRK) mit Förderung des Bundesministeriums für Bildung und Forschung (2014 bis 2020) durchgeführte Projekt *nexus: Übergänge gestalten, Studienerfolg verbessern* – zur Unterstützung der Weiterentwicklung von Studienprogrammen und dem Ausbau von Studienqualität – hingewiesen. Auch kam man zu dem Ergebnis, dass praktische Studiensemester als eigenständiges Untersuchungsfeld in der empirischen Forschung trotz ihrer Bedeutsamkeit im Hinblick auf die ‚Qualität des Praxisbezuges der Studiengänge' unterrepräsentiert sind (vgl. auch Schubarth/Speck/Ulbricht 2016).[114] Für den Bereich der frühpädagogischen Ausbildung in Deutschland konstatierte jüngst Scheer: „Nahezu vollständig fehlt […] ein Einblick in die konkrete, habitualisierte Handlungspraxis der anleitenden Fachkräfte sowie in deren handlungsleitenden Orientierungen" (Scheer 2023, S. 20).[115] Kontrastierend dazu können Forschungen zu Praxisphasen in der Lehrer*innenbildung – Professionalisierung in Praxisphasen – in Deutschland betrachtet werden (vgl. u. a. Reintjes et al. 2021; Winkler/Gröschner 2021; Zorn 2020; Gröschner/Hascher 2019; Hascher 2012). Hier wurden Forschungen seit vielen Jahren intensiviert (siehe dazu u. a.

---

112 Aus diesem Grund werden Erkenntnisse internationaler Anleitungsstudien im Rahmen der vorliegenden Arbeit nicht weiter ausgeführt.

113 Engler hat sich in seiner Dissertationsstudie dem Zusammenhang von curricularen Leitvorstellungen und Professionsverständnissen von Fachhochschulen der Sozialen Arbeit (Deutschschweiz) gewidmet (vgl. Engler 2022).

114 Das Projekt nexus („Übergänge gestalten, Studienerfolg verbessern") der HRK widmete sich bis 30. April 2020 u. a. der Bedeutung von Praxisbezügen und Praktika im Studium. Zu dieser Thematik wurde das Fachgutachten „Qualitätsstandards für Praktika Bestandsaufnahme und Empfehlungen" (Schubarth et al. 2016) veröffentlicht. Das Fachgutachten kommt zu dem Ergebnis, dass studienintegrierte Praktika nur dann als „Qualitätsmerkmal eines praxistauglichen Studiums" (ebd., S. 63) gelten, wenn ihre Ausrichtung und die dafür erforderliche curriculare Einbindung samt Begleitung und Relationierung der Erfahrungen gesichert sind (vgl. ebd.).

115 Scheer widmet sich in ihrer Studie der Frage nach handlungsleitenden Orientierungen von Praxisanleiter*-innen (frühpädagogische Fachkräfte) in Kindertageseinrichtungen. In diesem Feld ist die „Wahrscheinlichkeit, dass die Praxisanleitung durch akademische Fachkräfte […] übernommen wird, […] gering" (Scheer 2023, S. 15).

IGSP-Reihe)[116]. Hascher stellte bereits 2012 fest, dass „Forschung zu Praktika als ein florierendes Feld“ (Hascher 2012, S. 91) bezeichnet werden kann.[117]

Mit Blick auf erziehungswissenschaftliche (Diplom-)Studiengänge sind im Kontext von Praxisphasen insbesondere die Studien von Egloff (2002) und Männle (2013) hervorzuheben. Egloff konstatierte 2002, dass das Praktikum noch kein eigenständiger Gegenstand von Hochschulforschung ist (vgl. Egloff 2004; 2002) und hat sich mit ihrer Studie dem „studentischen Umgang mit dem Praktikum in den beiden Studienfächern Diplom-Pädagogik und Humanmedizin“ (vgl. Egloff 2004, S. 263) zugewandt. Sie nahm dabei Konflikte im Umgang mit institutionellen Anforderungsstrukturen in den Blick und weist auf Handlungsprobleme im Umgang mit diesen Strukturen hin: Dem Handlungsproblem der „Gestaltungszumutung“ begegnen Studierende mit unterschiedlichen Sinnzuschreibungen. Auch konnte sie zeigen, dass Studierende sich ihr Praktikum „trotz bestehender Vorgaben relativ autonom und in vielfältiger Weise, orientiert an Studium, Beruf, Biographie und Lebenswelt“ (Egloff 2004, S. 1) aneignen und Praktika „innerhalb des Studiums nicht nur einen besonderen Lern- und Erfahrungsraum, sondern auch einen Ort der Bildung“ (ebd., S. 263), z. B. für Identitätsbildung, darstellen. Vor diesem Hintergrund ist auch der in der vorliegenden Arbeit genutzte Begriff des „Lern- und Bildungsortes berufliche Praxis“ (vgl. Roth et al. 2021) einzuordnen. An die Frage nach Professionalisierung im Kontext von Praktika schließt die Studie von Männle (2013) *Professioneller durch Praktika* an. Mit ihrer Interviewstudie untersuchte sie individuelle Professionalisierungsprozesse in erziehungswissenschaftlichen Studiengängen. Männle konnte u. a. zeigen, wie sich „individuelle Professionalisierung im Spannungsfeld zwischen individueller Aneignung und hochschulisch-fachkulturellen Sozialisationseinflüssen mit kollektiv geteilten Perspektiven bewegt“ (ebd., S. 346).[118] Zugleich „verlangt individuelle Professionalisierung den angehenden Pädagoginnen und Pädagogen eine berufsbiographische Reise ins Ungewisse ab, welche einerseits Gestaltungsfreiräume eröffnet, andererseits strukturellen Begrenzungen von Studiengängen und Praktikumseinrichtungen unterliegt“ (Männle 2018, S. 212). Einige qualitative Forschungen zu Studienverläufen in der Sozialen Arbeit

---

116 Buchreihe der Internationalen Gesellschaft für Schulpraktische Studien und Professionalisierung (IGSP).

117 Zorn fasst mit Blick auf bildungspolitische Entwicklungen zusammen: „Ob der Wunsch nach mehr Praxisanteilen überhaupt berechtigt ist, wird nicht hinterfragt, sondern ganz nach dem Motto „Viel hilft viel!“ (Rothland & Boecker 2015, S. 113) werden Praxisphasen in der Lehrerbildung erweitert“ (Zorn 2020, S. 102).

118 Sie stellt zudem fest: „Während hingegen individuelle Professionalisierung in anderen Bereichen eine hohe Beachtung erfährt, bspw. im Lehramtsstudium (vgl. Bolle 2013) oder in übergreifenden hochschuldidaktischen Diskussionen um die Qualität von Studium und Lehre (vgl. Merkt/Wetzel/Schaper 2016), so existiert innerhalb der Erziehungswissenschaft Nachholbedarf“ (Männle 2018, S. 213).

(vgl. Becker-Lenz/Müller-Hermann 2012a; Schweppe 2006) zeigen, dass Wissensbestände im Studium biografisch überformt werden und biografische Krisen im Studium v.a. auch während der Praktika zu bedeutsamen Auslösern für Bildungsprozesse führen können. Auch ältere empirische Studien zur Professionalisierung von Studierenden (vgl. Thole/Wegener/Küstner 2005; Ackermann/Seeck 1999; Thole/Küster-Schapfl 1997) weisen auf die Bedeutung der Biographie von Studierenden für den Studienverlauf hin.[119] In jüngeren Debatten zur Rolle der Hochschul(aus)bildung für Professionalisierungsprozesse im Studium Sozialen Arbeit werden Möglichkeiten von Habitustransformationen bzw. -modifikationen vor dem Hintergrund des *Hysteresis-Effekts* (vgl. Bourdieu u.a. 1987) und eines Brüchigwerdens lebensweltlicher *Doxa* (vgl. Fischer 2018, S. 512) insbesondere im Kontext von „Irritation, Verunsicherung und Infragestellung von Alltagsgewissheiten, Selbstverständlichkeiten sowie der biographisch bestimmten Wertebasis“ (ebd.) sowie mittels „gezielte[r] Bewusstmachung und Verdeutlichung von eventuellen Passungsschwierigkeiten zwischen individuellen und professionellen Orientierungen“ (ebd.) betrachtet.[120] Während ein zentrales Ergebnis der zuvor genannten Studien dem wissenschaftlichen Wissen für die Einmündung in den Beruf nur eine geringe Bedeutung zuschreibt und somit primär subjektive Orientierungen beim Berufseinstieg von Studierenden Relevanz zukommt,[121] verändert sich in den letzten Jahren die Perspektive. „Die qualitativen Studien von Jürgen Ebert (et al. 2011, 2012) zur professionellen Habitusbildung sowie Thomas Harmsen (2004, 2014) zur professionellen Identitätskonstruktion im Studium Soziale Arbeit bestätigen grundsätzlich die These, dass praxisintegrierende Elemente im Studium zur Professionalisierung der Studierenden beitragen“ (Harmsen 2020, S. 198 f.). Jüngere praxeologische Diskurse und empirische Erkenntnisse zu Professionalisierung in der Sozialen Arbeit, wie

119 „Die Feststellung, dass die biografischen Verläufe von Menschen, die in pädagogischen Feldern arbeiten, im Zusammenhang mit ihrem beruflichen bzw. professionellen Handeln stehen, ist [...] empirisch unumstritten. Es liegt eine Reihe von empirischen Studien vor, die dezidiert auf biographische Verläufe von professionellen Sozialpädagoginnen/-pädagogen fokussieren und die Bedeutung der Biographie für die Herausbildung sozialpädagogischer Professionalität im Studium (vgl. Ackermann/Seeck 1999; Grunert 1999; Schweppe 2002, 2006), in der Berufseinstiegsphase (vgl. Nagel 1997) und für das berufliche/professionelle Handeln (Thole/Küster-Schapfl 1997; Schweppe 2003; Nölke 1996) herausgearbeitet haben“ (Graßhoff/Schweppe 2009, S. 308).

120 Vor dem Hintergrund der Bologna-Reform werden die mit der reformierten Studienorganisation verbundenen Rahmenbedingungen diesbezüglich als „dem Studium als [...] Bildungsort eines professionellen Habitus zuwiderlaufen[d]“ (Fischer 2018, S. 512) bewertet. Zum Thema individuelle Professionalisierung und ‚Passungsschwierigkeiten‘ siehe Müller-Hermann 2020.

121 Vgl. Ergebnisse des Forschungsprojekts ProPrax „Professionalisierung der Praxisphasen in außeruniversitären Lernorten“ als Teil des BMBF-Förderschwerpunktes „Hochschulforschung als Beitrag zur Professionalisierung der Hochschullehre“ (Schubarth et al. 2012).

sie beispielsweise von Bohnsack (2020)[122] eingebracht werden, fokussieren auf professionalisierte Praxis in „People Processing Organizations" (Luhmann 1978, S. 248) und fragen nach der Eigenlogik der Praxis im professionellen Handeln. Damit werden „zunächst die in der Praxis implizierten Wissenspotentiale, deren praktische Klugheit („practical wisdom"; Schwandt 2002: 152) und auch praktische Reflexionspotentiale („reflection-in-action"; Schön 1983: 68)" (Bohnsack 2022, S. 19) rekonstruktiv in den Blick genommen, um aus der „praktischen Eigenlogik zu lernen und den Anschluss an sie zu suchen" (ebd.).[123] Handlungsleitendes Wissen der Fachkräfte, deren Orientierungen sowie implizite und explizite Wissensbestände rücken in den Fokus – jedoch bislang noch nicht im Kontext *begleiteter Praxisphasen*. In der Auseinandersetzung um Forschung, Theoriebildung, Lehre und berufliche Praxis der Sozialen Arbeit prägen Fragen nach (neuen) Wissensformen und -verhältnissen die jüngeren Debatten.[124] „Wird den entsprechenden Befunden gefolgt, markieren Fachkräfte in ganz unterschiedlichen Handlungsfeldern insbesondere lebensweltliche Wissensbestände und biographische Erfahrungen als bedeutsam für ihr eigenes Handeln (Kaul 2019; Retkowski et al. 2011)" (Sehmer/Thole 2021, S. 183). Damit rückt vor dem Hintergrund der vorliegenden empirischen Studie mit anleitenden Fachkräften die Bedeutung einer ‚selbstreflexiven (Gender*)Wissensverortung'[125] aller an *begleiteten Praxisphasen* Beteiligten in den Fokus und nicht erst an dieser Stelle fällt auf, dass „die komplexen Zusammenhänge von Professionalität und Geschlecht in der Sozialen Arbeit" (Ehlert 2020, S. 35 f.) in Studien, Diskursen und Debatten weitgehend verdeckt bleiben. „Unbestritten ist [jedoch], dass ein Zugewinn an Professionalität erzielt wird, wenn die Genderforschung in die Lehre und Praxis der Sozialen Arbeit einbezogen wird" (Gephart 2015, S. 74). Für die vorliegende Studie sind auch Erkenntnisse empirischer Forschungen zum berufsbegleitenden Studium interessant, die Wechselwirkungen von Organisationskulturen und

---

122 Bohnsack bringt Professionalisierung im Sinne der „Prozesshaftigkeit professioneller Praxis in interaktiver, biografischer und historischer Perspektive" (Bohnsack 2022, S. 7) zum Ausdruck.

123 „Erst auf dieser Grundlage kann es dann auch erfolgreich gelingen, den beruflichen Akteur*innen wissenschafts- resp. expertisebasierte Reflexionspotentiale zu vermitteln" (Bohnsack 2020, S. 19).

124 Beispielhaft sei an dieser Stelle auf die Jahrestagung der Deutschen Gesellschaft für Soziale Arbeit (DGSA) 2022 „Geteiltes Wissen – Wissensentwicklung in Disziplin und Profession Sozialer Arbeit" (vgl. Köttig/Kubisch/Spatscheck 2023) hingewiesen sowie auf die erste trinationale Tagung der Wissenschaft Soziale Arbeit 2021 der deutschen (DGSA), österreichischen (OGSA) sowie der schweizerischen Fachgesellschaft (SGSA) für Soziale Arbeit (vgl. Baier et al. 2022).

125 In aktuellen theoretischen und forschungsmethodologischen Debatten der Sozialen Arbeit wird auf die Notwendigkeit einer Mehrdimensionalität von Gender und *Gender*Wissen* hingewiesen, die im Kontext der Geschlechterforschung als intersektionale und relationale Kategorien verstanden werden (vgl. Ehlert 2022; Soiland 2015, 2008).

Handlungsstrukturen im Berufsfeld der Sozialen Arbeit als bedeutsamen Kontext der Professionalitätsentwicklung herausstellen und darauf hinweisen, dass ‚berufsbiographische Krisen' von Studierenden auch einer Thematisierung der Veränderungen der Arbeitswelt – Subjektivierung und Eingrenzung von Arbeit – und der Reproduktion geschlechtlicher Differenzierungen und Hierarchien in Organisationen bedürfen (vgl. Busse/Ehlert 2011).[126] Ebenso ist die Erkenntnis von Busse und Ehlert bedeutsam, „dass die Haltung des Arbeitsumfeldes – der Vorgesetzten und Kolleg*innen – einen wichtigen Faktor bei der Entwicklung einer Professionalität im berufsbegleitenden Studium darstellt" (Miller et al. 2021, S. 16).[127] Obgleich berufsbegleitende Studiengänge einer anderen Rahmung und Funktion unterliegen und die „Praxistätigkeit [...] als Eingangsgröße in den Studienprozess" (Busse/Ehlert 2013, S. 332) und nicht als zweiter Lern- und Bildungsort im Studium gilt, sind diese Erkenntnisse auch für die vorliegende Arbeit relevant. Zudem lässt sich feststellen, dass Berufsanfänger*innen in ihren ersten Berufsjahren ihre im Studium erworbenen Vorstellungen und Haltungen zunehmend an die vorherrschenden Einstellungen der Kolleg*innen in der professionellen Praxis angleichen.[128] Erfahrungs- und Alltagswissen sowie subjektive Orientierungen werden nicht bzw. nicht zwangsläufig durch wissenschaftliches Wissen verdrängt.[129] Für Soziale Arbeit zeigen diverse Studien (vgl. bspw. Ebert 2012; Becker-Lenz/Müller 2009; Wigger 2006; Scherr 2002; Thole/Küster-Schapfl 1997) die Trägheit des Habitus. Mit dem Begriff der Hysteresis[130] bezeichnet Bourdieu diese Trägheit des Habitus (vgl. Barlösius 2011; Bourdieu 1987). Ebert geht davon aus, dass Studierende im Rahmen ihres Studiums eine doppelte

126 An dieser Stelle soll nicht unerwähnt bleiben, dass auch das Studium neoliberalen Reformen unterliegt, sich Spielräume für selbstbestimmtes Lernen reduzieren (vgl. Brüchert 2013, S. 119) und *erfolgreiches Studieren* häufig auf individuelles Bewältigungshandeln (vgl. Böhnisch 2016) begrenzt wird. Zum Thema ‚Professionalisierung in Strukturen der Bachelorstudiengänge Soziale Arbeit' siehe auch Fischer 2018.

127 Die Studie von Miller et al. 2021 nimmt konkrete Bildungsprozesse von berufsbegleitenden Studierenden der Hochschule Kempten im Studiengang „Soziale Arbeit mit dem Schwerpunkt Jugendarbeit" sowie Entwicklungsprozesse deren individueller professioneller Identität in den Blick.

128 Siehe dazu Seeck/Ackermann 2000, S. 11; Ebert 2012 sowie Kraler 2008.

129 „An einem derartigen Anlass habe ich einem Kollegen aus der Technik einmal berichtet, dass eine Studentin mir erzählt hat, dass ihr Praktikumsleiter sie mit den Worten eingeführt hat: „Vergiss, was Du an der Hochschule gelernt hast. Das hier ist Praxis. Die funktioniert nach anderen Regeln." Woraufhin er mir entgegnete, dass seine Studierenden im Gegenteil ihm immer wieder berichten würden, dass die Begrüßungsformel in etwa lauten würde: „Zeig mal, was Du an der Hochschule gelernt hast. Schauen wir mal, ob da was Brauchbares dabei ist"" (Sommerfeld 2014, S. 152). Auf diese Art und Weise reproduziert sich gängige Praxis in der Sozialen Arbeit immer wieder neu und „Kooperation als Modus der Verknüpfung von Wissenschaft und Praxis" (ebd.: 153) ist vielfach abhängig von der jeweiligen Fachkultur.

130 Siehe dazu Kapitel 3.1.

Habitualisierung bewältigen müssen, da es um die Aneignung eines akademischen und eines professionellen Habitus gehe (vgl. Ebert 2012). Richter und Friebertshäuser (2019) widmen sich dem Thema fachspezifischer Habitus, indem sie diesen als „Form einer Denk-, Wahrnehmungs-, Bewertungs- und Handlungsgrammatik" betrachten, der „Teil der Geschichte einer Disziplin und Profession" ist und alle Fachkulturen prägt und heben hervor, dass dieser „stets auch ‚Kind seiner Zeit'" ist (ebd., S. 39 f.). Zugleich weisen sie u. a. darauf hin, dass der Einfluss von Geschlecht in Bezug auf den fachspezifischen Habitus zu wenig berücksichtigt wird (ebd., S. 40). In diesem Kontext ist die Dissertationsstudie von Loge interessant. Loge hat „empirisch herausgearbeitet, wie die antizipierte Passung zu einer Fachkultur und einem Beruf im Zusammenspiel von sozialem Milieu und Geschlecht entsteht und wie diese eingebettet ist in die (vergeschlechtlichte) Lebensführung und -planung" (Loge 2021, S. VII).[131]

Insgesamt fällt auf, dass sich in wenigen Studien zur Generierung von Professionalität im Studium auch Aspekte ko-produktiver (Gender*)Wissensbildung an der Schnittstelle von Hochschule und professioneller Praxis der Sozialen Arbeit finden. Am Beispiel professionsbezogener Geschlechterforschung, die sich mit wechselseitigen Perspektiven einer professionellen Wissensproduktion zwischen Wissenschaft und professioneller Praxis befasst, wird diese Leerstelle besonders deutlich.[132] Dies erstaunt umso mehr, da „Soziale Arbeit [...] an der Herstellung von Geschlechterordnungen beteiligt" (Bereswill/Ehlert 2018, S. 31) ist und Genderreflexion als Dimension professionellen Handelns (vgl. Rainer 2020; IFSW 2014; Voigt-Kehlenbeck 2008) gilt. „Während sich [...] im spezifischen Fachdiskurs zu ‚Soziale Arbeit und *gender*' vertiefte Auseinandersetzungen finden lassen (vgl. Sabla/Plößer 2013; Voigt-Kehlenbeck 2008), gibt es noch wenig empirische und handlungsfeldbezogene Studien zu Konzeptionalisierungen und Bedeutungszuschreibungen seitens der in der Praxis tätigen Fachkräfte [...]" (Rainer 2020, S. 165 f.).[133]

131 „Der Weg an die Hochschule ist also kanalisiert durch die soziale Herkunft, während bei der Fächerpräferenz das Geschlecht einen stärkeren Einfluss ausübt – die soziale Herkunft aber auch eine große Bedeutung hat" (Loge 2021, S. 18).

132 Zu Forschungen, die ko-produktive Gender*Wissensbildung an der Schnittstelle Hochschule und berufliche Praxis der Sozialen Arbeit in den Blick nehmen und somit an Traditionen der Frauenforschung anknüpfen, siehe Schimpf/Roth 2022a; Roth/Schimpf 2020.

133 In diesem Kontext sei auch auf die Studie *Queer Professionals: Professionelle zwischen „queeren Expert:innen" und „Anderen" in der Sozialen Arbeit* von Höblich und Baer (2022) hingewiesen: https://www.hs-rm.de/fileadmin/Home/Fachbereiche/Sozialwesen/Forschungsprofil/FoRM/Hoeblich_Baer_2022_QueerProfessionals_Abschlussbericht_FoRM_Bd_2.pdf (Abruf 25.03.2023).

Zusammenfassend lässt sich feststellen, dass mit studienintegrierten begleiteten Langzeit-Praxisphasen ein temporärer Übergang von Studierenden in die professionalisiere Praxis der Sozialen Arbeit verbunden ist und im Gegensatz zu rekonstruierbaren Veränderungen der Studiengänge am Lern- und Bildungsort Hochschulen, wie zum Beispiel die Einführung eines gestuften Studiensystems im Zuge der Bologna-Reform oder die Entwicklungen vieler Hochschulen vom postgradualen Berufspraktikum zu modularisierten *begleiteten Praxisphasen* wie dem praktischen Studiensemester,[134] die Veränderungen am Lern- und Bildungsort berufliche Praxis nicht systematisch erfasst werden. Die Perspektiven anleitender Fachkräfte – als Teil der ‚gelebten Trias' vor dem Hintergrund einer gemeinsamen Qualifizierungsverantwortung (vgl. Roth/Burkard/Kriener 2023) – auf Professionalitätsentwicklung bzw. Professionalisierungsprozesse im Studium der Sozialen Arbeit sowie die darin eingelagerten Verhältnisbestimmungen von Hochschule und Praxis sind – empirisch und national betrachtet – kaum erforscht.[135] Obgleich berufliche Praxis als sozialisatorische Instanz für die berufliche Identitätsbildung von besonderer Bedeutung ist (vgl. u. a. Löffler 2020; Seeck/Ackermann 2000; Grunert 1999). Dies korrespondiert auch nicht mit der im Zuge der Bologna-Reform stehenden Kompetenzformulierung und Output-Orientierung: „Neu steht als Ziel der Output – die *Berufsbefähigung* am Ende des Studiums – im Zentrum" (Roth/Müller Fritschi 2014, S. 63). Daneben sind in der Übergangsforschung Praktika schon seit jeher im Zusammenhang mit beruflicher Orientierung und Berufseinstieg – dem Übergang vom Studium in den Beruf – betrachtet und untersucht worden (vgl. von Felden/Schiener 2010). Der Blick der Übergangsforschung ist hier auf Praktika „[...] als potentiell ersten Schritt in das Berufsleben" (Nierobisch 2010, S. 121) gerichtet.[136] Mit der Entdeckung des Handlungsproblems des Übergangs hat Egloff auf Praktika als institutionell initiierte Statuspassagen aufmerksam gemacht und damit den Übergang vom Studium ins Praktikum in den Blick genommen (vgl. Egloff 2002, S. 320 ff.), was in der Sozialen Arbeit in Bezug auf das postgraduale Berufspraktikum (vgl. z. B. Reitemeier/Frey 2013) untersucht wurde. Egloff konstatiert: „Mit Übergang ist hier aber eher eine Art „Schwellenzustand" (Friebertshäuser 1992, S. 24) beschrieben, der eine „Zwischenphase zwischen der Ablösung von der ‚alten' Welt,

---

134 „Zur Erinnerung: Das einjährige Praktikum, das in Zeiten der Höheren Fachschulen in den fünfziger und sechziger Jahren auch Verwaltungspraktikum genannt wurde, war als Äquivalent zur Beamtenausbildung des gehobenen Dienstes gedacht" (Kunstreich 2017, S. 12).

135 Die Relevanz einer nationalen Forschungsperspektive in der Sozialen Arbeit lässt sich u. a. aus dem Rechtsinstitut der staatlichen Anerkennung ableiten. Siehe dazu Kriener/Gabler 2021.

136 Dies knüpft beispielweise auch an der Erkenntnis an, dass „[...] es in erster Linie die praktischen Vorstellungen vom pädagogischen Handeln" (vgl. Krüger et al. 2003, S. 42) sind, die Studienmotivation und Erwartungen an das Studium beeinflussen.

vor der Reintegration in die ‚neue' Welt" darstellt (ebd., S. 24) und von den Studierenden auch eigene Konstituierungs- und Bewältigungsstrategien verlangt" (vgl. Egloff 2002, S. 321).[137] Davon ausgehend, dass Übergänge und die sie begleitenden Rituale in soziale Hierarchien eingebunden sind und in diesem Kontext auch Aspekte wie gesellschaftliche Reproduktion und Generationenverhältnisse relevant werden, verspricht die vorliegende empirischen Studie mit anleitenden Fachkräften auch diesbezüglich interessante Einblicke zu geben. Diese fokussiert auf professionelle Praxis als Lern- und Bildungsort im Studium Soziale Arbeit und nimmt die Orientierungen und Wissensbestände der anleitenden Fachkräfte in den Blick, um am Beispiel *von Gender*Wissen* exemplarische Grundthematiken zwischen Hochschule und professionalisierter Praxis im Kontext *begleiteter Praxisphasen* zu rekonstruiert. Hier schließt nun das folgende Kapitel an.

2.5 *Begleitete Praxisphasen* und Gender*Wissen im Kontext der Entwicklung der empirischen Studie mit anleitenden Fachkräften

Vor dem Hintergrund, dass gendertheoretische und genderreflexive Handlungskonzepte und ein daraus resultierendes Gender*Wissen zentrale Bestandteile des Professionswissens in der Sozialen Arbeit darstellen und für eine Analyse und Bearbeitung von Ungleichheitsphänomenen grundlegend sind (vgl. Brückner 2018; Bereswill 2016; Bütow/Munch 2012; Ehlert 2012; 2010; Schimpf 2002) und Soziale Arbeit als „stark vergeschlechtlichte Profession" (Schimpf/Rose 2020, S. 17) gilt, werden in der vorliegenden Arbeit *begleitete Praxisphasen als Verhandlungsraum* beispielhaft am Thema *Gender in der Praxisanleitung* rekonstruiert. Dies lässt sich zudem vor dem Hintergrund aktueller und zukünftiger gesellschaftlicher Herausforderungen begründen.[138] Aktuelle theoretische und forschungsmethodologische Debatten der Sozialen Arbeit weisen auf die Notwendigkeit einer Mehrdimensionalität von *Gender* und *Gender*Wissen* hin, die im Kontext der Geschlechterforschung als intersektionale und relationale Kategorien verstanden werden (vgl. Ehlert 2022; Soiland 2015; 2008). In Anlehnung an die konzeptionellen Überlegungen und den ausformulierten Begriff des Geschlechter-Wissens von Dölling (vgl. Dölling 2005) wurde für die vorliegende Arbeit der Begriff Gender*Wissen gewählt und Gender*Wissen als Bündelung unterschiedlicher Wissensformen und Ebenen, die ineinandergreifen und deren jeweilige Präsenz von sozialen Feldern und der Positionierung abhängt, verstanden (vgl.

137 „Dabei greifen sie in unterschiedlicher Weise auf angebotene Wissensbestände zurück (institutionelle Vorgaben), nehmen diese in modifizierter Form in ihre Relevanzsysteme auf und deuten und handeln dann auf dieser Grundlage" (Egloff 2002, S. 321).

138 Beispielsweise in Bezug auf soziale Nachhaltigkeit (vgl. u. a. Böhnisch 2020).

Roth/Schimpf 2020). Vor diesem Hintergrund wird Gender*Wissen als inter- und transdisziplinäres Wissen in intersektionaler Perspektive verstanden und im Folgenden genutzt.

Im Berufsfeld generiertes genderbezogenes Erfahrungswissen ist i. d. R. nicht explizit verfügbar und auch eine professionsbezogene Geschlechterforschung in der Sozialen Arbeit, die die wechselseitigen Perspektiven einer professionellen Wissensentwicklung zwischen Wissenschaft und professionalisierter Praxis thematisiert, existiert kaum (vgl. Oestreicher/Unterkofler 2014; Ehlert 2011; 2010). Gender fungiert im Berufsfeld häufig nicht als bewusst reflektierte und ausdrücklich bezeichnende Kategorie (vgl. Fleßner 2013).[139] Jedoch sind „unabhängig davon, welches Arbeitsfeld der Sozialen Arbeit betrachtet wird, völlig unabhängig zudem davon, nach welchen pädagogischen Konzepten gearbeitet wird: Genderstrukturen [...] in der Sozialen Arbeit verankert, gleichgültig, ob diese thematisiert werden oder nicht" (ebd., S. 3). Davon ausgehend, dass Gender als explizite und implizite Kategorie auch im Kontext *begleiteter Praxisphasen* relevant ist und sich daran exemplarisch die kollektiven Orientierungen anleitender Fachkräfte in Bezug auf den Forschungsgegenstand rekonstruieren lassen, rückt *Gender in der Praxisanleitung reflektieren* als Thema mit seinen Ambivalenzen zwischen gesellschaftlichen, fachlichen und individuellen Vorstellungen in den Fokus bei der Rekonstruktion praktischer Studiensemester als Verhandlungsraum zwischen Hochschule und professionalisierter Praxis.

In der sozialarbeitswissenschaftlichen Forschung wird teilweise davon ausgegangen, dass wissenschaftliche Akteur*innen Wissen produzieren und Professionelle dieses Wissen in institutionellen Kontexten vor allem an- bzw. verwenden (vgl. Oestreicher/Unterkofler 2014). Aus wissenssoziologischer Perspektive lässt sich jedoch zeigen, „dass es sich bei der Wissensproduktion in Professionen um einen wechselseitig aufeinander bezogenen Prozess der Entwicklung, Verwendung und Weiterentwicklung von Wissen handelt" (ebd., S. 12). Somit wird auch Gender*Wissen in unterschiedlichen Feldern produziert und auf Grundlage einer praxeologischen Methodologie geht es, bezugnehmend auf Meuser (Meuser 2010), darum: „Wie lässt sich das fraglos Gegebene zum Sprechen bringen?" (ebd., S. 9).

Um den Lesenden bereits an dieser Stelle einen beispielhaften Eindruck zu vermitteln, wie sich in Gruppendiskussionen das Thema Gender im Kontext von Praxisanleitung dokumentiert, wird im Folgenden eine Sequenz aus der explorativen Phase zur Entwicklung der empirischen Studie mit anleitenden Fachkräften genutzt.[140] Aus dieser ersten Gruppendiskussion wurde auch das

---

139 Vergleichbares lässt sich für Hochschulen festhalten (vgl. Bütow/Eckert/Teichmann 2016).

140 Die Gruppendiskussion AKKA entstammt der explorativen Phase (2017). Daraus entwickelte sich sowohl die empirische Studie mit anleitenden Fachkräften als auch die Fragestellungen für das Projekt *(Praxis)Anleitung und (Gender)Wissen: Kollektive Wissensbestände und Positionierungen im Berufsfeld der Sozialen Arbeit* (siehe dazu Kapitel 4.2).

Forschungsprojekt *(Praxis)Anleitung und (Gender)Wissen* generiert, welches in seiner Verquickung mit der vorliegenden Arbeit in Kapitel 4.2 vorgestellt wird.[141]

Die ausgewählte Passage der Gruppendiskussion AKKA befindet sich am Ende des ersten Viertels einer ca. zweistündigen Gruppendiskussionen mit sieben Fachkräften aus unterschiedlichen Handlungsfeldern der Sozialen Arbeit. Das Alter der Fachkräfte liegt zum Zeitpunkt der Gruppendiskussion zwischen 40 und 60 Jahren. Die Fachkräfte verfügen über mehrjährige und zum Teil langjährige Berufserfahrung und sind männlich oder weiblich markiert. Die Passage beginnt, indem Gesa H. an das Thema der Gruppendiskussion ‚*Gender – (k)ein Thema in (Praxis)Anleitung!?*' anknüpft und zunächst das Thema *Berufseinmündung* als neuen Orientierungsgehalt einführt:

Gesa H.: Also heute geht's mir so dass ich ähm von den äh ich sag mal es gibt ja nicht nur Praktikantinnen sondern auch Leute die wir irgendwie einstellen wo irgendwie auch so in Vorstellungsgesprächen wo auch immer die studiert haben ähm ich so merk die haben nicht mehr den Blick dafür also die also die haben nicht diesen Blick mehr was für uns irgendwie selbstverständlich war wir setzen uns irgendwie mit Geschlecht irgendwie
Arno D.: L Hm
Gesa H.: auseinander und wir haben auch einen mädchenspezifischen Blick das war für mich immer selbstverständlich dass ich auch dachte das haben auch alle
Arno D.: L Hm
Gesa H.: so ist das auch weiter an Hochschulen und die haben ne Idee und die bewerben sich auch
Arno D.: L Ja
Gesa H.: speziell für eine Einrichtung die nur mit Mädchen arbeitet und Frauen weil ihnen das irgendwie ne Bedeutung hat aber das TUN sie nicht und sie haben sie können auch manchmal gar nicht die Frage beantworten warum's denn vielleicht sinnvoll ist oder
Arno D.: L ((räuspern))
Gesa H.: nützlich ist dass es eine Einrichtung gibt nur für Mädchen so ne also da da müssen se
Arno D.: L ((räuspern))
Gesa H.: überlegen wenn se schlau sind haben sie unsere Homepage gelesen können es damit @begründen@ aber manchmal haben se auch das nicht also dann ne also da fehlt was
Arno D.: L ((lacht))

(GD_AKKA 410-429)

Gesa H. knüpft in dieser Passage an Ihre Selbstpräsentation zu Beginn der Gruppendiskussion an und positioniert sich als Leitungsperson einer geschlechtsspezifischen Einrichtung, was sich im Orientierungsgehalt der *Berufseinmündung* dokumentiert. Im Fokus sind zunächst nicht die „*Praktikantinnen*", sondern „*Leute die wir irgendwie einstellen*". Damit stellt sie zum einen eine Distanz zur Rolle als Anleitung her und zum anderen distanziert sie sich von der Kooperation mit der ausgewählten Hochschule – an der die Forschung angesiedelt ist – indem sie in Bezug auf die Bewerberinnen sagt „*wo auch immer die studiert haben*". Zugleich dokumentiert sich darin eine Generationenthematik, indem sie Divergenzen zwischen ihrer Zeit als Studierende und der selbstverständlichen Auseinandersetzung mit Geschlecht „*für uns*" und den Absolvent*innen mit

141 Das Forschungsprojekt wurde unter der Leitung von Prof.[in] Dr.[in] Elke Schimpf im Zeitraum 2018 bis 2019 durchgeführt und von Seiten des Hessischen Ministeriums für Wissenschaft und Kunst (HMWK) und dem Gender- und Frauenforschungszentrum der hessischen Hochschulen (gFFZ) gefördert.

„*also da fehlt was*" differenziert. Mit dieser biografischen Perspektive in Bezug auf ihr eigenes Studium und den damit verbundenen Wissensbeständen wird das (unausgesprochene) Selbstverständliche deutlich: Die Relevanz des Studiums in Bezug auf die Auseinandersetzung mit dem Thema Gender bzw. Geschlecht und ihre implizite Erwartung, dass die Bewerber*innen eine fachliche Motivation für die Arbeit in einer mädchen- und frauenspezifischen Einrichtung mitbringen. Im weiteren Verlauf der Passage bilanziert Gesa H. zunächst mit „*da fehlt was was ich immer gedacht hab das ist da NOCH*" und stellt Parallelen zum Thema Praxisanleitung her:

Gesa H.: da merk ich schon da fehlt was was ich immer gedacht hab das ist da NOCH wo ich merk das ist nicht da ich muss das thematisieren auch in der Anleitung thematisieren [...] wir müssen da richtig immer wieder was sagen dass sie so ein Bewusstsein dafür kriegt wer sitzt denn vor ihr was benutzt sie denn für ne Sprache wenn sie über wen spricht das ist gar nicht so
Arno D.: L Hm
Gesa H.: selbstverständlich für sie sondern das muss sie richtig lernen. [...] wo ich dachte das haben die irgendwie mitgekriegt das ist da es ist nicht da [...] wir müssen die sensibilisieren ich weiß nicht wie
Brigitte P.: L Mmh

(GD_Akka 430-442)

Gesa H. sagt, dass sie inzwischen das Thema mädchen- und frauenspezifische Arbeit als (An-)Leitung selbst einbringen und vermitteln muss und stellt fest „*wir müssen da richtig immer wieder was sagen dass sie so ein Bewusstsein dafür kriegt*" und auch für Sprache sensibilisieren. Mit „*wir*" markiert sie die Gemeinschaft der Mitarbeiter*innen, die über ein entsprechendes Bewusstsein verfügen, als etwas Kollektives. Interessant ist der Wechsel von „*Leute die wir irgendwie einstellen*" und „*Praktikantinnen*", die zunächst mit „sie" zusammengefasst werden und dann zu einer konkreten Person wird, die lernen muss „*wer sitzt denn vor ihr*". Es scheint so, als beginne Gesa H. hier gerade auf aktuelle Herausforderungen in ihrem beruflichen Alltag Bezug zu nehmen, bei denen sie an Grenzen stößt „*wir müssen die sensibilisieren ich weiß nicht wie*", als es zum Sprecher*innenwechsel kommt:

Brigitte P.: Bis hin zu sogar ner ablehnenden Haltung also ich hab auch schon des Öfteren ähm junge Studierende erlebt [...] da gabs sogar ne MASSIVE Ablehnung [...] bis hin zu welchen die überhaupt GAR keine Meinung dazu hatten also die dann wirklich gesagt
Gesa H.: L Hm
Brigitte P.: haben es interessiert mich überhaupt net also mich interessiert das Thema Geschlecht net weil mich interessiert das Thema Migration ne wo ich gedacht hab äähhhaaa wie kann denn des sein weil des ist ja gar net miteinander so zu vergleichen ja also das fand
Gesa H.: L ((räuspern))
Brigitte P.: ich sehr interessant und des hab ich zum Beispiel damals in meinem Studium hier oder auch vor
Gesa H.: L Hm
Brigitte P.: vielen Jahren nochmal eher ein bisschen sach ich mal ((räuspert sich)) auch politischer erlebt ja also das man sich mehr positioniert hat ich bin dafür oder ich bin
Gesa H.: L Hm
Brigitte P.: dagegen aber dieses so ähm äh weder das eine noch das andere oder es interessiert mich net also das hat mich fast noch mehr schockiert wie jemand der sacht ne ich hab da ne andere Haltung zu da isses wenigstens was da wo Angriffsfläche bietet aber zu sagen äh Gender ganz oft hab ich wirklich in den letzten Jahren erlebt Gender interessiert mich nicht
Gesa H.: L Hm
Brigitte P.: oouuuh hab ich gedacht huch was ist denn da passiert

(GD_Akka 443-461)

Brigitte P. knüpft implizit an die Generationenthematik an, indem sie die *„jungen Studierenden"* markiert und sich auf ihr eigenes Studium *„hier"* und *„vor vielen Jahren nochmal"* bezieht. Damit stellt sie u. a. eine Nähe zur ausgewählten Hochschule her und positioniert sich als Alumni. Sie modifiziert den propositionalen Gehalt von Gesa H. mit *„da gabs sogar ne MASSIVE Ablehnung [...] bis hin zu welchen die überhaupt GAR keine Meinung dazu hatten"*. In dieser Sequenz dokumentiert sich ‚Empörung' der Fachkraft Brigitte P. den Studierenden und Hochschulen gegenüber, wenn Studierende keine Haltung zum Thema Gender haben und Geschlecht nicht als politisches Thema begreifen *„mich interessiert das Thema Geschlecht net weil mich interessiert das Thema Migration"*. Interessant ist, dass an dieser Stelle die Fachkraft keine Verbindung zu intersektionalen Verschränkungen expliziert. Sie fordert in Bezug auf das Thema Gender, dass sich Studierende positionieren im Sinne von *„ich bin dafür oder ich bin dagegen"* und eine klare *„Haltung"* einnehmen. Unklar bleibt an dieser Stelle, worauf sich die Positionierungsforderung konkret bezieht und was mit „dafür" und „dagegen" gemeint ist. Von beiden Fachkräften wird ein Spannungsfeld in mehrfacher Hinsicht eröffnet. Deutlich wird, dass das eigene Studium, die eigene Haltung und Selbstverständlichkeiten wichtige Bezugspunkte darstellen, an denen Differenzen zu Studierenden und Absolvent*innen ‚gemessen' und als Spannungsfeld markiert werden. In den Irritationen (Empörungen), die sich bei beiden Fachkräften in Bezug auf Studierende und auf Hochschule zeigen, dokumentieren sich auch Aspekte von Übergangsphänomenen sowie generationale Unterschiede. In der Sprache dokumentiert sich u. U. ein generationstypischer Erfahrungsraum, indem zunächst von Geschlecht und geschlechtsspezifischen Perspektiven gesprochen wird und der Genderbegriff marginal bzw. synonym genutzt wird. Bezugnehmend auf Mannheim, welcher Generation als eine spezifische, kollektive Erlebnisgemeinschaft versteht, die bestimmte politische und soziale Haltungen entwickelt hat (Mannheim 1928), deutet sich an: Die eigene Phase des *Studiums und danach*[142] wird zum Bezugspunkt für Wissen und Haltung der Fachkräfte. So wird in der Sequenz ein Vergleichshorizont von ‚früher und heute' aufgespannt, der auch vor dem Hintergrund der „Politik der Desartikulation" (Stuart Hall 2004) interpretiert werden kann.[143]

Anhand dieser ausgewählten Passage wird beispielhaft deutlich, wie die Relevanz, das Irritationspotential und die eigene Emotionalität in der Auseinandersetzung mit Geschlecht und Gender in Gruppendiskussionen eingebracht werden und die ‚jüngere Generation' im beruflichen Kontext daran z. T. kritisch gemessen und bewertet wird. Ebenso können die Bezüge zum eigenen Studium als Anrufung der Hochschule in ihrer Thematisierungs- und Zuständigkeitsfunktion interpretiert werden. Damit öffnet sich ein erster Blick auf unterschiedliche Spannungsfelder, die u. a. aus der normativen Aufladung des Themas, der Generationenthematik[144], der Konstruktion von Gender als Wissens- und Reflexionskategorie und der Anrufung von Hochschule als (Mit-)Verantwortliche für Wissens- und Habitusbildung von Studierenden und Absolvent*innen resultieren.

Ohne die Ergebnisse der vorliegenden Studie vorwegzunehmen, kann an dieser Stelle bereits darauf verwiesen werden, dass sich mit der vorliegenden Arbeit am Beispiel von *Gender*Wissen in der Praxisanleitung* exemplarisch Grundthematiken im Spannungsverhältnis von Hochschule und beruflicher Praxis bearbeiten sowie empirische Leerstellen aufzeigen lassen. Der Blick wird auf die Rekonstruktion des *praktischen Studiensemesters als Verhandlungsraum zwischen Hochschule und professioneller Praxis* gerichtet. In diesem dokumentiert sich u. a. das antizipierte und Professionalitäts- und Professionsverständnis anleitender Fachkräfte. Dabei ist die Unterscheidung zwischen kommunikativem und konjunktivem Wissen relevant. Während kommunikatives Wissen öffentliches Wissen ist, das den Akteur*innen reflexiv zugänglich ist, orientiert das konjunktive Wissen die Praxis der Akteur*innen, ohne dass sie es unmittelbar explizieren könnten (vgl. Kubisch 2018). Eine praxeologische Perspektive – wie sie der vorliegenden Arbeit zugrunde liegt – geht davon aus, „dass ein Zugang zum beruflichen bzw. professionellen Handeln eines Begriffs des *Kollektiven* bedarf, der sich nicht auf Übereinstimmungen auf der Ebene des kommunikativen Wissens beschränkt" (Kubisch 2018, S. 179). Mit der vorliegenden empirischen Studie ist das Anliegen verbunden, die *„praktische Klugheit"* (Bohnsack et al.

142 In einigen Selbstpräsentationen zu Beginn der Gruppendiskussion AKKA werden neben dem eigenen Studium auch prägende und z. T. renommierte geschlechtsspezifische Weiterbildungen genannt.

143 Nichtthematisierung und Verdeckung als Verhinderung der Entwicklung gemeinsamer politischer Interessen und Ziele sowie gruppenübergreifende Solidarität (vgl. Mc Robbie 2010).

144 Cremers/Klingel/Stützel (2020) nutzen den Begriff der „ausbildungsbezogenen Generationenlagerung" (ebd., S. 119).

2018, S. 26) der anleitenden Fachkräfte als „Angehörige eines (Berufs)Milieus" (Radvan 2018, S. 87) im Kontext *begleiteter Praxisphasen* in der Sozialen Arbeit zu rekonstruieren, den Forschungsprozess als Begegnungsraum unterschiedlicher sozialer Felder mit den darin eingelagerten Macht- und Konfliktverhältnissen und Positionierungen zu analysieren und am Beispiel von *Gender*Wissen in der Praxisanleitung* zu konkretisieren. Damit richtet sich die forschungsleitende Perspektive auf Gruppenmeinungen als „Produkt kollektiver Interaktionen" (Bohnsack 2014, S. 109) und es wird davon ausgegangen, dass die Sinnstruktur des Handelns bei den Akteur*innen zwar wissensmäßig vorhanden ist, „ohne aber Gegenstand ihrer begrifflichen Reflexion zu sein" (Bohnsack 2013, S. 186).

Wetterer hat zum Beispiel mit der Ausarbeitung des Begriffs der rhetorischen Modernisierung dargelegt, wie sich Modernisierung, „im Diskurs und der Sprache, kaum jedoch in der Praxis zeigt" (Wetterer 2006, S. 12; 2003) und festgestellt, dass zugleich soziale Praxis nicht mehr bruchlos mit zeitgenössischem Differenzwissen zusammenpassen (vgl. Wetterer 2006; 2003, S. 290). Auch Friebertshäuser weist auf die Gleichzeitigkeit von Veränderung und Verfestigung bestehender Ungleichheit in Geschlechterverhältnissen hin (vgl. Friebertshäuser 2012, S. 111). Daneben ist für die vorliegende Studie im Blick zu behalten, wie sich „die (De-)Thematisierung von ‚Geschlecht' und Geschlechterfragen im Sinne der Intersektionalität (vgl. Winker/Degele 2009; Walgenbach 2007) von Ungleichheitskategorien (Rassismen, Klassizismen, Sexismen, usw.) und deren Wechselwirkungen" (Klinger 2014, S. 342) dokumentiert. In (akademischen) Diskursen werden intersektionale Modelle und Ansätze zur Herausarbeitung sozialer Praxen genutzt (vgl. Walgenbach 2017; Riegler 2016; von Langsdorff 2014; Giebeler/Rademacher/Schulze 2013; Degele/Winker 2009), ebenso haben heteronormativitätskritische und queere Perspektiven verstärkt an Bedeutung gewonnen und „stellen bisherige feministische Theoriebildung sowie damit verbundene praxisorientierte Ansätze auf den Prüfstand (vgl. u. a. Stecklina/Wienforth 2017; Rieske 2015; Busche/Maikowski/Pohlkamp/Wesemüller 2010)" (Kasten/Bose/Kalender 2022, S. 15). Davon ausgehend, dass Forschungssituationen – wie z. B. Gruppendiskussionen – Orte der Verständigung und Aushandlung sowie des Austauschs von erfahrungsbezogenem und auch alltagsweltlichem Gender*Wissen sind (vgl. Kaschuba/Hösl-Kulike 2014, S. 21), öffnen die Gruppendiskussionen Möglichkeiten der Selbstthematisierung sowie Positionierung zu Gender*Wissen (vgl. Roth/Schimpf 2020, S. 138) – auch in intersektionaler Verschränkung. Doch wie stellt sich dies im Kontext des *praktischen Studiensemesters als Verhandlungsraum zwischen Hochschule und beruflicher Praxis* dar?

3 (An)erkannte (Wissens) Verhältnisse: Theoretische Perspektiven

Die Auseinandersetzung mit *begleiteten Praxisphasen* eröffnet Fragen zu (Wissens-)Verhältnissen und deren Anerkennung zwischen Hochschule und professionalisierter Praxis, was sich beispielsweise in der stets wiederkehrenden Frage nach dem Verhältnis von Theorie, Forschung und Praxis im Studium der Sozialen Arbeit ausdrückt.[145] „Das Thema spiegelt sich in den Diskussionen um Länge und Einordnung von Praxisphasen [...], Praxisbegleitung, Projektstudium, Anteil an Theorie bzw. Anzahl an ‚Theoriesemestern', Anteilen für Forschungsmethoden im Studium sowie in der Zusammensetzung der Lehrenden" (Kruse 2017, S. 189) wieder. Damit ist häufig auch die tradierte Vorstellung verbunden, die Theorie und Praxis systematisch nach Lern- und Bildungsorten trennt – als würde ‚Theorieproduktion' ausschließlich an der Hochschule und ‚Praxis' ausschließlich im Berufsfeld stattfinden. Polutta (2020) bezeichnet dies als „einen überkommenen Dualismus (Wissenschaft versus theorie- bzw. empirieabstinente Praxis)" (ebd., S. 266). Wie bereits in Kapitel 2.4 dargestellt, vertritt u. a. May die Position, dass in der beruflichen Praxis der Sozialen Arbeit auch Theorieproduktion stattfindet und sich Praxis auch im Wissenschaftskontext an Hochschulen vollzieht (vgl. May 2010).[146] Bedeutsam erscheint hier, dass Theorie und Praxis nicht zwangsläufig getrennt nach sozialen Feldern zu betrachten sind.[147] Ohne der Frage, wie im Studium Soziale Arbeit ein angemessener Praxisbezug hergestellt werden kann und ohne den Kontroversen um Verwissenschaftlichung, Praxisferne und Rezeptologie (vgl. ebd.) im Rahmen dieser Arbeit explizit nachgehen zu können, wird an (Wissens-)Verhältnisse und die Anerkennung von wissenschaftlichem Wissen und Erfahrungswissen im Kontext *begleiteter Praxisphasen* angeknüpft.

145 Näheres zum Theorie-Praxis-Verhältnis in der Ausbildungsgeschichte siehe z. B. Kruse 2012; 2008. Auch Sehmer et al. nehmen beispielsweise in ihrem Beitrag *Dialog statt Transfer* „verschiedene Ideen zur Gestaltung des Verhältnisses von Theorie, Forschung und Praxis in den Blick" (Sehmer et al. 2020b, S. 13).

146 Er unterscheidet nach Praxis der Wissenschaft und Praxis der Profession. Die Praxis der Sozialen Arbeit betrachtet er unter dem Fokus der ständigen Theorieproduktion (vgl. May 2010). May spricht von sogenannten „Theorien (aus) der Praxis" und meint damit, „dass Praktiker mit Annahmen operieren, die einen zugleich hypothetischen wie analytischen, mitunter auch einen prognostischen Charakter haben" (ebd., S. 22).

147 Auch der trennenden Zuordnung nach explizitem Wissen im Wissenschaftsbereich und implizitem Wissen in der beruflichen Praxis wird zunehmend widersprochen (vgl. Oestreicher 2013, S. 48).

Damit wird einem Grundverständnis gefolgt, welches theoretisches und praktisches Wissen als Teil einer Lebenswelt betrachtet (vgl. Schondelmayer/Schröder/Streblow 2013, S. 292) und zugleich davon ausgeht, dass dieses Wissen unterschiedlich präsent und zugänglich ist (vgl. Busche/Streib-Brzic 2019). Gerade im Professionalisierungsdiskurs der letzten Jahre ist eine stärkere Hinwendung zur Relevanz von Erfahrungswissen als implizitem Wissen festzustellen (vgl. z.B. Schützeichel 2018). Hierauf fokussiert auch der praxeologisch-wissenssoziologische Professionalisierungsansatz (vgl. Kubisch/Franz 2022; Kubisch 2018; Kubisch/Lamprecht 2013), worauf im weiteren Verlauf der Arbeit näher eingegangen wird.

In der vorliegenden Arbeit stellen zunächst die Denkwerkzeuge und Konzepte Bourdieus zu Habitus und Feld zentrale theoretische Bezugspunkte dar, die in den nachstehenden Kapiteln mit Blick auf den Forschungsgegenstand eingeführt werden. Den Beitrag, den die Habitus-Feld-Theorie in diesem Zusammenhang leistet, wird in Kapitel 3.1 in den Blick genommen, indem die Bedeutung unterschiedlicher Kapitalien sowie die soziale Ordnung und Machtverhältnisse eingeführt werden. Daran schließen sich in Kapitel 3.2 Fragen zu Grenzen sozialer Felder an. Dies erfolgt unter der Berücksichtigung von Übergängen. Im *Ringen um Anerkennung* werden in Kapitel 3.3 die anerkennungstheoretischen Spuren Bourdieus aufgenommen. Die Verbindung mit Sprechen zeigt, wie tief Macht in gesellschaftlichen Strukturen verankert ist und zur institutionellen Setzung von Akteur*innen beiträgt bzw. diese hervorbringt. Den Divergenzen von Wissenschafts- und Berufsfeld folgend, rücken in Kapitel 3.4 Wissensbestände und Wissensproduktionen in den Fokus und werden vor dem Hintergrund der Profession Soziale Arbeit und der Doppelstruktur von Wissen – auch in Bezug auf theoretische Aspekte der Methodologie der Dokumentarischen Methode – aufgespannt. Am Beispiel von *Gender*Wissen in der Sozialen Arbeit* wird in Kapitel 3.5 nachgezeichnet, wie wenig Professions- und Geschlechterdiskurse miteinander verbunden sind, worüber eine Abwertung von Erfahrungswissen erfolgt und Soziale Arbeit als vergeschlechtlichte Profession verkannt wird. Der Relevanz dieser komplexen Zusammenhänge in Disziplin, Profession, Studiengängen, professionalisierter Praxis sowie im Kontext von Professionswissen und Wissensproduktionen wird mit Blick auf den Forschungsgegenstand nachgegangen. Die nun folgenden theoretischen Annahmen und Forschungsperspektiven, die an Bourdieus Denkwerkzeuge anknüpfen, werden anschließend in Kapitel 4 mit theoretischen Überlegungen und der Methodologie der dokumentarischen Methode verbunden. Da diese an den Habitusbegriff anschließt (vgl. Kubisch/Franz 2022; Kubisch 2008; Bohnsack et al. 2007; Meuser 2007)[148], betrachtet

148 Die Übereinstimmungen und Differenzen der Habitustheorie und der dokumentarischen Methode werden u.a. bei Meuser (2007) diskutiert.

Klinger (2014) die dokumentarische Methode „als eine Art ‚Übersetzerin' der ‚theoretischen' Überlegungen von Bourdieu" (ebd., S. 98).

3.1 Eine praxeologische Annäherung an Bourdieu: Feld und Habitus

> *„Weil die Handelnden nie ganz genau wissen, was sie tun, hat ihr Tun mehr Sinn, als sie selber wissen." (Bourdieu 1993c, S. 127)*

Bourdieus (1930–2002) Praxeologie spannt sich zwischen Struktur und Handeln auf und bildet eine Brücke zwischen konstruktivistischen und strukturalistischen Positionen:

> *„Hätte ich meine Arbeit in zwei Worten zu charakterisieren, das heißt, wie es heute oft geschieht, sie zu etikettieren, würde ich von strukturalistischem Konstruktivismus oder von konstruktivistischem Strukturalismus sprechen [...]. Mit dem Wort ‚Strukturalismus' oder ‚strukturalistisch' will ich sagen, daß es in der sozialen Welt selbst ... objektive Strukturen gibt, die vom Bewußtsein und Willen der Handelnden unabhängig und in der Lage sind, deren Praktiken und Vorstellungen zu leiten und zu begrenzen. Mit dem Wort ‚Konstruktivismus' ist gemeint, daß es eine soziale Genese gibt einerseits der Wahrnehmungs-, Denk- und Handlungsschemata, die für das konstitutiv sind, was ich Habitus nenne, andererseits der sozialen Strukturen und da nicht zuletzt jener Phänomene, die ich als Felder und als Gruppen bezeichne, insbesondere die herkömmlicherweise so genannten sozialen Klassen" (Bourdieu 1992, S. 135).*

Damit sind zwei zentrale Konzepte Bourdieus – „Habitus" und „Feld" – angesprochen, die im vorliegenden Kapitel als Denkwerkzeuge der empirischen Studie mit anleitenden Fachkräften eingeführt werden. Bourdieu nimmt in seinen Werken die soziale Praxis der Akteur*innen zum Ausgangspunkt und rückt diese als Konstrukteur*innen ihrer Realität ins Zentrum. Damit versucht er den Dualismus von Individuum und Gesellschaft, von objektivistischen oder rein subjektivistischen Perspektiven, zu überwinden. Mit seiner Soziologie der Praxis wird ein Aufdecken und Erkennen von Zusammenhängen gesellschaftlicher (Re-)Produktion der Verhältnisse und Praktiken individuellen Handelns möglich und die Perspektive „gesellschaftliche[r] Determiniertheit jeder Subjektivität" (Kramer 2011, S. 20) mit den darin eingelagerten Möglichkeiten und Grenzen verfolgt er beständig. Der Habitus fungiert für ihn als „gesellschaftlicher Orientierungssinn" (Bourdieu 1982, S. 728) und verbindet Struktur und Handlung miteinander. Erworben wird dieser mittels Teilnahme an sozialen Praxen.

Dieser Erwerb ist eine Form von praktischem, vorreflexivem Lernen, in dem nicht (theoretische) Modelle, sondern die Handlungen der anderen nachgeahmt werden (vgl. Meuser 2006, S. 164 f.). Durch den Habitus bzw. die Habitusformen werden „Wahrnehmungs-, Denk- und Beurteilungsschemata ausgeformt, mit denen Situationen, Handlungen und Gegenstände erkannt, interpretiert und bewertet werden" (Klinger 2014, S. 83). Der Habitus ist strukturell bedingt und hängt von der jeweiligen Position im sozialen Raum bzw. im sozialen Feld ab: „In den Dispositionen des Habitus ist somit die gesamte Struktur des Systems der Existenzbedingungen angelegt, so wie diese sich in der Erfahrung einer besonderen sozialen Lage mit einer bestimmten Position innerhalb der Struktur niederschlägt" (Bourdieu 1982, S. 279). So stellt das Feldkonzept von Bourdieu einen zentralen Bezugspunkt dar, da dieses analytische Konzept Bereiche im sozialen Raum beschreibt, in denen sich soziale Praxis vollzieht und die eigene Logiken und Autonomien entwickelt haben. Jedes soziale Feld ist durch ein feldspezifisches Unterscheidungsprinzip gekennzeichnet, „mit dem Bewertungen vorgenommen, Positionen zugeschrieben, Ereignisse gedeutet und Probleme behandelt werden. Deshalb bildet jedes Feld ein mehr oder weniger autonomes soziales Universum, in dem ein bestimmtes Prinzip der Unterscheidung und Bezeichnung [...] vorherrscht" (Luppuner 2011, S. 6). Aus den unterschiedlichen feldspezifischen Logiken entwickeln sich Kräftefelder, deren Akteur*innen um Einfluss und Macht konkurrieren, sich positionieren und Werte, Spielregeln und Kapitalsorten in unterschiedlichen Dynamiken umsetzen (vgl. Bourdieu 2007, S. 355 f.) – so auch im Wissenschaftsfeld und im Berufsfeld. „Das akademische Feld etwa setzt auf Grund des in ihm wirksamen spezifischen Interesses bei den ihm zugeordneten sozialen Akteuren die Verfügung über ‚theoretisches' Kapital voraus" (Hillebrandt 1999, S. 11).

Bourdieu hat den Habitusbegriff zuerst ausgebildet und das Konzept kann als „Kernstück" seiner Soziologie bezeichnet werden (vgl. Krais/Gebauer 2002). Das Feldkonzept hat er später entwickelt (vgl. Barlösius 2011).[149] Mit dem Habituskonzept erschließt Bourdieu die Logik der Praxis über den modus operandi. Sein Konzept gründet auf der Annahme, dass „Schemata von Praxis auf Praxis übertragen werden können, ohne den Weg über Diskurs und Bewußtsein zu nehmen" (Bourdieu 1987, S. 136). Mit Schemata bezeichnet er eine Art „praktische Operatoren, vermittels derer die objektiven Strukturen, deren Produkte sie sind, sich zu reproduzieren trachten" (Bourdieu 1976, S. 229). So wird mit

149 „Ich glaube, daß die umfassenden theoretischen Intentionen, die sich in Begriffen wie Habitus, Strategie usw. gleichsam verdichteten, in zwar kaum entfalteter, wenig expliziter Form, aber doch von Anfang an in meinen Arbeiten präsent waren (dagegen ist das Konzept des ‚Feldes' neueren Datums; es entwickelte sich aus der Konvergenz von Forschungen zur Soziologie der Kunst, die ich 1970 in einem Seminar an der Ecole normale in Angriff nahm, und dem Kommentar zum Abschnitt über die Religionssoziologie in Wirtschaft und Gesellschaft)" (Bourdieu 1986, S. 156).

dem Habitus ein „System dauerhafter und übertragbarer Dispositionen“ (Bourdieu 1987, S. 98) gekennzeichnet, dem eine Doppelfunktion zukommt, „der es Menschen ermöglicht, in der Vielfalt und jeweiligen Besonderheit tausendfacher alltäglicher Handlungen, in Beziehung zu und in Kooperation mit anderen sinnvoll, mit einer gewissen Regelhaftigkeit zu agieren und dabei – ohne dass dies individuelles Handlungsziel ist – das zu reproduzieren, was allgemein ‚die Gesellschaft‘ oder auch die Strukturen der sozialen Welt genannt wird“ (Dölling 2011, S. 167). Die Besonderheit des Habituskonzeptes liegt darin, dass der Habitus als „Vermittlung zwischen Struktur und Praxis“ (Bourdieu 1991, S. 143) in einer Art ‚Scharnierfunktion‘ fungiert, sozusagen als generative Handlungsgrammatik. Der Habitusbegriff weist darauf hin, „[…] daß unserem Handeln öfter der praktische Sinn zugrunde liegt als rationale Berechnungen“ (Bourdieu 1997, S. 82).[150] Das Habitus-Konzept impliziert damit einen Paradigmenwechsel im sozialwissenschaftlichen Denken (vgl. Krais/Gebauer 2002, S. 5). Stets hebt Bourdieu die Gesellschaftlichkeit des Habitus hervor und verweist im Kontext sozialer Ungleichheiten auch auf „die Praxis aufeinanderfolgender Generationen“ (Bourdieu 1976, S. 229), die dessen Herausbildung leiten. „Durch den Habitus und durch ihn hindurch reproduzieren sich die sozialen Existenzbedingungen, auf die er zurückgeht“ (Fuchs-Heinritz/König 2014, S. 90). „Der Habitus und die von ihm geleiteten Handlungsweisen, Einstellungen und Bewertungen tendieren dazu, sich die engere und weitere soziale Welt so einzurichten bzw. auszusuchen, dass sie darin zur Geltung kommen können“ (ebd., S. 91). Zur Beschreibung habituell gelenkter Praktiken bemüht Bourdieu die Metapher des Spiels: „Der Spieler, der die Regeln eines Spiels zutiefst verinnerlicht hat, tut, was er muß, zu dem Zeitpunkt, zu dem er es tun muß, ohne sich das, was zu tun ist, explizit als Zweck setzen zu müssen“ (Bourdieu 1998, S. 168). Mit dem „Sinn für das Spiel“ macht Bourdieu deutlich, wie Dispositionen Handeln lenken und stellt die Annahme, dass Handeln über Absichten und Motive gesteuert wird, infrage. „Das heißt freilich auch, daß das traditionell dem reflexiven Bewußtsein und der reflexiven Erkenntnis zugebilligte Privileg jeder Grundlage entbehrt“ (Bourdieu 1976, S. 209). Zugleich gehen Praxisformen und subjektive Absichten, die z. B. auch von Forschenden beobachtet werden, wiederum auf den eigenen Habitus zurück und sind als sogenannte Entsprechungsbeziehungen vorgeprägt (vgl. ebd., S. 167 f.). So „stehen die praktischen Handlungen der Mitglieder derselben Gruppe oder Klasse stets in größerer Übereinstimmung, als die Handelnden selbst es wissen oder auch wollen“ (ebd., S. 177). Der Habitus, auch als Praxissinn

150 „Die Konzeption des Habitus bei Bourdieu und die provokante These, dass wir Menschen ‚in Dreiviertel unserer Handlungen Automaten sind‘ (Liebau 1987, S. 59; Bourdieu 1999, S. 740), erschüttert aber das uns lieb gewordene Selbstverständnis des Menschen als autonomes Subjekt“ (Kramer 2011, S. 18). „Der praktische Sinn ermöglicht [jedoch] die Wahl von Handlungsalternativen unter dem im Alltagshandeln gegebenen Zeit- und Entscheidungsdruck“ (Lorenzen/Zifonun 2012, S. 96).

bezeichnet, „fungiert als körperlicher Speicher desjenigen Wissens, das sich auf die Zugehörigkeit zu einer Soziallage bezieht" (Meuser 1999, S. 128). Dieser produziert „unendlich viele und relativ unvorhersehbare Praktiken von dennoch begrenzter Verschiedenartigkeit" (Bourdieu 1987, S. 104). Den Habitus zeichnet laut Bourdieu eine besondere Stabilität aus, den er als Hysteresis-Effekt des Habitus bezeichnet (vgl. Bourdieu 1987, S. 117), d.h. ein einmal einverleibter Habitus reagiert träge. „Folglich kann es geschehen, daß [...] die Dispositionen mit dem Feld und den für seinen Normalzustand konstitutiven kollektiven Erwartungen in Mißklang geraten" (Bourdieu 2001, S. 206). Zwar verändert sich der Habitus durch neue Erfahrungen und passt sich an sich wandelnde Machtverhältnisse und Bedingungen sozialer Felder an, diese Wandlungsfähigkeit vollzieht sich jedoch innerhalb von Grenzen und ist von Trägheit gekennzeichnet (vgl. Wigger 2006, S. 109): „In Abhängigkeit von neuen Erfahrungen ändern die Habitus sich unaufhörlich. Die Dispositionen sind einer Art ständiger Revision unterworfen, die aber niemals radikal ist, da sie sich auf der Grundlage von Voraussetzungen vollzieht, die im früheren Zustand verankert sind. Sie zeichnen sich durch eine Verbindung von Beharren und Wechsel aus, die je nach Individuum und der ihm eigenen Flexibilität oder Rigidität schwankt" (Bourdieu 2001, S. 207). Die Strukturprinzipien, in die der Habitus eingebettet ist, bezeichnet Bourdieu als soziale Felder: Neben dem Habitus kann das Feld als zweites Strukturierungsprinzip für Denken, Wahrnehmen und Handeln von Individuen betrachtet werden, es korrespondiert quasi. Wacquant beschreibt Feld als „Ensemble objektiver historischer Relationen zwischen Positionen, die auf bestimmten Formen von Macht (oder Kapital) beruhen" (Wacquant 1996, S. 36). Mit dem Feldkonzept rückt Bourdieu Relationen in den Mittelpunkt: „In Feldbegriffen denken heißt *relational* denken" (Bourdieu/Wacquant 1996, S. 126). „Der Begriff des Felds [...] fungiert als Eselsbrücke: Ich muß mich vergewissern, ob nicht das Objekt, das ich mir vorgenommen habe, in ein Netz von Relationen eingebunden ist, und ob es seine Eigenschaften nicht zu wesentlichen Teilen diesem Relationsnetz verdankt" (Bourdieu/Wacquant 1996, S. 262).

Die nachstehende Tabelle 1, *Modell des sozialen Feldes*, zeigt analytisch, wie ein soziales Feld als Netz objektiver Relationen zwischen Positionen definiert werden kann, ein abgrenzbarer Gegenstandsbereich sozialer Praktiken wird daran deutlich.[151] Auch ist das Modell des sozialen Feldes in Beziehung gesetzt zum Feld der Macht. Das Feld der Macht liegt quer zu allen anderen Feldern und es stellt für Bourdieu den Ort dar, an dem das relative Gewicht feldspezifischer Kapitalsorten verhandelt wird:

151 „Sich in einem Feld befinden heißt immer schon, dort Effekte hervorzurufen, sei es auch nur Reaktionen wie Widerstand oder Ausgrenzung" (Bourdieu 1999b, S. 357).

„Das Feld der Macht ist der Raum der Kräftebeziehungen zwischen Akteuren oder Institutionen, deren gemeinsame Eigenschaft darin besteht, über das Kapital zu verfügen, das dazu erforderlich ist, dominierende Positionen in den unterschiedlichen Feldern [...] zu besetzen. Es ist der Ort, an dem die Auseinandersetzungen zwischen Inhabern unterschiedlicher Machttitel (oder Kapitalsorten) ausgetragen werden, bei denen es, [...] um die Veränderung und Bewahrung des relativen Wertes der unterschiedlichen Kapitalsorten geht, eines Wertes, der jederzeit darüber entscheidet, welche Kräfte in diesen Auseinandersetzungen mobilisierbar sind" (Bourdieu 1999b, S. 342).

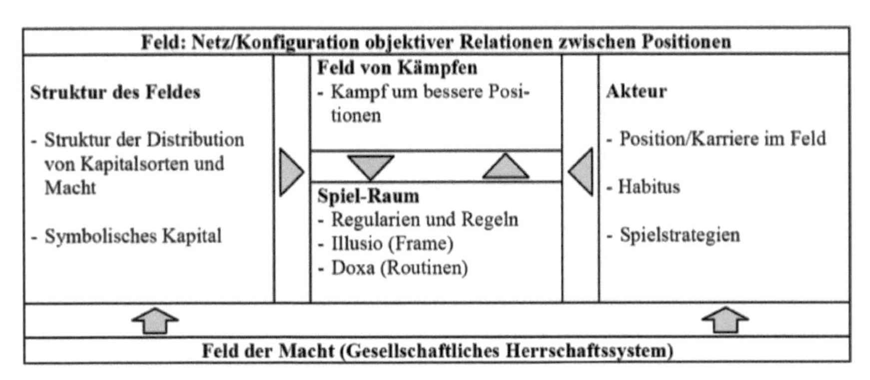

Tabelle 1: *Modell des sozialen Feldes* (Miebach 2014, S. 455)

Feld und Habitus werden durch die soziale Praxis miteinander vermittelt (vgl. Fuchs-Heinritz/König 2014, S. 111). Beziehung zwischen Habitus und Feld sind (lebens-)geschichtlich entstanden und reflektieren in sich kollektive Geschichte (vgl. ebd., S. 112).

„Die soziale Realität existiert sozusagen zweimal, in den Sachen und in den Köpfen, in den Feldern und in den Habitus, innerhalb und außerhalb der Akteure" (Bourdieu/Wacquant 1996, S. 161).

Soziale Felder haben ihre jeweils eigene historisch gewachsene Geschichte sowie eigene Konturen. Jedes Feld verfügt über jeweils eigene Werte, Spielregeln und Ressourcen bzw. Kapitalsorten. Es gibt dabei Trümpfe bzw. Karten, „die in allen Feldern stechen und einen Effekt haben – das sind die Kapital-Grundsorten –, doch ist ihr relativer Wert als Trumpf je nach Feld und sogar je nach den verschiedenen Zuständen ein und desselben Feldes ein anderer" (Bourdieu/Wacquant 1996, S. 128). Bourdieu bemüht auch hier die Metapher des Spiels und vergleicht

Felder mit Spielräumen:[152] Er beschreibt Feldgeschehen als eine Art Spiel, die strukturelle Komponente des Feldes als Spielregeln und Praxisformen als Spielzüge. Die sogenannten Spielregeln zeigen an, welche Praxisformen als legitim oder nicht legitim gelten und feldspezifisch inhärente Logik schränkt somit soziale Praxis ein und ermöglicht zugleich bestimmte Praktiken.[153] „Es ist der Umfang dieses Kapitals, der den Akteuren (Individuen oder Institutionen) ihre eigentümliche Stellung im Feld zuweist, und sie bestimmen dabei die Struktur des Feldes im Verhältnis dieses ihres besonderen Gewichts, ein Gewicht, das von dem aller anderen Akteure, also von seiner Verteilung im gesamten Raum abhängt. Umgekehrt aber handelt jeder Akteur unter den Zwängen der Struktur des Raums, die sich ihm umso gewaltsamer auferlegt, je geringer sein verhältnismäßiges Gewicht im Feld ist" (Bourdieu 1998c, S. 21). Jedes Feld verfügt über ein grundlegendes Gesetz, einen nomos, den Bourdieu am Beispiel des ökonomischen Feldes mit „Geschäft ist Geschäft" beschreibt (vgl. Bourdieu 1996, S. 127). Darüber findet eine Abgrenzung zwischen sozialen Feldern statt. Hervorzuheben ist an dieser Stelle nochmals, dass Bourdieu soziale Felder als Kräfte- und Machtfelder betrachtet. „Die Struktur des Feldes gibt den *Stand* der Machtverhältnisse zwischen den am Kampf beteiligten Akteuren oder Institutionen wieder" (Bourdieu 2001b, S. 108). Dabei streben Akteur*innen sowohl innerhalb des jeweiligen sozialen Feldes um Macht und Vorherrschaft als auch soziale Felder untereinander stehen in Konkurrenz und ringen um Vorherrschaft.[154] Den „Analysen Bourdieus [...] [liegt] das Modell des Kampfes, der permanenten sozialen Auseinandersetzungen [...] als Paradigma des Sozialen zugrunde" (Schwingel 1993, S. 13).

Eine zentrale Frage sozialer Felder ist dabei der Aspekt der Zugehörigkeit von Akteur*innen, also die Frage danach: *Wer darf mitspielen?* Während Akteur*innen des Wissenschaftsfeldes nach dem *Warum* fragen und Probleme nach wissenschaftlichen Kriterien bearbeiten (Problemverständnis), sind Akteur*innen des Berufsfeldes auf *Hilfe und Problemlösung* ausgerichtet

152 „Es gibt einen politischen, einen religiösen Raum, das, was ich ein ‚Feld' nenne, das heißt autonome Sphären, in denen nach jeweils besonderen Regeln ‚gespielt' wird. Die in diesem ‚Spiel' Engagierten haben besondere, durch die Logik des Spiels und nicht die ihrer Mandanten, definierte Interessen." (Bourdieu 2013, S. 35 f.) Derlei Spielfelder gibt es vielfach.

153 „In der Praxis, d. h. innerhalb eines jeweils besonderen Feldes sind inkorporierte (Einstellungen) wie objektivierte Merkmale der Akteure (ökonomische und kulturelle Güter) nicht alle gemeinsam und gleichzeitig effizient. Vielmehr legt die spezifische Logik eines jeden Feldes jeweils fest, was auf diesem Markt Kurs hat, was in dem Spiel relevant und effizient ist, was in Beziehung auf dieses Feld als spezifisches Kapital und daher als Erklärungsfaktor der Formen von Praxis fungiert" (Bourdieu 1982, S. 194).

154 „Felder sind damit gesellschaftliche Interaktionsräume, die von Konkurrenten um Positionen, Macht und Prestige bevölkert sind" (Lorenzen/Zifonun 2012, S. 97).

(Problemlösung) und vollziehen ihr Handeln unter realem Handlungsdruck.[155] Jedes Feld beherbergt damit eigene Ressourcen und Regeln in Form von Struktur- und Arbeitsbedingungen (vgl. Bourdieu 2007, S. 283). Diese zu akzeptieren ist für die entsprechenden Akteur*innen ebenso bedeutsam, wie die damit verbundene Anerkennung von Feldgrenzen.[156] Ebert geht beispielsweise davon aus, dass Studierende der Sozialen Arbeit im Rahmen ihres Studiums einen doppelten Habitualisierungsprozess bewältigen müssen, da es um die Aneignung eines akademischen und eines professionellen Habitus gehe (vgl. Ebert 2012). „Studierende stehen vor der Aufgabe, sich einerseits die Logiken und Regeln eines Hochschulstudiums anzueignen, andererseits sich mit den expliziten und impliziten Anforderungsprofilen und Handlungskompetenzen der Sozialen Arbeit auseinanderzusetzen" (Harmsen 2014, S. 24). Anknüpfend an diese Perspektiven wird im folgenden Kapitel auf Feldgrenzen und die Frage nach einem Dazwischen fokussiert.

3.2 An der Grenze entsteht Kontakt? Zur Frage nach Feldgrenzen und einem Dazwischen

> *„Ich glaube, dass es ganz allgemein bei jedem Feld um seine Grenzen geht, um die Zugehörigkeit oder Nicht-Zugehörigkeit zu diesem Feld. In einem Feld von Soziologen stellt sich die Frage, wer Soziologe ist und wer nicht, und damit, wer das Recht hat, darüber zu bestimmen, wer Soziologe ist und wer nicht" (Bourdieu 2013, S. 105 f.).*

Mit der Frage nach Grenzen sozialer Felder sind für Bourdieu immer auch Einschluss- und Ausschlussfragen – also Fragen nach der Zugehörigkeit von Akteur*innen und Institutionen zu diesen Feldern – zentral verknüpft. Er weist darauf hin, dass Feldgrenzen nicht dauerhaft definiert sind – sozusagen ein Eigenleben führen – und daher heftig umkämpft sind, da sich daran Zugehörigkeitskriterien, Deutungsmacht und Zugangsbedingungen knüpfen (vgl. u. a. Bourdieu 2013). Er geht von einer relativen Autonomie sozialer Felder aus, die sich dadurch zeigt, dass Spielregeln und Praktiken eines Feldes an der Grenze zu anderen Feldern ihre Gültigkeit verlieren: „Die Grenzen des Feldes liegen dort, wo die [einen] Feldeffekte aufhören" (Bourdieu/Wacquant 1996, S. 131) und die

155 „Grundlegend unterscheiden sich die Experten der professionellen Felder Wissenschaft und Praxis darin, dass die Wissenschaftsakteure sich den Problemlagen theoretisch nähern, während die in der Praxis tätigen Akteure die Problembearbeitung handelnd bewältigen müssen (vgl. Schützeichel 2007; Pfadenhauer 2003)" (zit. n. Oestreicher 2013, S. 12).

156 Für Akteur*innen außerhalb des jeweiligen Feldes ist feldspezifische Logik häufig nicht nachvollziehbar (vgl. Bourdieu 1993a, S. 109), auch darin manifestiert sich die Trennung sozialer Felder.

anderen Feldeffekte an Bedeutung gewinnen. Die Dynamik von Feldern kann als Spiel bzw. Kampf betrachtet werden, bei dem u. a. die im Feld Mächtigen in der Regel mittels Konservierungsstrategien auf den Erhalt bestehender Spielregeln aus sind, während die sogenannten Neulinge mittels Subversivstrategien (vgl. Fuchs-Heinritz/König 2014, S. 119), die „eine mehr oder weniger radikale Umwälzung der Werteskala voraussetzt, eine mehr oder weniger revolutionäre Neudefinition der Produktions- und Bewertungsprinzipen der Produkte und damit zugleich eine Entwertung des von den Herrschenden gehaltenen Kapitals" (Bourdieu 1998c, S. 26) anstreben. Bourdieus Perspektive auf Entstehung, Veränderung und Konstellation sozialer Felder lässt sich in Verbindung bringen mit soziologischen Differenzierungstheorien, „[...] von der Ausbildung selbstständiger gesellschaftlicher Handlungsfelder, in denen jeweils eine eigene Logik der Interaktion und des Austauschs dominiert" (Fuchs-Heinritz/König 2014, S. 120).

In *begleiteten Praxisphasen*, wie dem praktischen Studiensemester, begegnen Studierende zwei unterschiedlichen sozialen Feldern – Wissenschaftsfeld und Berufsfeld. Sie bewegen sich an der Grenze beider Felder und sind mit jeweils feldspezifisch inhärenten Logiken, Divergenzen und unterschiedlichen Positionen (Machtformen und Kapitalien) konfrontiert. Ein Zitat aus einem Modellversuch zur kooperativen Weiterbildung von Hochschule und beruflicher Praxis der Sozialen Arbeit in der Schweiz (Projekt zur Ausbildung ‚Reflexiver Professionalität') macht dies zugespitzt deutlich: *„Im Wilden Westen geht es halt anders zu als im Labor"* (Wigger et al. 2012, S. 256).[157]

Das Passieren von Feldgrenzen markiert – nicht nur im Studium – wichtige Punkte, mit denen häufig Lern- und Bildungsprozesse in besonderer Intensität verbunden sind (vgl. Schwarz/Teichmann/Weber 2015, S. 142). Mit dem Passieren von (Feld-)Grenzen ist ein Eintritt von Akteur*innen in ein (neues) soziales Feld und deren Teilnahme an der jeweils spezifischen Alltagspraxis des Feldes verbunden. Dieser Eintritt setzt voraus, dass Akteur*innen über einen Habitus verfügen, „welcher es ihnen ermöglicht, die umkämpften Interessenobjekte überhaupt zu erkennen bzw. anzuerkennen. Zudem müssen sie mindestens insoweit bereits Wahrnehmungs-, Denk- und Handlungsmuster inkorporiert haben, dass ihnen ein aktives Mitwirken an der feldspezifischen Praxis möglich ist" (ebd., S. 142). Im Rahmen *begleiteter Praxisphasen* lässt sich z. B. danach fragen, ob eine „spezifische Novizenpositionen institutionalisiert" (ebd., S. 143) ist und ob der Zugang zum Spiel, dessen implizite Regeln sowie zum Mitspielen erforderliches Wissen und Können richtungsweisend für eine dauerhafte Teilhabe ist (vgl. ebd.). Der Eintritt in ein neues Feld ist mit Erfahrungen verbunden, die durch die Teilnahme an der jeweils spezifischen Praxis gemacht werden. Mit dem Eintritt von Akteur*innen – hier Studierenden – in das Berufsfeld und der Teilnahme an der spezifischen Alltagspraxis des Feldes sind – unter Berücksichtigung der Hysteresis

157 Siehe dazu auch Kapitel 5.1.

des Habitus – „[…] Möglichkeiten zur Inkorporierung neuer Denkweisen, alternativer Handlungsmuster und veränderter Orientierungen" (ebd., S. 143) verbunden. Damit ist der Habitus zugleich Voraussetzung und Ergebnis der Teilhabe an alltäglicher Praxis sozialer Felder (vgl. ebd.). „Der Feldeintritt stellt also eine Übergangsphase dar, in der sich verdichtet sozialisatorische Prozesse abspielen und die schließlich in die Herausbildung feldtypischer Habitus münden kann (so z.B. beim Studienbeginn, vgl. Friebertshäuser 1992; Maschke 2013)" (ebd., S. 143). Zugleich kann ein Passieren von Feldgrenzen auch Störungen, sogenannte Perturbationen, innerhalb des (neuen) Feldes auslösen, die Veränderungsprozesse veranlassen können (vgl. ebd.). Mit Beginn des praktischen Studiensemesters betreten Studierende als sogenannte Noviz*innen das Berufsfeld für eine zuvor festgelegte und zeitlich begrenzte Dauer. Betrachtet man den Feldeintritt als Teil einer Übergangsphase, die sich in der konkreten Alltagspraxis vollzieht, kommt mit einer praxeologischen Perspektive das prozesshafte Zusammenwirken von Habitus und Feld – „das Reale ist relational" (Bourdieu 1998, S. 15) – in den Fokus und ist mit Positionierungen, Zuweisungen und der wechselseitigen Verwobenheit inkorporierter und institutionalisierter Strukturen verbunden.[158] Interessant ist an dieser Stelle die Frage, welchem sozialen Feld *begleitete Praxisphasen* von wem und wie zugeordnet und gedeutet werden und ob damit ein Dazwischen (ein Grenzbereich) überhaupt konstituiert wird, der die Feldgrenze beispielweise als Zone von Kontakt, Verhandlung, Wandel und Übergang markiert. Vor diesem Hintergrund werden im Folgenden ergänzend zu Bourdieus Denkwerkzeugen Übergänge aus zwei Perspektiven – Ritualtheorie und Konzept der Statuspassage – kurz skizziert:

- Turners Ritualtheorie (Turner 2005) fokussiert auf Phasen und ein ‚Dazwischen' bei Übergängen, indem Strukturen aufgehoben sind und sich einzelne Individuen oder Gruppen im Bereich der Ambiguität befinden. Das Phasen-Modell des Übergangs entwickelte Turner als Sozialanthropologe im Anschluss an van Gannep (van Gannep 1909/1986), indem er die Arbeiten van Ganneps in den 60er Jahren wieder aufnahm und erweiterte. Van Gannep zeigte als Ethnologe, dass alle Übergangsriten eine Dreiphasenstruktur aufweisen (Trennungs-, Schwellen- und Angliederungsphase) und hat Übergangsriten so beschrieben, dass sie einen Orts-, Zustands-, Positions- oder Altersgruppenwechsel begleiten (vgl. Turner 1989). In der Phase der Trennung steht das Loslösen einzelner Individuen oder einer Gruppe von einem früheren Zustand im Mittelpunkt, der „damit verbundene symbolische Tod soll das Sterben des Bisherigen und das Entstehen von etwas Neuem zum

158 „Die soziale Realität existiert sozusagen zweimal, in den Sachen und in den Köpfen, in den Feldern und in den Habitus, innerhalb und außerhalb der Akteure" (Bourdieu/Wacquant 1996, S. 161).

Ausdruck bringen“ (Friebertshäuser 2020, S. 41). Die mittlere Phase – Schwellenphase – ist für einzelne Individuen oder eine Gruppe von Ambiguitäten und Umwandlung geprägt und beschreibt das Passieren eines Bereiches, der wenig Verbindung mit dem zurückliegenden Zustand oder dem künftigen Zustand aufweist. „[…] die Novizen werden unterrichtet und unterwiesen, haben Mutproben zu bestehen, sind körperlichen Torturen ausgesetzt und werden geprüft. Es handelt sich dabei um eine Vorbereitung auf den neuen Status, dessen Pflichten und Geheimnisse“ (ebd.). Erst mit der Angliederungsphase wird der Übergang, der Statuswechsel, vollzogen und einzelne Individuen oder eine Gruppe kommen wieder in einen klar definierten und stabilen Zustand, in dem sie ihr Verhalten an die neue Position anpassen. „[…] das Alte muss sterben, damit etwas Neues entstehen kann“ (ebd.). Turner erkennt die Dreiphasenstruktur an und wendet sich besonders der Schwellenphase zu, die er als „liminale Phase“ bezeichnet und entwirft *Übergang als Prozess* (vgl. Turner 1989). Die Schwellenphase verortet er zwischen den Zeiten: „[…] neither here nor there; they are betwixt and between the positions assigned and arrayed by law, custom, convention […]“ (Turner 1969, S. 95).[159] Er hat auf Prozesse in der liminalen Phase fokussiert, in der einzelne Individuen oder Gruppen nicht mehr der alten Statusgruppe und noch nicht der neuen angehören. In dieser Zwischenphase, in der alte Strukturen und soziale Ordnung aufgelöst werden und vieles undefiniert ist, öffnet sich ein Raum der „Anti-Struktur“, in dem er mit dem Begriff „Communitas“, der Vergemeinschaftung, die Bedeutung der (solidarischen) Gemeinschaft unter Gleichen in der liminalen Phase einführt (Turner 1989, S. 114). Die Noviz*innen als Grenzgänger*innen sind untereinander über Gleichheit, Vertrautheit, Zumutungen und ‚normwidriges‘ Verhalten verbunden. Zugleich unterstehen sie der Einführung in bestehende Gesellschaftsstrukturen. „Seine Analysen der Franziskaner oder der Hippie-Bewegung machen exemplarisch das Potenzial der Communitas zur gesellschaftlichen Erneuerung sichtbar, wenn auch die Reintegration stets wieder die Struktur festigt“ (Friebertshäuser 2020, S. 42). Im Kontext komplexer und höchst arbeitsteilig organisierter Gesellschaften scheinen Interaktionsprozesse zwischen Individuen sowie eigenes Bewältigungshandeln des „betwixt and between“ für Turner (vgl. Turner 1969) eine vorherrschende und institutionalisierte Position von Menschen in der Gesellschaft einzunehmen. Übergänge sind für Turner zu einem dauerhaften und krisenbehafteten Zustand geworden.

- Dem soziologischen Konzept der Statuspassage von Glaser und Strauss (1971) gedanklich folgend, kommt der Prozesscharakter von Übergangsphänomenen

159 „Wer einen Passageritus durchläuft, ist dann nicht mehr die Person, die er oder sie früher war, aber auch noch nicht die Person, die er oder sie später, nach Abschluss des Ritus sein wird“ (Förster 2003, S. 2).

in den Blick. Im Konzept der Statuspassagen wird der Übergang von einem gesellschaftlichen Status in einen anderen als komplexes Übergangsgeschehen betrachtet[160], welches das Erleben der Subjekte und deren interaktives Handeln in Übergängen im Zusammenhang mit dem Hervorbringen von Sozialstruktur und sozialer Ordnung analysiert. Damit haben Glaser und Strauss einen Übergangsbegriff entwickelt, der auf den Prozess, die aktive Mitwirkung der Passierenden („passagees") und deren Bewältigungshandeln fokussiert (vgl. Glaser/Strauss 1971, S. 2 f.) und zugleich eine enge Verbindung zwischen diesen Interaktionsprozessen und den organisationalen Strukturen beinhaltet. Statuspassagen verlaufen nicht zwingend linear, sie können umkehrbar sein, sind von Pluralität und Gleichzeitigkeit geprägt und auch Anfang und Ende sind nicht immer klar definiert.[161] Die in den Arbeiten von Glaser und Strauss beschriebenen Dimensionen und Interdependenzen (vgl. Glaser/Strauss 1971) sowie die zunehmende Ausdifferenzierung von Statuspassagen (vgl. u. a. Friebertshäuser 1992) sind zugleich gesellschaftlich dahingehend gekoppelt, dass sie gesellschaftliche Reproduktionsfunktion beinhalten. „Dabei fällt auf, dass Statuspassagen insbesondere in jenen Feldern besonders institutionell geregelt sind, in denen die gesellschaftliche Reproduktion als besonders bedeutsam erachtet wird [...]. Somit sind Übergänge und die sie begleitenden Rituale in soziale Hierarchien eingebunden, bringen Machtbeziehungen zum Ausdruck; durch die grenzziehende Funktion organisieren sich in ihnen Einschlüsse und Ausschlüsse" (Friebertshäuser 2020, S. 44). Interessant ist, dass Glaser und Strauss schon in den 60er Jahren in Studien zur sozialen Organisation von Krankenhäusern hervorgehoben haben, dass selbst stabil und formal klar geordnet erscheinende Institutionen bzw. Organisationen in Wirklichkeit voll von Aushandlungsprozessen sind (vgl. Glaser/Strauss 1968, S. 379).[162]

Die beiden voranstehenden Perspektiven zeigen in Bezug auf Übergänge – unabhängig davon auf welchem disziplinären Hintergrund diese entwickelt wurden – neben Bewegungs-, Regulierungs-, Konstruktions- und Bewältigungsaspekten die Bedeutsamkeit eines prozesshaften und von Unsicherheiten und

160 Unter Statuspassagen verstehen Glaser und Strauss diverse Ereignisse, die einen Zustands- und Positionswechsel mit sich bringen, der Begriff der Statuspassage verweist auf die Funktion von Übergängen als Mechanismen gesellschaftlicher Reproduktion (vgl. Glaser/Strauss 1971).

161 Übergänge können zunehmend als kontingenter, diskontinuierlicher und unabschließbarer betrachtet werden (vgl. von Felden et al. 2014). Dies lässt sich als Entstandardisierung von Übergängen fassen.

162 Zu Beginn der 90er Jahre hat Strauss sein *negotiated order Modell* in ein *negotiated order approach Konzept* überführt, welches ein *kollektives* Aushandeln sozialer Ordnung betont (vgl. Strauss 1993, S. 258). Strauss nutzt in den 90ern den Begriff des *structural orderings* (vgl. Strauss 1993, S. 245 ff.) und kennzeichnet damit eine Haltung, die das permanente Wechselspiel von Struktur und Prozess berücksichtigt (vgl. Glaser/Strauss 1968).

Ungewissheiten geprägten Verständnisses von Übergängen sowie Korrelationen zwischen Praktiken und Vergesellschaftung. Mit dem Begriff des Passierens werden Übergangsphasen als sogenannte Schwellenphasen deutlich, die subjektiv als strukturlos empfunden werden können (vgl. u. a. Steinhausen 2017, S. 302). Auch Studierende der *begleiteten Praxisphasen* werden zu Passierenden einer Schwellenphase, die von Ambiguitäten geprägt ist. Das Studium, betrachtet als dynamischer Prozess, ist mit unterschiedlichen Statusübergängen, Zumutungen und kontinuierlichen Vermittlungsleistungen für Studierende verknüpft.[163] Zugleich ist zu bedenken, dass „Übergänge im Leben zumeist keine singulären Ereignisse sind. Unterschiedliche Übergänge überlagern sich zeitlich und müssen oftmals parallel oder zeitlich dicht [von Studierenden] bewältigt werden" (Truschkat 2011, S. 368). Betreten und passieren Studierende in *begleiteten Praxisphasen* den Grenzbereich, der Berufsfeld und Wissenschaftsfeld trennt und zugleich in Wechselbeziehung zueinandersteht? Hieran werden weitere zentrale Spannungsmomente deutlich. Anleitende Fachkräfte können auf der kollektiven Ebene über ihre Zugehörigkeit zum Berufsfeld klassifiziert werden.[164] Da Praxisphasen häufig auch als „Türöffner" bezeichnet werden, da „Studierende nach einem Praktikum in der Einrichtung, in der sie sich ‚bewährt' haben, weiterbeschäftigt [werden], so dass sie einen fließenden Übergang vom Studium in den Beruf haben" (Egloff 2022, S. 214), stellt sich die Frage nach Prozessen des Gatekeepings. „Regeln und Praktiken des Übergangs werden von sogenannten Gatekeepern kontrolliert und umgesetzt, deren Funktion es ist, sicherzustellen, dass Individuen an Übergängen in die Lebenslaufbahnen gelangen, in die sie entsprechend der gesellschaftlichen Arbeitsteilung und Normalitätsannahmen gehören" (Behrens/Rabe-Kleberg 2000).[165] Behrens und Rabe-Kleberg differenzieren in ihrer Typologie nach dem Grad der Formalisierung der Interaktion zwischen Gatekeepern und Statuspassierenden sowie der Dichte dieser Interaktion (vgl. Behrens/Rabe-Kleberg 1992; 2000). Sie unterscheiden vier Typen von Gatekeepern: 1) professionelle Expert*innen wie z. B. Prüfer*innen und Gutachter*innen, 2) Repräsentat*innen von Institutionen bzw. Organisationen wie z. B. Personalverantwortliche, 3)

---

163 In Bezug auf die Lebensphase ‚Studium' wurde in Forschungskontexten insbesondere der Übergang von der Schule ins Studium und vom Studium in den Beruf thematisiert. Erst die Hinwendung zu Transitionsprozessen, wie sie beispielsweise im Konzept des *Doing Transitions* (vgl. Wanka et al. 2020) zu finden sind, rückt in jüngerer Zeit das Studium als biografischen Übergang mit den Modi der Herstellung und Gestaltung von Übergängen empirisch in den Blick (vgl. u. a. Henrich/Hof).

164 Anleitende Fachkräfte können sowohl in ihrer Zugehörigkeit zur kollektiven Einheit als auch als individuelle Akteur*innen klassifiziert werden.

165 U.a. Strauber und Walther nutzten im Kontext des Übergangs Schule-Beruf das Bild der Schleuse und der Schleusenwärter*in, um die Funktion von Gatekeepern zu verdeutlichen. Damit wird ein Befördern von einem niedrigeren auf ein höheres Niveau der beruflichen und sozialen Integration, oder von einem höheren auf ein niedrigeres, deutlich (vgl. Stauber/Walther 2004).

Vorgesetzte und Kolleg*innen bzw. Kommiliton*innen und 4) Angehörige der Primärgruppe wie z. B. Familie und Freund*innen. Akteur*innen der Typen 1 und 2 verfügen als institutionelle Gatekeeper auf der Ebene von Entscheidungen und Handlungen über tatsächliche Entscheidungs- und Handlungsmacht, da sie „die Ansprüche von Individuen beurteilen und tatsächlich *Entscheidungen* über Eintritt in und Austritt aus bestimmten Statuspositionen treffen bzw. deren Handeln unmittelbare Konsequenzen für die soziale Positionierung eines Individuums hat [...]" (Holstein 2007, S. 56 f.). Akteur*innen der Typen 3 und 4 sind als nicht-institutionelle Gatekeeper auf parallel verlaufenden Dimensionen angesiedelt. Ihre Einflussnahme ist davon anhängig, ob die Statuspassierenden ihre Entscheidungen an den nicht-institutionelle Gatekeeper orientieren.[166]

Interessant erscheint an dieser Stelle die Frage, wie Studierende in *begleiteten Praxisphasen* wahrgenommen und das Passieren von Feldgrenzen mit darin eingelagerten Macht- und Anerkennungsverhältnissen auch von den dem Berufsfeld angehörenden Fachkräften konstruiert und verhandelt wird. Das folgende Kapitel 3.3 schließt hieran an und fokussiert auf Zusammenhänge von Macht- und Anerkennungsfragen in Verbindung mit der Bedeutung des Sprechens.

3.3 Ein Ringen um Anerkennung? Zur Frage nach institutionellen Aspekten des Sprechens

> *„Die Entstehung eines Sprachmarktes schafft die Voraussetzungen für die objektive Konkurrenz, in der und durch die die legitime Sprachkompetenz als sprachliches Kapital fungieren kann, das bei jedem sozialen Austausch einen Distinktionsprofit abwirft." (Bourdieu 2005, S. 61)*

Das praktische Studiensemester, aus einer anerkennungstheoretischen Perspektive betrachtet, ist Gegenstand dieses Kapitels. Es knüpft an die anerkennungstheoretischen Spuren Bourdieus an und stellt einzelne Verbindungen zu Sprache und Machtverhältnissen her. Die Relevanz des Kapitels leitet sich aus der nach wie vor im Wissenschaftsfeld manifestierten Abwertung von Praxis und Praxiserfahrungen ab, nicht nur wie es „[...] sich bis heute im Rahmen der Akkreditierung, der Forschungsförderung, und den öffentlichen Anerkennungsritualen (Exzellenz

166 „Je intensiver der Grad der Interaktion ist, desto früher findet eine Einflussnahme der Gatekeeper auf das im Übergang befindliche Individuum statt" (Böpple 2017, S. 86). Behrens und Rabe-Kleberg beschreiben diese Hierarchisierung am Beispiel des Berufseinstiegs (vgl. Behrens/Rabe-Kleberg 1992). Wenn beispielsweise Angehörige der Primärgruppe bereits Einwände gegen die Bewerbung auf eine konkrete Stelle vorbringen und diese die Entscheidung der Statuspassierenden beeinflusst, so dass es nicht zur Bewerbung kommt, treten institutionelle Gatekeeper der Organisation erst gar nicht in Erscheinung (vgl. ebd. 1992, S. 242 f.).

und Preise)" (Effinger 2018, S. 54) zeigt. Vielmehr wird in der alltäglichen Begegnung häufig „[…] eine Rangordnung der Wissensformen hergestellt, in der das Erfahrungswissen dem wissenschaftlich begründeten Wissen unterliegt" (Schneider 2018, S. 11). So tragen institutionalisierte Felder, wie das Wissenschafts- und das Berufsfeld, zu spezialisierten Wissensvorräten bei (vgl. Oestreicher 2013, S. 64). Es sind sozusagen divergierende und separat verwaltete Wissensbestände in Wissenschaft und Praxis (vgl. Berger/Luckmann 1980, S. 86), die dieser hierarchisierenden Klassifikation unterliegen. Die nachstehenden Ausführungen öffnen damit den Blick auf den Zusammenhang von Anerkennung und Macht: „Die sozialen Felder bilden Kraftfelder, aber auch Kampffelder" (Bourdieu 1985, S. 74). Wie später auch Honneth begreift Bourdieu soziale Kämpfe (auch) als Anerkennungskämpfe und stellt die These auf, „daß die Kämpfe um Anerkennung eine fundamentale Dimension des sozialen Lebens bilden" (Bourdieu 1992, S. 37). Bourdieus Überlegungen zum (sozialen) Kampf sind mit der Annahme einer dauerhaften Dynamik der sozialen Felder und des sozialen Raums verbunden (vgl. Bourdieu 1982, S. 243 ff.). Beide befinden sich – so zumindest seine These – in einem dauerhaften Prozess der Transformation (vgl. Bourdieu 1987, S. 258). Bezogen auf praktische Studiensemester stellt sich die Frage, welchem sozialen Feld diese *begleiteten Praxisphasen* wie und von wem und mit welchen Erwartungen, Deutungshoheiten und Machtpositionen zugeordnet werden. Einerseits sind es curriculare Bestandteile der jeweiligen Studienprogramme und werden von Hochschulen gerahmt, gesteuert und begleitet. Andererseits werden sie in der beruflichen Praxis absolviert und unterliegen den im Berufsfeld geltenden Regeln und Dynamiken. Beide Felder verbindet eine konflikthafte Auseinandersetzung, die in ihrer Gänze nicht bewusst zugänglich und explizierbar ist. Diese rankt um das Verhältnis von Wissenschaft bzw. Theorie und Praxis, kann somit auch als Kampf um Anerkennung gedeutet werden.

Im Folgenden werden zunächst Bourdieus Perspektiven in Bezug auf *Sprechen* eingeführt, da sich daran zeigt, wie tief symbolische Macht in gesellschaftlichen Strukturen verankert ist.[167] Bourdieu verbindet Sprechen vor dem Hintergrund der Habitus der Sprecher*innen mit der „Ökonomie des sprachlichen Tausches" (Bourdieu 1990). Er fokussiert auf die institutionellen Aspekte des Sprachgebrauchs und geht davon aus, dass den Sprechakten inhärente Macht von sozialen Institutionen zugeschrieben ist und diese daher Teil der Äußerungen der Sprechakte sind (vgl. Bourdieu 2005, S. 11). Daher beruht „[…] die Vorstellung von einer idealen Sprechsituation, in der der Vernunftcharakter des kommunikativen Austauschs nicht von sozialen Zwängen behindert wäre, nach Bourdieus Ansicht auf einer fiktiven Ausklammerung der sozialen Bedingungen des Gebrauchs von Sprache" (Thompson 2005, S. 12).

167 Sprache stellt ein Mittel der Machtsicherung in sozialer Interaktion dar (vgl. Bourdieu 1991b, S. 105).

„Jeder Sprechakt und allgemeiner jede Handlung ist eine bestimmte Konstellation von Umständen, ein Zusammentreffen unabhängiger Kausalreihen: auf der einen Seite die – gesellschaftlich bestimmten – Dispositionen des sprachlichen Habitus, die eine bestimmte Neigung zum Sprechen und zum Aussprechen bestimmter Dinge einschließen (das Ausdrucksstreben), und eine gewisse Sprachfähigkeit, die als sprachliche Fähigkeit zur unendlichen Erzeugung grammatisch richtiger Diskurse und, davon nicht zu trennen, als soziale Fähigkeit zur adäquaten Anwendung dieser Kompetenz in einer bestimmten Situation definiert ist; auf der anderen Seite die Strukturen des sprachlichen Marktes, die sich als ein System spezifischer Sanktionen und Zensurvorgänge durchsetzen" (Bourdieu 2005, S. 41).

Bourdieus Anliegen ist es Machtverhältnisse, die sich in und durch Sprache vermitteln, als Resultate der Sozialstruktur aufzuzeigen (vgl. Bourdieu 1990, S. 46). Sprache kann demnach anerkennen und auch abwerten: So sind Machtverhältnisse auch an der Verteilung von Anerkennung – *Anerkenntnis* und *Kenntnis* – abzulesen (vgl. Bourdieu 1991b, S. 105).[168] Bourdieu verwendet den Begriff der Anerkennung und bezieht diesen auf Macht- und Herrschaftsverhältnisse (vgl. Schendzielorz 2011, S. 39). Den Begriff des Diskurses[169] nutzt Bourdieu, um die gesellschaftliche Rückbindung der Sprache zu kennzeichnen:

„Nicht ‚die Sprache' zirkuliert auf dem sprachlichen Markt, sondern Diskursformen. Diese sind stilistisch zugleich von den Seiten der Produktion bestimmt, soweit sich nämlich jeder Sprecher einen Idiolekt mit der gemeinsamen Sprache schafft, als auch von Seiten der Rezeption, soweit jeder Empfänger dazu beiträgt, die Mitteilung zu erzeugen, die er wahrnimmt und bewertet, indem er alles in sie hineinträgt, woraus seine Erfahrung individuell und kollektiv besteht." (Bourdieu 1990, S. 13).

Interessant ist in diesem Kontext auch, dass Bourdieu damit ein sprachliches Feld konturiert, welches „[…] ein System sprachlicher Machtverhältnisse [darstellt], auf dem Akteure (oder Gruppen) um Deutungsmacht kämpfen. Als mentale Entsprechung bzw. als Dispositionssystem findet das sprachliche Feld seine Widerspiegelung im sprachlichen Habitus der einzelnen Akteure" (Kajetzke 2008, S. 65). Kajetzke unterscheidet dabei nach einem feldbezogenen Konzept des Diskurses und nach einem akteur*innenbezogenen Konzept des Diskurses (vgl. ebd., S. 66 ff.). Sie beschreibt Diskurse bei Bourdieu als „Austragungsorte von Kämpfen um sprachliches Kapital" und die ungleiche Kapitalverteilung als abhängig „von konkreten Institutionen im Feld der Macht", die vor allem

168 „Anerkenntnis bildet den Gegensatz zu Kenntnis und bezeichnet die Akzeptanz geltender Konfigurationen seitens der Beherrschten, die an der Kenntnis der Herrschenden und den Maßstab Definierenden orientiert ist" (Schendzielorz 2011, S. 40).

169 Diskurse sind „[…] für Bourdieu machtbasierte Systeme von Aussagen sprachlicher oder schriftlicher Art" (Kajetzke 2008, S. 65).

„durch das Bildungssystem und den darin wirksamen Institutionen" sowie durch „nicht-diskursive Reglements"[170] stattfinden (ebd.). Darüber wird „eine durch Institutionen abgesicherte, gesellschaftliche Anerkennung von Kompetenz" – u. a. Sprachkompetenz – ausgedrückt (ebd.), so dass auch im sprachlichen Feld „ein herrschender Diskurs im Sinne der *Doxa* zu verzeichnen" ist (ebd.). Breitet sich dieser in andere Diskurse aus, gewinnt er an Deutungsmacht und kann zum *common sense* werden (vgl. Bourdieu 1990). Im akteur*innenbezogenem Konzept des Diskurses tritt neben der Wirkung des Feldes der sprachliche Habitus als Teil des ‚Gesamthabitus' in Erscheinung, der zugleich von der Stellung der Akteur*in im sozialen Feld beeinflusst ist: „Sprechen heißt, sich einen der Sprachstile anzueignen, die es bereits im Gebrauch gibt und die objektiv von ihrer Position in der Hierarchie der Sprachstile geprägt sind, deren Ordnung ein Abbild der Hierarchie der entsprechenden sozialen Gruppen ist" (Bourdieu 1990, S. 31). Bourdieu hat in *Männlicher Herrschaft* am Beispiel von Ärzten und Juristen gezeigt, wie sich durch Form und Stil der Sprechakte die beanspruchte Autorität und somit der Machtanspruch legitimiert (vgl. Bourdieu 2005b, S. 156 ff.): „Der Stil ist [...] ein Teil des Apparats [...], mit dem die Sprache die Vorstellung von ihrer Wichtigkeit zu erzeugen und durchzusetzen sucht und so zur Absicherung ihrer eigenen Glaubwürdigkeit beiträgt" (ebd., S. 83).

In Bezug auf den Forschungsgegenstand *praktische Studiensemester als Verhandlungsraum zwischen Hochschule und beruflicher Praxis* ist die Form bezüglich zu erwartender Rezeptionsverhältnisse relevant, da hiermit eine Art Selbstzensur der Sprecher*innen verbunden ist, die aus (sprachlichen) Marktverhältnissen resultiert: „Nicht irgendein rationales, auf Maximierung der symbolischen Profite gerichtetes Kalkül, sondern dieser Sinn für die Akzeptabilität bestimmt, indem er schon bei der Produktion des Diskurses für die Einkalkulierung seines wahrscheinlichen Wertes sorgt, die Korrekturen und alle Arten von Selbstzensur, also Zugeständnisse an das soziale Universum, die man schon damit macht, dass man akzeptiert, sich akzeptabel zu machen" (Bourdieu 1990, S. 56 f.). Bourdieu bezeichnet also die Fähigkeit eigene Äußerungen sowie Äußerungen der Anderen auf ihre Wirksamkeit hin abzuschätzen als Sinn für die Akzeptabilität. Es ist also davon auszugehen, dass die jeweiligen Akteur*innen sich entsprechende Sprachspiele aneignen und drohende Sanktionen präventiv berücksichtigen, so „[...] gehört zur Ausübung symbolischer Macht eine Arbeit an der Form, die [...] dazu bestimmt ist, die Sprachbeherrschung des Redners zu beweisen und ihm die Anerkennung der sozialen Gruppe zu verschaffen" (Bourdieu 1990, S. 83). Insgesamt entwickelt sich der sprachliche Habitus über Sozialisation, also über Einüben und Teilnahme im jeweiligen Feld, worüber sich auch die Hierarchisierung der Diskurse stabilisiert. Für Bourdieu steht institutionell abgesicherte Autorität des Sprechens im Zusammenhang mit habituell geprägter

170 Beispielweise durch Initiation wie bei der Vergabe von Bildungstiteln.

Sprachkompetenz, je geringer die institutionelle Absicherung desto bedeutsamer die habituelle Prägung (vgl. Bourdieu 1990). Aus dem Konkurrenzkampf der Felder wiederum leitet Bourdieu die Dynamik des sprachlichen Feldes – Veränderung von Deutungen und Verdrängung von Diskursen – ab. „Der Schlüssel zum Verständnis der Bedeutung und Wirkungsmächtigkeit von Diskursen durch nicht-diskursive Praktiken liegt in der Erkenntnis und Anerkenntnis durch die im Feld vertretenen sozialen Gruppen“ (Kajetzke 2008, S. 70). So verkennt soziale Anerkennung das Zustandekommen und Benennen der darin zugrundliegenden Mechanismen. „Eine ‚Diskursanalyse nach Bourdieu‘ ist somit eine Analyse des Zusammenspiels von Habitus und (sprachlichem) Feld, eine Analyse symbolischer Machtverhältnisse und ihrer Entstehung“ (ebd., S. 73).

Fraser und Honneth postulieren, dass Anerkennung zu einem Schlüsselbegriff unserer Zeit geworden ist (vgl. Fraser/Honneth 2003, S. 7). Auch wenn der Anerkennungsbegriff vielfältige Bedeutungen aufweist, ist die Auffassung, „[...] dass das Streben nach Anerkennung als wesentliche Orientierung sozialen Handelns bzw. als Grundbedürfnis des Menschen zu betrachten ist“ (Nothdurft 2007, S. 110), allen Ansätzen gemein.[171] Es kann davon ausgegangen werden, dass jedes Feld von seinen Akteur*innen ein spezifisches Kapital verlangt: „[D]ie spezifische Logik eines jeden Feldes [legt] jeweils fest, was auf diesem Markt Kurs hat, was im betreffenden Spiel relevant und effizient ist, was in Beziehung auf dieses Feld als spezifisches Kapital [...] fungiert“ (Bourdieu 1982, S. 194). Diesem Kapital kommt Wirkung und Bestand nur in dem Feld zu, in dem es sich produziert bzw. reproduziert (vgl. ebd.).[172] Damit ist zwangsläufig verbunden: „Ob Akteure jeweils und situativ Macht ‚haben‘ bzw. ‚ausüben‘ können, ist entscheidend davon abhängig, in welchem Feld sie sich befinden, in welches sie eintreten (können) und welches Kapital in diesem Feld zum symbolischen Kapital bzw. ‚Anerkennungskapital‘ werden – und dann auch ‚Macht‘ verleihen – kann“ (Balzer 2014, S. 554). Es stellt sich also die Frage, inwieweit mit der institutionellen Setzung der Akteur*innen im Kontext *begleiteter Praxisphasen* auch eine spezifische Anerkennungsordnung aufgerufen ist.

Interessant ist an dieser Stelle der Blick auf das von Vester et al. (2001) entworfene Modell des Raums beruflicher Felder. Darin werden unterschiedliche Berufe anhand von Kapitalvolumen und Kapitalstruktur zueinander in Beziehung gesetzt. „Für das Kapitalvolumen wurden u. a. die Stellungen im Beruf, monatliches Nettoeinkommen und Berufszugänge ausgewertet, für die Kapitalstruktur Aspekte wie Frauen- und Ausländeranteil, Altersverteilung oder

---

171 Das weite Feld der Anerkennungstheorien lässt sich „[...] in eine ‚positive‘ Traditionslinie von Fichte und Hegel bis zu Charles Taylor und Axel Honneth einerseits, und eine ‚negative‘ Traditionslinie von Jean-Jacques Rousseau bis zu Jean-Paul Sartre und Louis Althusser sowie Judith Butler unterteilen“ (Gugitscher 2019, S. 129).

172 „Nur auf einem bestimmten Markt also definiert sich ein Kapital als Kapital, fungiert als Kapital und wirft Profit ab“ (Bourdieu 1993a, S. 19).

Gestaltungsfreiheit“ (Heimann 2016, S. 4). In Abbildung 4, die Berufe des Bildungs- und Erziehungswesens darstellt, lassen sich die unterschiedlichen Kapitalverteilungen und Positionen erkennen, die bestehende Macht- und Herrschaftsverhältnisse widerspiegeln:

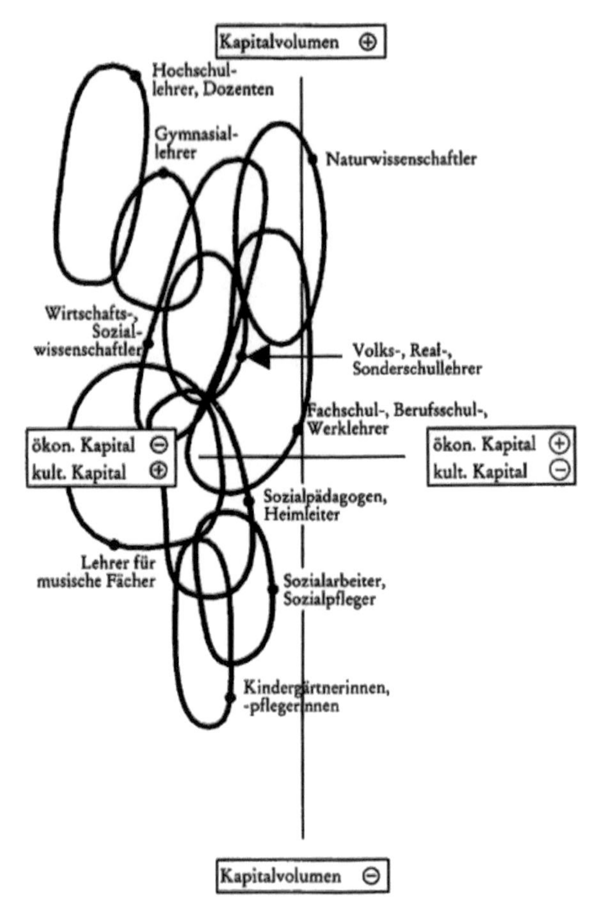

Abbildung 4: *Berufe des Bildungs- und Erziehungswesens* (Vester et al. 2001, S. 416)

Bereits ein erster Blick auf Abbildung 4 lässt erkennen, wie unterschiedlich die an *begleiteten Praxisphasen* beteiligten Lehrenden (Hochschullehrer*innen und Dozierende) und Fachkräfte (Sozialpädagog*innen und Sozialarbeiter*innen) in diesem Modell verortet sind. Dies ist in Bezug auf die vorliegende Studie interessant, da sich darin Fragen nach Machtbeziehungen, Anerkennung, Zugehörigkeiten und nach Einschlüssen und Ausschlüssen dokumentieren. Weiterhin ist interessant, dass Lange-Vester und Teiwes-Kügler im Kontext von Studium und Hochschule Studierende der Sozialwissenschaften „im Hinblick auf ihre Milieuzugehörigkeit und das damit verbundene Bildungsverständnis – eingebettet in den Habitus – untersucht und festgestellt [haben], dass die sozialwissenschaftliche Studierendenschaft äußerst heterogen ist und den gesamten Sozialraum abdeckt" (Loge 2021, S. 76). Erkenntnisse von Loge zur Frage, wie sich soziale Ungleichheit beim Zugang zu spezifischen Studienfächern an Hochschulen im Zusammenspiel von sozialem Milieu und Geschlecht erklärt, bieten hierzu weitere Anknüpfungspunkte (vgl. Loge 2020). Denn vor dem „Hintergrund der milieuspezifischen Einbettung von Studien(fach)wahlen entsteht eine Nähe zum Studium der Sozialen Arbeit unter spezifischen Einflüssen, die sowohl die gesellschaftliche Arbeitsteilung qua Geschlecht umfassen wie auch die Nähe zur Sozialen Arbeit im Rahmen bestimmter Milieuorientierungen" (ebd., S. 283). Damit verbunden sind Fragen der Zugehörigkeit und Anerkennung. In Anlehnung an Honneth[173], der in seinem sozialkritischen Ansatz drei Anerkennungsformen unterscheidet (Liebe, Respekt und soziale Wertschätzung), wird im Folgenden vor dem Hintergrund der drei Ebenen sozialer Anerkennung (in dyadischen, partikularen Beziehungen, in allgemeingültigen Rechtsverhältnissen und im Kontext der Vergesellschaftung im Sinne sozialer Leistungen) danach gefragt (vgl. Honneth 1994, S. 211), welche Kräfteverhältnisse sowie Anerkennungs- und Missachtungserfahrungen mit *begleiteten Praxisphasen* verbunden sind. Beispielsweise kann eine Entkoppelung von Hochschule und professionalisierter Praxis im Rahmen praktischer Studiensemester vor dem Hintergrund der Anerkennungsethik Honneths (vgl. Honneth 1994, S. 211) als Verkennung oder gar Missachtung gedeutet werden. Zwar sind auf der formalen Ebene Hochschulen und professionelle Praxis als Orte zur Qualifizierung im Studium Soziale Arbeit anerkannt – so zumindest der Qualifikationsrahmen Soziale Arbeit des Fachbereichstags Soziale Arbeit und die entsprechenden Sozialberufeanerkennungsgesetze der Länder – und formale Anerkennungspraktiken finden sich auf der strukturellen Ebene (z. B. Anerkennung als Praxisstelle, Beurteilung der Studierenden von Seiten der Praxisstelle), der institutionelle Rahmen der Hochschule begrenzt jedoch die Position der beruflichen Praxis (als Praxisstelle). Dies kann exemplarisch am Beispiel des Paragraphen 2 des hessischen Gesetzes über die staatliche Anerkennung von Sozialarbeiterinnen und-arbeitern, Sozialpädagoginnen und -pädagogen sowie Heilpädagoginnen und -pädagogen sowie Kindheitspädagoginnen und -pädagogen vom 21.12.2010 verdeutlicht werden:[174]

> *„Die Praxisphase, die sowohl studienintegriert als auch im Anschluss an das Studium als Berufspraktikum abgeleistet werden kann, muss gewährleisten, dass eine strukturierte, von der Hochschule oder der Berufsakademie angeleitete und von der Praxisstelle nach § 3 bewertete Praxistätigkeit in einem einer einjährigen Vollzeittätigkeit entsprechenden Umfang erfolgt ist [...]".*

173 Siehe dazu *Kampf um Anerkennung* (Honneth 1992).

174 Zuletzt geändert durch Artikel 5 des Gesetzes von 14. Dezember 2021 (GVBl. S. 931, 985).

Hochschule strukturiert und leitet an, während die Praxisstelle die Praxistätigkeit der Studierenden bewertet. Diese Bewertungen fließen z. T. ein in die entsprechenden (Modul-)Prüfungen an Hochschulen, haben jedoch keine alleinige studienverlaufsentscheidende Relevanz oder gar curricularen Einfluss. Vielfach fungieren sie jedoch als Teil oder Zugangsvoraussetzung der jeweiligen Modulprüfung. Denn die Gestaltungs- und Deutungshoheit liegt bei den Hochschulen, auch im Kontext dieser Lernortverknüpfung. Aus einer anerkennungstheoretischen Perspektive lässt sich nach strukturellen Rahmenbedingungen fragen, welche Anerkennung ermöglichen oder gar verhindern. Honneth (vgl. Honneth 1994) geht davon aus, dass soziale Missachtungserfahrungen das Individuum dazu motivieren, einen Kampf anzutreten. Zu fragen wäre an dieser Stelle, ob dies analog zu institutionellen und organisationalen Modi zu denken wäre und wie sich dies auf *begleitete Praxisphasen* wie dem praktischen Studiensemester auswirkt.[175] Bezogen auf berufliche Praxis als sozialisatorische Instanz, Wertegemeinschaft und Berufsmilieu, kann danach gefragt werden, welche Distinktions- und Legitimationsstrategien sich im Material der vorliegenden empirischen Studie mit anleitenden Fachkräften dokumentieren, die – wie auch die Feldgrenzen – umkämpft sind (vgl. Bourdieu 1987). In Anlehnung an Balzer und Ricken (2010) lässt sich nach Adressierungspraktiken fragen: „[…] als wer jemand von wem und vor wem wie angesprochen und adressiert wird und zu wem er/sie dadurch […] gemacht wird" (ebd., S. 73). So werden soziale Hierarchien, Positionierungen und Rollen immer wieder neu hergestellt und reproduziert. Anerkennungs- und Adressierungsthematiken im Kontext *begleiteter Praxisphasen* sind auf unterschiedlichen Ebenen – auch in Bezug auf Erwartungshaltungen bzw. Erwartungserwartungen und Anerkennungsformen – aufschlussreich.[176] Auf der Ebene der Akteur*innen als Beteiligte an der Forschungssituation, auf der Ebene anleitender Fachkräfte und Studierender, auf der Kooperationsebene Hochschule und professionalisierter Praxis und auf der Ebene der Wissensbestände. Es ist davon auszugehen, dass alle Ebenen einer propositionalen und einer performativen Logik folgen. Am Beispiel von Wissensbeständen lässt sich zwar postulieren: „Theoretisches Wissen und praktisches Wissen sind Teil einer Lebenswelt, sie sind aufeinander angewiesen und durchdringen einander" (Schondelmayer/Schröder/Streblow 2013, S. 292), zugleich unterliegen sie, wie bereits in den voranstehenden Kapiteln beschrieben, einer hierarchisierenden Klassifikation und wechselseitiger Beeinflussung. Dies auch unter anerkennungstheoretischen Perspektiven zu beleuchten, öffnet den Blick u. a. auf Dynamiken und Ambiguitäten, mit denen Studierende in *begleiteten Praxisphasen* konfrontiert sind. So stellen sich beispielsweise Fragen nach

175 Beispielsweise seien hier Statusdifferenzen und strukturelle Abhängigkeiten genannt.

176 „Menschen sind auf wechselseitige intersubjektive Anerkennungsverhältnisse und auf institutionalisierte Modi der Anerkennung angewiesen und bringen diese gleichzeitig mit hervor" (Bereswill/Burmeister/Equit 2018, S. 7).

wechselseitigen Beeinflussungen und danach, ob Studierende von ‚beiden Seiten' zur Stabilisierung des jeweils eigenen Feldes angerufen und adressiert werden und welchen Erwartungen und Anforderungen sie in *begleiteten Praxisphasen* begegnen – worüber sie Anerkennung erfahren (können).

Um den Begriff des Diskurses nochmals aufzugreifen, lässt sich an dieser Stelle hinzufügen, dass das Verhältnis von Diskurs und Akteur*in auch vor dem Hintergrund autoritätsstiftender Initiationsriten betrachtet werden kann. Anknüpfend an das voranstehende Kapitel 3.2 sei an dieser Stelle nochmals auf die besondere Relevanz von Übergangsriten verwiesen. Auch wenn Bourdieu vor allem auf diejenigen blickt, die von der Überschreitung der Grenze ausgenommen sind, wird auch bei ihm die Relevanz sogenannter Initiationsriten deutlich (vgl. Bourdieu 1992, S. 174 ff.):

> *„Die Investitur, die feierliche Einsetzung [...] besteht darin, einen (existierenden oder noch nicht existierenden) Unterschied festzuschreiben und zu heiligen, ihn bekannt und anerkannt zu machen, ihm als sozialen Unterschied Existenz zu verleihen, gekannt und anerkannt vom instituierten Akteur selbst wie von den anderen." (Bourdieu 1990, S. 86).*

Davon ausgehend, dass das Betreten von Feldgrenzen sowohl Studierende als auch anleitende Fachkräfte, Lehrende praxisbegleitender Veranstaltungen und Praxisreferent*innen sowie alle an der Forschungssituation (Gruppendiskussion) Beteiligten mit neuen Erfahrungen konfrontiert, lässt sich die Frage nach Anerkennung zwischen feldspezifischen Anpassungs(an)forderungen und Fremdheitserfahrungen aufspannen. Eigene Routinen, verstanden als Dinge, „die man halt tut und die man tut, weil es sich gehört und weil man sie immer getan hat" (Bourdieu 2001, S. 129), werden – auch in Sprechakten – irritiert und für die Beteiligten ist es zunächst kaum möglich „[...] im hitzigsten Gefecht die Spielzüge seiner Gegner oder Mitspieler augenblicklich intuitiv [zu erfassen] und ohne Innehalten oder Berechnung ‚inspiriert'" (Wacquant 1996, S. 42) agieren und reagieren zu können.

3.4 Erfahrungen wissen? Zu ‚alltäglichen' Wissensbeständen und Wissensproduktionen

Bourdieus Konzept der sozialen Felder folgend (u. a. Bourdieu 2007), sind Wissenschaftsfeld und Berufsfeld von Divergenzen geprägt. Dies zu einem der Ausgangspunkte für die Frage nach Wissensbeständen und Wissensproduktionen zu machen und dabei den Blick auf Erfahrungswissen zu richten, ist Gegenstand dieses Kapitels. Der Zugang zum Wissensbegriff führt die Perspektive der vorliegenden empirischen Studie mit anleitenden Fachkräften weiter ein. Die Studie ist in der rekonstruktiven Sozialforschung verortet und folgt mit der dokumentarischen Methode der praxeologischen Wissenssoziologie (vgl. u. a. Bohnsack 2017). Mit Bourdieus Praxeologie gemeinsam teilt die dokumentarische Methode das Anliegen, die Dichotomie zwischen ‚Geist' und ‚Körper' und zwischen ‚Subjekt' und ‚Objekt' zu überwinden und „[...] eine Alternative zu beiden Dualismen zu formulieren" (Reckwitz 2003, S. 291). Die dokumentarische Methode fokussiert auf inkorporiertes Erfahrungswissen und habitualisierte Praktiken. Davon ausgehend, dass professionelle Praxis für Studierende der Sozialen Arbeit einen eigenständigen Erwerbskontext von Wissen darstellt (vgl. Pfister 2017) und damit Praktiken und die ‚Logik des Tuns' in den Fokus rücken, kommt den darin eingelagerten Wissensbeständen und Wissensproduktionen eine zentrale Bedeutung im Rahmen der vorliegenden Arbeit zu. „Wissen wird nur durch die Bewältigung der gegebenen Realität produziert" (Oestreicher 2014b, S. 46). Während Oestreicher (2013) in ihrer Untersuchung zu Wissenstransfer als Beziehungs- und Strukturarbeit versucht ein Gesamtkonzept von Wissenstransfer anhand des Phänomens des Wissenstransfers in der Profession Soziale Arbeit zu entwickeln, geht sie in Anlehnung an Schützeichel (2007) und Pfadenhauer (2003) davon aus, dass sich Wissensproduktionen in den beiden institutionellen Feldern unterscheiden: Während sich Angehörende des Wissenschaftsfeldes Problemlagen theoretisch nähern, müssen Angehörende des Berufsfeldes die Problembearbeitung handelnd und unter Realitätsdruck bewältigen (vgl. Oestreicher 2013, S. 13). Divergenzen zwischen beiden Feldern manifestieren sich – so Oestreicher (ebd.) – in Struktur- und Arbeitsbedingungen, in Arbeits- und Handlungsweisen und im jeweils spezifischen Wissenskorpus. Damit verbunden ist die Annahme, dass Professionelle beider Felder unterschiedliches Wissen benötigen und demnach unterschiedliches Wissen transferiert wird (vgl. ebd.).[177] Zudem betrachtet Oestreicher Professionen als „Dach", als gemeinsame Bezugspunkte für Wissenschaft und Praxis.[178] „Während die institutionelle Verankerung der Felder auf deren Divergenzen und die damit verbundenen Dynamiken verweist, stellt die Institution der Profession eine Rahmenkonstruktion für das Verhältnis der beiden Felder dar" (Oestreicher 2014b, S. 72).

177 „Das Miteinander zwischen den Professionellen aus Wissenschaft und Praxis ist als ein ‚eheähnliches' (Lau/Beck 1989, S. 4), extrem konfliktträchtiges Verhältnis beschrieben worden, bei dem falsche Erwartungshaltungen zu Enttäuschungen beider Seiten führen. Die Frage nach einer gelingenden Transferkooperation der professionellen Akteure beider Felder ist offen geblieben [...]" (Oestreicher 2013, S. 14).

178 „Festzuhalten ist, dass alle Professionen, die neben dem Wissenschaftsfeld auch über ein Praxisfeld verfügen (z. B. Soziologie, Soziale Arbeit, Psychologie, Betriebswirtschaftslehre, Agrar- und Umwelttechnik), den Transfer von Wissen thematisieren und über eine entsprechende Transferforschung verfügen" (Oestreicher 2013, S. 24).

Bedeutsam sind in diesem Kontext die unterschiedlichen Formen und Produktionen von Wissen, *wissenschaftliches Wissen* und *Erfahrungswissen*.[179] Neben der klassisch-akademischen Produktion von wissenschaftlichem Wissen in ausdifferenzierten, handlungsentlasteten Zusammenhängen kommt bei anwendungsorientierter Forschung – wie sie auch der hier vorliegenden empirischen Studie zugrunde liegt – zunehmend der Aspekt der Koproduktion von Wissen in den Blick (vgl. Oestreicher 2013, S. 39 f.). Dabei unterscheidet sich das u. a. in alltäglichen Routinen und Erfahrungsbeständen eingelagerte Wissen dahingehend, dass es „als Alltagswissen in nicht-systematisierter Weise entsteht, einen subjektiven Bedeutungshorizont aufweist und nicht systematisch überprüft werden kann, da es einer Vielzahl von Einflüssen und Unabwägbarkeiten unterliegt (vgl. Böhle et al. 2002, S. 19 f.; dazu auch Porschen 2004, S. 5)" (zit. n. ebd., S. 40). Dieses einverleibte und im Habitus verkörperte Wissen wird vielfach als handlungspraktisches und implizites Wissen beschrieben. Die auch der vorliegenden Studie zugrunde liegende Hinwendung zum Alltags- bzw. Erfahrungswissen der Professionellen, zum „nicht kognitiv-rationalen Bestandteil von Wissen und Handeln" (Porschen 2008, S. 73), gerät in aktuellen Diskursen um Professionalisierung zunehmend in den Fokus. So ist im Professionalisierungsdiskurs der letzten Jahre eine stärkere Hinwendung zur Bedeutung von Erfahrungswissen festzustellen (vgl. u. a. Schützeichel 2018), worauf auch der praxeologisch-wissenssoziologische Professionalisierungsansatz (vgl. Kubisch/Franz 2022; Kubisch 2018; Kubisch/Lamprecht 2013) fokussiert. Bohnsack konstatiert, dass wir der „Komplexität der Praxis" nur gerecht werden, „wenn wir einen Zugang zu den Potentialen praktischer und impliziter Reflexion gewinnen, also von Reflexionspotentialen, welche die Praxis nicht zu ihrem Gegenstand nehmen, sondern in diese eingelagert und für sie konstitutiv sind" (Bohnsack 2020, S. 2). Erfahrung und Erfahrungswissen aus einer metatheoretischen Perspektive betrachtet, kann somit als *„praktische Klugheit"* (Bohnsack et al. 2018, S. 26) bezeichnet werden, welche sich mittels praktischer Vertrautheit mit einem Feld und gebunden an die eigene Person charakterisiert (vgl. Kubisch/Störkle 2016, S. 67) und sich nicht vollständig explizieren lässt. „Das Erfahrungswissen wird [...] überwiegend als implizites Wissen verstanden (Polanyi 1985) und von einem deklarativen Wissen unterschieden, das „meist propositional formulierbar[...], kommunizierbar[...] und daher transferierbar[...]" ist (Schützeichel 2014: 50)" (zit. n. Kubisch/Störkle 2016, S. 67).

179 Konsens besteht darüber, dass als Wissensbasis der beruflichen Praxis sowohl wissenschaftliches Wissen als auch Erfahrungswissen für professionelles Handeln relevant ist, jedoch setzen unterschiedliche Konzepte und Modelle z. T. sehr verschiedene Akzente (siehe dazu beispielsweise Müller-Hermann/Becker-Lenz 2018).

Exkursartig wird im Folgenden sozialarbeitswissenschaftlichen (Geschlechter-)Forschung als Koproduktion von Wissen aufgespannt und damit auf den Forschungsgegenstand fokussiert: In der sozialarbeitswissenschaftlichen Forschung wird zum Teil nach wie vor davon ausgegangen, dass wissenschaftliche Akteur*innen Wissen produzieren und professionelle Fachkräfte dieses Wissen in institutionellen Kontexten vor allem an- bzw. verwenden (vgl. Oestreicher/Unterkofler 2014, S. 12). Gerade wissenssoziologische Perspektiven zeigen jedoch, „dass es sich bei der Wissensproduktion in Professionen um einen wechselseitig aufeinander bezogenen Prozess der Entwicklung, Verwendung und Weiterentwicklung von Wissen handelt“ (ebd.) und Wissen somit in unterschiedlichen Feldern produziert wird. So betrachtet, entstehen Erkenntnisse vor allem auch in der Interaktion durch Wechselprozesse zwischen Akteur*innen unterschiedlicher Felder und in der Begegnung differenter Wissensformen (vgl. Kaschuba/Hösl-Kulike 2014), was von Seiten der Geschlechterforschung schon lange vertreten wird.[180] Damit ist Forschung – als Wissensgenerierung – nicht einseitig zu verstehen als etwas, das berufliche Praxis mit ihren Wissensbeständen belehrt bzw. das Berufsfeld mit ihren Wissensbeständen nur beliefert (vgl. Bitzan 2004). Damit einher geht auch, dass differente Wissensformen im Wissenschaftsfeld und im Berufsfeld zunächst unterschiedlich präsent und zugänglich sind. Und meist einer hierarchisierenden Klassifikation unterliegen. „Hierzu ist es häufig sinnvoll, auch den Forschungsprozess als realen Prozess zwischen den verschiedenen Forschungssubjekten zu organisieren (und zum Beispiel im Forschungsprozess *andere* Erfahrungen von Anerkennung, von Expert_innenstatus [zu] ermöglichen, die das Normalisierte sonstige Erleben erst zur Sprache bringen lassen)“ (Bitzan/Kaschuba/Stauber 2015, S. 23). Bezugnehmend auf Judith Butler (1991) lässt sich beispielweise fragen, welche Positionsmöglichkeiten bereits im Forschungszugang diskursiv erzeugt werden und welche Strategien von Macht und Wissen darin zum Ausdruck kommen. Der Frage der gegenseitigen Anerkennung von Forscher*innen und Fachkräften kommt in der vorliegenden Studie also eine wichtige Bedeutung zu, wenn sozialarbeitswissenschaftliche Forschung als Ort der Koproduktion von Erkenntnis und Wissen betrachtet und im Sinne einer gemeinsamen Wissensproduktion einen Artikulationsraum eröffnen soll, um das fraglos Gegebene zum Sprechen zu bringen und zu wechselseitiger Wissensproduktion anzuregen (vgl. Bitzan 2010). Als Kritik an hierarchischer Forschung, „die der Praxis ihre ‚Verbesserungs‘wege vorschreiben wollte, hat sich in der Geschlechterforschung ein Verständnis durchgesetzt, das die Gleichberechtigung zwischen Praxis und Forschung in den Vordergrund rückt“ (Bitzan 2004, S. 300). Die Bedeutung koproduktiver (Gender*)Wissensproduktionen in Konzepten gender- und queerreflexiver Fortbildungen, Beratungen und Weiterbildungen, die auf sogenannte praktische Qualifizierung und auch auf (gender)theoretische

180 Siehe dazu u. a. tifs 2000; Bitzan 2004.

Grundlagen aufbauen, wird erkannt (vgl. Kaschuba/Hösl-Kulike 2014; Krämer 2015; GenderKompetenzZentrum 2012). Auch jenseits der Geschlechterforschung weisen unterschiedliche Studien darauf hin, dass wissenschaftlich generiertes Wissen nur selektiv Eingang in die berufliche Praxis findet (vgl. u.a. Becker-Lenz/Müller-Hermann 2022; Thole et al. 2016; Dewe 2012; Retkowski et al. 2011; Beck/Bonß 1989). Erst über Praktiken des gemeinsamen Austauschs differenter Wissensbestände und deren gegenseitiger Anerkennung kann es gelingen, wechselseitig aufeinander bezogene Prozesse der Verständigung zu initiieren (vgl. Roth/Schimpf 2020). Dem Gedanken einer dialogischen Wissenstransformation folgend (vgl. Thole 2018) kann an dieser Stelle resümiert werden, dass in Handlungsfeldern der Sozialen Arbeit anderes Wissen generiert wird, als dies der Wissenschaft in Form von Empirie und Theorie zugänglich ist (vgl. Sehmer et al. 2020a, S. 174f.). Dieses Wissen als gleichwertig und wertvoll anzuerkennen und eine „Hierarchisierung des Besserwissens" (Luhmann 1992, S. 508ff.) zu überwinden, ist für die (Weiter-)Entwicklung der Sozialen Arbeit als Disziplin und Profession eine bedeutsame Perspektive.

Mit der dokumentarischen Methode als Methodologie, wie sie in der Tradition der Wissenssoziologie Mannheims zu verstehen ist und in Kapitel 4.1 entfaltet wird, liegt der Fokus auf einer Doppelstruktur des Wissens. Dieses beinhaltet sowohl reflexives bzw. theoretisches Wissen der Akteur*innen im Sinne eines kommunikativ-generalisierten Wissens als auch handlungspraktisches, handlungsleitendes bzw. inkorporiertes Wissen, im Sinne eines konjunktiven Wissens (vgl. Bohnsack/Nentwig-Gesemann/Nohl 2007; Schondelmayer/Schröter/Streblow 2013). Mit dieser Doppelstruktur des Wissens wird zugleich „eine strikte Trennung von Theorie und Praxis entlang von beruflichen Feldern" (Schondelmayer/Schröter/Streblow 2013, S. 288) überwunden.[181] Dieser Strukturzusammenhang orientiert als kollektiver Wissenszusammenhang „Handeln relativ unabhängig vom subjektiv gemeinten Sinn" (Bohnsack/Geimer 2019, S. 781). Entscheidend ist dabei, dass die Struktur bei den Akteur*innen selbst wissensmäßig repräsentiert ist. „Die sozialwissenschaftlich Interpretierenden gehen also im Sinne der praxeologischen Wissenssoziologie nicht davon aus, dass sie *mehr wissen* als die Akteurinnen oder Akteure – wie dies für objektivistische Ansätze charakteristisch ist –, sondern davon, dass letztere selbst nicht wissen, was sie da eigentlich (implizit) alles wissen" (ebd.). So ist das in der professionalisierten Praxis generierte Wissen häufig nicht explizit verfügbar, doch erst „die Verbindung von theoretischem Wissen und Erfahrungswissen eröffnet Optionen adäquaten

181 „Die Trennung zwischen explizitem Wissen im Bereich der Wissenschaft und implizitem Wissen im Bereich der Praxis ist in der letzten Zeit zunehmend erodiert (vgl. Rammert 2002, S. 18f.; Bender 2001, S. 13; dazu auch Böhle et al. 2002 u.a.)" (zit. n. Oestreicher 2013, S. 48).

und kompetenten Handelns" (Oestreicher 2013, S. 45). Bezogen auf *begleitete Praxisphasen* zeigt sich daran die Bedeutung der Aneignungssphäre *berufliche Praxis* als ‚Professionalisierungsort' im Studium Soziale Arbeit.[182] Zugleich sei an dieser Stelle betont, dass ein ‚bloßes Mehr an Praxis' kein Garant für eine gelingende akademische Professionalitätsentwicklung im Studium darstellt (vgl. Roth/Burkard/Kriener 2023).

3.5 Zur Relevanz von Gender*Wissen in der Sozialen Arbeit

Wie bereits in Kapitel 2.4 eingeführt, existiert eine professionsbezogene (Geschlechter-)Forschung in der Sozialen Arbeit, die sich wechselseitigen Perspektiven einer professionellen Wissensproduktion zwischen Wissenschaft und beruflicher Praxis als Kernthematik befasst, kaum (vgl. Ehlert 2020; 2011; Oestereicher/Unterkofler 2014).[183] Bezogen auf die professionsbezogene Geschlechterforschung erstaunt dies umso mehr, nimmt man Geschlecht in seinen unterschiedlichen Dimensionen (z. B. soziale Konstruktion, Strukturkategorie, Konfliktkategorie) in den Blick (vgl. Ehlert 2012), woraus hervorgeht, dass „Soziale Arbeit […] an der Herstellung von Geschlechterordnungen beteiligt" (Bereswill/Ehlert 2018, S. 31) ist. Dies anzuerkennen und in Verbindung mit Professionalität und gesellschaftlichem Wandel, der sich auch auf Geschlechterverhältnisse auswirkt (vgl. Bitzan 2018; Meuser 2010b), zu bringen, ist insbesondere für die Analyse und Bearbeitung von Ungleichheitsphänomenen grundlegend (vgl. Brückner 2018; Bereswill 2016; Bütow/Munch 2012; Ehlert 2012; 2010; Schimpf 2002) und wird vor dem Hintergrund aktueller und zukünftiger

---

182 „Die Vorstellung, dass die Studierenden durch Praxisphasen automatisch einen Schritt auf die Sonnenseite der professionellen Leistungsfähigkeit machen, muss aber bezweifelt werden. Der Praxisausbildung wird gemäß Hascher (2011) in Bezug auf das Lernen eine mythische Wirkung zugeschrieben, die empirisch bis heute nicht nachgewiesen ist (vgl. Gröschner & Hascher 2019, S. 660). Wenig bestritten scheint hingegen, dass der Kompetenzerwerb der Studierenden in der Praxisausbildung in einem entscheidenden Maße mit der Expertise und Reflexionskompetenz der praxisausbildenden Person [anleitenden Fachkraft] zusammenhängt (Bogo 2010)" (zit. n. Engler 2022, S. 195).

183 „Im Bereich der Sozialen Arbeit bspw. sind nur wenige Arbeiten zu nennen – in Bezug auf das Studium Lüders (1989) und Ackermann und Seeck (1999), in Bezug auf die Praxis Sozialer Arbeit Geißler-Piltz und Gerull (2009) im Feld der Gesundheitshilfe, Unterkofler (2009) im Feld der Drogenhilfe sowie Glaser und Schuster (2007) im Feld der Pädagogik mit Rechtsextremen. Insgesamt wird der Fokus auf die wechselseitige Bedingtheit berufspraktischen und Erfahrungswissens, damit auch des impliziten, nicht formalisierbaren Wissens, und des wissenschaftlichen Wissens weitgehend vernachlässigt" (Oestreicher/Unterkofler 2014, S. 9). Erst in jüngster Zeit haben Diskurse zu dialogischer Wissensproduktion und -transformation an Bedeutung gewonnen (vgl. Löffler 2020; Sehmer et al. 2020; Unterkofler 2020; Thole 2018).

Herausforderungen beispielweise in Bezug auf soziale Nachhaltigkeit aktualisiert (vgl. u. a. Böhnisch 2020). U. a. Bereswill fordert „Geschlecht als sensibilisierendes Konzept“ (Bereswill 2016, S. 52) als Teil eines Professionsverständnisses in der Sozialen Arbeit. Ausgehend von den konzeptionellen Überlegungen und dem ausformulierten Begriff des Geschlechterwissens von Dölling (2005), wird der Begriff Gender*Wissen in der hier vorliegenden empirischen Studie mit anleitenden Fachkräften als Bündelung unterschiedlicher Wissensformen und Ebenen genutzt und als inter- und transdisziplinäres Wissen in intersektionaler Perspektive verstanden. Dölling geht davon aus, „[...] dass in jeder Gesellschaft unterschiedliche Wissensformen dominieren, wodurch unterschiedliche Weltdeutungen zustande kommen“ (Sackl-Sharif 2018, S. 312). Sie unterscheidet kollektives, biografisches und feldspezifisches Geschlechterwissen (vgl. Dölling 2003, S. 2005). Bei feldspezifischem Geschlechterwissen bezieht sie den Handlungskontext in ihre Typologie ein und verweist auf jenes Geschlechterwissen, welches in einem Feld als legitim und anerkannt gilt (vgl. Sackl-Sharif 2018). Die Relation zwischen kollektivem und individuellem Geschlechterwissen ist in Döllings Konzept abhängig von Situation und Feld und die Aneignung von Geschlechterwissen ist sowohl biografie- als auch feld- bzw. positionsabhängig (vgl. Dölling 2003). Im Kontext von Gleichstellungspolitiken hat Wetterer (2005) drei unterschiedliche *Spielarten von Geschlechterwissen* herausgearbeitet, die „mit qualitativ verschiedenen Typen von Wissen zu tun haben“ (Wetterer 2009b, S. 48) und konkurrierende Wirklichkeitskonstruktionen darstellen: Alltagsweltliches Geschlechterwissen, Gender-Expert*innenwissen und wissenschaftliches Geschlechterwissen. Sie unterscheidet diese „Typen von Wissen nach Maßgabe der Praxis, die sie ermöglichen, und nach Maßgabe der Anerkennungsregeln, denen sie Rechnung zu tragen haben“ (ebd., S. 56). Dieser wissenssoziologisch-sozialkonstruktivistischer Ansatz von Wetterer fokussiert zunächst auf alltagsweltliches Geschlechterwissen als sogenanntes Differenzwissen und sie führt die Neutralisierung und Nicht-Thematisierung von Geschlechterdarstellungen aus. Klinger (2014) greift in ihrer Studie zur *(De-)Thematisierung von Geschlecht* die Forderung von Rendtorff (2012) auf, „die Brisanz und insofern auch die Relevanz von ‚Geschlecht‘ und Geschlechterfragen auf der Ebene der Bedeutungszuschreibungen zu berücksichtigen“ (Klinger 2014, S. 10).[184] Sie geht in ihrer Untersuchung von zwei Thesen aus: Davon, dass „die (De-)Thematisierung in engem Zusammenhang mit gesellschaftlichen Prozessen steht“ (ebd., S. 12), und davon, dass „die (De-)Thematisierung und die Relevanz von ‚Geschlecht‘ und Geschlechterfragen eng mit dem sozialen Feld (vgl. Bourdieu 1983, 1998), in dem es zur

184 „Neben der von Wetterer angeführten Nicht-Thematisierung und Neutralisierung von Geschlechterdarstellungen lässt sich [...] auf der Ebene des Diskurses ein weiteres Phänomen beschreiben, dass ich als (De-)Thematisierung bezeichnen möchte“ (Klinger 2014, S. 11).

Thematisierung kommt, zusammenhängen" (ebd.). Mit der von ihr als „paradoxe Gleichzeitigkeit der Thematisierung von Geschlecht und der Nicht-Thematisierung von Geschlechterdarstellung und -zuordnung" (Klinger 2014, S. 11) bezeichneten Differenzierung werden Dynamiken deutlich, die bei einer Thematisierung von Geschlecht und Geschlechterfragen als De-Thematisierung wirken. „Implizit und explizit bleiben binäre Geschlechternormen und die Orientierung an einer kohärenten, lebenslang stabilen Geschlechtsidentität wirksam, während die Bedeutungszuschreibung von ‚Geschlecht' und Geschlechterfragen an Relevanz und Legitimation verliert" (Klinger 2014, S. 11). Klinger macht mit ihrer Studie zur (De-)Thematisierung von Geschlecht und Geschlechterfragen bei Studierenden der Erziehungs- und Bildungswissenschaften deutlich, dass die grundsätzliche Annahme, eine Thematisierung und Auseinandersetzung von und mit Geschlecht und Geschlechterfragen führe automatisch zu einem reflektierten Umgang, sich nicht bestätigt (vgl. ebd.). „Bei der Untersuchung […] wurde außerdem deutlich, dass eine Verdeckung von sozialen Ungleichheiten und deren Wirkmechanismen über Geschlechterverhältnisse praktiziert wird" (Klinger 2014, S. 11). Gerade vor dem Hintergrund aktueller gesellschaftlicher Spaltungen, Polarisierungen und (neuer) sozialer Ungleichheiten – beispielweise im Kontext gesellschaftlicher Wandlungs- und Transformationsprozesse sowie Krisenzeiten – aktualisiert sich die Bedeutung von Gender*Wissen als relevantem Professionswissen der Sozialen Arbeit dahingehend (vgl. Schimpf/Roth 2022), dass Geschlecht als zentraler Wirkfaktor sozialer Ungleichheit in Verbindung mit anderen Wirkfaktoren (Intersektionalität) „auf soziale Ausschließung und Ausgrenzungsprozesse verweist" (Bitzan 2021, S. 533). Dabei ist die Entwicklung von Sozialer Arbeit als Profession seit jeher „durchdrungen von emotional aufgeladenen Genderfragen und Soziale Arbeit prägt bis heute – ob sie will oder nicht – die Geschlechterverhältnisse mit: ignorierend, verfestigend oder erweiternd, wobei sich das nicht immer säuberlich trennen lässt" (Brückner 2018, S. 89). Dies anzuerkennen und in Verbindung mit Professionalität und gesellschaftlichem Wandel, der sich auch auf Geschlechterverhältnisse auswirkt (vgl. u. a. Bitzan 2018; Meuser 2010), zu bringen, ist für Soziale Arbeit bedeutsam. „Im Mainstream von Theorieentwicklung und Forschung zur Profession und Disziplin Sozialer Arbeit bleiben Geschlechterthemen randständig" (Ehlert 2020, S. 23). Professionelle personenbezogene Dienstleistungen werden meist ‚geschlechtsneutral' untersucht und „es wird selten gefragt, welche Bilder und Zuschreibungen von Weiblichkeit und Männlichkeit sich mit dem professionellen Handeln von Menschen verbinden" (Ehlert 2011, S. 329). Auch mit Blick auf das Berufsfeld der Sozialen Arbeit fungiert Gender nicht als bewusst reflektierte und ausdrücklich bezeichnende Kategorie (vgl. Rainer 2020; Fleßner 2013). Fokussiert man Geschlecht als Dimension sozialen Ausschlusses (vgl. Bitzan 2008, S. 237), verweist dies „auf faktischen Ausschluss (durch Vorenthalten von Gütern und Teilhabe), auf symbolischen Ausschluss durch Rollenbilder und bestimmte

Funktionszuweisungen und Ordnungskategorien sowie auf Modi des Selbstausschlusses, die das Ineinandergreifen der Ordnungsregelungen und der Selbstbilder der Subjekte zu einem Habitus verdichten, mit dem sich die Subjekte selbst in der gesellschaftlichen Ordnung positionieren und deuten" (ebd., S. 240). Da Soziale Arbeit als Akteur*in im Geschlechterverhältnis selbst an Ausschließungsprozessen beteiligt ist, ist ein reflexiver Umgang mit eigenem Wissen und der eigenen Praxis für das Professionsverständnis der Sozialen Arbeit entscheidend. Diese Perspektive wird bislang jedoch kaum auf Geschlechter- bzw. Gender*Wissen und die spezifischen Potentiale der Geschlechterforschung für die Sozialen Arbeit bezogen (vgl. Hartmann 2020; Rose/Schimpf 2020; Bereswill 2016). „[…] eine systematische geschlechtertheoretische Fundierung sowie eine durchgängig geschlechterbewusste Konzeptualisierung und Praxis Soziale Arbeit [stehen] noch aus" (Brückner 2018, S. 101).

Ein Konzept, welches Geschlecht als soziale Institution behandelt, hat Lorber in den 80er Jahren mit ihren *Gender-Paradoxien* entwickelt. Davon ausgehend, dass Gender aus sozialen Konstruktionsprozessen resultiert, verbindet sie dieses sozialkonstruktivistische Verständnis mit der Analyse von Geschlechterverhältnissen als Macht- und Herrschaftsverhältnisse. Lorber analysiert und definiert Gender und das Zusammenspiel von strukturellen und subjektbezogenen Aspekten – von Strukturbildung und Handlung:

> *„Gender regelt die Sozialbeziehungen im Alltag wie auch die umfassenderen sozialen Strukturen wie soziale Klassen und die Hierarchien bürokratischer Organisationen […]. Die vergeschlechtlichte Mikrostruktur und die vergeschlechtlichte Makrostruktur reproduzieren und verstärken einander wechselseitig. Die soziale Reproduktion von gender in Individuen reproduziert auch die vergeschlechtlichte Gesellschaftsstruktur, konstruieren die Individuen doch, indem sie gender-Normen und -Erwartungen in der direkten Interaktion in Handeln umsetzen, die vergeschlechtlichten Herrschafts- und Machtsysteme" (Lorber 1999, S. 47).*

Lorber betrachtet Gender in Verbindung mit der Herstellung und Sicherung von hierarchischer Ungleichheit und Herrschaft zwischen den Geschlechtern als sozialen Platzanweiser (vgl. Breitenbach 2005, S. 78) und fragt u. a. danach, „[…] *wie gender* als Institution alle Ebenen des Sozialen strukturiert und ein Stück weit auch präformiert" (Teubner/Wetterer 1999, S. 11). Sie arbeitet empirisch und die Omnipräsenz von Gender betrifft die Mikro- und Meso-Ebene ebenso wie die Makro-Ebene. Der Ansatz von Lorber, Gender als Institution zum Ausgangs- und Bezugspunkt ihrer Analysen zu machen und die von ihr gewählte mehrdimensionale Perspektive öffnet den Blick darauf:

> Wie Gender *„[…]die Erwartungsmuster für Individuen bestimmt, die sozialen Prozesse des Alltagslebens regelt, in die wichtigsten Formen der sozialen Organisation*

einer Gesellschaft, also Wirtschaft, Ideologie, Familie und Politik, eingebunden und außerdem eine Größe an sich und für sich ist" (Lorber 1999, S. 41).

Gender als Dimension und wichtiges Ordnungsprinzip, was auf allen Ebenen die Bereiche des Sozialen strukturiert in seiner Allgegenwärtigkeit zu begreifen, hebt die Bedeutung von Gender*Wissen für die Soziale Arbeit – auch im Kontext *begleiteter Praxisphasen* – nochmals explizit hervor. „Das erste und oberste Paradox von *gender* ist, dass die Institution, ehe sie abgebaut werden kann, erst einmal ganz sichtbar gemacht werden muss" (Lorber 2003, S. 52).[185] An dieser Stelle sei auch auf Diskurse zu heteronormativitätskritischen und queeren geschlechterbezogenen Reflexionen verwiesen, wie sie z. B. in Beiträgen von Hartmann diskutiert werden (vgl. Hartmann 2020; 2019; 2014). Sie fokussiert dabei u. a. auf Fragen zur Begründung und Ausrichtung genderreflexiver und heteronormativitätskritischer kollektiver Professionalisierungsprozesse vor dem Hintergrund eines machtkritischen Professionalitätsanspruchs (ebd. 2020). Ausgehend davon, dass „geschlechtliche und sexuelle Konstruktionsprozesse im Rahmen alltäglicher Praxen in allen Einrichtungen der Sozialen Arbeit" (ebd. 2014, S. 23) stattfinden, kommt geschlechterbezogenen Reflexionen eine zentrale Bedeutung zu. „Basis für diese Reflexionen ist *Gender*wissen" (ebd. 2020, S. 87).[186] Hartmann konstatiert, dass Geschlecht für Soziale Arbeit überaus bedeutsam ist, „in deren Profession(alisierung)sdiskurs jedoch auffallend marginalisiert" (ebd., S. 82) ist. Zu den Mechanismen des verdeckten Wirkens von Strukturen auf Subjekte und in Subjekte hinein, ohne dabei als Strukturen erkennbar zu sein, ist von Bitzan und Kolleg*innen des Tübinger Gender-Forschungsinstituts die Analysefolie des Verdeckungszusammenhangs[187] für die Moderne entworfen worden (vgl. tifs 2000):

„Typische aus dem Geschlechterverhältnis resultierende Konflikte sind durch Erscheinungsformen der Moderne verdeckt – und gerade nicht gelöst. Sozialpolitische Definitions- und Umgangsweisen (denen auch Sozialpädagogik, Bildungs- und

185 „Als Bestandteil des täglichen Lebens ist uns *gender* so vertraut, daß unsere Erwartungen, wie Frauen und Männer sich verhalten sollten, gewöhnlich erst bewußt durchbrochen werden müssen, damit wir überhaupt merken, wie *gender* produziert wird" (Lorber 1999, S. 56).

186 „Zu wissen, was ich als Fachkraft gender-reflektiert warum tue, bedeutet mehr, als auf dem aktuellen Stand der Debatten zum Thema zu sein. Professionalität erfordert, bedeutende Zusammenhänge zu erkennen und vermittelbar zu machen" (Hartmann 2020, S. 87).

187 Maria Bitzan und Kolleg*innen „prägten den Begriff des sozialpolitischen ‚Verdeckungszusammenhang' (tifs 2000), der Wirkungsweisen von strukturellen Bedürfnisregelungen (in Form bestimmter institutionalisierter ‚Behandlungen') und normativen Repräsentationen zu fassen versuchte" (Bitzan 2016, S. 104).

Soziale Arbeit zuzurechnen sind) tragen zur Verdeckung und Normalisierung bei" (Bitzan 2002, S. 30).

Mit ihrer Analyseperspektive gehen sie davon aus, dass sich eine Verdeckung gesellschaftlich und geschlechtlich formierter Herrschaftsverhältnisse vor dem Hintergrund von Gleichheitspostulaten vollzieht. Soziale Praxis wird demnach als Resultat des Verdeckens bzw. Ergebnis des Verdeckungszusammenhangs verstanden, welche sich als „Zusammenwirken sozialpolitischer Vorgaben/Regulierungen mit Ideologien der Machbarkeit und daraus resultierenden Selbst-Ansprüchen sowie mit konkreten Hierarchie- bzw. Machtkonstellationen" versteht (Bitzan/Daigler 2004, S. 208). Für Soziale Arbeit ist der Verdeckungszusammenhang als Dimension sozialer Ausschließung erhellend, da darüber die Verhältnisse in den Blick kommen und „Zusammenhänge hierarchischer Ordnungsstrukturen im Geschlechterverhältnis in den Bereichen der sozialpolitischen Normalitätsproduktion, der gesellschaftlichen Symbolproduktion und der biographischen Konstruktion analysiert werden" (Anhorn/Schimpf/Stehr 2018, S. 15).

Die Bedeutung von Gender*Wissen und die Notwendigkeit dieses als Teil des Professionswissens in der Sozialen Arbeit zu verstehen,[188] kann u. a. mit: „Soziale Arbeit [ist] immer wieder herausgefordert ihre Adressierungspraxen zu reflektieren und von einer grundsätzlich konflikthaften Struktur bei der (Fall)Bearbeitung auszugehen, was bedeutet, Interessensunterschiede in *Verhandlungsarenen* einzubringen und Adressat_innen-positionen darüber (wieder) artikulierbar und auch sichtbar zu machen" (ebd.) verdeutlicht werden. Überdies konstatiert Wetterer (2005) schon in den 2000er Jahren im Kontext von Gleichstellungspolitiken eine zunehmende Ausdifferenzierung und Separierung von Geschlechterwissen. „Gender-ExpertInnen, feministische TheoretikerInnen und die Frauen (und Männer) auf der Straße wissen heute nicht nur recht Unterschiedliches über die Geschlechter; sie halten Unterschiedliches für wissenswert und orientieren sich bei der Beurteilung dessen, was für sie wissenswert und glaubwürdig ist, offenkundig an je eigenen ‚Gütekriterien'" (Wetterer 2009b, S. 46). Es ist davon auszugehen, dass sich daran in den letzten Jahren nichts Grundlegendes verändert hat und sich mit der damit verbundenen Differenzierung unterschiedlicher Wissensformen (Alltagswissen, Gender-Expert*innen-Wissen und wissenschaftliches Geschlechterwissen) auch die ‚Hierarchie des Besser-Wissens' zeigt.[189] „Sofern

188 Während in den 1980er Jahren in der Sozialen Arbeit noch von ‚Frauenberufen in Männerregie' gesprochen wurde, gab es in den 1990er und 2000 Jahren eine diskursive Verschiebung zu einer „vermeintlich geschlechtsneutralen, wissenschaftlich fundierten Profession" (Ehlert 2020, S. 23).

189 An dieser Stelle sei auch auf das Spannungsverhältnis von Wissenschaft und Politik im Kontext der Geschlechterforschung hingewiesen (Näheres dazu siehe u. a. Villa/Speck 2020) sowie auf ‚Anti-Genderismus' (vgl. Hark/Villa 2015) als Herausforderung – auch für die Soziale Arbeit.

die Unterschiede zwischen Alltagswissen, Gender-ExpertInnenwissen und wissenschaftlichem Geschlechterwissen überhaupt thematisiert werden, geschieht dies vielfach im Rahmen einer stillschweigenden, weil als selbstverständlich geltenden Hierarchisierung dieses Wissens, der zufolge wissenschaftliches Wissen die profundesten Einsichten vermittelt und gutes ExpertInnenwissen sich dadurch auszeichnet, dass es diese Einsichten ‚aufgreift', sie in der Praxis ‚anwendet' und in die Sprache des Alltags ‚übersetzt', damit dann auch die Frau auf der Straße oder das Management im Betrieb von ihnen profitieren kann" (Wetterer 2009b, S. 46). Am Beispiel von Gender*Wissen können daher Wissensformen und -produktionen deutlich werden, die nicht kognitiv und sprachförmig sind (vgl. Bereswill 2004; Wetterer 2009b) – ebenso kann ein Ausblenden wechselseitig konstitutiver Zusammenhänge von Wissen und Handeln in den Blick kommen (vgl. Andresen/Dölling 2005).

Gender – wie auch Sexualität – ist immer wieder Schauplatz „intensiver, zum Teil hoch affektiver politischer Auseinandersetzungen" (Hark/Villa 2015, o. S.). Dies bedeutet auch: „Fachkräfte der Sozialen Arbeit sind immer wieder neu herausgefordert, sich in widersprüchlichen gesellschaftlich dominanten wie auch populistischen (Gender)Diskursen fachlich zu positionieren und Handlungsansätze weiterzuentwickeln. Mögliche Deutungen gesellschaftlichen Wandels und gesellschaftlicher Entwicklungen und damit verbundene Paradoxien von Gleichheit und Ungleichzeitigkeit in Geschlechterverhältnissen stellen einen Bedarf nach Vergewisserung und Orientierung dar" (Schimpf/Roth 2022a, S. 300). Welche Relevanz kommt *Praxisanleitung und Gender*Wissen* im Kontext *begleiteter Praxisphasen* dabei zu?

4 Klugheit im Handeln: Methodologie, methodische Zugänge und Forschungsprozess

„Es bedarf vielmehr des Einblicks in das handlungspraktische Wissen und in die Eigendynamik der Interaktion und der habitualisierten Praxis. Diese erschließen sich über die Analyse von Beschreibungen oder Erzählungen oder in direkter Beobachtung" (Bohnsack 2002, S. 120).

Davon ausgehend, dass die Rekonstruktion handlungsleitenden (Erfahrungs-) Wissens Einblicke in die soziale Welt der Handelnden eröffnet, folgt die vorliegende empirische Studie mit anleitenden Fachkräften einer praxeologischen Perspektive und nimmt die dokumentarische Methode methodologisch und methodisch zum Ausgangspunkt der empirischen Forschung. In den folgenden Kapiteln werden theoretische und method(olog)ische Überlegungen sowie das forschungspraktische Vorgehen mit Reflexionsanteilen dargestellt. Damit rücken Methodologie, Forschungsmethodik und der Forschungsprozess selbst in den Fokus: Zunächst wird in Kapitel 4.1 die dokumentarische Methode als Methodologie eingeführt. Anschließend wird in Kapitel 4.2 das Forschungsprojekt *(Praxis)Anleitung und Gender(Wissen)* skizziert.[190] Daraus generiert sich das Datenmaterial der vorliegenden empirischen Studie. Somit wird bereits erhobenes Material (Gruppendiskussionen) auch für erweiternde Fragestellungen genutzt, denn schließlich „kann man die Untersuchungspersonen nicht einfach auffordern zu berichten, wie, nach welchen Maximen und mit welchen Methoden, sie ihre Welt konstruieren" (Meuser 2003, S. 141). In Kapitel 4.3 wird in die Forschungspraxis (methodisches Vorgehen, Sample, empirisches Material) eingeführt und der Forschungsprozess, die Rekonstruktion der eigenen Forschungspraxis und die Standortgebundenheit der Forscher*innen werden in Kapitel 4.4 *Verwickelt und verstrickt?* Reflexiv in den Blick genommen.

Der Klugheit im Handeln auf die Spur zu kommen, sich dem impliziten Wissenspotential der anleitenden Fachkräfte zu nähern, Forschung als Ort von Begegnung und Aushandlung zu rekonstruieren und sich der Herausforderung der (Selbst-)Reflexion im Forschungsprozess zu stellen, sind im Folgenden unter

---

190 Das Forschungsprojekt wurde unter der Leitung von Prof.[in] Dr.[in] Elke Schimpf im Zeitraum 2018 bis 2019 an der Evangelischen Hochschule Darmstadt durchgeführt und von Seiten des Hessischen Ministeriums für Wissenschaft und Kunst (HMWK) – und in der vorausgegangenen Phase der Antragstellung samt explorativer Phase vom Gender- und Frauenforschungszentrum der hessischen Hochschulen (gFFZ) – gefördert.

methodologischen und methodischen Gesichtspunkten von zentraler Bedeutung. „In der Tradition der Wissenssoziologie Mannheims stehend, hat die dokumentarische Methode ihre Stärke vor allem dort, wo es darum geht, *geteilte Orientierungen* in gruppenhaften Zusammenhängen zu rekonstruieren" (Kubisch 2020, S. 259). Zudem werden in Bezug auf den Orientierungsrahmen die theoretischen Bezüge zum Habituskonzept Bourdieus mit der dokumentarischen Methode dargestellt.[191]

4.1 Dokumentarische Methode – theoretische und methodologische Überlegungen

Einem rekonstruktiv-praxeologischen Zugang folgend, basiert die hier zugrunde liegende empirische Studie mit anleitenden Fachkräften auf der Methodologie der dokumentarischen Methode. Damit verbunden sind erkenntnistheoretische Grundannahmen, die mit dem Wechsel der Analyseeinstellung – vom *Was* zum *Wie* – verknüpft sind und nach handlungspraktischer Klugheit fragen. Die dokumentarische Methode steht in der Tradition der Ethnomethodologie (vgl. Garfinkel 1973) und der Wissenssoziologie Mannheims (1980), die von Bohnsack für die empirische Forschung genutzt und ausgearbeitet wurde. „Wenn wir Karl Mannheim folgen, so weist jede Bezeichnung, jede Äußerung grundlegend eine Doppelstruktur ihrer Bedeutung auf. Bezeichnung und Äußerung haben einerseits eine öffentliche und andererseits eine nicht-öffentliche Bedeutung. Letztere gewinnt nur innerhalb von Gruppen und Milieus ihre spezifische Bedeutung" (Bohnsack 2001, S. 329 f.). Mit der dokumentarischen Methode wird die handlungspraktische Herstellung von Realität und somit das handlungsleitende, inkorporierte Erfahrungswissen der Akteur*innen, welches sich in habitualisierter Praxis zeigt, in den Blick genommen (vgl. Bohnsack et al. 2010, S. 11). „Die empirische Rekonstruktion des Erfahrungsraums der Erforschten umfasst die Rekonstruktion der kommunikativen, genauer: der propositionalen Ebene ebenso wie der performativen Ebene, derjenigen des Habitus im Sinne Bourdieu" (Bohnsack et al. 2018, S. 21). Konjunktives Wissen, das auch als atheoretisches Wissen bezeichnet wird, ermöglicht in Gruppenkontexten ein unmittelbares Verstehen, indem gemeinsam geteiltes Wissen in einem konjunktiven Erfahrungsraum konstituiert wird (vgl. Bohnsack et al. 2010). Atheoretisches Wissen lässt sich in mancher Hinsicht mit Polanyi (Polanyi 1985) auch als stillschweigendes bzw. implizites Wissen bezeichnen und umfasst auch das inkorporierte Wissen im Sinne Bourdieus (vgl. Bohnsack 2013a, S. 180; Polanyi 1985; Bourdieu

191 Mit der dokumentarischen Methode rekonstruierte Orientierungsrahmen lassen sich auf der gleichen Ebene impliziter, vorreflexiver Wissensbestände und Praktiken verorten, wie der von Bourdieu beschriebene Habitus (vgl. Bohnsack 2007; Meuser 2007).

1979). Polanyi fokussierte mit dem Begriff des impliziten Wissens ein präreflexives Wissen. Dieses entsteht im praktischen Handeln und beruht auf einer ganzheitlichen Wahrnehmung und es ist personengebunden. Wie Bohnsack im Anschluss an Schwandt präzisiert, handelt es sich bei dem Wissen, für das sich die dokumentarische Methode in erster Linie interessiert, um ein „Wissen *um* und *innerhalb* von etwas [...], welches in der selbsterlebten Praxis [...] erworben, eben er-lebt wurde" (Bohnsack 2010a, S. 27, Herv. i. O.).

> *„Im Hinblick auf das handlungsleitende implizite Wissen der Erforschten führt uns dessen genaue Rekonstruktion die implizite handlungspraktische Klugheit (‚practical wisdom'; Schwandt, 2002: 152) der AkteurInnen im Forschungsfeld vor Augen, und dabei primär das, was sie wissen und nicht das, was sie nicht wissen, und bewahrt somit vor einer Hierarchisierung des Besserwissens der ForscherInnen und EvaluatorInnen gegenüber den Erforschten und den Stakeholdern" (Bohnsack 2018, S. 107).*

Bohnsack unterscheidet, wie bereits Bourdieu und Mannheim, zwischen einem theoretischen und einem praktischen Zugang zur sozialen Wirklichkeit (vgl. Bohnsack 2013a, S. 182). Er bezeichnet den Orientierungsrahmen im engeren Sinne auch als Habitus (vgl. Bohnsack 2014b, S. 44) und markiert große Übereinstimmungen zum Habituskonzept Bourdieus überall dort, wo es um die Struktur, um den *modus operandi*, geht (Bohnsack 2013a). Mit dem Orientierungsrahmen im weiteren Sinne erweitert Bohnsack den Habitusbegriff um den Aspekt, „dass und wie der Habitus sich in der Auseinandersetzung mit den Orientierungsschemata, also u. a. den normativen resp. institutionellen Anforderungen und denjenigen der Fremd- und Selbstidentifizierung, immer wieder reproduziert und konturiert" (Bohnsack 2013a, S. 181). Die propositionale Logik des kommunikativen Wissens und die performative Logik des konjunktiven Wissens treten in ein Spannungsfeld. Darin scheint die notorische Diskrepanz von propositionaler und performativer Logik – zwischen Norm und Habitus – auf (vgl. Bohnsack 2014b). In neueren Arbeiten spricht er von einer „Primordialität der performativen Logik" (Bohnsack 2017a, S. 58) und macht deutlich, dass die „Kontinuität und Zuverlässigkeit des Handelns" nicht „durch das Generalisierungspotential der Norm" gesichert werden kann, sondern im „Bereich der Routinisierung und Habitualisierung der Praxis", also auf der Ebene des konjunktiven Erfahrungsraums angesiedelt ist (ebd., S. 57).[192] In diesem Zusammenhang stellt Bohnsack auch heraus, dass die „Primordialität des Performativen" mit der „Primordialität des Kollektiven" verbunden ist (Bohnsack 2017a, S. 58). Der konjunktive Erfahrungsraum im weiteren Sinne zeichnet sich „durch die Erfahrung eines gemeinsam oder strukturidentisch erlebten Spannungsverhältnisses zwischen

192 Siehe dazu auch Bohnsack 2022.

der habitualisierten Handlungspraxis einerseits und den institutionalisierten Normen sowie den Identitätsnormen und auch den (Common Sense-)Theorien andererseits durch die mit dieser Spannung verbundenen Reflexionsprozesse“ (Bohnsack 2017, S. 241) aus. Ausgehend davon, dass in Gruppendiskussionen kollektive Wissensbestände und kollektive Strukturen konstruiert und hergestellt werden, die sich auf der Basis erfahrungsbezogener Gemeinsamkeiten gebildet haben, verbindet der konjunktive Erfahrungsraum vor allem diejenigen, die an immanenten Wissens- und Bedeutungsstrukturen teilhaben. Dies ist bedingt durch gemeinsame Interaktionspraxen oder strukturidentische Erfahrungen (vgl. Bohnsack 2017; Przyborski/Wohlrab-Sahr 2009). Damit stehen bei der Rekonstruktion der konjunktiven Erfahrungsräume zunächst kollektive Orientierungen der anleitenden Fachkräfte im Mittelpunkt. Zu fragen ist beispielweise, inwieweit Erfahrungen als ‚anleitende Fachkraft in der Sozialen Arbeit‘ auf strukturidentischen Erfahrungen basieren. Forschungsmethodisch zeigt sich dies vor allem in Gruppendiskussionen, denn aufgrund der Möglichkeit einer wechselseitigen Bezugnahme der Diskussionsteilnehmer*innen werden kollektives Wissen, kollektive Orientierungsmuster und kollektive Orientierungsstrukturen erzeugt (vgl. Bohnsack/Nentwig-Gesemann/Nohl 2007) und Positionierungen vorgenommen. Zugleich stellt auch der Zugang der Forscher*innen zur Praxis der Akteur*innen im Forschungsfeld selbst eine Praxis dar, die es kritisch zu reflektieren gilt: „Die Methodologie will nur ins logische Bewusstsein heben, was bereits allenthalben in der Forschung de facto geschieht“ (Mannheim 1964a, S. 96). Somit impliziert rekonstruktives Forschen über „den rekonstruktiven Umgang mit dem Gegenstandsbereich“ (Bohnsack/Przyborski/Schäffer 2006, S. 13) hinaus „auch die Rekonstruktion unserer eigenen Praxis des Forschens“ (ebd., S. 13). Dies beinhaltet, dass die eigene „Standortgebundenheit“ der Forschenden im Sinne Mannheims (vgl. Mannheim 1952, S. 229 f.) als intuitiver und impliziter Vergleichshorizont reflektiert und in Beziehung zu empirisch rekonstruierten Vergleichshorizonten gesetzt wird.

4.2 Zum Projekt *(Praxis)Anleitung und Gender(Wissen)*

Im Folgenden wird das Projekt, aus dem das empirische Material der vorliegenden Studie mit anleitenden Fachkräften generiert wurde, vorgestellt. Das Projekt *(Praxis)Anleitung und Gender(Wissen)* folgte auch der Methodologie der dokumentarischen Methode (vgl. u. a. Bohnsack 2014) und das Forschungssetting ‚Gruppendiskussion‘ wurde als Weg der Explikation impliziten Wissens verstanden, um der *praktischen Klugheit* der Fachkräfte auf die Spur zu kommen. Das empirische Material, welches im Rahmen der vorliegenden Arbeit mit der dokumentarischen Methode analysiert wurde, umfasst fünf Gruppendiskussionen mit anleitenden Fachkräften.[193]

Das Projekt *(Praxis)Anleitung und Gender(Wissen)* wurde von 2018 bis 2019 an einer hessischen Hochschule im Rhein-Main-Gebiet mit grundständigen, generalistischen Studiengängen Soziale Arbeit durchgeführt. Kriterien für die Auswahl der Hochschule lagen in erster Linie in den etablierten Strukturen und langjährigen Erfahrungen der Hochschule mit *begleiteten Praxisphasen* im Studium Soziale Arbeit (umfangreiche curriculare und strukturell abgesicherten Verbindung der Lern- und Bildungsorte Hochschule und beruflicher Praxis)[194] sowie dem Feldzugang der beiden Projektverantwortlichen.[195] Zudem wurde das Forschungsprojekt so angelegt, dass hochschulübergreifende Erkenntnisse zu erwarten waren.[196] Es war eingebettet in die übergeordnete Fragestellung, welchen Beitrag studienintegrierte begleitete Langzeit-Praxisphasen im Studium Soziale Arbeit zur Generierung von Gender*Wissen und zur Entwicklung eines genderreflexiven Professionsverständnisses leisten (können) und hat auf die Perspektive der anleitenden Fachkräfte als Vertreter*innen des Berufsfeldes im Kontext *begleiteter Praxisphasen* fokussiert. Dass genderreflexive Handlungskonzepte und daraus resultierendes Gender*Wissen zentrale Bestandteile des Professionswissens der Sozialen Arbeit darstellen und für eine Analyse und Bearbeitung von Ungleichheitsphänomenen grundlegend sind, war Ausgangspunkt der Entwicklung des Forschungsprojektes.

Dem Projekt *(Praxis)Anleitung und Gender(Wissen)* ging eine circa anderthalbjährige explorative Phase voraus, in der der Feldzugang angebahnt, Forschungsfragen geschärft und ein Forschungskonzept entwickelt wurden. Für die Entwicklung der Projektidee waren curriculare Veränderungen und Verschiebungen in Bezug auf die Thematisierung von Gendertheorien und Handlungsansätze in den einzelnen Jahrzehnten an der ausgewählten hessischen Hochschule mit grundständigen, generalistischen Studiengängen Soziale Arbeit entscheidend. Von ehemals an der Hochschule ausgewiesenen ‚Frauen-Schwerpunkten' in den

---

193 Zudem wurden von den Forscher*innen Memos erstellt und hinzugezogen.

194 Der Workload praxisbezogener Studienanteile in den grundständigen, generalistischen Studiengängen Soziale Arbeit umfasst 60 Credit Points. Damit entspricht dieser der im hessischen Sozialberufeanerkennungsgesetz (SozAnerkG HE 2010) vorgesehenen einjährigen Praxisphase. Zudem verfügt die Hochschule über ein langjährig etabliertes Praxisreferat Soziale Arbeit (Fachreferat für Professionalitätsentwicklung im Studium an der Schnittstelle Hochschule und berufliche Praxis) und ist Mitgliedshochschule in der Bundesarbeitsgemeinschaft Praxisreferate an Hochschulen für Soziale Arbeit (BAG Prax).

195 Die Projektleiterin hat eine Professur in der Sozialen Arbeit an der ausgewählten Hochschule inne. Die Autorin ist an dieser Hochschule als wissenschaftliche Mitarbeiterin mit der Leitung des Praxisreferates Soziale Arbeit betraut.

196 Im Rhein-Main-Gebiet gibt es weitere Hochschulen mit Studiengängen Soziale Arbeit und praktischem Studiensemester, so dass Praxisstellen, die mit der ausgewählten Hochschule kooperieren, i. d. R. auch mit anderen Hochschulen kooperieren.

90er Jahren und ‚Gender als curricularem Querschnittsthema' in den 2000er Jahren zu ‚Intersektionalität' ab den 2010er Jahren und in jüngster Zeit zudem zu ‚queertheoretischen und heteronormativitätskritischen Perspektiven', wurde der Frage nachgegangen, wie sich Gender als Analyseebene und Reflexionskategorie in der beruflichen Praxis der Sozialen Arbeit dokumentiert. In praxisbegleitenden Lehrveranstaltungen und Beratungsprozessen im Rahmen *begleiteter Praxisphasen* wurde an der Hochschule immer wieder deutlich, dass Studierende während ihrer Praktika mit dem Thema Gender im Berufsfeld in Berührung kommen, dies erschien jedoch nur selten expliziert und bearbeitet zu werden. Vor diesem Hintergrund wurde zu Beginn der explorativen Phase des Projektes zunächst eine hochschulinterne Arbeitsgruppe aus Lehrenden und Beratenden an der Schnittstelle von Hochschule und beruflicher Praxis eingerichtet, um diese Beobachtungen und Wahrnehmungen zu diskutieren und anhand von wechselseitig eingebrachten Situationsbeschreibungen zu systematisieren und zu reflektieren. Die daraus generierte These, dass *Gender für Studierende in begleiteten Praxisphasen häufig erst dann zum Thema wird, wenn eigene Vorstellungen und Erwartungen irritiert werden*, zeigte sich anschlussfähig an Erkenntnisse zur Bedeutung von Krisen für Bildungsprozesse von Studierenden der Sozialen Arbeit (vgl. Becker-Lenz/Busse/Ehlert/Müller-Hermann 2012b).

Um einen exemplarischen Eindruck davon zu vermitteln, wie Studierende – die sich im Studium mit gender- und queertheoretischen sowie heteronormativitätskritischen Perspektiven beschäftigen und in Praxisphasen nach Anknüpfungspunkten suchen – ihre Herausforderungen Lehrenden gegenüber beschreiben, dient der nachstehende Auszug aus einer seminarinternen Abfrage im Studiengang Soziale Arbeit der ausgewählten Hochschule.[197] Studierende wurden eingeladen sich schriftlich zu Herausforderungen in ihren Praxisphasen in Bezug auf das o. g. Thema zu äußern:

> *„Als Herausforderung sehe ich die nicht vorhandene beziehungsweise kaum vorhandene Aufklärung zum Thema Gender und Heteronormativität als Wissenschaft. Im praktischen Handlungsfeld, explizit unter der Anleitung langjähriger Sozialpädagog*innen, gibt es kaum praktische Bezugspunkte. Es handelt sich hierbei, meiner Meinung nach, um eine fehlende Bereitschaft traditionelle Gesellschaftsbilder zu überdenken und diese im Folgenden in ihre Arbeit zu integrieren. Die Wissenschaftlichkeit zum Thema Gender wird angezweifelt und als unnötige, neue Begrifflichkeitsdefinition abgetan. So findet kein Austausch auf wissenschaftlicher Ebene statt, sondern das Thema Gender gilt als eigeninitiiertes, persönliches Denken, welches verteidigt werden muss und kaum einen wissenschaftlichen Stellenwert annimmt […]". (AH_18)*

197 Die Abfrage wurde 2018 durchgeführt.

In diesem Auszug wird beispielhaft aus Studierendenperspektive zunächst die Divergenz zwischen den an der Hochschule vermittelten Wissensbeständen und den in der Praxisphase vorgefundenen Wissensbeständen im Berufsfeld problematisiert und kritisiert. Ganz explizit wird die Anleitung von *„langjährigen Sozialpädagog*innen"* herausgestellt und als *„fehlende Bereitschaft traditionelle Gesellschaftsbilder zu überdenken"* interpretiert. Eine Noviz*in trifft in der Praxisphase auf eine Fachkraft mit langjähriger Berufserfahrung. Dies kann als Hinweis auf ein Übergangsgeschehen sowie eine mögliche Generationenthematik gelesen werden. Gender wird in seiner Mehrdimensionalität deutlich, indem auf unterschiedliche Diskursebenen Bezug genommen wird. Zugleich wird darin eine Entkoppelung von hochschulischen Wissensbeständen und Wissensbeständen der professionellen Praxis beschrieben, die nicht weiter gerahmt wird. Weiterhin deutet dieser Auszug auf ein Spannungs- und Konfliktverhältnis zwischen Hochschule und beruflicher Praxis als zwei Lern- und Bildungsorten im Studium hin, worin sich Studierende *begleiteter Praxisphasen* bewegen.

Das Forschungsdesign des Projektes *(Praxis)Anleitung und Gender(Wissen)* wurde entlang der zentralen Forschungsfrage: „Welchem Gender*Wissen begegnen Studierende im Rahmen ihrer Pflichtpraktika im Berufsfeld und wie kann Gender*Wissen an der Schnittstelle von Hochschule und professioneller Praxis (forschungsmethodisch) in den Blick genommen werden?" (vgl. Projektantrag 2018) entwickelt.[198] Ebenso wie in der vorliegenden Studie war dabei die Rekonstruktion des handlungsleitenden Erfahrungswissens im Fokus der Forscher*innen. Einer praxeologischen Perspektive folgend wurden Gruppendiskussionen mit anleitenden Fachkräften konzipiert, durchgeführt und mit der dokumentarischen Methode ausgewertet (vgl. u. a. Bohnsack/Przyborski/Schäffer 2006; Bohnsack 2010b; Bohnsack 2007). Der Entscheidung für Gruppendiskussionen lag die Annahme zugrunde, dass Erkenntnisse vor allem in der Interaktion durch Wechselprozesse zwischen Akteur*innen unterschiedlicher Felder und in der Begegnung differenter Wissensformen entstehen (vgl. z. B. tifs 1998; Mies 1978). Darüber hinaus wurden im Forschungsprojekt *(Praxis) Anleitung und Gender(Wissen)* auch partizipative Formate zur Diskussion erster Erkenntnisse und Interpretationen konzipiert und in Anlehnung an das im

198 Vor diesem Hintergrund konnten Veränderungen aus der Perspektive anleitender Fachkräfte sowie ein gesellschaftlicher Wandel der Geschlechternormen und -konstruktionen nachgezeichnet, Gender in seiner Mehrdimensionalität empirisch entfaltet, der Forschungszugang als Konfliktfeld herausgearbeitet sowie die Bedeutung von Artikulations- und Verständigungsräume für koproduktive Wissensbildungsprozesse zwischen Hochschule und beruflicher Praxis rekonstruiert werden (siehe dazu Roth/Schimpf 2020; Schimpf/Roth 2022a).

Weiterbildungskontext entwickelte Format „Reflecting Group" (Wigger/Weber/Sommer 2012, S. 253) erprobt (vgl. Schimpf/Roth 2022b).[199]

Da das Material der vorliegenden empirischen Studie mit anleitenden Fachkräften aus dem Forschungsprojekt *(Praxis)Anleitung und Gender(Wissen)* generiert wurde, konnte erst mit der weiteren Analyse der Gruppendiskussionen die Komplexität und Vielschichtigkeit des Forschungsgegenstandes *praktische Studiensemester als Verhandlungsraum zwischen Hochschule und beruflicher Praxis* empirisch fassbar gemacht werden. Im Folgenden wird eine Differenzierung zwischen beiden Projekten dann vorgenommen, wenn dies dem Verstehensprozess und der Nachvollziehbarkeit zuträglich ist.

4.3 Sample, Forschungsmethodik und empirisches Material

Am Beispiel von Gender*Wissen als relevantem Professionswissen in der Sozialen Arbeit werden mit der vorliegenden empirischen Studie mit anleitenden Fachkräften exemplarisch Grundthematiken im Spannungsverhältnis von Hochschule und professioneller Praxis bearbeitet. Der Forschungsgegenstand *praktische Studiensemester als Verhandlungsraum zwischen Hochschule und beruflicher Praxis* ist von einer Gemengelage von institutionellen Vorgaben und Rahmungen, feldspezifischen Logiken und hierarchischer Verhältnisse sowie unterschiedlicher Ziele, Erwartungen und Zuschreibungen gekennzeichnet (siehe dazu Kapitel 2.3). In der weiteren Darstellung des methodischen Vorgehens wird auf die für diese Arbeit zentralen Aspekte und auf das in Kapitel 4.1 skizzierte Konzept des konjunktiven Erfahrungsraums von Mannheim (vgl. Mannheim 1980, S. 220) als eine theoretische Fundierung der dokumentarischen Methode fokussiert. Die dokumentarische Methodologie, die dokumentarische Methode und das Gruppendiskussionsverfahren werden in zahlreichen Veröffentlichungen ausführlich beschrieben, worauf an dieser Stelle verwiesen werden kann (vgl. dazu u. a. Kubisch 2008; Streblow 2005; Przyborski 2004; Bohnsack 2003; 2001; Nohl 2001; Nentwig-Gesemann 2001; Loos/Schäffer 2001). Vor diesem Hintergrund liegt nachstehend der Fokus auf dem Anwendungsbezug der dokumentarischen Methode im Rahmen der vorliegenden Arbeit.

Die Wahl der Methode leitet sich aus dem eingangs beschriebenen Forschungsinteresse ab, welches mit einer Hinwendung zur Rekonstruktion der Praxis und der handlungsleitenden Orientierungen anleitender Fachkräfte verbunden ist.

---

199 Daraus wurde das Forschungsprojekt *„Gender-Macht-Wissen: Kooperative Wissensproduktion zwischen Hochschule und professioneller Praxis in der Sozialen Arbeit"* entwickelt, welches von 2020–2022 durchgeführt und vom Hessischen Ministerium für Wissenschaft und Kunst (HMWK) gefördert wurde.

Damit rückt das Spannungsverhältnis „zwischen der *propositionalen* Logik [...] und der *performativen* Logik“ (Bohnsack/Kubisch/Streblow-Poser 2018, S. 20) in deren kollektiver Bedeutsamkeit in den Mittelpunkt der Analyse, so dass sich daraus die Entscheidung für die Methodenwahl ableitet. Methodenkritisch sei an dieser Stelle bereits erwähnt, dass auch über Einzelinterviews konjunktive Erfahrungsräume empirisch erschlossen werden können. In Gruppendiskussionen sind diese jedoch in den Diskursverlauf der jeweiligen Gruppe eingebettet. Sie werden über kollektive Orientierungsrahmen rekonstruiert und die die Analyse von Gruppendiskussionen stellt eine bewährte Form der Datengenerierung bei der dokumentarischen Methode dar (vgl. Bohnsack 2000; Bohnsack/Nentwig-Gesemann/Nohl 2007), die hier genutzt wird.

Die Analyse des Forschungsprozesseses bildet in der vorliegenden Studie den Ausgangspunkt der Erkenntnisgewinnung. So wird die Analyse des Zugangs zum Forschungsfeld (Kontaktaufnahme) und der Forschungssituation (Gruppendiskussion) als Teil des Forschungsgegenstandes betrachtet (vgl. Ott 2012) und in den ersten empirischen Kapiteln (Kapitel 5 bis 5.4) bearbeitet. Infolgedessen sind die nachstehenden Ausführungen zu *Sample, Kontaktaufnahme* sowie zu *Zusammensetzung, Setting und Ablauf der Gruppendiskussionen* z. T. skizzenhaft dargestellt und mit Verweisen auf die entsprechenden Kapitel versehen. Daran schließen sich die Darstellung der Analyse des empirischen Materials mit der dokumentarischen Methode sowie die Beschreibung des Materials an.

Sample und Kontaktaufnahme

Ein zentrales Gütekriterium qualitativer Forschung ist die Zusammenstellung des Samples, das nach inhaltlicher Repräsentativität ausgewählt werden soll (vgl. Lamnek 2005). Für das Sample im Forschungsprojekt *(Praxis)Anleitung und Gender(Wissen)* wurden anleitende Fachkräfte aus unterschiedlichen Handlungsfeldern der Sozialen Arbeit als sogenannte Expert*innen ausgewählt, die im Hinblick auf die zentrale Forschungsfrage des Projektes (siehe dazu Kapitel 4.2) bedeutsames Wissen liefern können. Geplant war eine Zusammensetzung der Diskussionsgruppen mit fünf bis sieben Personen und die Auswahl der Fachkräfte sollte nach zuvor festgelegten Auswahlkriterien erfolgen:

- Es sollen Fachkräfte der Sozialen Arbeit sein, die Erfahrungen in der Begleitung und Anleitung von Studierenden in *begleiteten Praxisphasen* der Sozialen Arbeit haben.
- Unterschiedliche Handlungsfelder sollen im Gesamtsampling berücksichtigt werden.
- Es sollen sowohl anleitende Fachkräfte aus Praxisstellen mit und ohne ausgewiesenem ‚Gender-Konzept‘ zusammentreffen.

- Unterschiedliche zeitliche Abstände zum eigenen Studium sowie eine unterschiedliche
- Anzahl an Berufsjahren in der Sozialen Arbeit soll sich abbilden.
- Geschlechterzugehörigkeit/-zuschreibung und weitere Differenzkategorien sollen in der Zusammensetzung des Samples berücksichtigt werden.

Als Zeitraum für die Terminierung der fünf Gruppendiskussionen wurde der Zeitraum des *praktischen Studiensemesters* (September bis März) an der ausgewählten Hochschule gewählt, so dass die Durchführung der Gruppendiskussionen ggf. mit einer aktuellen Anleitungstätigkeit in Bezug stehen konnten.[200]

Die Kontaktaufnahme zu möglichen Teilnehmer*innen der Gruppendiskussionen erfolgte über die beiden Projektverantwortlichen (siehe Fußnote 195): Das Anliegen des Projektes *(Praxis)Anleitung und Gender(Wissen)* wurde zunächst im Rahmen einer gemeinsamen, jährlich wiederkehrenden Veranstaltung mit kooperierenden Trägern der Sozialen Arbeit an der ausgewählten Hochschule persönlich vorgestellt.[201] Alle zur Veranstaltung eingeladenen Träger kooperierten bereits auf der institutionellen Ebene – teils langjährig – mit der Hochschule im Kontext *begleiteter Praxisphasen*. Die eingeladenen Träger stellen einen Querschnitt der Trägerstruktur (öffentlich, kirchlich, privat, gemeinnützig, gewerblich) dar und bilden die Vielfalt der Handlungsfelder Sozialer Arbeit sowie unterschiedlicher konzeptioneller Ausrichtungen ab. Die an der Veranstaltung anwesenden Personen waren zu einem großen Teil Fachkräfte der Sozialen Arbeit mit eigener Anleitungserfahrung. Ergänzend zur Projektvorstellung wurden Projektflyer ausgelegt,[202] die auch einer im Nachgang zur Veranstaltung versendeten E-Mail angefügt wurden.[203] Von dieser Form der Kontaktaufnahme versprachen sich die Forschenden das gewünschte Sample generieren zu können – dies entsprach ihren Erfahrungen aus der vorausgegangenen explorativen Phase.[204] Die Vorstellung des Projektes im Rahmen der Veranstaltung führte

200 Die Anzahl der Gruppendiskussionen begründet sich u. a. aus den Rahmenbedingungen, wie Projektlaufzeit und Förderung (vgl. Schimpf/Roth 2022b).

201 Die Veranstaltung bietet Trägern der Sozialen Arbeit die Möglichkeit sind an der Hochschule zu präsentieren und mit Studierenden, Lehrenden und untereinander in Kontakt zu kommen (z. B. zu Praktikums- und Exkursionsmöglichkeiten sowie zu fachlichen Themen). Zugleich informiert die Hochschule über aktuelle curriculare Entwicklungen an der Schnittstelle von Hochschule und Berufspraxis.

202 Siehe Anhang I.

203 Siehe Anhang I.

204 Eine Gruppendiskussion (AKKA) wurde in der explorativen Phase (2017) mit sieben Fachkräften durchgeführt. Die Anfrage der Forschenden stieß damals auf unmittelbares Interesse und sieben von zehn angefragten Fachkräften sagten ihre Teilnahme unmittelbar zu. Die Anfrage der Forschenden zur Teilnahme an einer Gruppendiskussion war als Unterstützungsanfrage zur Entwicklung eines Forschungsprojektes zum Thema *Gender*Wissen in der Praxisanleitung* formuliert.

jedoch nicht unmittelbar dazu, dass Fachkräfte Interesse an der Teilnahme an einer der Gruppendiskussionen äußerten. Erst über eine persönliche Nachfrage (i. d. R. per E-Mail) konnten die Forscherinnen Fachkräfte zur Teilnahme an den Gruppendiskussionen gewinnen. In Ergänzung dazu wurden – um das Sample zu vervollständigen – weitere Fachkräfte von kooperierenden Trägern, die an der Veranstaltung nicht teilgenommen hatten, per E-Mail mit angefügtem Projektflyer angefragt.[205] In Anlehnung an den Gedanken des ‚Schneeballprinzips' wurden diese Emailanfragen mit der Bitte versendet, sie auch weiteren Fachkräften zukommen zu lassen, die Erfahrung in der Anleitung mit Studierenden haben. Dieses Prinzip wurde sozusagen als ‚Umweg ins Feld' genutzt.

Letztlich haben Bereitschaft und Interesse sowie die zeitliche Verfügbarkeit der angefragten Fachkräfte über die Zusammensetzung der Teilnehmer*innen der einzelnen Gruppendiskussionen entschieden, so dass das geplante kriteriengeleitete Sample verändert werden musste. Auch waren vier der fünf Gruppendiskussionen kleiner als im Sample zunächst vorgesehen. Aufgrund der Herausforderungen bei der Gewinnung von Fachkräften zur Teilnahme an einer Gruppendiskussion und vor dem Hintergrund der Kürze der Projektlaufzeit (vgl. Schimpf/Roth 2022b) kann nicht von einer Sättigung des Samples ausgegangen werden. Vielmehr wurde die Samplebildung durch die Zugänglichkeit und Verfügbarkeit anleitender Fachkräfte begrenzt. Die Projektverantwortlichen wählten letztlich die Zusammensetzung der Gruppendiskussionen auf „Basis des Verfügbaren" (Strauss/Corbin 1990, S. 157).[206] Davon ausgehend, dass der Forschungszugang in Form der Kontaktaufnahme bereits einen Teil des Forschungsgegenstandes ausmacht und mehr ist als eine praktische Herausforderung (vgl. Ott 2012), widmet sich insbesondere Kapitel 5.1 dem Forschungszugang als Konfliktfeld und wird an dieser Stelle nicht weiter ausgeführt.

Zusammensetzung der Diskussionsgruppen

An den fünf Gruppendiskussionen im Zeitraum von 2018 bis 2019 nahmen insgesamt zwanzig anleitende Fachkräfte aus unterschiedlichen Handlungsfeldern der Sozialen Arbeit teil. Vertreten waren die Handlungsfelder *Soziale Arbeit im Stadtteil und Quartier, Soziale Arbeit mit Frauen und ihren Kindern, Soziale Arbeit mit geflüchteten Menschen, Soziale Arbeit mit wohnungslosen Menschen, Schulsozialarbeit, offene Kinder- und Jugendarbeit, Kinder- und Jugendhilfe wie z. B. Hilfen zur Erziehung, Behindertenhilfe* und Soziale Dienste. Die Gruppendiskussionen wurden in der Regel zu dritt – von den beiden Projektverantwortlichen

205 Mit dem zur Verfügung gestellten Projektflyer gaben die Forscherinnen Einblick in ihr Erkenntnisinteresse und somit in ihre Perspektiven und Relevanzsetzungen.

206 Zur Debatte qualitativer Samplings siehe u. a. Schittenhelm 2021.

des Forschungsprojektes *(Praxis)Anleitung und Gender(Wissen)* und einer im Projekt beschäftigten wissenschaftlichen Mitarbeiterin – durchgeführt.

Tabelle 2: *Benennung der Gruppendiskussionen und Anzahl der Fachkräfte* (eigene Darstellung)

	BODEN	KALLAX	DOKKAS	EDEFORS	FLEN
Beteiligte Fachkräfte	4	4	3	4	5

Tabelle 2 zeigt die Anzahl der an den jeweiligen Gruppendiskussionen[207] beteiligten Fachkräfte und führt die Bezeichnungen der einzelnen Gruppendiskussionen ein.[208] Die Frage, wer zu den Gruppendiskussionen gekommen ist, wird in den Kapiteln 5.1 und 5.2 aufgegriffen.

Setting und Ablauf der Gruppendiskussionen

Alle fünf Gruppendiskussionen fanden in einem Seminarraum der ausgewählten Hochschule statt und zeichneten sich durch einen selbstläufigen Gesprächsfluss aus. Sie folgten dem Prinzip der Selbstläufigkeit (Eröffnungsphase, erzählgenerierender Ausgangsstimulus, selbstläufiger Teil der Diskussion, exmanentes Nachfragen, ggf. direktive Phase). „Die Gruppe soll sich in Bezug sowohl auf die für sie zentralen Inhalte als auch auf ihre Sprache weitestgehend in ihrer Eigenstrukturiertheit entfalten können" (Liebig/Nentwig-Gesemann 2009, S. 104). Zum offiziellen Beginn aller für zwei Stunden geplanten Gruppendiskussionen wurden die Fachkräfte begrüßt, die Forscherinnen stellten sich und das Forschungsprojekt *(Praxis)Anleitung und Gender(Wissen)* vor und gaben Informationen zum Ablauf der Gruppendiskussion und zur Anonymisierung und Verwendung des empirischen Materials.[209] Daran schloss sich als erzählgenerierender Ausgangsimpuls die Aufforderung an, sich einander vorzustellen (Raum für Selbstpräsentation) und zu Erfahrungen in der Anleitung von Studierenden – auch in Bezug auf das Thema *Gender* – miteinander ins Gespräch zu kommen. „Um die kollektiven Orientierungen einer Gruppe rekonstruieren zu können, ist es beim Gruppendiskussionsverfahren von Bedeutung, dass die Gruppe ihr eigenes Relevanzsystem entfalten kann" (Kubisch/Störkle 2016, S. 77), daher ist

207 Aufgrund einer kurzfristigen krankheitsbedingten Absage und einer Terminkollision fand die Gruppendiskussion DOKKAS sowohl auf der Seite der Fachkräfte als auch auf der Seite der Forscher*innen (2) mit reduzierter Personenanzahl (3) statt.

208 Aus Datenschutzgründen wird bei den einzelnen Gruppendiskussionen auf eine Darstellung der Zuordnung u. a. nach Handlungsfeldern verzichtet. Bei den Bezeichnungen der Gruppendiskussionen handelt es sich um frei gewählte Städtenamen und Ortschaften.

209 Siehe dazu auch Kapitel 5.

die Selbstläufigkeit in Gruppendiskussionen anzustreben. Die Forscherinnen hielten sich im Hintergrund und brachten sich vereinzelt in der zweiten Hälfte der Gruppendiskussionen mit immanenten und exmanenten Nachfragen ein. Der Analyse der Erhebungssituation, auch mit Blick auf die Forscherinnen, widmet sich Kapitel 5.2.

Analyse des empirischen Materials

Die einzelnen Gruppendiskussionen wurden elektronisch aufgezeichnet und das so gewonnene Material vollständig transkribiert (Transkriptionsregeln siehe Anhang II). Zudem wurden zu den einzelnen Gruppendiskussionen Memos und Protokolle erstellt. Für jede Gruppendiskussion wurde ein thematischer Verlauf angefertigt und im Anschluss wurden die Stellen im Diskursverlauf markiert, die eine hohe interaktive bzw. metaphorische Dichte aufwiesen. In diesen als Fokussierungsmetaphern bezeichneten Passagen kommen meist übergreifende Orientierungsrahmen der Gruppe zum Ausdruck, da „[…] sie auf aktuelle Handlungs- und Orientierungsprobleme der Gruppe hinweisen, die – weil noch nicht ‚gelöst' – nicht auf einen eindeutigen Begriff gebracht werden können" (Loos/Schäffer 2001, S. 70). Davon ausgehend, dass sich der Orientierungsrahmen einer Gruppe in allen Sequenzen einer Gruppendiskussion dokumentiert, wurde das empirische Material nicht vollständig interpretiert, sondern eine Auswahl der im Diskursverlauf markierten Passagen getroffen. Neben den Anfangspassagen wurden die Passagen ausgewählt, in denen sich die Orientierungsrahmen der jeweiligen Gruppe besonders deutlich dokumentierten und auch ein Zusammenhang mit dem Erkenntnisinteresse der vorliegenden Studie bestand. Das Material wurde auf Basis der dokumentarischen Methode ausgewertet (z. B. Bohnsack 2010b; Bohnsack et al. 2013a; Nohl 2012). Es ging darum, sich die soziale Welt aus der Perspektive der anleitenden Fachkräfte zu erschließen und deren handlungspraktisches Erfahrungs- und Orientierungswissen (atheoretisches Wissen) als zentralen Gegenstand für die Rekonstruktion zu nutzen. Um die handlungsleitenden Orientierungen rekonstruieren zu können, wurden Transkripte der ausgewählten Passagen in zwei Arbeitsschritten ausgewertet: formulierende und reflektierende Interpretation. Zentral ist dabei zunächst die Unterscheidung zwischen kommunikativem und konjunktivem Sinngehalt, wobei die dokumentarische Methode einen Zugang zu beiden Wissensebenen eröffnet (vgl. Bohnsack 2001). Während das öffentliche Wissen (kommunikatives Wissen) den Akteur*innen reflexiv zugänglich ist, hat konjunktives Wissen seinen Ursprung in kollektiv geteilter Praxis und ist als milieuspezifisches Wissen zu verstehen. Im Anschluss an Mannheim wird auch in der vorliegenden Arbeit der Begriff des „konjunktiven Erfahrungsraums" (vgl. Mannheim 1980, S. 220) genutzt. Beide Interpretationsschritte – formulierende und reflektierende Interpretation – berücksichtigen dabei die zu differenzierenden Wissensebenen.

Während im ersten Schritt, mit der formulierenden Interpretation, die Analyse des wörtlich-thematischen Sinngehaltes der Äußerungen erfasst wird, wird im zweiten Schritt, der reflektierenden Interpretation, analysiert, wie die auf dieser Ebene identifizierten Themen bearbeitet werden und welche handlungsleitenden Orientierungen geteilt werden (vgl. Bohnsack et al. 2006). Mit der formulierenden Interpretation wurde bei der Analyse des Materials darauf fokussiert, *WAS* in den jeweiligen Gruppendiskussionen thematisch behandelt wurde – vergleichbar mit Beobachtungen erster Ordnung (vgl. Bohnsack et al. 2007b). „Im ersten Schritt, demjenigen der formulierenden Interpretation, geht es also darum, das, was von den Akteuren im Forschungsfeld bereits selbst interpretiert, also begrifflich expliziert wurde, noch einmal zusammenfassend zu ‚formulieren'" (ebd., S. 15). Dazu wurden die Äußerungen bzw. Themen mittels Paraphrasierungen reformuliert und dienten dazu, sich dem objektiven Sinngehalt (Objektsinn) des Materials zu nähern. „Auf dieser Grundlage kann dann sehr genau bestimmt werden, ab welchem Punkt vom Forscher in einem zweiten Schritt, demjenigen der reflektierenden Interpretation, eigene Interpretationen in ‚Reflexion' auf die implizierten Selbstverständlichkeiten des Wissens der Akteure erbracht werden" (ebd., S. 15). Mit der Bestimmung der Textsorte (Erzählung, Beschreibung, Argumentation) als formalem Bezugspunkt, werden Hinweise auf die Nähe bzw. Ferne zu konjunktiven Erfahrungsräumen gegeben (vgl. Kleemann et al. 2013). „Insoweit erlauben formaltheoretisch als *Erzählung* erkennbare Äußerungen dem Außenstehenden einen tiefen Blick in die unmittelbaren Erfahrungen der Erzählenden. *Beschreibungen* beziehen sich ebenfalls auf die eigene Handlungspraxis, fokussieren allerdings mehr oder weniger regelmäßig wiederkehrende Aktivitäten oder illustrieren Gegenstände. *Argumentationen* über und Bewertungen von Handlungen sind dagegen eher einem kommunikativen Erfahrungsraum zuzurechnen und beinhalten möglicherweise direkt an die Forschenden gerichtete Motive (z. B. der Rechtfertigung, Erklärung etc.)" (ebd., S. 175). Aus der Literatur ist bekannt, dass es eine besondere Herausforderung darstellt, im Forschungsprozess mit Fachkräften der Sozialen Arbeit Erzählungen zu generieren (vgl. u. a. Carlson/Kahle/Klinge 2017). Auf der Suche nach entsprechenden Passagen ging es vor allem um „[…] das Entschlüsseln der Metaphorik von Erzählungen und Beschreibungen sowie die Strukturprinzipien der Performanz […]" (Przyborski/Wohlrab-Sahr 2014, S. 291). Die im zweiten Schritt erfolgte reflektierende Interpretation fokussiert auf konjunktives Wissen, das die Praxis der anleitenden Fachkräfte orientiert, ohne dass diese selbst es unmittelbar explizieren können. Es ist, wie bereits dargestellt, als atheoretisches Wissen zu verstehen und den Fachkräften weder vollkommen bewusst noch vollkommen unbewusst (vgl. Kubisch/Störkle 2016). Das atheoretische Wissen kann in mancher Hinsicht auch als stillschweigendes bzw. implizites Wissen bezeichnen werden und umfasst auch das inkorporierte Wissen im Sinne Bourdieus (vgl. Bohnsack 2013a, S. 180; Polanyi 1985; z. B. Bourdieu 1979). Im Gegensatz zu anderen sequenzanalytischen

Verfahren wird bei der dokumentarischen Methode von einer „komparativen Sequenzanalyse“ (Bohnsack/Nentwig-Gesemann/Nohl 2013, S. 16) gesprochen, da diese konsequent und von Beginn an vergleichend angelegt ist. Bohnsack geht davon aus, dass sich die entsprechenden Orientierungsrahmen erst vor dem Vergleichshorizont anderer ‚Fälle‘ abheben und dadurch erst empirisch überprüfbar werden (vgl. Bohnsack 2007, 2003). So wurde zunächst innerhalb einer Gruppendiskussion und dann unmittelbar gruppendiskussionsübergreifend nach Homologien, nach gemeinsamen Linien in Form von strukturgleichen Mustern der Abhandlung von Themen gesucht (vgl. Nohl 2012). Mit Bohnsack gesprochen: „Für die Textinterpretation bedeutet dies [...], dass ich dagegenhalte, wie dasselbe Thema auch in anderer Weise diskursiv hätte behandelt werden können oder behandelt worden ist bzw. welche andere Reaktion auf eine vorhergehende Äußerung hätte erfolgen können oder auch empirisch bereits erfolgt ist“ (Bohnsack 2013c, S. 86). Das konsequent vergleichende Vorgehen dient auch dazu, dass die Auswertung nicht ausschließlich von der eigenen Standort- und Seinsgebundenheit der jeweiligen Forschenden beeinflusst wird. Denn erst damit wird die Analyse des empirischen Materials methodisch kontrollierbar und Homologien in Form von gefundenen Vergleichshorizonten sind empirisch fundiert intersubjektiv überprüfbar (vgl. Nohl 2012, S. 7).[210] Mit der Rekonstruktion gemeinsamer Linien des empirischen Materials konnte, bezogen auf das Erkenntnisinteresse der vorliegenden empirischen Studie mit anleitenden Fachkräften, die Basistypik (vgl. Przyborski/Wohlrab-Sahr 2014, S. 303) *Irritation des Alltäglichen im Kontext des institutionellen Alltags* rekonstruiert werden.[211] Diese wird insbesondere in den Kapiteln 6 bis 6.5 aufgespannt.

Darstellung des empirischen Materials

Anhand eines exemplarisch ausgewählten Transkript-Ausschnittes wird im Folgenden in die Struktur der Darstellung des empirischen Materials der Studie mit anleitenden Fachkräften eingeführt, wie es sich in den empirischen Kapiteln 5, 6 und 7 wiederfindet.[212] Zugleich vermittelt sich hier ein erster Leseeindruck in Bezug auf den ‚Sprachduktus‘ der Transkripte.[213]

210 „Mit Hilfe der komparativen Analyse kann die Standortgebundenheit der Forschenden methodisch kontrolliert werden, indem gedankenexperimentelle Gegenhorizonte zunehmend durch empirische Gegenhorizonte ersetzt werden können“ (vgl. Loos/Schäffer 2001, S. 71).

211 Die Studie verortet sich auf der Ebene der sinngenetischen Typenbildung (vgl. u. a. Bohnsack/Hoffmann/Nentwig-Gesemann 2019).

212 Transkriptionsregeln siehe Anhang II.

213 Auf die Veröffentlichung der kompletten Transkripte wird zum Schutz der an der Forschung Beteiligten verzichtet.

Informationen: Die nachstehende Sequenz entstammt der Gruppendiskussion FLEN, an der fünf Fachkräfte beteiligt waren und beginnt nach etwa einer halben Stunde der Diskussion. Das der Sequenz vorausgehende Thema wird i.d.R. in einer entsprechenden Fußnote genannt.[214] In den Transkripten werden die Fachkräfte mit einem Vornamen und dem Anfangsbuchstaben eines Nachnamens bezeichnet.[215] Personenbezogene Daten wurden anonymisiert und auf die Nennung organisationsbezogener Daten wurde weitgehend verzichtet bzw. diese wurden unkenntlich gemacht. Die Transkriptauszüge werden authentisch wiedergegeben d.h. Dialekt, Satzbaufehler, Füllwörter etc. wurden nur dann etwas geglättet, wenn dies zum Verständnis der jeweiligen Sequenz unbedingt erforderlich schien. Damit soll der für das Material typische ‚Sprachduktus' erhalten bleiben, da dieser für das Forschungsanliegen relevant ist.

Transkriptauszug:

Nora B.: *Das ist interessant, ne also so dieser dieser diese Frage, mach ich ne gemischte Wohngruppe für Jugendliche oder nicht, das is natürlich auch 'n Prozess wo man so die eigene Sexualität erkundet und erstmal erstmal*
Marie W.: *L Hm*
Nora B.: *so nen Weg findet, wenn ich jetzt überlege, w wenn wenn man so in der Queerdiskussion nochmal weitergeht und sagt, ähm wir nehmen nochmal den, Diversebegriff mit dazu und vielleicht Menschen, die auch noch gar nicht wissen in welche Richtung und ob überhaupt eine Geschlechtsrichtung, dann wäre ja so ne gemischte Wohngruppe endlich mal gut, weil nich an der Stelle*
L ((kollektiv lachen))
Nils H.: *L ahhh*
Nora B.: *ne Entscheidung gefällt werden muss und sich, die sich dann völlig falsch fühlen, sondern da ja auch ne Chance drin bestehen kann. –*
Marie W.: *L ((lachen))*
Nora B.: *L Marie du schmunzelst schon so, ja <<lachend>> aber*
Marie W.: *L Es wird immer komplizierter <<lachend>>. Neenee du hast recht. Ich hab vorher auch schon geschmunzelt <<lachend>>. Ich mu/ ja. Mhm*
Nora B.: *L Aber so, also ich ich kenn mich in dem Arbeitsfeld überhaupt nicht aus, deswegen ste/ ich stell das einfach so, das sind so die Ideen, die mir dazu kommen und die ich jetzt einfach mal als Fragen in den Raum stelle*
Theresa F.: *L Hm*
Nora B.: *und ähmmm es is ja jetzt auch auf den Bereich der Jugendlichen, is es ja*
Nils H.: *L Mhmm. Ja.*
Nora B.: *nochmal auch was, schon was Besonderes,*
Nils H.: *L Hm*
Nora B.: *find ich und dann die Frage der Anleitung is da jetzt auch grad gar nicht drin,*
Marie W.: *L Hm*
Nora B.: *wobei das natürlich ne Rolle spielt, wie nehmen wir die Praxis wahr und wie geben wir's dann wieder weiter, aber –*
Marie W.: *L Hm*

(GD_FLEN 435-456)

214 Zuvor ging es um das Thema Sauberkeit, Hygiene und Badnutzung bei Jugendlichen (stationäre Jugendhilfe), was zwischen der binären Geschlechterzugehörigkeit, individueller Persönlichkeit und stereotypen Zuschreibungen diskutiert wurde.

215 Alle Personen sind aufgrund der Anonymisierung umbenannt. Siehe dazu auch Richtlinien der Transkription in Anhang II.

Ausführungen zum Transkriptauszug: Nora H. knüpft in dieser Passage zunächst an das vorausgegangene Thema der gemischtgeschlechtlichen Wohngruppen in der Jugendhilfe an und führt *queer* als weiteren Orientierungsgehalt ein. In der Sequenz dokumentiert sich ein selbstläufiger Diskurs mit interaktiver Dichte (Ratifizierungen, Überlappungen) und emotional besetzten Reaktionen (Lachen, Schmunzeln). Nora H. macht deutlich, dass gemischtgeschlechtliche Wohngruppen für sie vor dem Hintergrund geschlechtlicher Vielfalt einen positiven Horizont darstellen. Dem widerspricht Marie W. zunächst mit *„Es wird immer komplizierter“* und relativiert das Gesagte anschließend mit *„Neenee du hast recht“*. Der Blick bleibt in dieser Sequenz auf den Adressat*innen und Nora H. bemerkt, dass *„die Frage der Anleitung [...] da jetzt auch grad gar nicht drin“* ist. Während sie die Frage der Anleitung mit der eigenen Wahrnehmung der *„Praxis“* verbindet und den Aspekt *„wie geben wir's dann [...] weiter“* als weiteren Orientierungsgehalt einbringt, endet die Sequenz mit einer kurzen Pause.[216]

Dieser Transkriptauszug ist insofern typisch für das empirische Material, da Gender auf der Ebene der Adressat*innen verhandelt wird und der Prozess der Anleitung verdeckt bleibt. Charakteristisch für das empirische Material ist ein *‚zugedecktes, abstraktes und nebulöses Sprechen‘* und die Diskursgestaltung zeichnet sich durch viele argumentative Anteile aus.[217]

4.4 Verwickelt und verstrickt? Zur Standortgebundenheit der Forscher*innen und der Reflexion des Forschungsprozesses

Forschungsprozesse sind immer durch die Standortgebundenheit der Forscher*innen mitstrukturiert (vgl. u.a. Bohnsack/Kubisch/Streblow-Poser 2018b). „Und in der Tat steht ja ein jeder von uns nicht in einem überzeitlichen, ‚luftleeren‘ Raum der Wahrheiten, sondern tritt, gleichsam mit einem Bündel von Fragestellungen und Systematisierungsinterventionen bewaffnet, an die ‚Wirklichkeit‘ heran“ (Mannheim 1964, S. 325). Erst die Rekonstruktion der Forschungspraxis ermöglicht – neben einer vergleichenden Vorgehensweise bei der dokumentarischen Methode – eine systematische Betrachtung und Reflexion der eigenen Standortgebundenheit. Zwar bildet die Rekonstruktion von gemeinsamen Linien den empirischen und rekonstruktiven Teil der vorliegenden Arbeit (Kapitel 5, 6 und 7), zugleich ist die Reflexion der eigenen Standortgebundenheit als Forschende mit der dokumentarischen Methode unverzichtbar und ebenso

216 In der nächsten Sequenz wird an *„gemischte Wohngruppen“* mit dem Thema *„sexuelle Neigungen“* angeknüpft und der Diskurs bewegt sich erneut auf der Ebene der Adressat*innen.

217 Ggf. dokumentieren sich darin auch Bemühen um theoretische Anschlüsse. Diesem Aspekt wäre in einem anderen Forschungskontext mit einer anderen forschungsmethodischen Herangehensweise nachzugehen.

bedeutsamer Gegenstand der vorliegenden Arbeit. Damit wird auch an Bourdieus Konzept wissenschaftlicher Reflexivität angeschlossen (vgl. Bourdieu 1993, S. 366). Seine Forderung nach einer stets reflexiven Haltung der Forschenden beinhaltet sowohl die Reflexion des eigenen Standorts innerhalb des wissenschaftlichen Feldes als auch die Analyse der Beziehungen zu den ‚Erforschten'. „Es gilt also, die Doxa und Bias des wissenschaftlichen Feldes zu reflektieren, in dem wir uns alle bewegen, die ‚eigenen wissenschaftlichen Waffen gegen sich selbst [zu] richten' (Bourdieu 1993, S. 372)" (Friebertshäuser 2020, S. 57). So ist es zudem die Rolle der beiden Projektverantwortlichen (u. a. der Autorin), die als Hochschulangehörende im Feld der Kooperation mit Praxisstellen der Sozialen Arbeit im Kontext *begleiteter Praxisphasen* eingebunden sind, die dies in besonderer Weise erforderlich macht.[218] Denn: „Ein Netz persönlicher Kontakte und konjunktiver Erfahrungen legt sich über den Raum, in das wir als Forschende ebenso verwoben sind, wie [die Erforschten]" (Pigorsch/Lack 2015, S. 60). Im Forschungsprozess waren daher folgende Fragestellungen bedeutsam:

- Wie gehen die Forscher*innen mit ihrem Vorwissen, ihrer institutionellen Eingebundenheit, ihren Erwartungen und Befürchtungen sowie der unterschiedlichen Nähe zu einzelnen Fachkräften um?
- Wie kann die Forschungssituation dazu beitragen, dass anleitende Fachkräfte miteinander ins Sprechen kommen, bislang Ungesagtes gesagt werden kann und die Organisation der Forschung als Ort der wechselseitigen Verständigung und Aushandlung verstanden wird?
- Welche Besonderheiten sind mit dem Forschungsgegenstand *(Praxis)Anleitung und Gender(Wissen)* verbunden und wie wird im Forschungsprozess bei der Generierung des empirischen Materials dessen Nutzung für die vorliegende Studie mit anleitenden Fachkräften mitgedacht?

Herausforderungen im Forschungsprozess werden nun beispielhaft in Form einer kurzen Zusammenschau skizziert und (methodisch) reflektierend aufgegriffen. Die weitere Ausarbeitung erfolgt in den anschließenden drei empirischen Kapiteln dieser Arbeit.

Den Teilnehmer*innen der Gruppendiskussionen im Rahmen des Forschungsprojektes *(Praxis)Anleitung und Gender(Wissen)* ist die institutionelle Eingebundenheit der forschenden Projektverantwortlichen im Vorfeld bekannt. Zudem kennen die beteiligten Fachkräfte mindestens eine der beiden Personen persönlich und in ihrer jeweiligen Funktion an der ausgewählten Hochschule

218 An dieser Stelle sei darauf hingewiesen, dass Bourdieu wissenschaftliche Reflexivität als kollektives Unterfangen konzipiert hat, welches die Aufklärung des akademisch Unbewussten zum Ziel hatte: „Der Reflexivität muß es, um sich zu verwirklichen, gelingen, sich in den Mechanismen des Feldes [...] einerseits und in den Einstellungen der Akteure andererseits zu institutionalisieren" (Bourdieu 1993, S. 373).

(Professorin und Leitung Praxisreferat Soziale Arbeit). Interessant ist daher, dass circa die Hälfte der an den Gruppendiskussionen Beteiligten selbst an der ausgewählten Hochschule studiert haben und sich in den Anfangspassagen als Alumni positionieren.[219] Diese institutionelle Eingebundenheit der beiden Projektverantwortlichen hat alle Beteiligten vor Herausforderungen gestellt und wechselseitig Unsicherheiten hervorgebracht. Sowohl die Kontaktaufnahme zu den potentiellen Teilnehmer*innen der Gruppendiskussionen als auch die Ankommenssituationen und Eröffnungspassagen der einzelnen Gruppendiskussionen spiegeln das Netz persönlicher Kontakte und gemeinsamer Erfahrungen wider, welche dem Forschungsprozess immanent war (siehe dazu Kapitel 5.1 und 5.2). Da sich die Forscherinnen für anleitende Fachkräfte der Sozialen Arbeit interessierten und auf bestehende Kooperationen in den Studiengängen der ausgewählten Hochschule zurückgriffen, sind Positionierungen, Rollen und Adressierungen mit äußerst erkenntnisreichen Prozessen verbunden. Die folgende Sequenz zeigt exemplarisch, wie selbstverständlich Fachkräfte in der Eröffnungspassage von den Forscherinnen adressiert wurden. Der Ausschnitt entstammt der Gruppendiskussion BODEN:

Forscherin (I3): *Dann würd ich nämlich das Gruppengespräch eröffnen und Sie sind ähm als ihre Rolle als Praxisanleitung nah dran an unsern Studierenden und es wär ähm schön, wenn Sie miteinander ins Gespräch kommen, [...].“*
Laura K.: *L ((lachen))*
(GD_BODEN 87-94)

Was für die Forscherin I3 auf dem eigenen Erfahrungshintergrund bzw. den eigenen Vorstellungen und hochschulseitigen Adressierungspraktiken selbstverständlich erscheint, dokumentiert sich in der ausgewählten Sequenz mit *„ihre Rolle als Praxisanleitung [ist] nah dran an unsern Studierenden“*. Damit wird zum einen darauf verwiesen, dass Studierende auch in *begleiteten Praxisphasen* von der Forscherin als Teil der Hochschule wahrgenommen und positioniert werden und zum anderen die Vorstellung vermittelt, dass Anleitung in der beruflichen Praxis eine persönliche Nähe zu den Studierenden beinhalten. Deutlich wird hier exemplarisch, wie I3 *begleitete Praxisphasen* als Teil des Studiums rahmt und der Praxisanleitung eine individuelle und persönliche Begleitung zuschreibt. Inwieweit dies an die Gegebenheiten der beruflichen Praxis anschließt, bleibt an dieser Stelle eine offene Frage. Auch die Erwartung, ganz selbstverständlich *„miteinander ins Gespräch [zu] kommen“*, blendet Sprechpositionen und soziale Ordnung weitgehend aus. Diese verinnerlichten und bis dahin kaum reflektierten Praktiken verdeutlichen exemplarisch die Eingebundenheit der Forscherinnen im Feld der Kooperation mit Praxisstellen der Sozialen Arbeit. Laura K. reagiert auf die Gesprächsaufforderung mit einem Lachen, was an dieser Stelle als Hinweis

219 „Konjunktive Erfahrungsräume existieren auch mit den Forschenden und Erforschten“ (Pigorsch/Lack 2015, S. 60).

auf eine *Zumutung* (vgl. Wolff 2008, S. 335) interpretiert werden kann, die das Forschungsanliegen mit sich bringt. Schon anhand dieser kurzen Sequenz werden Adressierungspraktiken und unausgesprochene Selbstverständlichkeiten deutlich, die der Forschungssituation immanent sind.[220]

Mit Blick auf das Thema Gender lassen sich anhand der Memos zur Entwicklung des Samples Erwartungen und Zuschreibungen der Forschenden in Bezug auf die Frage, wer als Gender-Expert*in gesehen wird, rekonstruieren. So wird bei der Entwicklung des Samples von den Forschenden zwischen Praxisstellen mit und ohne ausgewiesenem ‚Gender-Konzept' unterschieden.[221] Fachkräften aus Praxisstellen mit ausgewiesenem ‚Gender-Konzept' wurde implizit der Status als Gender-Expert*in zugeschrieben. Damit verknüpft war auch die Erwartung der Forscherinnen, dass sich z. B. Fachkräfte in frauenspezifischen Einrichtungen ganz selbstverständlich als Gender-Expert*innen verstehen.[222] Diese handlungsfeldspezifische Zuschreibung spiegelt sich auch in Äußerungen einzelner Fachkräften innerhalb der Gruppendiskussionen wider, wie dies aus der nachstehenden Sequenz beispielhaft hervorgeht:

Judith S.: „[…] Ähm vielleicht war's [Gender] zwischendurch ja auch kein Thema, ich hab, meine Stationen waren auch nie rein Frauenhaus oder ich hab also immer in so globalen äh Systemen gearbeitet."
(GD_BODEN 185-187)

Während die Gruppe BODEN zuvor über die Relevanz von Gender in der Sozialen Arbeit diskutiert, nimmt Judith S. in der ausgewählten Sequenz eine Differenzierung zwischen dem Handlungsfeld *„Frauenhaus"* und *„globalen […] Systemen"* vor. Damit distanziert sie sich von geschlechtsspezifischen Handlungsfeldern, denen sie in der Gruppendiskussion eine besondere Relevanz in Bezug auf das Thema Gender zuschreibt. Auch wenn globale Systeme im weiteren Verlauf der Passage nicht ausgeführt werden, wird die Relevanz von Gender handlungsfeldspezifisch konstruiert, was auch das Spannungsfeld von Thematisierung und De-Thematisierung berührt. Zugleich haben die Forscherinnen mit der selbstverständlichen Nutzung der Begriffe Gender und Gender*Wissen einen akademischen Diskurs aufgerufen, „[…] da *gender* als theoretischer Begriff in der Praxis nicht immer geläufig ist, im Vergleich zu Geschlecht, der im Alltagsdiskurs

220 Siehe dazu auch Kapitel 5.

221 Hierzu wurde die Selbstpräsentation auf der Homepage und – sofern öffentlich zugänglich – die jeweilige Konzeption genutzt. Unter ausgewiesenem ‚Gender-Konzept' wurden beispielsweise geschlechtsspezifische Angebote erfasst.

222 „Das Konstrukt Geschlecht ist derart fluide und durch Diskurse geformt, dass eine Revision der eigenen Vorannahmen [als Forschende] besonders relevant scheint" (Garbade 2020, S. 275).

verankert ist“ (Rainer 2020, S. 170).[223] Auch in den Memos zur Kontaktaufnahme mit möglichen Teilnehmer*innen der Gruppendiskussionen dokumentiert sich, wie der von Seiten der Forschenden ganz selbstverständlich genutzte Begriff Gender zum Teil auch infrage gestellt wird – auch von Fachkräften aus geschlechtsspezifischen Handlungsfelder:

> *„Dies geschieht, indem darauf hingewiesen wird, dass dieser [Begriff] in der professionellen Praxis nicht (mehr) genutzt wird und Gender in Praxiskontexten „keine Rolle spiele“ bzw. keine Relevanz habe. Beispielhaft wird dies in einem Telefonat mit einer Leitungskraft einer frauenspezifischen Einrichtung deutlich. Darin wird problematisiert, dass der Begriff Gender im institutionellen Alltag von den Fachkräften nicht verwendet wird. […] Auf unsere Anfrage zur Teilnahme von anleitenden Fachkräften an einer Gruppendiskussion wird auf der Leitungsebene entgegnet, nicht zu verstehen, was wir als Forschende mit Gender_Wissen meinen. Es wird betont, dass im Einrichtungsalltag stattdessen nur von „Frauen“ geredet wird […]“ (Roth/Schimpf 2020, S. 135).*

Deutlich wird u. a., wie die Forschenden selbst „normativ geformte Individuen“ (Pigorsch/Lack 2015, S. 60) sind und Forschung Gefahr läuft, „durch die *Standortgebundenheit der Forschenden* die eigene Normativität als Maßstab der Interpretation zu machen“ (ebd.). Die durchgängige (Selbst-)Reflexion innerhalb des Forschungsteams – sowohl in Bezug auf die beiden Projektverantwortlichen als auch in Bezug auf die im Projekt beschäftigte wissenschaftliche Mitarbeiter*in – und die Diskussion der Forschungspraxis und des empirischen Materials im Rahmen von externen Workshops und Kolloquien stellten einen wichtigen Bestandteil des Forschungsprozesses dar. Persönliche Kontakte waren einerseits Herausforderungen, die den Forschungsprozess erschwert haben und andererseits ‚Türöffner‘ um ein Forschungssetting zu schaffen, wodurch selbstläufige Gruppendiskussionen zum Thema *Praxisanleitung und Gender*Wissen* möglich wurden. Die Reflexion des eigenen Standortes ist nicht nur bei der dokumentarischen Methode unabdingbar. „Als Forschende sind wir, wie alle anderen Menschen auch, Kinder der Zeit“ (Pigorsch/Lack 2015, S. 60). Die Reflexion des eigenen (impliziten) ‚Vergleichshorizont als Forschende‘[224] ist ebenso wichtig, wie die komparative Analyse der dokumentarischen Methode (vgl. Bohnsack 2013b). Diese ist in ihrer Prozesshaftigkeit von zentraler Bedeutung, um sich der ‚Seinsverbundenheit‘ des Wissens (vgl. u. a. Mannheim 1929, 1952) und der

---

223 Auch Garbade (2020) stellt im Kontext ihrer Dissertationsstudie im Feld der Kindertagesbetreuung (Deutungsmuster zur Kategorie Geschlecht von Fachkräften) fest, dass der Begriff *Gender* eher zu Unsicherheiten (seitens der Interviewteilnehmer*innen, die u. a. Videosequenzen ihrer alltäglichen Handlungspraxis sahen), führte.

224 Eigene Bindung u. a. an milieu-, gender- und generationale sowie zeitgeschichtliche Erfahrungsräume (vgl. Bohnsack/Kubisch/Streblow-Poser 2018).

Einklammerung des Geltungscharakters (vgl. Mannheim 1980; Bohnsack 2007) methodisch kontrollierbar anzunähern. Die Nähe der Autorin zum Forschungsgegenstand und zu anleitenden Fachkräften sowie die Verstrickung in Machtverhältnisse blieb während des gesamten Forschungsprozesses herausfordernd. Zudem ist das Thema Gender identitätsnah und „Geschlechtssozialisation ist von der Sozialisation für eine soziale Position nicht zu trennen“ (Bourdieu 1997a, S. 222). Die Eingebundenheit in wissenschaftliche Reflexionsräume und die kontinuierliche Verschriftlichung (in Form von Memos und Protokollen) war daher von zentraler Bedeutung, um die eigenen Vorannahmen, Zuschreibungen, Emotionen und blinden Flecke nicht als gegeben und unhinterfragt hinzunehmen.[225]

Vor dem Hintergrund der voranstehend skizzierten Herausforderungen schließt sich nun mit den Kapiteln 5, 6 und 7 der empirische und rekonstruktive Teil der Studie mit anleitenden Fachkräften an und öffnet empirisch den Blick auf Verhandlungen zwischen Hochschule und professionalisierter Praxis im Kontext *begleiteter Praxisphasen* im Studium Soziale Arbeit.

---

225 „Wir können uns als Handelnde, Erkennende, Forschende darum bemühen, unsere Präkonzepte möglichst bewusst, reflexiv, selbst-/kritisch und flexibel zu handhaben, wir können sie in unsere Forschungsmethodologie und -praxis einbeziehen […]. Wir haben es hier jedoch stets mit Grenzgängen am Rande der eigenen Selbstreflexion und Selbsteinsichtsfähigkeit zu tun. Als Forschender ist man in dieselben Interaktionen verflochten, die man untersucht“ (Breuer 2010, S. 29).

5 Verhältnisse zwischen Hochschule und beruflicher Praxis: Zur Herstellung und Rekonstruktion sozialer Ordnung

Im Mittelpunkt des ersten empirischen Kapitels stehen Verhältnisse zwischen Hochschule und beruflicher Praxis, die sich im Forschungszugang und in der Forschungssituation der Gruppendiskussionen mit anleitenden Fachkräften dokumentieren. Bereits in der Phase der Kontaktaufnahme der Forscherinnen mit möglichen Teilnehmer*innen der Gruppendiskussionen entsteht eine Interaktion, in der sich die Beteiligten unweigerlich zueinander positionieren. Darin kommt auch zum Ausdruck, welche Geltung dem Gegenüber beigemessen wird (vgl. Schendzielorz 2011, S. 81) und wie die soziale Ordnung hervorgebracht bzw. reinszeniert wird. In Kapitel 5.1 *Zwischen „freier Wildbahn" und „schönem Elfenbeinturm"* wird deutlich, wie durch die Anfrage der Forscherinnen zwei soziale Felder – Wissenschaftsfeld und Berufsfeld – miteinander in Berührung kommen, zum Teil in Spannung geraten und Positionierungspraktiken herausfordern. Daraus gehen erste Erkenntnisse zu Macht- und Konfliktverhältnissen hervor, die Divergenzen zwischen den beiden Feldern auf unterschiedlichen Ebenen zeigen und die institutionelle Vorstrukturiertheit, die auch *begleiteten Praxisphasen* immanent ist, widerspiegeln. Vor dem Hintergrund der Macht- und Konfliktverhältnisse im Forschungszugang, die sich auch in Sprechakten der Gruppendiskussionen dokumentieren, wird in Kapitel 5.2 *„nen bisschen ins Stolpern kommen"* zunächst der Frage nachgegangen, wer an den Gruppendiskussionen teilgenommen hat sowie in die Forschungssituation selbst eingeführt. Anhand exemplarischer Auszüge aus dem empirischen Material der Anfangspassagen werden Positionierungspraktiken sowie erkenntnisreiche Selbstverständlichkeiten, auch vor dem Hintergrund der Arbeitsbündnisse, herausgearbeitet. Kapitel 5.3 *„und da gerät man [...] nochmal anders in Wallung"* knüpft an die Analysekategorie des Arbeitsbündnisses an und fokussiert auf die Hervorbringung der Verbindung zwischen Hochschule und beruflicher Praxis. Diese wird am Beispiel von Praxisphasen rekonstruiert, worin auch Studierende im institutionellen (Macht-) Gefüge in Erscheinung treten. Im abschließenden Kapitel 5.4 *Das praktische Studiensemester als Überschneidungszone* werden anhand der feldspezifischen Begriffe „Studierende" und „Praktikant*in" in *begleiteten Praxisphasen* jene Positionierungspraktiken besonders deutlich, die Aufschluss über das Fraglose – die unhinterfragten Selbstverständlichkeiten – geben. Darüber treten typische feldspezifische (Eigen-)Logiken und Wechselwirkungen in Erscheinung, die sich als Spannungsfeld innerhalb der Trias (Studierende, Hochschule, Praxisstelle) entfalten und sich in der Forschungssituation widerspiegeln.

5.1 *Zwischen „freier Wildbahn" und „schönem Elfenbeinturm":* Der Forschungszugang – ein Konfliktfeld

Davon ausgehend, dass der Forschungszugang in Form der Kontaktaufnahme mit Fachkräften als potentiellen Teilnehmer*innen der Gruppendiskussionen bereits bedeutsame Informationen über das Feld selbst beinhaltet, wird der Zugang zum Forschungsfeld in der vorliegenden empirischen Studie nicht nur als sogenannte praktische Herausforderung, sondern vielmehr als Teil des Forschungsgegenstandes betrachtet (vgl. Ott 2012). Der Forschungszugang und auch die Forschungssituation selbst repräsentieren eine soziale Ordnung, die sich bereits durch die Kontaktaufnahme der Forschenden mit den Fachkräften konstituiert und wirksam wird. Aufgrund der unterschiedlichen Interessen und Positionierungen sind diese als Macht- und Konfliktverhältnis zu verstehen (vgl. Schimpf/Stehr 2017; Schimpf/Göbel 2015; Schimpf/Stehr 2012). Auch in Anlehnung an die Geschlechterforschung, die wissenschaftliches Erkenntnisinteresse, Methodologie und Methodenwahl und die institutionelle Einbindung der Forscher*innen als Zusammenhang versteht (vgl. Wetterer 2009; Hirschauer 1996/2004; Hagemann-White 1993; Becker-Schmidt/Knapp 1987) oder auch mit Bourdieus Denkwerkzeugen zur Reflexion der eigenen Standortgebundenheit als Forschende, kommt der Forschungszugang in den Blick. Bourdieu macht mit *homo academicus* (vgl. Bourdieu 1992b) deutlich, dass wissenschaftlich generiertes Wissen bereits durch die Institution Wissenschaft vorstrukturiert ist und es der institutionellen Voraussetzung der Reflexion bedarf. Angelehnt an die Empfehlung von Loos und Schäffer (2001) auch bei Gruppendiskussionen Notizen zum Feldzugang anzufertigen und diese für praktische und strategische Zwecke zu nutzen, werden von den Forscherinnen Memos zur Kontaktaufnahme erstellt. „Was lässt sich dabei über den Forschungsgegenstand erfahren?" (Hontschik/Sabla 2018, S. 330).

Mit der Kontaktaufnahme im Forschungsprojekt *(Praxis)Anleitung und Gender(Wissen)* werden Fachkräfte als Kooperationspartner*innen der ausgewählten Hochschule, als Expert*innen in der Anleitung von Studierenden, als ‚Vertreter*innen der beruflichen Praxis der Sozialen Arbeit und als genderreflektierende Fachkräfte adressiert, die aufgrund ihrer beruflichen Tätigkeit für die Forscherinnen über bedeutsame Erfahrungen verfügen. Expert*innen werden damit nicht explizit auf der Leitungsebene der jeweiligen Organisation (Praxisstelle) gesucht, vielmehr werden diejenigen als Expert*innen adressiert, die selbst Teil des Feldes sind, das den Forschungsgegenstand *Praktische Studiensemester als*

Verhandlungsraum zwischen Hochschule und beruflicher Praxis ausmacht (vgl. Meuser/Nagel 1991). Die Forscherinnen nutzen in ihrer Anfrage ganz selbstverständlich die fachlichen Begriffe Gender und Gender*Wissen. Sie gehen davon aus, dass Genderthemen in allen Handlungsfeldern der Sozialen Arbeit bedeutsam sind und somit auch in der Anleitung von Studierenden *begleiteter Praxisphasen* thematisiert, verhandelt bzw. verdeckt werden. Auf welche Gendertheorien sich die Forscherinnen beziehen und welche Definition des Begriffs Gender*Wissen dem Projekt zugrunde liegt, wird im Forschungsprozess ‚nach außen' nicht expliziert (vgl. Roth/Schimpf 2020). Bereits mit der Kontaktaufnahme werden Fachkräfte mit ungewohnten „*Zumutungen*" (Wolff 2008, S. 335) konfrontiert, so „werden zum Beispiel die zeitlichen Ressourcen, die Fachkräfte für die Teilnahme an Gruppendiskussionen [...] zur Verfügung stellen müssen, aber auch die Adressierungen als Zumutung erlebt" (Schimpf/Roth 2022a, S. 294).[226] Die Rekonstruktion der Phase der Gewinnung von Teilnehmer*innen an den Gruppendiskussionen gibt Aufschluss über das Feld, die soziale Ordnung sowie Positionierungen: Zunächst wird auf die persönliche Anfrage der Projektverantwortlichen i. d. R. mit grundsätzlichem Interesse an der Kooperation mit der Hochschule reagiert, was sich jedoch nicht in den Zusagen zur Teilnahme an den Gruppendiskussionen widerspiegelt. Zugleich konfrontieren die angefragten Fachkräfte die Anfragenden, die den Begriff Gender ganz offensiv und selbstverständlich einbringen, mit unterschiedlichen Reaktionen. Zur Rekonstruktion dessen wurden Memos angefertigt, die im Forschungsprozess reflektiert und analysiert wurden, da sie eigene Erkenntnismöglichkeiten und Informationen über die Beschaffenheit des Feldes beinhalten (vgl. Wolff 2008). Neben der Vorstellung des Projektes im Rahmen einer gemeinsamen Veranstaltung mit Trägern der Sozialen Arbeit an der ausgewählten Hochschule (siehe dazu Kapitel 4.4) wurden 81 Vertreter*innen der beruflichen Praxis (anleitende Fachkräfte für Studierende *begleiteter Praxisphasen*) persönlich von den Projektverantwortlichen per E-Mail angefragt.[227] Diese Anfrage war auch mit der Bitte verbunden – in Anlehnung an den Gedanken des ‚Schneeballprinzips' – die Anfrage weiteren Kolleg*innen mit Erfahrungen in der Anleitung von Studierenden zukommen zu lassen.[228] Den Forscherinnen war zu diesem Zeitpunkt bei einzelnen Personen eine Leitungsfunktion bekannt (Gruppen-, Abteilungs-, Bereichsleitung, Geschäftsführung), weitere Leitungsfunktionen offenbarten sich den Forschenden erst im weiteren Kontakt bzw. in der Forschungssituation selbst. Die Reaktionen der 81 persönlich angefragten Personen wurden anhand der E-Mails und Memos zu einzelnen telefonischen Kontakten zunächst dokumentiert, gesammelt und anschließend

226 Als weitere Zumutungen können genannt werden: Raumsouveränität aufgeben, sich ggf. Peinlichkeiten und Zugzwängen des Erzählens aussetzen, eigene Selbstverständlichkeiten infrage stellen, sich auf Verunsicherungen einlassen (vgl. Wolff 2008, S. 335).

227 Vereinzelt mit anschließendem telefonischem Kontakt.

228 Siehe dazu u. a. Przyborski/Wohlrab-Sahr 2014, S. 184 f.

gruppiert.[229] Über den Gedanken des ‚Schneeballprinzips' kamen keine weiteren Kontakte zustande, so dass die Grundlage der nachstehenden Tabelle (Reaktionen auf die Anfrage zur Teilnahme an einer Gruppendiskussion) die zuvor genannten 81 persönlichen Anfragen bilden.

Tabelle 3: *Reaktionen auf die Anfrage der Forscher*innen zur Teilnahme an einer Gruppendiskussion* (eigene Darstellung)

Keine Resonanz Bei 42 Personen läuft die Kontaktaufnahme ins Leere	**Zusage** 17 Personen sagen eine Teilnahme zu	**Absage** 14 Personen lehnen eine Teilnahme ab	**Delegation** Bei 8 Personen wird die Teilnahme delegiert
Übergehen der Anfrage (38) Anfragen, auch Nachfragen, führen zu keiner Reaktion (vereinzelt sind längere automatische Abwesenheitsnotizen geschaltet).	**Interesse und Beteiligung (12)** Es wird Interesse an einer Teilnahme bekundet und zugesagt. Die Zusagen erfolgen per Geht's, teilweise mit inhaltlicher Kommentierung (z. B. Betonung der Relevanz des Themas). Einzelne Nachfragen werden telefonisch geklärt.	**Diplomatische Absage (13)** Grundsätzliches Interesse an der Kooperation mit der Hochschule und an Forschungsprojekten wird bekundet. Es kommt zur Absage aufgrund aktuell fehlender Ressourcen oder dem Hinweis, thematisch nichts zum Forschungsprojekt beitragen zu können.	**Delegation der Leitung (6)** Die Anfrage gelangt auf Leitungsebene. Die Teilnahme wird an Mitarbeiter*innen delegiert.
Versanden der Anfrage (4) Angefragte Fachkräfte sagen die Weitergabe der Anfrage an interessierte Kolleg*innen zu. Es kommt, trotz Nachfrage per Geht's, zu keinem weiteren Kontakt.	**Gefälligkeitszusage (5)** Einzelne Fachkräfte werden nochmals persönlich von einer der Projektverantwortlichen kontaktiert und gebeten sich an einer Gruppendiskussion zu beteiligen, damit der geplante Termin zustande kommt.	**Offene Abwehr (1)** Die Anfrage wird auf der Leitungsebene abgewehrt. Die Abwehr erfolgt im telefonischen Kontakt auf Nachfrage einer Forscherin.	**Offener Widerstand (2)** Die Anfrage wird zunächst auf der Leitungsebene abgewehrt. Im telefonischen Kontakt kann die Relevanz des Handlungsfeldes für das Forschungs-anliegen deutlich gemacht werden. Die Teilnahme wird an zwei Mitarbeiter*innen delegiert.

229 Die Einteilung in Gruppen dient in der vorliegenden Arbeit dazu, die Reaktionen der Fachkräfte inhaltlich zu systematisieren und in Reaktionsgruppierungen zusammen zu fassen und diese näher zu beschreiben.

Mit den unterschiedlichen Reaktionen auf die Anfrage der Forschenden dokumentieren sich bereits erste Hinweise auf den Forschungsgegenstand. Wolff konstatiert, dass nicht so sehr „die Gewichtigkeit des Forschungsziels oder die Elaboriertheit des methodischen Arsenals, also inhaltliche Aspekte, sondern die angemessene Form der Präsentation, das glaubwürdige Signalisieren eines reputierlichen organisatorischen Umfeldes, die Art des persönlichen Auftretens" (Wolff 2008, S. 346) entscheidend sind. Vor diesem Hintergrund fällt auf, dass die Vorstellung des Projektes im Rahmen einer gemeinsamen Veranstaltung mit Trägervertreter*innen der Sozialen Arbeit (kooperierender Praxisstellen) genauso wenig zu einer Mitwirkungsbekundung führte wie der Gedanke des ‚Schneeballprinzips'. Lediglich über den Weg der persönlichen Anfrage konnten anleitende Fachkräfte zur Teilnahme an den Gruppendiskussionen gewonnen werden. Zugleich fällt auf, dass fast die Hälfte der persönlichen Anfragen unbeantwortet blieb und nur bei einem knappen Drittel der Anfragen die Teilnahme an einer Gruppendiskussion zugesagt wurde. Insgesamt lag den Forscherinnen die Zusage der Teilnahme für 25 Fachkräfte vor. Vier Fachkräfte haben aufgrund von Krankheit und eine aufgrund eines beruflichen Termins ihre Teilnahme kurzfristig abgesagt. Eine weitere Fachkraft hat für eine ‚Krankheitsvertretung' gesorgt, so dass insgesamt 20 anleitende Fachkräfte an den fünf Gruppendiskussionen im Zeitraum von 2018 bis 2019 teilnahmen.

Bei der Analyse der Phase der Kontaktaufnahme fällt zudem auf, dass die Forscherinnen die Kontaktaufnahme in der Regel nicht über die Leitungsebene der jeweiligen Organisation anbahnten und damit die hierarchischen Strukturen des Feldes übergingen und nicht auf eine ‚hierarchische Kooperation' abzielten.[230] Der Idee folgend, (gescheiterte) Kontaktaufnahmen als „kritische Ereignisse" (Wolff 2008, S. 336) zu verstehen, deren Analyse erkenntnisreich ist, werden in diesem Kontext zwei Beispiele der Kontaktaufnahme auf Leitungsebene skizziert. Diese können als Aushandlungsprozesse auf der Hierarchieebene interpretiert werden und sind den Reaktionen *offener Widerstand* und *offene Abwehr* in Tabelle 3 zugeordnet. Beide Beispiele wurden anhand von Memos zu Telefonaten mit Leitungskräften rekonstruiert:

---

230 Damit sollte vermieden werden, dass das Forschungsanliegen in der Organisationshierarchie ‚zu hoch' angesiedelt wird und sich insbesondere die Leitungsebene (Anleitungs- und Leitungsfunktion erfolgt z. T. in Personalunion) angesprochen fühlt. Zugleich war mit dem Forschungsanliegen die Sichtbarmachung und Stärkung von Anleitung als bedeutsame Schlüsselfunktion im Qualifizierungsprozess von Studierenden verbunden.

Offener Widerstand

> *„Der von uns bei den Anfragen selbstverständlich genutzte Begriff Gender wird auch infrage gestellt. Dies geschieht, indem darauf hingewiesen wird, dass dieser in der professionellen Praxis nicht (mehr) genutzt wird und Gender in Praxiskontexten ‚keine Rolle spiele' bzw. keine Relevanz habe. Beispielhaft wird dies in einem Telefonat mit einer Leitungskraft einer frauenspezifischen Einrichtung deutlich. Darin wird problematisiert, dass der Begriff Gender im institutionellen Alltag von den Fachkräften nicht verwendet wird. [...] Auf unsere Anfrage zur Teilnahme von anleitenden Fachkräften an einer Gruppendiskussion wird auf der Leitungsebene entgegnet, nicht zu verstehen, was wir als Forschende mit Gender_Wissen meinen. Es wird betont, dass im Einrichtungsalltag stattdessen nur von ‚Frauen' geredet wird, weshalb die Mitarbeiter*innen sich eine Beteiligung an diesem Projekt nicht vorstellen könnten. Nachdem die Forschende darauf hinweist, dass es um konkrete Erfahrungen der anleitenden Fachkräfte mit Studierenden geht, entgegnet die Leitungskraft, dass sie keine Zeit hätten, in der Einrichtung ‚über solche Themen zu reden'. [...] Aufschlussreich ist die weitere Entwicklung des Telefonats: Erst als die Forschende erläutert, wie wichtig die Arbeit in frauenspezifischen Handlungsfeldern nach wie vor ist, wird vonseiten der Leitungskraft Interesse am Forschungsprojekt geäußert und nachgefragt, ob sich auch die Leitungsebene daran beteiligen könnte. Die Leitungskraft schlägt vor, stellvertretend für die Mitarbeiter*innen der Einrichtung am Forschungsprojekt mitzuwirken." (Roth/Schimpf 2020, S. 137 f.)*

Erst das Herausstellen der besonderen Perspektive anleitender Fachkräfte von Seiten der Projektleitung und der Hinweis auf deren bedeutsame Schlüsselfunktion im Qualifizierungsprozess von Studierenden führte dazu, dass die Leitungskraft die Teilnahme an der Gruppendiskussion zusagte und an zwei Mitarbeiter*innen delegierte.

Offene Abwehr

> *„Im Material unserer Kontaktaufnahme finden sich Metaphern [...]. So wird beispielsweise [im Telefonat der im Forschungsprojekt beschäftigten wissenschaftlichen Mitarbeiter*in mit einer Bereichsleitung] von ‚Praxis als freier Wildbahn' gesprochen, in der es anders zugehe als im ‚schönen Elfenbeinturm'. Vergleichbare Positionierungen findet sich bei Wigger et al. (2012), die im Rahmen einer kooperativen Weiterbildung von Hochschule und professioneller Praxis zur Ausbildung von Reflexiver Professionalität auf ähnliche Bilder gestoßen sind, z. B. äußert dort die Praxis: ‚im Wilden Westen geht es halt anders zu als im Labor' (Wigger et al. 2012: 256)" (Roth/Schimpf 2020, S. 137).*

Die Anfrage der Forschenden wird im telefonischen Kontakt abgewehrt, es kommt nicht zur Beteiligung an einer Gruppendiskussion. Vielmehr wird der Handlungsdruck der Praxis und Zeit als bedeutsame Ressource hervorgehoben.

In beiden Reaktionen werden die Forschenden von Seiten der Leitungskräfte darauf verwiesen, dass die Auseinandersetzung mit Gender in der professionalisierten Praxis keine Relevanz habe. Auch wird Forschung – zumindest bei diesem Thema – als Privileg wahrgenommen und Forschende werden als Privilegierte adressiert, die über zeitliche Ressourcen verfügen, die im beruflichen Alltag nicht zur Verfügung stehen (vgl. Roth/Schimpf 2020, S. 137). Folgt man an dieser Stelle der feldspezifischen Logik Bourdieus als Analysekategorie (vgl. u.a. Bourdieu 2007), werden hier Forscher*innen als Agent*innen des wissenschaftlichen Feldes und Fachkräfte als Agent*innen des Berufsfeldes konstruiert. Während bei der Reaktion *offener Widerstand* versucht wird den Kontakt mit der professoralen Projektverantwortlichen auf der Hierarchieebene zu gestalten, kommt es bei der Reaktion *offene Abwehr* zum Abbruch der Kommunikation zwischen Bereichsleitung und wissenschaftlicher Mitarbeiterin.[231] In beiden Beispielen dokumentiert sich ein hierarchisches Verhältnis, das Forschende als deutungsmächtige (akademische Wissens-)Expert*innen positioniert, die entsprechende Ressourcen haben, sich mit Gender*Wissen zu beschäftigen. Mit der Kontaktaufnahme, verstanden als Weg ins Feld, werden zugleich wechselseitig Irritationen produziert und Differenzen markiert. Die weitere Analyse zeigt, dass sich mit den Begriffen Gender und Gender*Wissen ein Konfliktfeld um die Frage, welches Wissen als relevantes Professionswissen benannt wird, dokumentiert. Bezugnehmend auf Judith Butler (1991) lässt sich danach fragen, welche Positionsmöglichkeiten im Forschungszugang diskursiv erzeugt werden und welche Strategien von Macht und Wissen darin zum Ausdruck kommen. Bei den Reaktionen *offener Widerstand* und *offene Abwehr* werden unterschiedliche Logiken und Doxa sozialer Felder sowie Machtpositionen besonders deutlich. Es dokumentieren sich Konfliktverhältnisse, die auch als Machtverhältnisse zwischen Wissenschaft bzw. Hochschule und beruflicher Praxis gefasst werden können. Deutlich wird auch, dass Äußerungen nicht von Institutionen und deren Machtposition im Feld zu trennen sind (vgl. Bourdieu/Wacquant 1996, S. 126f.). So wird mit der selbstverständlichen Nutzung der Begriffe Gender und Gender*Wissen von Seiten der Forschenden ein akademischer Diskurs aufgerufen, der sich vom Alltagswissen der Fachkräfte unterscheidet und die Forschenden bereits im Forschungszugang hierarchisch positioniert. Gender ist als theoretischer und analytischer Begriff

231 Interessant ist an dieser Stelle, dass es im Gespräch zwischen Leitungskraft und Projektverantwortlicher zur Beteiligung am Forschungsprojekt kam und zwischen Leitungskraft und wissenschaftlicher Mitarbeiter*in nicht. Der Frage weiter nachzugehen, welche Bedeutung der hierarchischen Position der anfragenden Forschenden zukommt, würde jedoch den Rahmen der vorliegenden Arbeit sprengen.

in der beruflichen Praxis nicht unbedingt geläufig und „mit der Schwierigkeit behaftet, als normativer Anspruch und Mehrarbeit gesehen zu werden, deren Mehrwert im praktischen Handlungsalltag durch mögliche Komplexitätserhöhungen, droht übersehen zu werden“ (Rainer 2020, S. 171).

Mit der Analysekategorie des Arbeitsbündnisses kann gezeigt werden, welche Forschungsverhältnisse bereits im Forschungszugang bei der Kontaktaufnahme erzeugt werden, die für die angefragten Fachkräfte eine Thematisierung von Gender*Wissen und Anleitung ermöglichen bzw. verhindern. Dazu sind drei Analyse-Ebenen bedeutsam: 1) Die (nicht-thematisierten) Selbstverständlichkeiten, von denen beim Forschen ausgegangen wird, 2) der Forschungszugang und die Forschungssituation als soziale Interaktion, 3) die Positionierung der Forschenden gegenüber den Fachkräften und umgekehrt (vgl. Schimpf/Stehr 2012, S. 111 f.; Wahl/Honig/Gravenhorst 1982). „Das Selbstverständliche zeichnet aus, dass es nicht ausgesprochen wird und werden muss. Aber erst wenn wir benennen können, was der Situation als Selbstverständlichkeit unterlegt ist, verstehen wir ein Artefakt oder ein Ereignis, eine Situation oder eine Interaktion“ (Resch 2014, S. 84). So formuliert Resch mit der Analyse der Arbeitsbündnisse einen Vorschlag „um (selbst-)reflexive Interpretationen anzuleiten und anhand von Aufmerksamkeitsregeln einzuüben“ (ebd., S. 81).[232] Es ist ein Modell zur reflexiven Deutung aller Situationen. Auch bezogen auf Forschungskontexte „haben [wir] es vielmehr mit interessierten (Selbst-)Darstellungen in Situationen und vorstrukturierten Kontexten zu tun“ (ebd., S. 81). Damit sind Handlungen immer auch situiert und die handelnden Subjekte als gesellschaftlich geformt zu denken (vgl. ebd.). Während bei der Reaktion *offener Widerstand* versucht wird, ein Arbeitsbündnis mit der Projektverantwortlichen auf der Hierarchieebene herzustellen, wird bei der Reaktion *offene Abwehr* kein Arbeitsbündnis mit der wissenschaftlichen Mitarbeiterin eingegangen. Beide Beispiele zeigen exemplarisch, wie hierarchisierende Klassifikationen zwischen Forschung und beruflicher Praxis als Konfliktfeld wirksam werden (können). Treten im Forschungsprozess *Irritationen des Arbeitsbündnisses als krisenhafter Moment* auf, können diese wichtige Hinweise auf den Forschungsgegenstand und den Forschungsprozess geben und Schlüsselstellen identifizieren. Exemplarisch wird dies u. a. im folgenden Kapitel 5.2 entfaltet, um „das *gesellschaftlich Selbstverständliche* explizit zu machen“ (ebd., S. 84). Über den *Forschungszugang als Konfliktfeld* hinaus, bilden

232 Der Begriff des Arbeitsbündnisses entstammt der Psychoanalyse und ist in diesem Kontext als Setting zu verstehen, das die Beteiligten gegenseitige Verpflichtungen eingehen, die auf Regeln aufbauen, um Verdinglichungen zu vermeiden. „Insgesamt geht es beim psychoanalytischen Arbeitsbündnis um eine reglementierte Inszenierung eines Rahmens, der Vertrauen im geschützten Raum auf Dauer stellen soll. Arzt und Klientin verpflichten sich auf Handlungsabstinenz als Basis von Reflexivität. „Übertragung“ und „Gegenübertragung“ sind die Instrumente der psychoanalytischen Erkenntnis. Die „Gegenübertragung“ wird zur Grundlage allen Verstehens“ (Resch 2014, S. 82).

Irritationen des Selbstverständlichen – oder wie in Kapitel 6 mit *Irritation des Alltäglichen im Kontext des institutionellen Alltags* benannt – die Basistypik der vorliegenden empirischen Studie mit anleitenden Fachkräften. Darüber wird in besonderer Weise deutlich, wie unterschiedliche Logiken, Erfahrungsräume und (inkorporierte) Wissensbestände zueinander in Spannung geraten und welche konflikthaften Dynamiken *begleitete Praxisphasen* umschließen.

5.2 *„nen bisschen ins Stolpern kommen“:* Forschungssetting und Positionierungspraktiken – Annäherungs-, Macht-, Konflikt-Verhältnisse und soziale Ordnung

Anknüpfend an die im voranstehenden Kapitel analysierte und reflektierte Phase der Kontaktaufnahme wird im Folgenden zunächst der Frage nachgegangen, welche Fachkräfte zu den Gruppendiskussionen gekommen sind. Dazu wird der Blick auf die insgesamt 20 teilnehmenden Personen der fünf Gruppendiskussionen gerichtet. Daran anschließend rückt das Forschungssetting in den Fokus der Betrachtung und der Analyse.

Voran lässt sich feststellen, dass alle 20 an den Gruppendiskussionen beteiligten Fachkräfte über Erfahrung in der Anleitung von Studierenden der Sozialen Arbeit der ausgewählten Hochschule verfügten. Die Fachkräfte waren zum Zeitpunkt der Forschung von Mitte 30 bis Anfang 60 Jahre alt (neun Fachkräfte waren in den 30ern und 40ern, neun Fachkräfte in den 50ern und zwei Fachkräfte Anfang 60). Abbildung 5 visualisiert die Analyse der Teilnehmenden in Bezug auf drei für die vorliegende Studie relevante Kategorien (Alumni der ausgewählten Hochschule; Funktion an einer Hochschule als Lehrbeauftragte*r/Referent*in/Prüfer*in; Leitungsfunktion in der Praxisstelle als Gruppen-, Abteilungs-, Bereichsleitung bzw. in der Geschäftsführung).[233] Zugleich werden die anonymisierten Namen, wie sie in den Transkripten verwendet werden, dargestellt.[234]

---

233 Diese drei Kategorien konnten neben den im Sample genannten Aspekten (siehe dazu Kapitel 4.3) als für die Studie bedeutsam rekonstruiert werden.

234 Um die Gefahr einer Re-Identifikation zu minimieren, wird dabei auf eine visualisierte Zuordnung zu den einzelnen Gruppendiskussionen verzichtet.

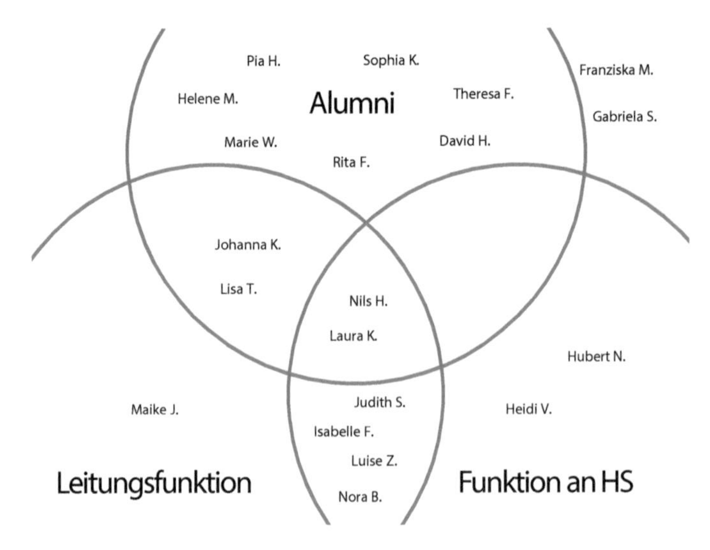

Abbildung 5: *Teilnehmer*innen der Gruppendiskussionen nach Kategorien* (eigene Darstellung)

Aus Abbildung 5 geht hervor, dass 18 der insgesamt 20 Fachkräfte – neben Anleitungserfahrung – mindestens einer weiteren Kategorie zugeordnet werden können. Lediglich zwei Fachkräfte stellen hier eine Ausnahme dar. Zudem fällt auf, dass 11 Personen Alumni der ausgewählten Hochschule sind und zwei davon sowohl eine Leitungsfunktion als auch eine Funktion an einer Hochschule innehaben.

Im Folgenden wird nun der Blick auf die Erhebungssituation gerichtet. Die Hochschule als Ort für Gruppendiskussionen wurde gewählt, da es sich bei den Teilnehmer*innen nicht um Realgruppen, wie z. B. Teams, handelte. Über die bestehende Kooperation mit der Hochschule war diese – auch räumlich gesehen – allen Teilnehmer*innen bekannt. Damit verbunden war, dass die Forscherinnen in der Rolle der Gastgebenden waren und an die Gepflogenheiten der Hochschule in Bezug auf die Gestaltung des Settings anknüpften.[235]

Alle fünf Gruppendiskussionen fanden im selben Seminarraum der ausgewählten Hochschule statt.[236] Die drei Forscherinnen leiteten die Gruppendiskussionen und waren zugleich als Hochschulangehörige auch in der Rolle der Gastgeber*innen.[237] Sie sorgten dafür, dass der Raum mit einer rechteckigen Tischgruppe und der jeweils erforderlichen Anzahl an Stühlen angeordnet war

235 Wie dieses für Veranstaltungen mit Vertreter*innen der beruflichen Praxis (z. B. bei Praxisforen) charakteristisch ist.

236 Siehe auch Kapitel 4.3.

237 Darüber dokumentieren sich bereits wichtige Aspekte der Verwobenheit zwischen Forscher*innen und Feld. Siehe dazu Kapitel 4.4.

und für die Fachkräfte Getränke und ein Imbiss bereitstanden. Die Plätze der drei Forscherinnen waren an einer Stirnseite der Tischgruppe anhand bereits abgelegter Unterlagen erkennbar, die Tischmitte war mit Blumen dekoriert und Filzuntersetzer zum Abstellen von Tassen und Gläsern markierten die Sitzplätze der Teilnehmer*innen. Zeit zum Ankommen war eingeplant und die Begrüßung erfolgte in allen Gruppendiskussionen zunächst informell und persönlich. Die Situation des Ankommens war in allen Gruppendiskussionen kommunikativ und es fiel auf, dass die Fachkräfte mindestens eine der beiden Projektverantwortlichen – in ihrer Rolle als Professorin bzw. als Leiterin des Praxisreferates der Hochschule – persönlich kannten. Die im Projekt beschäftigte wissenschaftliche Mitarbeiterin war mit den Teilnehmer*innen nicht persönlich bekannt, stand jedoch zuvor mit allen zur Organisation der Gruppendiskussionen per E-Mail und vereinzelt auch telefonisch in Kontakt. Die Fachkräfte begrüßten sich in der Ankommensphase zum Teil auch persönlich untereinander. Es wurde deutlich, dass sich Einzelne kannten – meist aus beruflichen Kontexten, vereinzelt z. B. auch aus der eigenen Studienzeit. Weder den Teilnehmer*innen noch den Forscherinnen waren diese Verbindungen zuvor bekannt.[238] Beide Projektverantwortliche haben eine institutionell gesetzte Position an der Hochschule inne und waren diejenigen, die die persönliche Kontaktaufnahme zu den möglichen Teilnehmer*innen der Gruppendiskussionen angebahnt hatten.[239] Sie begrüßten daher die Ankommenden persönlich per Handschlag und gingen in informelle Kommunikation (Joining).[240] Schon daran wurden Herausforderungen in Bezug auf die Eingebundenheit der Projektverantwortlichen deutlich: Während sich diese im Kontext der Gruppendiskussionen als Forschende verstanden, wurden sie von den Fachkräften v. a. in ihren Funktionen an der Hochschule angerufen und adressiert und z. T. auf konkrete Kooperationskontexte und gemeinsame Erfahrungen angesprochen.

In der Reflexion der Ankommenssituation und der Analyse der Eingangspassagen wurde deutlich, dass die Forschungssituation selbst eine kommunikative Praxis darstellte, in der sich sowohl Selbst- als auch Fremdpositionierungen unmittelbar entfalteten. Nachdem sich alle an der jeweiligen Gruppendiskussion Beteiligten nach der Ankommensphase an der Tischgruppe einfanden, übernahm die professorale Projektverantwortliche (Forscherin I2) die Überleitung vom informellen Teil zum offiziellen Beginn der Gruppendiskussion. Es erfolgte eine

238 Erste Positionierungen der Fachkräfte untereinander und gegenüber den Forscher*innen waren schon in der Situation des Ankommens zu beobachten und wurden in Form von Memos festgehalten und bei der Analyse des empirischen Materials der Gruppendiskussionen ergänzend hinzugezogen.

239 Siehe auch Kapitel 4.3.

240 Diese kurze Smalltalk-Phase erweist sich als sinnvoll, um die Teilnehmer*innen ankommen zu lassen und sie ihn ihren Befindlichkeiten wahrzunehmen (vgl. Schütze 1978; Loos/Schäffer 2001).

gemeinsame Begrüßung und I2 stellte die Forschenden mit ihrer Funktion an der Hochschule und im Kontext des Forschungsprojekt vor. Auch die Einwilligung zur Aufnahme und der Schutz der Daten sowie Informationen zu Anonymisierung und Verwendung des empirischen Materials wurden zu Beginn von Seiten der Forschenden eingebracht und geklärt. Anschließend skizzierte I2 die Entwicklung von der Projektidee zum konkreten Forschungsprojekt *(Praxis)Anleitung und Gender(Wissen)*. Mit der ausführlichen Darstellung der Entwicklung der Projektidee sollte das Verständnis der Forscherinnen von Wissensproduktion als Koproduktionsprozess sowie deren partizipative Forschungsansprüche zum Ausdruck kommen.[241] Daran schloss sich eine der beiden anderen Forscherinnen (I1 oder I3) mit einem stimulierenden Anfangsimpuls an.[242]

Um einen Eindruck von den Positionierungspraktiken der Forscherinnen zu Beginn der Gruppendiskussionen (Projektvorstellung) zu bekommen, dient die ausgewählte Sequenz aus der Gruppendiskussion BODEN woran vier Fachkräfte teilgenommen habe:

Forscherin I2: „[…] Und wir hatten zwei Projekte gehabt oder Gelder gehabt, um nen bisschen was zu machen und ham dann uns getraut durch diesen Erstanfang beim HMWK, hessisches Ministerium für Wissenschaft und Kunst, den Antrag zu stellen im letzten Jahr. Und ham quasi diesen Antrag im Geschlechterforschungskontext gibt's Projekte und es wurde begrüßt, bewilligt, für anderthalb Jahre. Insofern kann man sagen eine kurze Zeit ((lacht))
Forscherin I3: L ((lachen))
Forscherin I2: und dann waren wir gleich beschäftigt natürlich als die Gelder kamen erst mal bis Ende des Jahres, das kennen alle, und dann einen Antrag auf Weiterförderung fürs ganze nächste Jahr und wir ham quasi am Anfang gesagt, wir führen Grupp Gruppengespräche […].“
(GD_BODEN 42-51)

Während die I2 die Entwicklung des Projektes von der explorativen Phase zur HMWK-Förderung als Erfolgsgeschichte beschreibt, nutzt sie den Begriff des ‚Sichtrauens', und sagt, dass ihre Antragstellung begrüßt wurde. Von wem diese Antragstellung begrüßt wurde bleibt dabei offen, auch geht I2 nicht darauf ein, warum die Antragstellung etwas mit ‚sich trauen' zu tun hat. Implizit positioniert sie sich darüber als Forschende, die die Hürden der Antragstellung mutig und erfolgreich meistert und deren Forschungsvorhaben von entscheidender Stelle gefördert werden. Auch bewertet sie den Zeitraum der Projektförderung als kurz und nimmt damit Kritik an der gängigen Praxis von Forschungsförderung vor (vgl. Schimpf/Roth 2022b). Sie sagt, dass sie im Projekt unmittelbar beschäftigt waren, als die Fördergelder kamen, und sie gleichzeitig einen Antrag auf Weiterförderung für das Folgejahr stellten (vgl. ebd.). Mit der Äußerung, *„das kennen alle"* werden die Fachkräfte als Wissende – als Projekterfahrene – angerufen. Zugleich fokussiert I2 in ihrer Darstellung auf die Alltagsperspektive von Forschungsprojekten an Hochschulen, was als Vermittlung von Anschlussfähigkeit

241 Siehe dazu Schimpf/Roth 2022b.

242 Exemplarischer Transkript-Ausschnitt folgt im weiteren Verlauf des Kapitels.

interpretiert werden kann: ‚Wir sitzen alle im selben Boot', wenn es um Rahmenbedingungen von Projektförderung geht. Praxis- und Forschungsprojekte werden in ihrer Förderungslogik von I2 als vergleichbar eingeordnet. Dies kann einerseits als Versuch interpretiert werden, darüber eine Verbindung zwischen den Fachkräften und den Forscher*innen herzustellen. Andererseits dokumentiert sich darin auch die Aufrechterhaltung der sozialen Ordnung im Forschungsprozess. Während sich im Forschungszugang bei der Analyse der *Irritationen des Arbeitsbündnisses als krisenhafter Moment* der Kontaktaufnahme (siehe dazu Kapitel 5.1) u. a. zeigte, dass Forschen von Seiten der Leitungskräfte als Privileg wahrgenommen wird und Forscher*innen darüber als Privilegierte adressiert werden, nimmt I2 in der ausgewählten Sequenz eine Selbst- und Fremdpositionierung vor, die dieser Adressierung entgegensteht. Der Bezug auf geteilte Erfahrungen – *„das kennen alle"* – kann hier vor dem Hintergrund einer versuchten Anbahnung eines wechselseitigen Anerkennungsverhältnisses und eines kooperativen Arbeitsbündnisses bei gleichzeitiger institutioneller Vorstrukturiertheit und Reproduktion hierarchischer Strukturen gelesen werden. I2 setzt fort:[243]

Forscherin I2: Wir ham Impulse vorbereitet ((lacht)), denken aber kein Thema, das quasi S/ ihr, Sie, ich geht's
Fachkraft: L ((lachen))
Forscherin I2: nen bisschen ins Stolpern kommen, mit einigen bin ich per Du, das wir uns erhoffen, dass man untereinander quasi auch diskutiert und wir nicht die Moderation haben, nicht im klassischen Sinn und sagen Laura K. möchtest du nicht mal was sagen <<lachend>>.
Fachkraft: L ((lachen))
Forscherin I2: Also wir steuern eigentlich so wenig wie möglich, was aber nicht heißt, dass wir nur Beobachterinnen sind, das wäre falsch verstanden. – Ja wir hoffen, dass man sich aufeinander bezieht, geben Impulse ein und werden uns auch ab und zu mal einmischen ((lacht)).
Fachkraft: L ((lachen))

(GD_ BODEN 68-76)

Zunächst dokumentiert sich mit dem *„Stolpern"* von I2 zwischen Sie und Du, wie eine unterschiedliche Nähe und Verbindung zu den Fachkräften besteht, auf die in dieser Gruppendiskussion nicht weiter eingegangen wird. Die Erklärung zur *„Moderation"* kann in Abgrenzung zu sonstigen Veranstaltungen an der Hochschule interpretiert werden und verweist auf das Forschungssetting und die Erwartung der Forscherinnen nach Selbstläufigkeit der Gruppendiskussion. Zugleich hebt I2 hervor, dass die Forscherinnen in diesem Setting mehr sind als *„nur Beobachterinnen"* und sagt, dass sie Impulse geben und sich *„ab und zu mal einmischen"*. Die Rolle der Gruppendiskussionsleiter*innen bleibt an dieser Stelle etwas unklar. Sie orientiert sich zwar in ihrer Erklärung an dem Prinzip „Kein Eingriff in die Verteilung der Redebeiträge" (Bohnsack/Przyborski 2007, S. 500), wann und warum jedoch von Seiten der Forscherinnen Impulse gegeben werden bzw. sich eingemischt wird, bleibt offen. Mit *„wir hoffen, dass man sich aufeinander bezieht"* wird eine Erwartung der Forscherinnen an die Fachkräfte herangetragen und zugleich mit der Formulierung *„man"* eine Distanzierung

243 Transkriptionsregeln siehe Anhang II.

vorgenommen. Im Anschluss an diesen ersten Teil von I2 übernimmt die Forscherin I3 das Wort und sagt, dass sie die Gruppendiskussion („*Gruppengespräch*")[244] eröffnet und gibt als stimulierenden Anfangsimpuls:

Forscherin I3:	*Dann würd ich nämlich das Gruppengespräch eröffnen und Sie sind ähm als ihre Rolle als Praxisanleiter*innen nah dran an unsern Studierenden und es wär ähm schön, wenn*
Laura K.:	*L ((lachen))*
	Sie miteinander ins Gespräch kommen, zum einen sich nochmal gegenseitig vorstellen ruhig auch ihr ähm Handlungsfeld oder mit welchem Hintergrund kommen Sie auch, was ham sie denn für Erfahrungen in der Praxisanleitung ähm wie viel Jahre leiten Sie schon Studierende an, wie viele waren 's vielleicht, erinnern Sie sich? Äh je nachdem ähhh, wie lange Sie da schon äh mit beschäftigt und betraut sind,
Fachkraft:	*L ((lachen))*
Fachkraft:	*L ((lachen))*
Fachkraft:	*L ((lachen))*
Forscherin I3:	*die einen erinnern sich vielleicht gut ähm und dann einfach auch miteinander in Diskussion kommen. Sie können sich gegenseitig Fragen stellen, was Sie interessiert, ähm welche Erfahrungen machen Sie denn mit Studierenden im Anleitungsprozess, ähm im Bezug auf das Thema Gender und da können Sie gerne auch in konkrete Situationen*
Fachkraft:	*L Mhm*
Forscherin I3:	*äh ihre Erfahrungen schildern. – Dann würden wir Ihnen jetzt das Wort geben und uns erst mal äh ein Stück zurück ziehen und sind ganz neugierig und gespannt mit Ihnen zusammen. –*
Fachkraft:	*L ((lachen))*

(GD_BODEN 87-101)

Die Forscherin I3 eröffnet „*das Gruppengespräch*". Mit der Aufforderung sich gegenseitig vorzustellen wiederholt sie auch die Erwartung der Forscherinnen, dass die Fachkräfte miteinander selbstläufig ins Gespräch kommen sollen. Zunächst fällt auf, dass I3 diese Sequenz im Konjunktiv beginnt und beendet, was an dieser Stelle als Ausdruck von Höflichkeit interpretiert werden kann und die Direktheit der Aussagen abschwächt. Sie bleibt mit ihrer Redeaufforderung vage,[245] adressiert die Fachkräfte in ihrer „*Rolle als Praxisanleiter*innen*", die „*nah dran [sind] an unsern Studierenden*". Mit der Setzung „*nah dran*" kommt eine Selbstverständlichkeit zum Ausdruck, die dem gesamten Forschungsprozess unterliegt (siehe dazu auch Kapitel 4.4). Unausgesprochen bleibt jedoch, wer mit „unsern" Studierenden gemeint ist. Sind es Studierende der ausgewählten Hochschule oder gibt es ein Verständnis von ‚gemeinsamen Studierenden' (Hochschule und berufliche Praxis), wenn es um Studierende der *begleiteten Praxisphasen* geht? Weiterhin geht aus dem Anfangsimpuls eine Doppelstruktur hervor: Einerseits benennt I3 konkrete Aspekte, die aus Sicht der Forscherinnen von Interesse sind. Andererseits wird versucht eine Offenheit für die Themen der anleitenden Fachkräfte herzustellen, indem diese aufgefordert werden ihre Erfahrungen mit den Studierenden und Situationen zu schildern. Auf die Frage nach konkreten Erfahrungen in der Praxisanleitung „*wie viel Jahre leiten Sie schon Studierende an*" reagieren

244 Die Begriffe Gruppendiskussion und Gruppengespräch werden in der Phase der Kontaktaufnahme und in der Forschungssituation synonym verwendet.

245 Zur Vagheit als Element der Gestaltung der Erzählaufforderungen siehe Przyborski/Wohlrab-Sahr 2014; Bohnsack 1999.

die Fachkräfte mit Lachen. Auch fällt auf, dass zwar die Forschenden – wie auch in den anderen Gruppendiskussionen – benennen keine Moderator*innenrolle einzunehmen, sich jedoch Differenzen zwischen den Forscherinnen dokumentieren. Am Beispiel der zuvor dargestellten Sequenzen aus der Gruppendiskussion BODEN wird dies exemplarisch deutlich: Während I2 in der Eröffnungspassage hervorhebt, dass auch ein Einmischen in die Gruppendiskussion erfolgt und Impulse von Seiten der Forscherinnen eingebracht werden können, schließt I3 ihren Anfangsimpuls mit den Worten *„und [wir] ziehen uns jetzt zurück und sind ganz neugierig und gespannt“* ab. Diese Unterschiede konnten als Homologie in allen Gruppendiskussionen rekonstruiert werden und dokumentieren, auch in den Memos, ein Dilemma der Forscherinnen: Impulse und Einmischen können als das Aufrufen eines hierarchisches Arbeitsbündnisses interpretiert werden, welches die Forschenden als Expert*innen positioniert und die bestehende soziale Ordnung reproduziert, indem eine feldspezifische Trennung und Differenz markiert wird – oder als Interesse und Beteiligung der Forscherinnen am Gruppengespräch und der Anbahnung eines kooperativen Arbeitsbündnisses. Auch Zurückziehen kann als Distanzierung und als Ausdruck von Hierarchisierung interpretiert werden – oder die Perspektive der ‚interessierten Fremden‘ markieren und als Versuch betrachtet werden eine Dialektik zwischen Forscher*innen und Fachkräften erst gar nicht aufkommen zu lassen, um Hierarchien im Forschungssetting abzubauen bzw. auszublenden. Mit der Rekonstruktion dieses Dilemmas werden die soziale Ordnung und die institutionelle Eingebundenheit der Forscherinnen sowie deren eigene Standortgebundenheit deutlich, die der Forschungssituation immanent sind.

Ein weiterer Blick auf die Anfangspassagen der Gruppendiskussionen offenbart: Nach einer kurzen Verständigung der Fachkräfte darüber, wer nun jeweils mit der Vorstellung beginnt, folgen alle Gruppendiskussionen einer vergleichbaren Choreographie. Reihum ergreifen die Fachkräfte das Wort und positionieren sich bereits richtungsweisend für den weiteren Diskursverlauf. Zwischen Forscherinnen und Fachkräften entfaltet sich eine Art *Spiel*, was auf Verhandlungen zwischen Hochschule und beruflicher Praxis hinweist. Es wirkt wie ein Spiel mit Regeln und Ordnungen, das unterschiedliche Bewegungen und Formen erzeugt und sich zwischen Nähe und Distanz, zwischen Verbindung und Abgrenzung, zwischen Selbst- und Fremdpositionierung, zwischen Anerkennung und Zurückweisung bewegt. Während die beiden Projektverantwortlichen in ihrer Selbstwahrnehmung sehr bemüht waren eine anerkennende Gesprächsatmosphäre mit einer gewissen *Vertrautheit* zu schaffen, wurde an bestehende Kontakt- und Kooperationsverhältnisse angeknüpft und Positionierungspraktiken herausgefordert, was mit der Hervorbringung der Verbindung zwischen Hochschule und professionalisierter Praxis bearbeitet wurde.[246] An

246 Siehe Kapitel 5.3.

dieser Stelle ein exemplarischer Einblick in die Rekonstruktionen der Anfänge der Gruppendiskussionen: Eine *Verbindung* wird von Seiten der anleitenden Fachkräfte in den Anfangspassagen auf der individuellen Ebene (z.B. Alumni) und auf der institutionellen Ebene hervorgebracht. So beschreibt beispielsweise eine Fachkraft wie das Handlungsfeld, in dem sie seit vielen Jahren tätig ist, bei ihrem Träger aus einem ursprünglichen Projekt der Hochschule hervorgegangen ist.[247] Auch eine andere Fachkraft stellt einen Bezug zwischen Träger und ausgewählter Hochschule her: *„Die Gründerinnen sind auch Absolventinnen hier von der Hochschule <<lachend>>" (GD_BODEN 132–133).* Andere Fachkräfte bringen aktuelle Flyer zu Projekten oder Präsente der Einrichtung mit, überbringen Grüße von Vorgesetzten oder stellen im Laufe der Gruppendiskussion persönliche Bezüge zur Hochschule und teilweise zu anderen Teilnehmer*innen der Gruppendiskussion und den Projektverantwortlichen her. Von Seiten der Forscherinnen dokumentiert sich im empirischen Material ebenfalls das Hervorbringen von *Verbindungen*, beispielsweise über das bereits dargestellte *„nen bisschen ins Stolpern kommen"*. Kontrastierend dazu wird nun am Beispiel einer ausgewählten Sequenz aus der Gruppendiskussion DOKKAS gezeigt, wie die in die Forschungssituation eingelagerten unausgesprochenen Selbstverständlichkeiten und immanente Machtverhältnisse in den Anfangspassagen irritiert werden. Die nachstehende Sequenz ist Teil der Vorstellungsrunde und schließt an die Vorstellung der beiden Fachkräfte Isabella F. und Rita F. an. Rita F. übergibt Helene M. das Wort, indem sie sie direkt mit ihrem Vornamen anspricht. Helene M. beginnt, ohne nochmals ihren Namen zu nennen, und nimmt Bezug auf ihr vorbereitetes Skript, welches sie vor sich auf dem Tisch platziert hat:

Helene M.: *Ja ich habe all jetzt alle Praktikantinnen auf das Blatt geschrieben und die*
Forscherin I2: *L Hmmh (laut und überrascht)*
Helene M.: *ganzen Ordner gelesen und die Kolleginnen befragt, was wisst ihr noch über unsere*
Rita F.: *L Hm*
Helene M.: *Praktikantinnen zum Thema Gender, wie waren die,*
Rita F.: *L ((lacht kurz auf))*
Helene M.: *was ham die verraten von sich und so und dann hab ich jetzt das Wissen auch von dem Team*
Rita F.: *L Hm*
Helene M.: *mitgesammelt, was wir über die Frauen wissen,*
Forscherin I2: *L mhm*
Helene M.: *ja und das war'n, glaub ich, acht Praktikantinnen von hier und ich hab aber auch noch die anderen ähm mitbedacht die von anderen Hochschulen oder*
Forscherin I2: *L mhm*
Helene M.: *von privaten kamen oder möchten Sie nur von hier, nee ich denk, das sind alles mit einer*
Forscherin I2: *L Hm*
Helene M.: *Ausnahme alles relativ junge Frauen und in der Mehrheit Frauen Anfang zwanzig.*
Fachkraft: *L Hm*
Helene M.: *Es war'n Anfang zwanzig in der Mehrheit und es gab aber auch, ähm eine Frau mit drei Kindern, die später studiert hat und dann nen Master zum Beispiel gemacht hat und es*
Forscherin I2: *L mhm*
Helene M.: *gab äh eine Frau, die äh in meinem Alter war. [...]*

(GD_DOKKAS 123-133)

247 Um die Gefahr einer Re-Identifikation noch weiter zu minimieren, wird an dieser Stelle auf einen Transkript-Auszug verzichtet.

Helene M. stellt ihr ‚eigenes Forschungsprojekt' in den Mittelpunkt der Vorstellungsrunde, was zunächst als Irritation auf Seiten von I2 mit einem lauten, überrascht wirkendem *„Hmmh"* kommentiert wird. Helene M. präsentiert und positioniert sich damit als Expert*in, die eigenständig eine Befragung in ihrer Einrichtung (Praxisstelle) zur Vorbereitung auf die Gruppendiskussion durchgeführt hat und weicht damit von den unausgesprochenen ‚Spielregeln' und damit verbundenen impliziten Erwartungen, selbstverständlichen Adressierungen und (Fremd-)Positionierungen der Forschenden ab. Sie hat erkundet, welches Wissen über *„unsere Praktikantinnen"* zum Thema Gender in der Einrichtung vorhanden ist, was auch von Rita F. mit einem lauten Lachen kommentiert wird. Das Lachen kann ebenfalls als Irritation interpretiert werden, worin sich dokumentiert, dass Helene M. auch von deren Erwartungen abweicht. Zugleich deutet sich hier beispielhaft eine Generationenthematik an, wie sie in Kapitel 6.1 herausgearbeitet wird. Anhand dessen, was sich in der voranstehenden Sequenz exemplarisch als *Irritationen des Arbeitsbündnisses als krisenhafter Moment* aufspannt, können die selbstverständlichen Adressierungen und (Fremd-)Positionierungen der Forscherinnen – anleitende Fachkräfte als dem Berufsfeld Angehörende und sich selbst als dem Wissenschaftsfeld Angehörende – explizit gemacht und das „gesellschaftlich Selbstverständliche" (vgl. Resch 2014) rekonstruiert werden. Deutlich wird auch, wie die Forscherinnen mit ihrer selbstverständlichen Selbst- und Fremdpositionierung damit den Fachkräften eigene Positionierungsmöglichkeiten eröffnen bzw. verschließen und welches Irritationspotential eine Zurückweisung der von Seiten der Forscherinnen vorgenommenen Fremdpositionierungen beinhaltet. Aus der Studie von Oestreicher (2013) zu Wissens(transfer)verhältnissen zwischen professionellen Akteur*innen aus Wissenschaft und Praxis der Sozialen Arbeit geht u. a. die Bedeutung unterschiedlicher *Akteurspositionen* hervor. „Die Verortung Professioneller in einem Feld lässt sich als *Feldtyp* charakterisieren" (Oestreicher 2013, S. 152). Oestreicher unterscheidet dabei zwischen *Feldtypen* und *Mittelfeldtypen*. Während *Feldtypen* sich in einem der beiden Felder (Praxis oder Wissenschaft) positionieren und sich „nahe den Polen von Wissenschaft bzw. Praxis, die von einem jeweils spezifischen Wissen geprägt sind" (ebd.) befinden, positionieren sich *Mittelfeldtypen* „arbeitstätig-wissensbezogen" (ebd.) in beiden Feldern, wobei sie sich einem der beiden Felder näher fühlen. Bei Helene M. deutet sich hier bereits eine Positionierung als *Mittelfeldtyp* an, wie sie sich im weiteren Diskursverlauf bestätigt. Damit weist sie die Forscher*innen zurück, die Doxa wird brüchig. „Eine bedeutsame Eigenschaft des Feldes besteht darin, daß es Undenkbares enthält, das heißt Dinge, die überhaupt nicht diskutiert werden" (Bourdieu 1993a, S. 80).[248]

248 Anhand der Memos und Protokolle lässt sich rekonstruieren, wie ‚Recherche und Befragungen' ganz selbstverständlich dem Wissenschaftsfeld zugeschrieben werden.

Helene M. setzt ihre Selbstpräsentation fort und nimmt in der darauffolgenden Sequenz Bezug auf ihre Erfahrungen in der Praxisanleitung von Studierenden:

Helene M.: *Und ich hab [...]eine Kollegin bekommen mit zehn Stunden, aber ich hab es [Praxisanleitung] sonst immer allein gemacht mit dreißig Stunden und da musst ich mir dann das Konzept auch gut überlegen, welche Schwerpunkte setze ich, was hat von hundert wichtigen Sachen, was hat jetzt den höchsten höchsten Wert und es war oft ähm den Praktikantinnen, ähm*
Rita F.: *L Hm*
Forscherin I2: *L Hm*
Helene M.: *ich war sehr dankbar, wenn immer ne Praktikantin kam, ja und wir waren alle dankbar für die äh für die mm Mitarbeit, aber ähm die Arbeit ähm hab ich natürlich mit meinen Kolleginnen gemacht, die Praktikantin wurde immer als Lernende angesehen und hatte auch immer den Schonraum, dass sie sich vorbereiten kann, dass sie entscheiden kann, ein Projekt und was und wie das war sehr wichtig,*
Isabelle F.: *L Hm*
Helene M.: *gerade da eine ordentliche Struktur und ne Grenze zu ziehen, weil grade im*
Isabelle F.: *L Hm*
Helene M.: *Bereich ähm wo's um Grenzüberschreitungen geht, darf man*
Forscherin I2: *L Hm*
Rita F.: *L Hm*
Helene M.: *das auf keinen Fall. Das heißt, wir ham die Praktikantin vielleicht ähm in meinem in meinem Weltbild, so wie ich es glaube, ham wir die Praktikantin sehr bewusst auf Grenzen, auf ihre eigenen Grenzen auch hingewiesen, ja. ---*
Rita F.: *- - - ((kurzes Lachen))*

(GD_DOKKAS 136-150)

Helene M. berichtet zu Beginn dieser Sequenz, dass sie eine Kollegin mit zehn Stunden bekommen hat, mit der sie nun gemeinsam die Praxisanleitung übernimmt und schildert, dass sie die Anleitung zuvor mit dreißig Stunden alleine gemacht hat und sie *„das Konzept [...] gut überlegen"* und *„Schwerpunkte"* für die *„Praktikantinnen"* setzen musste. Sie präsentiert sich als Fachkraft, die – wie auch ihre Kolleginnen – *„dankbar"* für die *„Mitarbeit"* der *„Praktikantinnen"* ist und hebt das Praktikum zugleich als *„Schonraum"* und den Status der Praktikantin als *„Lernende"* hervor. Neben einer *„ordentlichen Struktur"* für die Praktikantin geht sie auf die Aspekte Grenzen und Grenzüberschreitungen im Kontext der Anleitung ein. Im Handlungsfeld von Helene M. ist das Thema Grenzüberschreitung und Grenzverletzung sehr zentral und die Einrichtung versteht sich als Schutzhaus. In Bezug auf Praktikantinnen positioniert sie sich als schützende und fürsorgliche Anleitung, die Praktikantinnen auf deren eigene Grenzen hinweist. Diese Fokussierung auf Grenzen und Grenzüberschreitungen spiegelt sich auf mehreren Ebenen wider: Bezogen auf 1) Praktikantinnen, die auf (eigene) Grenzen hingewiesen werden; 2) das Handlungsfeld, in dem es um Grenzen und Grenzüberschreitungen geht und 3) die Forschungssituation selbst, was sich im Arbeitsbündnis dokumentiert. Die von Seiten der Forscherinnen vorgenommene Selbst- und Fremdpositionierung kann in diesem Kontext ebenfalls als eine Art Grenzüberschreitung oder auch als Eindringen in eine andere *Akteursposition* interpretiert werden, was wiederum Hinweise auf eingelagerte Macht- und Konfliktverhältnisse zwischen Forschenden und Fachkräften gibt. Zugleich wird anhand der voranstehenden Sequenzen beispielhaft deutlich, von welchen Selbstverständlichkeiten die Forscherinnen – aber auch einzelne Fachkräfte – ausgehen und welche Praktiken damit verbunden sind, die anerkannt bzw. nicht anerkannt werden. Daran entfalten sich widersprüchliche Momente der Gruppendiskussion, die einerseits den Anspruch hat, dem Prinzip der Selbstläufigkeit zu folgen um Begegnungs-, Artikulations- und Reflexionsräume zur gegenseitigen Bezugnahme und Selbstthematisierung zu öffnen und sich andererseits darin auch die institutionelle Vorstrukturiertheit und soziale Ordnung widerspiegelt, in der hierarchische Strukturen und Zuschreibungen im Forschungsprozess (re)produziert werden. In Bezug auf die Studierenden dokumentiert sich hier der feldbezogene Begriff *„Praktikantin"* sowie ein tendenziell paternalistisches Verhältnis bzw. Selbstverständnis der anleitenden Fachkraft. Die Bezeichnung *„unsere Praktikantinnen"* wird von Helene M. in Verbindung mit *„was ham die verraten von sich und so"* zum Thema Gender gebracht. Damit zeigt sich zunächst, dass es nicht selbstverständlich ist, etwas von *„Praktikantinnen"* zu erfahren bzw. zum Thema Gender im Gespräch zu sein. Dies weist auf Vertrautheit, Intimität und biografische Verwobenheit und auf das Verhältnis von Studierenden zu anleitenden Fachkräften bzw. weiteren Teammitgliedern hin, was Helene M. mit Details zu den *„Praktikantinnen"* ausführt. Mit der Beschreibung des Verhältnisses zu den *„Praktikantinnen"* und der Sicht auf die *„Praktikantinnen"* stellt sie heraus, dass diese die Aufgaben- und Tätigkeitsbereiche der Mitarbeiterinnen nicht ersetzen und das Praktikum als *„Schonraum"* ansieht. Damit hebt sie einerseits das Praktikumsverhältnis und den Status der Studierenden als *„Lernende"* hervor und andererseits die Angewiesenheit der Einrichtung auf Fachkräfte. Zugleich dokumentieren sich in der Darstellung der *„Praktikantinnen"* Erwartungserwartungen. Helene M. präsentiert sich gegenüber den Forscherinnen und den anderen Fachkräften als Vertreter*in einer ‚guten Praxisstelle' und als ‚gute Anleitung', die die Gefahr der Ausbeutung und Überforderung von Praktikantinnen im Blick hat. Gleichzeitig konstituiert sich darüber ein Bild von Praktikantinnen, welches diese ganz selbstverständlich auf ihren Noviz*innenstatus verweist, den eigenen Expert*innenstatus hervorhebt und ein ‚Lehr-Lern-Verhältnis' markiert.[249] Mit Blick auf die Praktikantinnen wird darüber ein institutionelles Machverhältnis markiert und die Selbstpräsentation als Praxisanleitung als Vertreter*in der Einrichtung (Praxisstelle) wird von den eigenen Vorstellungen zum Gegenüber und der eigenen Vorstellung der Vorstellungen der Gegenüber zu sich selbst beeinflusst (vgl. Luhmann 1984, S. 411 f.).[250] Gleichzeitig kann die Selbstpräsentation von Helene M. auch als Aufforderung an die Hochschule interpretiert werden, professionalisierte Praxis – insbesondere in Bezug auf die Anleitung von Studierenden – mehr bzw. expliziter anzuerkennen und sich für bessere

249 Es kann davon ausgegangen werden, dass Praktikant*innen eine spezifische und institutionalisierte Noviz*innenposition (vgl. Schwarz/Teichmann/Weber 2015, S. 143) in den jeweiligen Praxisstellen zukommt.

250 Hochschulseitig sind die Erwartungen an Praxisanleitung z. B. in Leitfäden und Handreichungen zu *begleiteten Praxisphasen* formuliert.

Praxisbedingungen einzusetzen. Die Passage endet nach einer längeren Pause mit einer rituellen Konklusion, mit einem Lachen von Rita F.[251]

Anknüpfend an unausgesprochene Selbstverständlichkeiten und Verwicklungen der Forschenden wird dies im Folgenden am Beispiel von zwei weiteren Sequenzen zu *Irritationen des Arbeitsbündnisses als krisenhafter Moment* aus einer weiteren Gruppendiskussion gezeigt. Mit der nachstehenden Sequenz beginnt die Aufzeichnung der Gruppendiskussion FLEN:

Forscherin I2: *Genau es ist losgegangen,*
Forscherin I1: *L mhm L So*
Forscherin I2: *vielleicht noch zur Vorstellung, von daher geh ich nochmal nen Schritt zurück. Ich, mein Name ist ja bekannt (Vorname, Nachname) und ich bin hier seit über [...] Jahren ((lacht)) an der (Name der Hochschule) und hab quasi, Frau (Nachname LZ) hab ich grad gedacht,*
Luise Z.: *L Ja*
Forscherin I2: *mit der hab ich viel geprüft, mit manchen hab ich verschiedene Kontakte. [...]*

(GD_FLEN 1-5)

Die Forscherin I2 geht in dieser Sequenz „*nochmal nen Schritt zurück*", was darauf hindeutet, dass das Aufnahmegerät etwas später eingeschaltet wurde.[252] Sie geht davon aus, dass ihr Name, den sie anschließend nennt, allen bekannt ist. Mit der Nennung ihrer langjährigen Hochschulzugehörigkeit macht sie deutlich, dass sie viele Kontakte in die berufliche Praxis hat und spricht Luise Z. direkt an „*mit der hab [...] ich viel geprüft*", was von Luise Z. sofort validiert wird. Damit wird Luise Z. von der Forscherin als Prüfer*in angerufen und in ihrer Funktion und konkreten Verbindung zur Hochschule und zu I2 geoutet, was als Ausdruck von Unsicherheit von Seiten der Forschenden gedeutet werden kann. Auch erweckt die Anrufung als Prüfer*in den Eindruck, als sei Luise Z. mehr mit der Hochschule verbunden als die anderen Fachkräfte. Damit bekommt sie von I2 einen herausgehobenen Status innerhalb der Gruppe der Teilnehmer*innen zugewiesen, der nicht mit ihrer Rolle als Praxisanleitung verknüpft ist und dem Prinzip von Gruppendiskussionen widerspricht: „Die Interventionen und Fragen der Diskussionsleitung sind nicht an einzelne Personen, sondern an die gesamte Gruppe adressiert. Damit wird eine direkte Beeinflussung der Verteilung der Redebeiträge vermieden" (Bohnsack/Przyborski 2007, S. 499). Von Seiten der Forschenden wird sie als *Mittelfeldtyp* (vgl. Oestreicher 2013) positioniert, mit Nähe zu beiden Feldern. Der nun folgende Materialauszug ist Teil der Vorstellungsrunde in der sich Luise Z. als Leitung eines Kinder- und Jugendzentrums präsentiert.

---

251 Mit einer Konklusion wird ein Thema abgeschlossen. Bei einer echten Konklusion wird das Thema durch eine Synthese oder durch die Bestätigung einer Orientierung abgeschlossen. Bei einer rituellen Konklusion wird ein Themenwechsel provoziert, da keine echte Konklusion gefunden werden kann (wenn z. B. eine nicht ausgelöste Opposition besteht). Näheres dazu siehe u. a. Przyborski/Wohlrab-Sahr 2014, S. 300.

252 Der Übergang vom informellen Teil des Ankommens zum offiziellen Beginn der Gruppendiskussion war fließend.

Sie greift die Erzählaufforderung der Forscherinnen in ihrer Selbstpräsentation auf und stellt sich mit ihrem beruflichen Werdegang und der Einrichtung vor, bevor sie auf „*Praktikanten*" zu sprechen kommt:

Luise Z.: *[...] Wir ham immer schon viele Praktikanten gehabt, früher die Anerkennungsjahrpraktikanten, die definitiv für die Arbeit äh für uns alle einfacher äh zu handeln waren, weil die ein Jahr dablieben, schon am Ende ihrer Ausbildung waren, jetzt ham wir vorwiegend äh studienintegrierte Praktikanten,*
Fachkraft: *L Hm*
Luise Z.: *wir ham aber auch viele Schülerpraktikanten, wir ham auch Bufdis und ähm und junge Menschen, die nach der zwölften nochmal ein Jahr ne Anerkennung brauchen, um diese fachgebundene Hochschulreife zu bekommen, insofern ham wir relativ viel Erfahrung mit mit Anleitung. Ich selber mache schon seit Jahren keine Anleitung mehr, aber bin immer in dem Anleitungsprozess drin, weil wir doch so'n kleines Team sind, dass das wir*
Nora B.: *L Hm*
Luise Z.: *das schon immer auch alles gemeinsam mitkriegen und ich hab immer diesen Part der Administration, dass ich denen erkläre, wie so ne Stadtverwaltung funktioniert und wie das politische System is und den prak/ den reinen*
I2: *L Hm*
Luise Z.: *Praxisteil ham wir aber delegiert an die Kollegen, die auch mit den Praktikanten arbeiten, ja.*
I2: *L Hm*
Nils H.: *L Kurze Nachfrage, das is'n Jugendzentrum*
Luise Z.: *Ja, ja von sechs bis achtzehn, neunzehn Jahren.*
Fachkraft: *L Kinder*
Nils H.: *L Also Jugendarbeit is das?*
Luise Z.: *Jugenda/ offene Jugendarbeit Ja genau.*
Nils H.: *L Hm* *L Offene Jugendarbeit*
Nora B.: *L Hm*

(GD_FLEN 157-173)

Der bereits zu Beginn der Gruppendiskussion von I2 zugewiesene ‚besonderen Status' von Luise Z. lässt sich auch in der ausgewählten Sequenz rekonstruieren. Sie spricht als Leitungsperson auf einer Metaebene und sagt: „*Wir ham immer schon viele Praktikanten gehabt*". Luise Z. geht in ihrer Vorstellung zu Erfahrungen mit unterschiedlichen Praktikumsmodellen über. Sie spricht davon, dass „*früher die Anerkennungsjahrpraktikanten [...] einfacher äh zu handeln*" waren. Etwas „*handeln*" erinnert daran, etwas handhabbar zu machen oder beispielsweise ein Problem zu lösen oder einen Streit zu schlichten. Es wirkt funktionalistisch und kann als Hinweis interpretiert werden, dass sich Studierende in das Organisationsgeschehen einfügen sollen – der Fokus liegt auf der Einrichtung, nicht auf den „*Praktikanten*". Mit ihrer Bewertung der Praktikumsmodelle stellt sie eine Distanz zur Forscherin I2 und zur ausgewählten Hochschule her, was auch als Kritik an politischen Entscheidungen oder am konkreten Praxismodell der Hochschule interpretiert werden kann. Sie zählt unterschiedliche Praktikumsformate auf, spricht von „*Schülerpraktikanten*", „*Bufdis*" und Vorpraktika im Kontext fachgebundener Hochschulreife. In ihren Ausführungen fällt auf, dass Praktika für sie nicht disziplin- und professionsbezogen erscheinen. Sie orientiert sich an den Formaten und nennt alles, was für sie unter Praktika fällt. Damit wird nochmals der Begriff des „*handelns*" unterstrichen, da sie keine Differenzierung vornimmt, vor welchem Hintergrund die jeweiligen Praktika angeleitet werden. Auch distanziert sie sich von der Adressierung als Anleitung, indem sie zunächst sagt, dass sie selbst schon seit Jahren keine Anleitung mehr macht, dann aber hinzufügt *„aber [ich] bin immer in dem Anleitungsprozess drin, weil wir doch so'n kleines Team sind"*. Mit *„ich hab immer den Part der Administration, dass ich erkläre, wie so ne Stadtverwaltung funktioniert und wie das politische System is"*, unterstreicht sie nochmals ihre Leitungsposition und die Bedeutung der administrativen Einordnung Sozialer Arbeit. In ihren weiteren Ausführungen spricht sie vom *„reinen Praxisteil"*, den *„wir"* an *„Kollegen [delegiert haben], die auch mit den Praktikanten arbeiten"*, was ihre Leitungsfunktion und die Hierarchieebenen erneut hervorhebt. Eine weitere Fachkraft – Nils H. – hat ebenfalls Leitungsfunktion inne und fragt nach, ob es ein Jugendzentrum sei und eine kurze interaktive Sequenz zu *„offene Jugendarbeit"* folgt. In der ausgewählten Sequenz fällt auf, dass Luise Z. in ihrer Selbstpräsentation ausschließlich die männliche Form (generische Maskulinum) bei Begriffen wie *„Kollegen"*, *„Praktikanten"* und *„Mitarbeiter"* nutzt, was im Kontext der Gruppendiskussion zu *(Praxis)Anleitung und Gender(Wissen)* wie eine Provokation wirkt. Der Verzicht auf gendergerechte Sprache kann als weitere Unterstreichung ihrer Leitungsposition und Distanzierung zur zugewiesenen *Akteursposition* verstanden werden. Während Luise Z. zu Beginn der Gruppendiskussion von I2 als *Mittelfeldtyp* (vgl. Oestreicher 2013) angerufen wird, nimmt sie über Distanzierung und Abgrenzung – auch im weiteren Diskursverlauf – eine Selbstpositionierung als *Feldtyp* (vgl. ebd.) vor und geht mit der Projektverantwortlichen (I2) ein Arbeitsbündnis auf der Hierarchieebene ein. Darüber wird das handlungsleitende Erfahrungswissen im Kontext der Praxisanleitung verdeckt, da sie sich zudem mit *„Ich selber mache schon seit Jahren keine Anleitung mehr"* von der Rolle als anleitende Fachkraft distanziert.

Die in diesem Kapitel exemplarisch dargestellte *Irritationen des Arbeitsbündnisses als krisenhafter Moment* zeigt erste erkenntnisreiche Selbstverständlichkeiten sowie Selbst- und Fremdpositionierungen der Beteiligten. Zudem verweist dies auf Verhandlungen zwischen Hochschule und beruflicher Praxis, was sich auch in der Nutzung der Begriffe *Studierende* und *Praktikant*innen* dokumentiert, die als feldspezifische Begriffe bezeichnet werden können (siehe dazu auch Kapitel 5.4). In Feldbegriffen eingelagert sind feldimmanente Funktionslogiken (vgl. Bourdieu 1996). Das folgende Kapitel 5.3 knüpft daher nochmals an die Analysekategorie des Arbeitsbündnisses an und fokussiert auf die Herstellung von Verbindungen zwischen den beiden Feldern.

5.3 *„und da gerät man [...] nochmal anders in Wallung“:* Praxisphasen – Hervorbringung der Verbindung zwischen Hochschule und professioneller Praxis

Mit der Analysekategorie des Arbeitsbündnisses (vgl. Resch 2014) können – wie sich in den vorausgegangenen Kapiteln bereits gezeigt hat – Doxa als das selbstverständlich Hingenommene bzw. Ausgeblendete (vgl. Friebertshäuser 2009) rekonstruiert werden. Als gemeinsame Linie aller Anfangspassagen der Gruppendiskussionen hat sich zunächst die Herstellung einer *Verbindung* zwischen Fachkräften bzw. Praxisstelle und Forscherinnen bzw. Hochschule gezeigt. So konnte ein *persönlicher Bezug* zu mindestens einer der Projektverantwortlichen und/oder zur ausgewählten Hochschule identifiziert werden (vgl. Schimpf/Roth 2022a, S. 295). Diese Verbindung wurde i. d. R. auf persönlicher und/oder institutioneller Ebene hergestellt. So stellt sich die Hälfte der Fachkräfte in der Vorstellungsrunde der Anfangspassagen als Alumni der ausgewählten Hochschule vor und gibt häufig auch eine zeitliche Einordnung, wann an dieser Hochschule studiert wurde, teilweise wird auch der Studienschwerpunkt genannt. Eine Verbindung auf der institutionellen Ebene wird beispielsweise über den Sozialraum oder die Institutionsgeschichte hervorgebracht.[253] So beschreibt ein*e Teilnehmer*in im Rahmen ihrer Selbstpräsentation, wie das Handlungsfeld des Trägers (Praxisstelle) aus einem Projekt der Hochschule hervorgegangen ist. Mit den artikulierten Bezügen nehmen die Fachkräfte erste Positionierungen vor und zugleich weisen diese auf eine ‚gewisse Vertrautheit‘ hin. Die Bedeutung von Vertrautheit kann sowohl im Rahmen des Forschungssettings als auch im Rahmen der Kooperationsbeziehungen zwischen Hochschule und beruflicher Praxis im Kontext *begleiteter Praxisphasen* als relevant betrachtet werden. Kooperation, verstanden als Verfahren der intendierten Zusammenarbeit, beinhaltet i. d. R. geteilte bzw. sich überschneidende Zielsetzungen (vgl. van Santen/Seckinger 2003, S. 29) und ist mit wechselseitigen Erwartungen sowie Vorstellungen zu einem ‚Kooperationsgewinn‘ verknüpft. Im Folgenden werden Verhältnisse zwischen Hochschule und professionalisierter Praxis am Beispiel des Erfahrungsraums Praktika rekonstruiert, woran sich unterschiedliche Orientierungsgehalte zeigen. Zur Kontrastierung werden exemplarische Ausschnitte zu *Praktika als Sprungbrett ins Arbeitsfeld* und *Praxisschock als Lernanlass* eingeführt, in denen anleitende Fachkräfte den *begleiteten Praxisphasen* unterschiedliche Bedeutung und Funktion zuschreiben und darüber eine Verhältnisbestimmung bzw. eine Verbindung zwischen Wissenschaft bzw. Hochschule und Praxis (explizit als auch implizit) vornehmen.

253 Siehe Kapitel 5.2.

Die folgende Sequenz aus der Passage *Praktika als Sprungbrett ins Arbeitsfeld* schließt an die Vorstellungsrunde der Anfangspassage der Gruppendiskussion FLEN an, woran fünf Fachkräfte aus unterschiedlichen Handlungsfeldern beteiligt sind. Nora B. bringt zuvor das Thema *Übernahme einer Praktikantin in Festanstellung* ein:

Marie W.: Ja vielleicht greif ich mal deinen Punkt auf, können wir Du sagen miteinander,
Theresa F.: L Hm
Luise Z.: L Hm
Marie W.: is das in Ordnung, also das wir das so geklärt ham, ja.
Theresa F.: L Ja
Nora B.: L Ja
Luise Z.: L Ja
Marie W.: Also wir, als du das erzählt hast, dass ihr jetzt äh ne Praktikantin festangestellt habt, ist mir so gekommen, also in (Name des Arbeitsfeldes), is war's oft so, dass wir daraus f feste Arbeitsstellen äh, also das wir einfach dann Bewerber hatten, die dann wenn ne Stelle frei wurde, auch äh ne Stelle bekommen haben. Also
Nora B.: L Hm
Forscherin I2: L Mhm
Marie W.: das es auch 'n Sprungbrett is nach wie vor, die Praktika für äh in das, in das Arbeitsfeld reinzukommen. –
Forscherin I2: L Mhm
Theresa F.: L Ja das stimmt

(GD_FLEN 209-216)

Marie W. sagt zunächst, dass sie den Punkt von Nora B. aufgreift. Sie spricht weiter und fragt, „*können wir Du sagen miteinander*" und vergewissert sich, ob das „*in Ordnung*" ist. Luise Z., Nora B. und Theresa F. stimmen verbal mit einem „*Ja*" zu, Nils H. nickt. Dann übernimmt Marie W. als eine der ältesten der Runde die informelle Diskussionsleitung, was für die Gruppendiskussion FLEN charakteristisch ist. Sie klärt mit den anderen Fachkräften die Rahmenbedingungen der Ansprache. Dann sagt sie: „*Es ist mir so gekommen*", dass das auch in ihrem Handlungsfeld oft so war. Es klingt so, als sei es ihr erst beim Zuhören ‚gedämmert'. Sie spricht zunächst in der Wir-Form, „*dass wir daraus f feste Arbeitsstellen äh*", dann wirkt es so, als korrigiere sie sich und sagt „*also das wir einfach Bewerber hatten, die dann wenn ne Stelle frei wurde, auch äh ne Stelle bekommen haben*". Es geht also nicht um das Umwandeln eines Praktikumsplatzes in einen Arbeitsplatz, sondern darum, dass sich „*ne Praktikantin*" auf eine freie Stelle beworben hat und diese dann auch erhielt. Sie bezeichnet es als Sprungbrett – „*also das es auch 'n Sprungbrett is nach wie vor, die Praktika für äh in das, in das Arbeitsfeld reinzukommen*". Das Bild des Sprungbretts vermittelt den Eindruck, dass es sich um ein Hindernis handelt, zu dessen Überwindung Anlauf und eine Unterstützung im Absprung benötigt wird, da es ‚aus dem Stand' kaum zu schaffen ist und ein abgeschlossenes Studium dafür nicht ausreichen könnte. Theresa F. validiert mit „*Ja das stimmt*" und Marie W. setzt unmittelbar fort:

Marie W.: L Und das find ich auch ne ganz wichtige Funktion beiderseits, also dass es für die Studierenden oder für die Praktikant<u>innen</u> ne Möglichkeit is Fuß zu fassen und für uns, für den Träger ist es ne Möglichkeit Leute einfach kennenzulernen und auch schon mal zu überlegen, könnte die auch in, also einfach ins Arbeitsfeld passen oder is die äh will man die halten zum Beispiel, wenn wenn halt grad ne Stelle frei wäre.
Nora B.: L Hm
Marie W.: Das find ich auch ne schöne Nebenwirkung einfach.
Theresa F.: Ja. Das stimmt, war bei uns auch so, wir ham auch relativ häufig Praktikantinnen dann übernommen. –
Nora B.: L Hm
Marie W.: L Hm

(GD_Flen 216-225)

Marie W. hebt hervor, dass Praktika „*ne ganz wichtige Funktion beiderseits*" haben und spricht von „*Studierenden oder […] Praktikantinnen*", für die es „*ne Möglichkeit is Fuß zu fassen*" und von Möglichkeiten des Trägers „*Leute einfach kennen zu lernen*" und die Passung für das Arbeitsfeld zu prüfen und zu überlegen „*will man die halten*", „*wenn halt grad ne Stelle frei wäre*". Es fällt auf, dass sie neben dem Praktikant*innenbegriff auch den Studierendenbegriff verwendet, wobei sie die weibliche Form „*Praktikant<u>innen</u>*" betont und die Begriffe mit einem „*oder*" verbindet. Sie verwendet damit den von den Forscherinnen in der Anfangspassage gesetzten Begriff der Studierenden neben dem feldspezifischen Begriff der „*Praktikantinnen*". Darin dokumentieren sich Irritationen und Verunsicherungen in der Nutzung der Begrifflichkeiten, die mit dem jeweiligen Status und dem zugrunde liegenden Praxismodell der einzelnen Hochschulen zusammenhängen können.[254] Ferner fällt auf, dass sich die Frage der Passung nur auf Trägerseite stellt und die Gewinnung von Fachkräften nicht weiter thematisiert wird. Sie spricht davon, dass es „*ne schöne Nebenwirkung*" ist. Sofort validiert Theresa F. mit „*Ja. Das stimmt*" und setzt damit fort, dass es bei ihnen auch so war „*wir ham auch relativ häufig Praktikantinnen dann übernommen*". Beide teilen den Orientierungsgehalt, dass die Absolvierung eines Praktikums zum Türöffner werden kann (vgl. Egloff 2022) und die Passage endet mit einer Pause.

Anhand der ausgewählten Passage *Praktika als Sprungbrett ins Arbeitsfeld* dokumentieren sich exemplarisch eine spezifische Verhandlung des Verhältnisses zwischen Hochschule und beruflicher Praxis, die typisch ist für die Betrachtung von Praxisphasen unter der Perspektive eines handlungskompetenten Berufsfeldbezugs (vgl. Schulze-Krüdener/Homfeldt 2001a). Die jeweils *arbeitsfeldspezifische Passung* und die Berufseinmündung werden hervorgehoben und Träger (Praxisstellen) werden in ihrer ‚Übernahme- und Arbeitgeber*innenfunktion'

254 Sie sagt, dass Praktika „*nach wie vor*" ein „*Sprungbrett […] in das Arbeitsfeld*" seien, was als Hinweis auf die Integration der Praxisphasen ins Studium anstelle des (früheren) postgradualen Modells an Hochschulen – auch an dieser – interpretiert werden kann.

wahrgenommen. Darüber Praktika eine Gatekeeping-Funktion zugeschrieben,[255] worin sich auch eine Positionierung im Machtgefüge zwischen Hochschule und beruflicher Praxis dokumentiert. Der Orientierungsgehalt stößt auf Resonanz innerhalb der Gruppe und wird von anderen geteilt. Nicht in Erscheinung treten in dieser Passage die anleitenden Fachkräfte als mögliche Gatekeeper – „gatekeeper to the profession" (Bogo 2010, S. 197). Auch konkrete Situationen mit Studierenden, für die Anleitung übernommen wurde, deren Lern- und Bildungsprozesse, konkrete Lernarrangements und Bedingungen im professionellen Alltag sowie Praktika als Teil des Studiums zu betrachten, die in Verbindung mit Inhalten der Hochschule stehen, werden nicht thematisiert (vgl. Kriener et al. 2022). Der Blick auf die Studierenden wirkt in dieser Passage verobjektivierend und funktional und scheint an tradierten Vorstellungen zum Übergang vom Studium in den Beruf anzuknüpfen. Anerkennung erfahren Praktika in ihrer berufsfeldqualifizierenden Funktion – im Vordergrund steht ein konkreter Handlungsfeldbezug. Weder disziplin- noch professionsbezogene Aspekte werden hier sichtbar. Darüber wird in dieser Passage eine zweckmäßige Verbindung zwischen Hochschule und professioneller Praxis hergestellt, in der auf der Ebene der Kooperation Hochschulen die berufliche Praxis mit Praktikant*innen und Absolvent*innen ‚beliefern', was als nützliche Ressource für Träger (Praxisstelle) im Sinne eines Kooperationsgewinns interpretiert werden kann.

Kontrastierend dazu wird im Folgenden die folgenden Sequenzen aus der Passage *Praxisschock als Lernanlass* der Gruppendiskussion BODEN, an der vier Fachkräfte aus unterschiedlichen Handlungsfeldern beteiligt waren, dargestellt. Der Ausschnitt ist dem letzten Viertel der Gruppendiskussion entnommen. Die erste Sequenz folgt auf das Thema *Gender in der Jugendarbeit*, zu dem die Forscherin I2 Erfahrungen aus dem Hochschulkontext als Impuls eingebracht hat.[256]

255 Praxisphasen werden häufig auch als „Türöffner" bezeichnet, da „Studierende nach einem Praktikum in der Einrichtung, in der sie sich ‚bewährt' haben, weiterbeschäftigt [werden], so dass sie einen fließenden Übergang vom Studium in den Beruf haben" (Egloff 2022, S. 214).

256 Der Impuls beinhaltet Erfahrungen als Lehrende aus dem Hochschulalltag. Forscherin I2: *„[Dass] die Praxis […] nen deutlichen Anstoß für die Auseinandersetzung [mit Gender]" (GD_BODEN 1210–1211)* gibt.

Heidi V.: Das ist ja auch nicht verwunderlich, ja du bist ja wirklich mh, du kommst in in Situationen in nem Praktikum, also zumindest, wenn du gut was mitbekommst
Judith S.: L hmhm
Heidi V.: ähm die einfach, die sind konflikthaft, also so soll's ja auch
Forscherin I2: L Hm
Heidi V.: sein, ansonsten könnt man die Arbeit infrage stellen, wofür die eigentlich da ist und und das
Forscherin I2: L Hm
Heidi V.: löst ja auch erst mal, das löst ja Unsicherheit aus, das löst Angst aus, davor das muss ich irgendwann mal selber machen, das muss ich <<lachend>> mal selbst
Forscherin I2: L ((lachen))
Heidi V.: irgendwie hinbekommen und da gerät man, glaub ich, echt nochmal anders in Wallung sozusagen,
Judith S.: L Hm
Heidi V.: boah da muss ich irgendwie ne Antwort drauf finden, da muss ich irgendwie, da brauch ich ne
Forscherin I2: L Hm
Heidi V.: Strategie dafür, [...]

(GD_Boden 1213-1221)

Mit der vorausgegangenen Proposition von Seiten der Forscher*in I2 wird zunächst eine machtvolle Setzung vorgenommen, an der sich die ausgewählte Sequenz aufspannt. Heidi V. elaboriert zunächst konflikthafte Situationen im Praktikum als Lernanlässe, die *„Unsicherheiten"* und *„Angst"* auslösen bei der Vorstellung, *„das muss ich irgendwann mal selber machen"*. Damit wird zunächst über Lernanlässe, die einem alltäglichen Handlungsdruck und situativen Bedingungen sozialer Handlungsvollzüge unterliegen, professionalisierte Praxis von Hochschule abgegrenzt – *„da gerät man, glaub ich, echt nochmal anders in Wallung sozusagen"*. Das Bild des in Wallung-Kommens, der Ängste und Unsicherheiten deutet auf ganzheitliche und sinnliche Erfahrungen und auf eigene emotionale Involviertheiten hin,[257] mit denen Studierende in *begleiteten Praxisphasen* in Berührung kommen.[258] Heidi V. setzt ihre Ausführungen fort und differenziert:

---

257 Professionelle Praxis kann für Studierende als eigenständiger Sozialraum für „sinnlich erfahrbare Praxis" (Harmsen 2014, S. 119) verstanden werden.

258 Becker-Lenz und Müller-Hermann (2009) haben Bildungsverläufen von Studieren untersucht und im Kontext von Habitusformationsprozessen sind sie darauf gestoßen, dass diese häufig durch Krisen ausgelöst werden – insbesondere im Kontext der Praxisphasen.

Heidi V.: aber ich glaub, das kann auch'n bisschen nach hinten losgehen, wenn ähm wenn das Resultat also n Praktikum is, dass man, dass man sich denkt, da brauch ich jetzt, da brauch ich Abläufe für für alles.
Judith S.: L Hm
Heidi V.: Da brauch ich irgendwie Schemata, nach denen ich handeln kann, also das fänd ich zumindest nicht ähm nicht das Ziel, also ich glaub, dass dass man halt ermöglichen sollte,
Judith S.: L Hm
Heidi V.: dass da ne Offenheit für für Fragen und vielleicht auch Ungelöstes irgendwie entsteht und man dann halt schaut, welche Rolle spielt denn das, was mir hier vermittelt wird, was kann ich davon benutzen und ich find's schade, wenn wenn
Judith S.: L Hm
Heidi V.: die Studierenden tatsächlich erst mit Fragen aus dem Praktikum kommen, das is dann manchmal wieso nen,
Judith S.: L Hm, hm.
Heidi V.: als ob man irgendwie Zeit eigentlich also oder n Möglichkeitsrahmen irgendwie auch nicht genutzt hätte, der eigentlich, der so gut sein könnte.
Judith S.: Aber ich kann das schon nachvollziehen, ähm man kann's ja nur anticken erst mal
Forscherin I2: L Hm
Judith S.: in der Theorie
Heidi V.: L Hm
Judith S.: und dann muss man die Praxis erleben und dann kommt dieses Reflektieren, Nachdenken, ah
Heidi V.: L Hm
Judith S.: das könnt ich brauchen oder dieses äh manchmal braucht's ja auch erst mal diesen Praxisschock
Forscherin I2: L Hm
Judith S.: und dann fang ich an zu denken, also so das ähm –
Heidi V.: L Hm
Laura K.: L Hm

(GD_Boden 1222-1238)

Zu Beginn der Sequenz differenziert Heidi V. das Gesagte und macht mit „*das kann auch'n bisschen nach hinten losgehen*" deutlich, dass es ihr nicht darum geht „*irgendwie Schemata, nach denen ich handeln kann*" zu finden und wendet sich somit von einer ‚Rezeptologie'[259] ab. Vielmehr kann ihre Forderung nach Offenheit für „*Fragen und Ungelöstes*" als Notwendigkeit der Entwicklung von Denkstrukturen interpretiert werden. Dabei soll geschaut werden, „*welche Rolle spielt denn das, was mir hier vermittelt wird, was kann ich davon benutzen*". Heidi V. bezieht sich in dieser Sequenz auf Lerninhalte (Wissensbestande) an der Hochschule, die in *begleiteten Praxisphasen* genutzt werden sollen. Wenn Studierende erst dann Fragen an Hochschule herantragen, wenn sie aus der Praxisphasen zurückkommen, sei das „*als ob man irgendwie Zeit eigentlich also oder n Möglichkeitsrahmen irgendwie auch nicht genutzt hätte, der eigentlich, der so gut sein könnte*". Darüber positioniert sie professionelle Praxis als Lern- und Bildungsort im Studium und *begleitete Praxisphasen* als verbindendes Lernarrangement zwischen Hochschule und beruflicher Praxis. Judith S. widerspricht ihrer Vorredner*in mit „*Aber ich kann das schon nachvollziehen, ähm man kann's ja nur anticken erst mal in der Theorie*". Sie hebt das Erleben der Praxis

259 Siehe dazu u. a. Kruse 2017, S. 189.

mit „*diesen Praxisschock*"[260] hervor, der passiere bevor Reflektieren und Nachdenken beginne. An dieser Stelle zeigen sich exemplarisch – wie im gesamten Diskursverlauf der Gruppendiskussion BODEN – zwei unterschiedliche Orientierungsgehalte in Bezug auf *begleitete Praxisphasen*. Diese können in Verbindung mit Aneignungspositionen, die „auf dem Kontinuum zwischen Wissenschaft und Praxis" (vgl. Oestreicher 2013, S. 197) verortet werden können, gedeutet werden. Während Heidi V. auf die Konflikthaftigkeit Sozialer Arbeit verweist, die Studierende in Praktika anhand konkreter Situationen begegnet, stellt sie eine fragende und analytische Perspektive heraus, die zunächst nicht auf den Erwerb konkreter Handlungspraktiken und -routinen abzielt. Vielmehr soll das in der beruflichen Praxis Vorgefundene mit den im Studium an der Hochschule erworbenen Wissensbeständen während der Praxisphasen in Beziehung gesetzt werden. Sie geht ganz selbstverständlich davon aus, dass im hochschulischen Kontext Fragestellungen und Perspektiven für Wissensproduktionen in *begleiteten Praxisphasen* herausgebildet werden können. Damit stellt sie eine relationale und wechselseitige Verbindung zwischen Hochschule und professioneller Praxis her und betrachtet Praktika als Lernanlässe im Studium. Judith S. wirft einen gegensätzlichen Orientierungsgehalt auf, indem sie Theorie und Praxis voneinander abgrenzt und Theorie dem Studium an der Hochschule zuordnet und das Erleben von Praxis als sogenannten „*Praxisschock*" zum Ausgangspunkt für Aneignung und Professionalitätsentwicklung konstruiert. Dies kann als Hinweis auf eine konflikthafte Beziehung zwischen Theorie und Praxis interpretiert werden und auf unterschiedliche Erwartungen an und Perspektiven auf Wissensproduktionen im Kontext *begleiteter Praxisphasen* hindeuten. Eine berufsfeldqualifizierende Funktion wird Praktika hier nicht explizit zugesprochen. Vielmehr dokumentiert sich wie Praktika in Verbindung zum Studium an der Hochschule und vor dem Hintergrund der Verhältnisbestimmung von Theorie und Praxis sowie Relationierungserfordernissen unterschiedliche positioniert werden.

In diesem Kapitel wurde exemplarisch gezeigt, wie Verbindungen zwischen Hochschule und beruflicher Praxis auf verschiedenen Ebenen in den Gruppendiskussionen hervorgebracht werden und der Lernortverknüpfung im Studium unterschiedliche Bedeutung beigemessen wird. Mit den Sequenzen der Passage

---

260 „Diskussionen zum‚Praxisschock' hatten in den 1980er Jahren besondere Konjunktur, mittlerweile findet sich der Begriff eher in Ratgebern zur Personalentwicklung oder zum Berufseinstieg wieder" (Männle 2013, S. 323). Oestreicher rekonstruierte in ihrer Studie *Wissenstransfer als Beziehungs- und Strukturarbeit* sowohl einen Praxisschock auch einen Wissenschaftsschock. „Der Wissenschaftsschock ist analog begründet wie der Praxisschock: Die vorhandenen Wissensbestände der Akteure sind für die jeweilige neue Position nicht adäquat, die alltäglichen Anforderungen können also mit den vorhandenen Wissensbeständen nicht bewältigt werden. Erst durch die Adaption der Wissensbestände wird ein Einfinden in die Position möglich, womit der Schockzustand nachlässt" (Oestreicher 2013, S. 336).

Praktika als Sprungbrett ins Arbeitsfeld wurde deutlich, wie zwischen Hochschule und beruflicher Praxis ein *Spiel um Anerkennung* als ‚Ruf nach Nützlichkeit' erzeugt wird. Einen relevanten Deutungshorizont bildet hierbei das Einmündungspotential der Praxisphasen im Sinne von Praktika als Türöffner (vgl. Egloff 2022). Darüber werden diese auch als Statuspassage (vgl. Glaser/Strauss 1971) konstruiert und bekommen eine Gatekeeping-Funktion zugeschrieben. Im ‚Ruf nach Nützlichkeit' dokumentiert sich beispielhaft eine funktionale Verhältnisbestimmung zwischen den beiden Lern- und Bildungsorten im Studium Soziale Arbeit. Kontrastierend dazu dokumentiert sich in den Sequenzen der Passage *Praxisschock als Lernanlass* einer weiteren Gruppendiskussion beispielhaft die Verbindung zwischen Hochschule und beruflicher Praxis im Modus der Relationierung. Darüber wird das Einlassen auf ein Wechselspiel von Theorie und Praxis zum relevanten Bezugspunkt. Hochschule und berufliche Praxis werden mit ihren unterschiedlichen Arbeits- und Handlungsweisen und einem spezifischen Wissenskorpus konstruiert, was sich in der Metapher des *Praxisschocks* dokumentiert und dem im Modus der Relationierung unterschiedlich begegnet werden soll.

5.4 Das praktische Studiensemester – eine *Überschneidungszone*

Das Studium Soziale Arbeit, verstanden als Reproduktionssystem von Disziplin und Profession, kann im Spannungsfeld fachlicher Ansprüche, bildungspolitischer und ökonomischer Rahmenbedingungen betrachtet werden (vgl. dazu Müller/Scheidgen 2018). In diesem Kontext ist die mit dem Bologna-Prozess verbundene Stärkung der Praxisbezüge im Studium nicht unkritisch und in einer Gemengelage unterschiedlichster Ansprüche und Erwartungen auch dahingehend zu betrachten, dass sich „Überspitzt formuliert, […] Hochschulen hin zur Produktionsstätte von auf dem Arbeitsmarkt verwertbaren, kompetenten Humanressourcen" (ebd., S. 500) bewegen. Auch vor diesem Hintergrund erscheinen die Verhältnisse zwischen Hochschule und professioneller Praxis im Kontext *begleiteter Praxisphasen* und die im Forschungsprozess herausgeforderten Positionierungen besonders interessant, da sie Aufschluss über die Wirkmächtigkeit der sozialen Ordnung sowie feldspezifische Logiken, Doxa und Dynamiken geben.

In den voranstehenden Kapiteln 5 wurde zunächst die Logik der Felder mit ihren expliziten und impliziten Regeln und Praktiken in der Phase der Kontaktaufnahme und in der Forschungssituation selbst nachgezeichnet. Beide Felder stellen ganz aktive Kraftfelder (vgl. Bourdieu 1998) dar. So dokumentieren sich im Forschungsprozess vor allem in *Irritationen des Arbeitsbündnisses als krisenhafter Moment* jene Positionierungspraktiken besonders deutlich, die Aufschluss über das Fraglose, die unhinterfragten Selbstverständlichkeiten, geben. Damit treten feldspezifische (Eigen-)Logiken und Machtverhältnisse in Erscheinung, die sich auch als Spannungsfeld innerhalb der Trias (Studierende, Hochschule, Praxisstelle) entfalten. Mit den feldspezifischen Begriffen „Studierende*r" und „Praktikant*in" in *begleiteten Praxisphasen* wird dies nochmals deutlich: Während die Forschenden in der Phase der Kontaktaufnahme und den Anfangspassagen der Gruppendiskussionen ganz konsequent von Studierenden und anleitenden Fachkräften sprechen, fällt auf, dass die Fachkräfte in den Anfangspassagen und häufig auch im weiteren Verlauf der Gruppendiskussion die Begriffe „Praktikant" und „Praktikantin" nutzen sowie von Anleitung als Funktion und nicht als eigener Rolle sprechen. Mit dem Begriff der Studierenden wird von Seiten der Forscherinnen zunächst das Relevanzsystem Hochschule markiert und positioniert. Wie in einer Art Reviermarkierung werden darüber *begleitete Praxisphasen* im Studium als ein zeitlich begrenztes Betreten des Berufsfeldes zum Zweck des Studierens gerahmt. Studierende werden aus einer feldspezifischen Illusio heraus über deren Status Studierende*r – über den sie auch formal in studienintegrierten Praxisphasen verfügen – positioniert. Diese unausgesprochene Selbstverständlichkeit verweist auf die feldspezifische Eigenlogik der Forschenden, die darüber eine machtvolle Setzung der Institution Hochschule vornehmen. Daran wird exemplarisch deutlich, wie die Forscherinnen durch ihre eigene Standortgebundenheit mit dem Forschungsgegenstand *Praktische Studiensemester als Verhandlungsraum zwischen Hochschule und beruflicher Praxis* und der sozialen Konstellation des Feldes verstrickt sind und Sprechpositionen als Vertreterinnen der Hochschule einnehmen. Die Nutzung des Begriffs Studierende*r und die Adressierung der Teilnehmer*innen als anleitende Fachkräfte, die in Praxisphasen „*nah dran sind an den Studierenden*" (siehe dazu Kapitel 5.2) können als weitere soziale Platzanweisung, als Differenzbildung, als Markierung der Feldgrenzen interpretiert werden. Damit schreiben sie dem Berufsfeld ganz selbstverständlich ein ‚Nah-dran-Sein' zu, während dies für den Hochschulkontext nicht thematisiert bzw. beansprucht wird. Hochschule bleibt damit auf Distanz und reproduziert die spezifische Logik des eigenen Feldes, worin festgelegt ist, „was auf diesem Markt Kurs hat, was im betreffenden Spiel relevant und effizient ist, was in Beziehung auf dieses Feld als spezifisches Kapital [...] fungiert" (Bourdieu 1982, S. 194). Über die Positionierung der Studierenden erfolgt zugleich eine wirkmächtige Selbstpositionierung der Forscherinnen, was ein Spannungsverhältnis erzeugt. Auch wurde mit der selbstverständlichen Nutzung der Begriffe Gender und Gender*Wissen von Seiten der Forschenden ein akademischer Diskurs aufgerufen, der sich vom Alltagswissen der Fachkräfte unterscheidet und die Forscherinnen bereits im Forschungszugang hierarchisch positioniert hat (vgl. Roth/Schimpf 2020, S. 137). Die Verschränkung von Adressierung als anleitende Fachkräfte und der Aufruf eines akademischen Diskurses verstärkt nochmals das Spannungsverhältnis. Eine Offenheit und Orientierung am institutionellen Alltag und dem Erfahrungswissen der Fachkräfte dokumentiert sich darüber nicht. Überdies werden sowohl Studierende als auch anleitende Fachkräfte auf die für die Hochschule relevanten Kategorien bzw. Rollen verwiesen, was zugleich Hinweise auf zugrundeliegende Machtverhältnisse gibt. Vergleichbares lässt sich für die berufliche Praxis rekonstruieren: Von Seiten der Fachkräfte wird die Kategorie Praktikant/Praktikantin vorrangig und ganz selbstverständlich im Rahmen der Gruppendiskussionen genutzt. Mit diesem feldspezifischen Begriff werden Studierende der Sozialen Arbeit auf ihren institutionellen Status als Praktikant*in der jeweiligen Organisation verwiesen und positioniert, worin sich ebenfalls eine soziale Platzanweisung dokumentiert. Auch dies weist auf zugrundliegende Machbeziehungen hin, welche *begleiteten Praxisphasen* immanent sind. Über die ‚Feldrollen' Studierende*r und Praktikant*in wird eine Unterschiedsbildung zwischen beiden Lern- und Bildungsorten erzeugt und die Perspektive eines Rahmenwechsels markiert. Damit einher gehen Fragen von Zugehörigkeit und symbolischer Macht. Denn „[…] tatsächlich üben Worte eine typisch magische Macht aus: sie machen glauben, sie machen handeln" (Bourdieu 1992c, S. 83).

Der Spur des Praktikant*innenbegriffs folgend, welcher von den Fachkräften beim zeitlich begrenzten Übergang der Studierenden vom Lern- und Bildungsort Hochschule zum Lern- und Bildungsort professionalisierte Praxis i. d. R. genutzt wird, fällt auf, dass dieser erstmals in § 22 Abs. 1 Satz 3 des Mindestlohngesetzes (MiLoG) gesetzlich definiert wurde: „Praktikantin oder Praktikant ist unabhängig von der Bezeichnung des Rechtsverhältnisses, wer sich nach der tatsächlichen Ausgestaltung und Durchführung des Vertragsverhältnisses für eine begrenzte Dauer zum Erwerb praktischer Kenntnisse und Erfahrungen einer bestimmten betrieblichen Tätigkeit zur Vorbereitung auf eine berufliche Tätigkeit unterzieht, ohne dass es sich dabei um eine Berufsausbildung im Sinne des Berufsbildungsgesetzes oder um eine damit vergleichbare praktische Ausbildung handelt." Mit dieser Definition erfolgt zwar eine Abgrenzung zwischen einem Arbeits- und einem Praktikumsverhältnis, bei dem der Kenntniserwerb – der Ausbildungszweck – der Praktikant*in im Vordergrund steht (vgl. Benecke/Hergenröder-Benecke, § 26 Rn. 12),[261] weiteres bleibt jedoch unspezifisch. So geht aus der Bezeichnung Praktikantin/Praktikant beispielsweise nicht hervor, ob es sich um ein freiwilliges Praktikum oder um ein Pflichtpraktikum handelt, ob es ein Schüler*innen-praktikum oder ein Freiwilligendienst, ein Vorpraktikum oder ein Pflichtpraktikum im Studium ist (siehe dazu auch Kapitel 5.2). Auch wird mit der Definition „zum Erwerb praktischer Kenntnisse und Erfahrungen einer bestimmten betrieblichen Tätigkeit zur Vorbereitung auf eine berufliche

261 Siehe: https://beck-online.beck.de/Dokument?vpath=bibdata%2Fkomm%2FBeneckeHergenroederKoBBiG_2%2Fcont%2FBeneckeHergenroederKoBBiG.Inhaltsverzeichnis.htm&anchor=Y-400-W-BENECKEHERGENROEDERKOBBIG&opustitle=Benecke%2FHergenr%C3%B6der (Abruf 03.04.2023).

Tätigkeit" hervorgehoben, dass es um keine systematische Berufsausbildung, sondern vielmehr um Aspekte beispielweise im Kontext einer Gesamtausbildung geht. Diese Definition vermag anschlussfähig an die gängige Praxis zu sein, inwieweit diese Definition jedoch anschlussfähig an Hochschul(aus)bildung und die Logik der Modularisierung im Rahmen des Bologna-Prozesses sowie an aktuelle Diskurse dialogischer Wissensproduktionen und Wissenstransformationen (vgl. Löffler 2020; Sehmer et al. 2020; Unterkofler 2020; Thole 2018; Oestreicher 2014, 2013) ist, bleibt an dieser Stelle eine offene Frage.

Die vorliegende empirische Studie mit anleitenden Fachkräften zeigt die selbstverständliche Anrufung der Studierenden als Praktikant*innen von Seiten der Fachkräfte, was sowohl auf die gesellschaftliche Normierung als auch auf die Zugehörigkeitsregeln und Hierarchien der jeweiligen Organisation (Praxisstelle) hinweist. Mit dem Passieren der Feldgrenze werden Studierende nahezu automatisch zu Praktikant*innen der jeweiligen Organisation und sind damit zugleich auf ihren Noviz*innenstatus verwiesen. Es kann davon ausgegangen werden, dass Praktikant*innen eine spezifische und institutionalisierte Noviz*innenposition in den jeweiligen Praxisstellen zukommt (vgl. Schwarz/Teichmann/Weber 2015, S. 143). Diese für die Phase der Kontaktaufnahme und die Erhebungssituation typische Positionierung der Studierenden als Praktikant*innen wird im Rahmen der vorliegenden Studie als Verhandlung von Zugehörigkeit und als Spannungsverhältnis interpretiert, was *begleiteten Praxisphasen* immanent ist. Zugleich verweist dies auf unterschiedliche Hochschul(aus)bildungsverständnisse und Vorstellungen zu Professionalitätsentwicklung im Studium und verdeutlicht, welche Herausforderungen damit für Studierende verbunden sind bzw. sein können. Ebert erkannte eine doppelte Habitualisierung (Ebert 2012), die Studierende im Rahmen ihres Studiums bewältigen müssen – die Aneignung eines akademischen und eines professionellen Habitus – was ebenfalls auf das Spannungsverhältnis von Wissenschaftsfeld und Berufsfeld im Studium Soziale Arbeit hinweist.[262] In Ergänzung dazu wird an dieser Stelle auf eine doppelte Abhängigkeit und Vermittlungslast der Studierenden hingewiesen.

Aus den bislang vorgestellten empirischen Erkenntnissen lässt sich zusammenfassend das praktische Studiensemester – als studienintegrierte begleitete Langzeit-Praxisphase – als Lernarrangement in der *Überschneidungszone* von Wissenschaftsfeld und Berufsfeld fassen, in der beide Feldkräfte hoch aktiv sind. Gerungen wird um Kräfteverhältnisse, was sich im Forschungsprozess widerspiegelt. In dieser *Überschneidungszone* werden alle Beteiligten mit Zumutungen, Irritationen und Verunsicherungen konfrontiert. Dies beinhaltet auch die Konfrontation mit eigenem Nichtwissen und Grenzen der eigenen Wissensbestände, worüber Fragen von Anerkennung und Nicht-Anerkennung, von

262 Helsper hat bereits 2001 zwischen einem Berufshabitus und einem professionellen Habitus beim Lehrer*innen unterschieden (vgl. Helsper 2001, S. 13).

Zugehörigkeit und Nicht-Zugehörigkeit aufgerufen sind. Die folgenden empirischen Kapitel knüpfen daher im Kontext der Praxisanleitung an unterschiedliche Hochschul(aus)bildungsverständnisse und Vorstellungen zu Professionalitätsentwicklung im Studium vor dem Hintergrund *begleiteter Praxisphasen* an.[263]

263 „Die unterschiedlichen Orientierungen von Praxisausbildenden [anleitenden Fachkräften] und deren Folgen im Handeln sind insofern relevant, als dass Praxisausbildende [anleitende Fachkräfte] als intermediäres Bildungspersonal (Bahl & Diettrich 2008) allen voran hochschulseitig eine vermittelnde Funktion zwischen Hochschule und Praxis zugewiesen wird, die bisher aber eher postuliert, denn aktiv gerahmte Realität ist" (Goldoni o. J.). Näheres dazu siehe Goldoni 2023.

6 *Irritation des Alltäglichen* im Kontext des institutionellen Alltags

Im Kontext *begleiteter Praxisphasen* im Studium Soziale Arbeit treten Studierende für einen begrenzten Zeitraum in das Berufsfeld ein und sind mit Berufs- bzw. Professionskultur(en)[264] in der jeweiligen Praxisstelle als Organisation, deren Teams und Fachkräften, sowie Konzepten, Rahmungen, alltäglichen Routinen und Adressat*innen Sozialer Arbeit und deren Lebenswelten und Lebensdeutungen konfrontiert.[265] Obgleich *begleitete Praxisphasen* als Professionalisierungsorte, als professioneller Erfahrungsraum und i. d. R. als *generalistische* Lernarrangements in den einzelnen Studienprogrammen konzipiert sind (vgl. Roth 2021), bewegen sich Studierende in hierarchisch angelegten Verhältnissen. Sie sind einerseits herausgefordert sich mit den Erwartungen und Anforderungen am Lern- und Bildungsort berufliche Praxis auseinanderzusetzen und andererseits sind sie mit modulspezifischen Erwartungen und Anforderungen der Hochschule konfrontiert. Beides müssen sie vor dem Hintergrund ihres eigenen Habitus bewältigen. Zugleich ist berufliche Praxis von impliziten Wissensbeständen und fraglos Gegebenem durchdrungen (vgl. Meuser 2010), was in der vorliegenden Studie am Beispiel Gender exemplarisch deutlich wird. Das Eintreten der Studierenden in den institutionellen Alltag der Praxisstelle birgt auch für Fachkräfte Herausforderungen. So gelangt mit Studierenden *begleiteter Praxisphasen* immer auch eine ‚neue Generation' mit eigenen Ideen, Vorstellungen, Selbstverständnissen und Deutungen ins Berufsfeld.[266] Davon ausgehend, dass sowohl Studierende als auch anleitende Fachkräfte die „Bedingungen und Erfahrungen im […] Alltag auf der Grundlage ihrer *mitgebrachten* Habitusmuster interpretieren und aneignen" (Lange-Vester/Teiwes-Kügler/Bremer 2019, S. 28), stellt sich die dieser Studie zugrunde liegende Frage, wie das Verhältnis von Hochschule und professioneller Praxis im Kontext *begleiteter Praxisphasen* von anleitenden Fachkräften verhandelt wird. Damit unmittelbar verknüpft ist das handlungsleitende, die Handlungspraxis orientierende Wissen der Fachkräfte und deren Perspektiven auf Hochschul(aus)bildung, Professionalisierung und Professionalitätsentwicklung im Studium. Mit dem dokumentarischen Zugang,

---

264 Siehe dazu beispielweise Becker-Lenz 2016.

265 Mit der Studie von Egloff (2002) kam der Übergang ins Praktikum als eine Art Schwellenzustand in den Blick.

266 Siehe Kapitel 3.2.

welcher der Studie mit anleitenden Fachkräften zugrunde liegt, kommen implizites (Erfahrungs-)Wissen und kollektive Handlungsorientierungen in den Blick (vgl. z. B. Kubisch 2018; 2008; Radvan 2010; Stützel 2019). Das „Phänomen der *Professionalität* [Hervorhebung im Original]" (Kubisch 2018, S. 174) wird somit auf der Ebene des Kollektiven verortet und der Fokus ist im Folgenden auf Gender und Gender*Wissen gerichtet.

Während biografische Krisen von Studierenden, auch im Kontext von Praktika, Gegenstand empirischer Forschungen sind (vgl. Müller-Hermann 2020; Becker-Lenz/Müller 2009), sind Irritationen und krisenhafte Momente, die mit dem Eintreten der Studierenden in den institutionellen Alltag der Fachkräfte verbunden sind, kaum erforscht und verweisen in der Sozialen Arbeit auf ein Forschungsdesiderat. Die *Irritation des Alltäglichen im Kontext des institutionellen Alltags*, wie sie sich bereits in der Kontaktaufnahme und der Forschungssituation dokumentiert, stellt dabei die zentrale Basistypik der vorliegenden Studie dar.[267] Betrachtet man – wie bereits in Kapitel 4.2 dargestellt – das Forschungssetting unter der Perspektive der Begegnung und Artikulation, öffnen sich darin Möglichkeiten der gegenseitigen Bezugnahme über alltägliches Handeln und alltägliche Erfahrungen anleitender Fachkräfte. In Kapitel 5.1 wurde bereits auf *Irritationen des Arbeitsbündnisses als krisenhafter Moment* zwischen Forscher*innen und Fachkräften fokussiert. Mit dem nachstehenden Kapitel 6 werden nun *Irritationen des Alltäglichen im Kontext des institutionellen Alltags*, worunter auch *krisenhafte Momente* subsumiert werden können, nachgezeichnet. Aus dem Material aller Gruppendiskussionen ließ sich als gemeinsame Linie rekonstruieren, wie der berufliche Alltag der Fachkräfte, deren (Erfahrungs-)Wissen und Selbstverständnis sowie alltägliche Routinen über Studierende in *begleiteten Praxisphasen* irritiert bzw. infrage gestellt werden. Alltägliche Irritationen, verstanden als Fremdheitserfahrungen, beinhalten bedeutsame Hinweise in Bezug auf das Erkenntnisinteresse der vorliegenden Studie. Diese Linie wird in der Interpretation aller Gruppendiskussionen sichtbar – explizit und implizit. Die damit herausgearbeitete Basistypik *Irritation des Alltäglichen im Kontext des institutionellen Alltags* wird in unterschiedlichen Erfahrungsräumen verhandelt und entfaltet sich u. a. am Thema Gender.[268] Mit dem Eintritt der Studierenden in das Berufsfeld sowie der Forschungssituation selbst werden feldspezifische Logiken und Doxa irritiert, denen in unterschiedlicher Weise begegnet wird. In Kapitel 6.1 *Professionalitätsverständnisse und generationale Dimension* ist die Bearbeitung von Irritation vor dem Hintergrund generationaler Aspekte im Fokus. Habitus

267 In der dokumentarischen Methode ist die Basistypik allen „Fällen" gemeinsam und vermag den Vergleich zu strukturieren.

268 Die Studie verortet sich auf der Ebene der sinngenetischen Typenbildung.

und Erfahrungswissen der anleitenden Fachkräfte werden darüber irritiert, dass Studierende deren Erwartungshorizont nicht entsprechen. Ein ‚generationales Anderssein' dokumentiert sich spannungsreich in der Orientierung *Konfrontation & Passung*. Kapitel 6.2 schließt mit *Studierenden als ‚Botschafter*innen' im Grenzbereich* an und zeigt wie bei der Orientierung *produktive Irritation & Verbündung* Studierende in eine ‚neue Rolle' gesetzt werden und zum ‚Motor' für Team- und Teamentwicklung werden können. Der *institutionelle Alltag als begrenzter Möglichkeitsraum* wird in Kapitel 6.3 mit der Orientierung *Dilemma & Kompromiss* rekonstruiert. Darüber kann gezeigt werden wie Studierenden in *begleiteten Praxisphasen* eine den Fachkräften bekannte Realität spiegeln, welche sich diese über Kompromisse handhabbar gemacht haben. Mit Kapitel 6.4 wird die *Irritation des Alltäglichen im Kontext des institutionellen Alltags* an dieser Stelle abgeschlossen und *das praktische Studiensemester* in Form einer Zusammenschau als *Idealkonzept* diskutiert.

6.1 *„wenn die'n bisschen mehr mitbringen würden":* Professionalitätsverständnisse und generationale Dimension

In diesem Kapitel wird der Orientierung *Konfrontation* & *Passung* nachgegangen, die anhand der Basistypik *Irritation des Alltäglichen im Kontext des institutionellen Alltags* rekonstruiert wurde. Den nun folgenden Sequenzen aus der Passage *Kampf um emanzipatorische Errungenschaften* der Gruppendiskussion DOKKAS geht eine Passage voraus, in der die Fachkräfte den Wert der Sozialen Arbeit sowie Soziale Arbeit als ‚Frauenarbeit' diskutieren.[269] Daran schließt die nachstehende Passage an, in der das politische Interesse von Praktikant*innen eingebracht wird. Alle drei Teilnehmer*innen der Gruppendiskussion DOKKAS präsentieren sich schon zu Beginn der Gruppendiskussion als *erfahrene Pionierinnen*, die ihren jeweiligen Arbeitsbereich alleine aufgebaut haben. Soziale Arbeit verstehen sie als politische und gesellschaftskritische Profession, um deren Anerkennung zu kämpfen ist. Helene M. richtet den Blick in der folgenden Sequenz auf ihre Erfahrungen mit Praktikant*innen:

269 Damit verbunden ist Soziale Arbeit als „stark vergeschlechtlichte Profession" (Schimpf/Rose 2020, S. 17).

Helene M.: [Ein] politisches Interesse hab ich bei zwei Praktikantinnen festgestellt bei den andern von allein, also ich hat immer das Gefühl, ich platzier dann die Themen, aber ich platzier die dann, sag ich mal so,
Rita F.: L Hm
Isabelle F.: L Hm ja
Helene M.: ich tu so, als wär das mein Ausbildungsplan und leg noch Bücher hin oder pfh
Rita F.: L ((lacht kurz)) Hm.
Helene M.: also diese oder auch aktuelle Dinge, die mir wichtig sind in der Gesellschaft, [...]
Rita F.: L Hm
Helene M.: ich frag dann so konkret und ich hab noch nie das Gefühl gehabt,
Rita F.: L Hm
Helene M.: dass [...] das die Praktikantinnen da desinteressiert waren und äh das die dachten, naja jetzt kommt's wieder, „oh ja" so.
Rita F.: L Hm

(GD_DOKKAS 969-984)

In der ausgewählten Sequenz wird ein professionelles Selbstverständnis und ein Professionsverständnis der Fachkräfte von ‚Soziale Arbeit ist politisch' thematisiert. Helene M. hebt aus ihren Anleitungserfahrungen *„zwei Praktikantinnen"* hervor, die sie als politisch interessiert bezeichnet. Bereits zu Beginn der Gruppendiskussion hatte sie diese beiden Studierenden als Ausnahme benannt: *„[...] und es gab aber auch, ähm eine Frau mit drei Kindern, die später studiert hat und dann nen Master zum Beispiel gemacht hat und es gab äh eine Frau, die äh in meinem Alter war" (GD_DOKKAS 131–133).* Sie differenziert zwischen diesen beiden Studierenden und den *„relativ junge[n] Frauen" (GD_DOKKAS 130)*, die in der Einrichtung ihre Praxisphasen absolviert haben. Während Helene M. als anleitende Fachkraft die *„andern"* mit Themen versorgt, die ihr wichtig sind und sie *„noch nie das Gefühl gehabt [hat], dass die [...] Praktikantinnen da desinteressiert waren"*, nimmt sie in ihrer Selbstdarstellung als Anleitung eine lehrenden und vermittelnde Funktion ein, die einem eigenen *„Ausbildungsplan"* folgt und *„Bücher"* bereitlegt. Rita F. reagiert mit einem kurzen Lachen und Helene M. setzt fort und erweitert auf *„aktuelle [gesellschaftliche] Dinge"*, die sie bei den *„Praktikantinnen"* nachfragt. Offen bleibt an dieser Stelle, um welche Dinge es dabei konkret geht. Helene M. resümiert, dass sie *„noch nie das Gefühl"* hatte, dass sie damit auf fehlendes Interesse gestoßen ist und erklärt abschließend:

Helene M.: *Dazu sind sie zu alt und zu wach, ja*
Rita F.: *L Hm*
Isabelle F.: *L Ich hab schon andere erlebt,*
Helene M.: *L Ja*
Rita F.: *L Ja*
Isabelle F.: *letzte Wahl, ne hab ich gesagt, na,*
Rita F.: *L Hm*
Isabelle F.: *so mach ich das ja immer so gern, ein bisschen provozieren und sach na,*
Fachkraft: *L Hm*
Isabelle F.: *was wählt ihr denn am Sonntag, ahja nee nein muss mir ja keiner sagen,*
Rita F.: *L ((lacht kurz))*
Helene M.: *L Oh, hm das das würde ich ja nie machen, nein*
Fachkraft: *L ((lachen))*
Isabelle F.: *kann ich ja mal fragen und dann hab ich ja echt so Antworten bekommen, wie*
Fachkraft: *L Jaja, aha*
Isabelle F.: *hab ich mich gar nicht mit befasst [...], also Politik interessiert nicht eigentlich nicht –*
Rita F.: *L Genau, das ist auch oft so, genau, Soziale Arbeit studieren und politisch nicht interessiert sein, das find ich schon auch schwierig muss ich ganz ehrlich sagen <<lachend>>*

(GD_ DOKKAS 985-994)

Während Helene M. generalisiert die „*Praktikantinnen*" als „*zu alt und zu wach*" bezeichnet, um desinteressiert zu sein, widersprechen Rita F. und Isabelle F. diesem Orientierungsgehalt. Beide beziehen sich auf Erfahrungen mit Praktikant*innen, die sie als politisch nicht interessiert erlebt haben und diskutieren das aus ihrer Sicht fehlende politische Interesse am Beispiel von Wahlen. Darüber stellen sie eine Verbindung zu ‚Soziale Arbeit ist politisch' her und heben – wie bereits Helene M. – ein Verständnis politischer Professionalität der Sozialen Arbeit hervor. Zugleich offenbart Isabelle F. in ihrer Selbstdarstellung ‚Provokation' als eine Anleitungspraktik. Sie setzt fort:

Isabelle F.: *Ja, ja und es ist auch ganz viel was ich zudem feststelle ist, man dreht und interessiert sich nur um sich selbst,*
Rita F.: *L Hm, hm, hm*
Isabelle F.: *man dreht sich auch nur um sich selbst, ob man jetzt, ne mehr Geld verdient, es geht um mich,*
Rita F.: *L Ja. Ja.*
Helene M.: *L Mhm, das stimmt*

(GD_ DOKKAS 995-998)

Mit „*man dreht sich auch nur um sich selbst*" bezieht sich Isabelle F. auf Praktikant*innen und es wirkt wie eine Zwischenkonklusion, indem sich die beiden anderen Fachkräfte diesem Orientierungsgehalt anschließen. Zugleich dokumentieren sich in diesem Ausschnitt *Interesse wecken* und *Provokation* als Anleitungspraktik. Im weiteren Verlauf der Gruppendiskussion werden Divergenzen zwischen anleitenden Fachkräften und Studierenden markiert. Darüber wird ein Spannungsverhältnis zwischen *erfahrenen Pionierinnen* und den *jungen Praktikantinnen* aufgerufen:

Rita F.: […] und dieses Vermischen, das ist ja auch so sehr viel was ist meine Arbeit, wo fängt mein Privatleben an auch das find ich auch nochmal wichtig
Forscherin I2: L Hm
Rita F.: und das ist auch wirklich das was man mit den Praktikantinnen wirklich auch erarbeiten muss, okay wo ist jetzt Ende, ja und ich muss nicht alles mit nach Hause nehmen, um
Forscherin I2: L Hm
Rita F.: da genau ich mach dann ne Pause oder wie auch immer, also das find ich auch nochmal wichtig mit ihnen zu besprechen, was sind ihre Rechte oder was sind ihre Pflichten.
Isabelle F.: Das kommt ganz viel, wenn man da so länger drüber nachdenkt,
Rita F.: L Ja
Isabelle F.: dann würden sich so verschiedene Punkte noch einfallen,
Forscherin I2: L Hm
Rita F.: L Hm
Isabelle F.: ja was wirklich mit dem Thema Frauen zu tun hat, wie du's schon sagtest
Forscherin I2: L Hm
Rita F.: L Hm
Isabelle F.: aus der Historie raus, Soziale Arbeit wie sich's entwickelt hat, ist sehr frauenspezifisch, da kommt auch ganz schnell rein, dass Dinge so privat angesehen werden, das ist halt,
Forscherin I2: L Hm
Isabelle F.: da komm versuche ich immer von der Praxis her, die wirklich ganz arg so zu schulen, dass es ne Profession ist und die fängt da und da an
Rita F.: L Hm
Isabelle F.: und hört hier auch auf, ne und da äh würde ich mir manchmal ein bisschen
Rita F.: L Hm L Hm
Forscherin I2: L Hm
Isabelle F.: wünschen, wenn da noch'n bisschen mehr wenn die'n bisschen mehr mitbringen würden,
Forscherin I2: L Hm
Isabelle F.: ich weiß nicht, ob ob's vielleicht damit zusammenhängt, weil sie noch sehr jung sind, ja das hat sich ja auch verändert, will ich ja gar nicht, kann ja auch sein,
Rita F.: L Hm
Isabelle F.: aber manchmal ist da echt so wenig da, ne man studiert's halt.

(GD_DOKKAS 1031-1054)

Mit der Entfaltung eines Professionsverständnisses von Rita F. und Isabelle F. dokumentiert sich deren Erwartungshorizont, vor dem auch das ‚generationale Anderssein' der Praktikantinnen vermittelt wird. Zugleich werden Differenzen, die aus dem Eintritt der Studierenden in das Berufsfeld und dem professionellen Selbstverständnis sowie den damit verbundenen Erwartungen der anleitenden Fachkräfte hervorgehen daraufhin interpretiert, dass bei Praktikantinnen ‚etwas fehlt'. Mit Bezug auf Motivlagen, Wissensbestände und das professionelle Selbstverständnis der Studierenden gehen Zuschreibungen einher, die u. U. auch auf Differenzen zwischen der Habitusformation Studierender und den Anforderungen der beruflichen Praxis hinweisen (vgl. Müller-Hermann/Becker-Lenz 2014b, S. 143). Die Vertrautheit der anleitenden Fachkräfte mit (feministischen) Wissensbeständen, die Studierenden ‚fehlen', wird zunächst an die Hochschule als (praktikums-)vorbereitende Instanz adressiert, die den Studierenden ‚mehr mitgeben' sollte. Damit wird ein Spannungsverhältnis zwischen den beiden Feldern aufgerufen, indem einerseits um Macht und Einfluss konkurriert wird und andererseits eine Verbindung zwischen Hochschule und beruflicher Praxis im Sinne der institutionellen Rahmung hergestellt wird. Erst am Ende der Passage wird deutlich, wie es um den (drohenden) Verlust emanzipatorischer Errungenschaften und um Anerkennung generationaler Wissensbestände geht:

Isabelle F.: *„ja soll ja net schwer sein, schafft jeder", ja [...]*
Rita F.: *L ((lachen))*
Isabelle F.: *das macht diese professionellen Arbeiten manchmal n bisschen kaputt oder man muss lange äh arbeiten bis es dann kommt.*
Rita F.: *L Jaa oder man muss sich auf einmal wieder rechtfertigen, für Sachen, die man für sich eigentlich klar hatte*
Forscherin I2: *L Hm*
Isabelle F.: *L Jaja*

L Jaja das auch.
Rita F.: *ja oder?*

(GD_Dokkas 1057-1061)

Mit „*das macht diese professionellen Arbeiten manchmal n bisschen kaputt*" dokumentiert sich, wie zentral und bedeutsam das Verteidigen der emanzipatorischen und frauenpolitischen Errungenschaften für die beiden Fachkräfte Rita F. und Isabelle F. ist. Sie stellen Bezüge zur Profession und darüber hinaus her, was sich auch im weiteren Diskursverlauf als Konfliktlinie zwischen den Generationen fortsetzt – insbesondere in Bezug auf das Thema Frauenrechte und Feminismus. Irritationen und Differenzen, die mit *Irritation des Alltäglichen im Kontext des institutionellen Alltags* verbunden sind, werden als Angriff auf diese Errungenschaften eingeordnet, die es zu verteidigen und das eigene professionelle Selbstverständnis herauszustellen gilt. Der Diskurs bewegt sich auf der Ebene des kommunikativen Wissens und bleibt abstrakt. Dieser scheint vom Erfahrungswissen und der Handlungspraxis der anleitenden Fachkräfte zunächst abgekoppelt zu sein. Unklar bleibt beispielsweise, wie Isabelle F. versucht die Praktikantinnen „*von der Praxis her [...] ganz arg so zu schulen, dass es ne Profession is*". Zugleich dokumentiert sich hier, wie die *jungen Praktikantinnen* auf den Noviz*innen-Status verwiesen werden, die zunächst unterrichtet werden müssen, um sich perspektivisch gegenüber den *erfahrenen Pionierinnen* behaupten und bewähren zu können. Zugleich stellen die *jungen Praktikantinnen* für die Fachkräfte eine latente Bedrohung des eigenen Status und der emanzipatorischen Errungenschaften dar, indem sie Soziale Arbeit nicht (mehr) als vergeschlechtlichte Profession wahrnehmen und die Errungenschaften anerkennen, die erkämpft werden mussten. Die Studierenden entsprechen diesbezüglich nicht dem Erwartungshorizont der Fachkräfte. Wahrnehmung und Anerkennung dieser Errungenschaften als Teil des Professionswissens Soziale Arbeit zu verstehen, wird erwartet und eingefordert. Gleichzeitig dokumentieren sich darin kollektive (generationale) professionelle (Erfahrungs-)Wissensbestände der Fachkräfte.

Mit Studierenden *begleiteter Praxisphasen* gelangt immer auch eine neue Generation mit eigenen Vorstellungen und Selbstverständnissen ins Berufsfeld.[270] Die *Irritation des Alltäglichen im Kontext des institutionellen Alltags* wird in der

270 Gesellschaften wandeln und erneuern sich u. a. dadurch, „dass eine neue Generation mit der Übernahme von Statuspositionen in der Gesellschaft Innovationen anstößt" (Friebertshäuser 2020, S. 39).

Gruppendiskussion DOKKAS mit dem Aufrufen von Generationenbeziehungen und -konflikten bearbeitet, deren grenzziehende Funktion als hierarchisch angelegtes Verhältnis interpretiert werden kann. Machtbeziehungen sowie machtvolle Deutungsmuster zwischen Studierenden und anleitenden Fachkräften werden hier zum Ausdruck gebracht. Die *jungen Praktikantinnen* stoßen als nachfolgende Fachkräfte-Generation in ihrem Noviz*innenstatus auf *erfahrende Pionierinnen*, die Statuspositionen besetzen. Irritationen und Differenzen dokumentieren sich in der ausgewählten Passage als ‚Passungsherausforderung'. Damit werden die Fachkräfte in ihrer Rolle als Anleitung mit dem eigenen professionellen Selbstverständnis konfrontiert, welches bei dieser Orientierung *Konfrontation & Passung* in enger Verbindung – in Geschichte und Gegenwart – mit frauenpolitischen Fragen, gesellschaftlichen Zugängen, Teilhabe, Geschlechterverhältnissen und einem politischen Professionalitätsverständnis Sozialer Arbeit steht. Geschlecht kommt damit als Strukturkategorie und Dimension sozialer Ungleichheit in den Blick. „Disziplinen und Studiengänge, Arbeitsfelder und Professionen sind geschlechtlich konnotiert" (Ehlert 2018, S. 203). Das dokumentiert sich ebenfalls in der Orientierung *Konfrontation & Passung*. Die Fachkräfte tragen dies als antizipiertes Professionalitäts- und Professionsverständnis an die „*Praktikantinnen*" sowie die Hochschule heran und bewerten die neue Generation mit „*wenn die'n bisschen mehr mitbringen würden*". Mit der Differenzierung zwischen *jungen Praktikantinnen* und *erfahrenen Pionierinnen* begegnen die anleitenden Fachkräfte der *Irritation des Alltäglichen im Kontext des institutionellen Alltags* vor dem Hintergrund der eigenen Generationslagerung und ‚das Politische' wird zum zentralen und verbindenden Moment zwischen den Fachkräften und schließt an aktuelle Diskurse zur Repolitisierung der Sozialen Arbeit an.[271]

Der Diskursverlauf in der Gruppendiskussion DOKKAS rankt sich immer wieder um generationale Wissensbestände und Erfahrungsräume als Differenzlinie zwischen Fachkräften und jungen Praktikant*innen. Darüber wird ein Spannungs- und Konfliktverhältnis aufgerufen, welchem an dieser Stelle im Anschluss an die theoretischen Überlegungen von Mannheim zum Thema Generationen nachgegangen wird. Mannheim entfaltet in seinem 1928 erschienenen Aufsatz *Das Problem der Generationen* eine Dreiteilung des Generationenbegriffs in Generationenlagerungen, -zusammenhänge und -einheiten und beschreibt u. a. wie Generationswechsel zu kultureller Erneuerung führen (vgl. Mannheim 1928/1929). Er „definiert Generationenzugehörigkeit vor dem Hintergrund einer kollektiv geteilten inneren Erlebniszeit" (Franz 2010, S. 50) und mit dem ‚Problem' der Generationen wird deutlich, dass Beschreibungen und Deutungen von

---

271 „In den letzten Jahren ist der Zusammenhang zwischen Politik und Sozialer Arbeit (wieder) stärker in den Fokus der Disziplin gerückt (u. a. Benz/Rieger 2015; Röh/Köttig 2019; Toens/Benz 2019; Rieger/Wurtzbacher 2020; Amann/Kindler 2021; Klammer et al. 2021)" (Dischler/Kulke 2021, S. 9).

sozialen und gesellschaftlichen Phänomenen an theoretische Standorte gebunden sind und sich z. B. über konjunktive Erfahrungsräume vermitteln. Diese werden vor allem auch durch Sprache konstituiert. „Die Namens- und Begriffsgebung erfolgt in diesem Kontext immer perspektivisch und ist an den konkreten Erfahrungsraum gebunden" (ebd., S. 49). Mit seinem Generationenmodell betrachtet er Generationen als etwas Gesamtgesellschaftliches. Bohnsack und Schäffer betrachten Mannheims Generationenkonzept als Brücke zwischen Kollektivem und Individuellem (Bohnsack/Schäffer 2002, S. 269) und kommen so zu dem Schluss, dass die Abfolge der Generationen ein Schlüssel für soziale Reproduktion, Tradierung, sozialen Wandel oder auch Innovation darstellt. „Beides vollzieht sich ganz wesentlich im Modus des atheoretischen und konjunktiven Erfahrungswissens" (Bohnsack/Schäffer 2002, S. 256).[272] Mit den ausgewählten Sequenzen der Gruppendiskussion DOKKAS wird exemplarisch deutlich wie sehr Gender*Wissen als (frauen)politisches Wissen und als Professionswissen in Zusammenhang mit der Vergeschlechtlichung Sozialer Arbeit generational gebunden ist. Dies wird im Kontext *begleiteter Praxisphasen* zur Markierung von Zugehörigkeit und Nicht-Zugehörigkeit und ist typisch für die Orientierung *Konfrontation & Passung.*[273]

6.2 *„da hat mich die die Praktikantin total gut auch gespiegelt":* Studierende als ‚Botschafter*innen' im Grenzbereich

Im Folgenden wird eine weitere Orientierung eingeführt, die sich anhand der Basistypik *Irritation des Alltäglichen im Kontext des institutionellen Alltags* rekonstruieren lässt: *produktive Irritation & Verbündung.* Zunächst wird die Orientierung mit der Passage *eigene Begrenzungen* aus der Gruppendiskussion BODEN eingeführt und anschließend mit *spannenden Clash im Team* weiter ausgearbeitet.

An der Gruppendiskussion BODEN sind vier anleitende Fachkräfte aus unterschiedlichen Handlungsfeldern der Sozialen Arbeit beteiligt.[274] Die Passage *eigene Begrenzungen* findet sich im ersten Drittel der Gruppendiskussion und Heidi V. schließt an das Thema *Geschlechtergerechtigkeit* der vorausgegangenen Passage an und bringt einen neuen Orientierungsgehalt ein:

---

272 In der Konzeption des konjunktiven Erfahrungsraums kann Generation in Wechselwirkung mit anderen konjunktiven Erfahrungsräumen betrachtet werden, die beispielsweise die Kategorie Geschlecht einbeziehen (vgl. Schäffer 2003, S. 85).

273 In Anlehnung an Rosenthal kann davon ausgegangen werden, dass die Auseinandersetzung mit einer jüngeren Generation auch für die ältere Generation generationsbildend sein kann (vgl. Rosenthal 1997, S. 60 f.).

274 Drei Fachkräfte sind in den Fünfzigern, eine Fachkraft (Heidi V.) ist deutlich jünger.

Heidi V.: Also was ich gemerkt hab auch an der Diskussion mit mit der [Praktikantin], dass [...] ein spezifischer Blick auf ähm auf so Genderfragen besteht. Ähm ich muss sagen, gerade jetzt im ähm im Kontext arbeiten mit mit ähm Fluchtfamilien in meinem Fall [...] ist das is schon erst mal meine meine Einschätzung und da hat mich die die Praktikantin total gut auch gespiegelt, ähm äh die Frau, huch da muss ich, da muss ich schützen, da muss ich irgendwie, da muss ich was ähm, was was Deckendes, was ähm fast schon Befreiendes anbieten, also jetzt ne so so

Fachkraft: L Hm

Heidi V.: überspitzt formuliert und beim Mann, den muss ich eigentlich, den muss ich einfangen, den muss ich, den muss ich irgendwie in Rahmen packen, so. [...] mit nem mit nem schon sehr defizitorientierten Blick, wohingegen man ähm Frauenangebote macht, die irgendwie sehr ressourcenorientiert sind, also wo man eher guckt

Fachkraft: L Hm

Heidi V.: zu erweitern und ähm das merk ich schon ähm, dass mir das, das mir das schwer fällt, also da fehlt mir auch'n bisschen en en kritisches Feedback über über Konzepte über über Studien über

Fachkraft: L Hm

Heidi V.: was weiß ich, dass man da auch'n bisschen eingefangen wird, weil ich glaub, es ist sehr schwer, da [...] also zurückzutreten und sich selber da auch immer wieder auch kritisch zu hinterfragen und ich geb, das ja im schlimmsten Falle ähm an an die Praktikanten weiter ((lacht)),

Fachkraft: L ((lachen))

Heidi V.: also ähm so dadrauf zu gucken, also das äh ist mir da irgendwie auch nochmal bewusst geworden. ----

Fachkraft: L Hm

(GD_Boden 309-332)

In der Sequenz thematisiert Heidi V. einen *„spezifische[n] Blick"* der Studierenden auf Genderfragen und beschreibt dies am Beispiel von Angeboten für geflüchtete Menschen mit *„die Praktikantin [hat mich] total gut auch gespiegelt"*. Darüber bringt sie sich selbst als Fachkraft in den Anleitungs- und Reflexionsprozess ein und benennt eigene stereotype Zuschreibungen und bislang unterhinterfragte Selbstverständlichkeiten, wie die *„Frau [...] muss ich schützen, da muss ich irgendwie [...] was Deckendes, was ähm fast schon Befreiendes anbieten"* und *„beim Mann, den muss ich eigentlich, den muss ich einfangen [...], den muss ich irgendwie in Rahmen packen"*. Das gewohnheitsmäßige Handeln von Heidi V. wird mit dem *„spezifische[n] Blick"* der Praktikantin *„auf so Genderfragen"* irritiert und Handlungsorientierungen im Sinne von Handlungsroutinen, die Heidi V. im professionellen Handeln begrenzen, in reflexive Distanz gebracht. Ihre Suche nach Konzepten, Studien, kritischem Feedback und die Sorge *„das ja im schlimmsten Falle ähm an an die Praktikanten weiter[zugeben]"*, kann als Anrufung der Hochschule, als Suche nach Orientierung, Rückversicherung und Reflexionsmöglichkeit interpretiert werden. Hier wird exemplarisch deutlich, wie *begleitete Praxisphasen* zum Einfallstor für neue Perspektiven werden. Die Praktikantin bietet für Heidi V. Reflexionsanlässe, um eigenen Handlungsroutinen und Überzeugungen auf die Spur zu kommen. Die ausgewählte Sequenz kann auch dahingehend interpretiert werden, dass die Praktikantin als Repräsentantin der ‚abwesenden Hochschule' und des akademischen Diskurses wahrgenommen wird, worüber eine Verbindung zwischen Hochschule und beruflicher Praxis hergestellt wird. Weiterhin dokumentiert sich hier eine gewisse Vertrautheit mit der Praktikantin sowie mit den Forschenden, da sich Heidi V. in der Passage selbstkritisch als lernende Fachkraft präsentiert und die Perspektive der Studierenden als *produktive Irritation* beschreibt. Dies deutet zugleich auf ein kooperatives Arbeitsbündnis mit den Forscherinnen hin, was sich im weiteren

Diskursverlauf fortsetzt. Die Passage endet mit einer langen Pause – einer rituellen Konklusion – woran sich ein Themenwechsel anschließt.[275]

Ein weiteres Beispiel aus derselben Gruppendiskussion, die diese Orientierung nochmals verdeutlich, ist die Sequenz *spannender Clash im Team*. Die Passage befindet sich in der Mitte der Gruppendiskussion und zuvor wird Gender im Kontext von Teamsupervision eingebracht, an der auch Praktikant*innen teilnehmen.

Heidi V.: [...] ansonsten kann ich mich an ne Teamsituation erinnern, ähm also dadurch dass ich nur von Männern umgeben bin, muss ich echt sagen, dass oft ähm die Genderfragen aufkommen, ähm und aber wirklich auch oft in ner ziemlich zugespitzten ähm Form und da waren die waren die Praktikanten oft dabei und ham das im Nachhinein auch auch immer mal wieder infrage gestellt, also so, es gab eine Situation ähm, da wurde von einem Erstwohnhaus in nen anderes n Mann ähm verlegt, ähm weil der von seiner Frau ähm, also gab's häusliche Gewalt,
Fachkraft: L Hm
Heidi V.: wurde verprügelt und ähm musste dann eben so wie wir das mit mit Frauen ja auch machen, halt ähm äh hat Schutz gebraucht. Diese drei Männer [Kollegen] waren dann nicht in der Lage dazu, damit neutral umzugehen, da wurde gelacht und höhöhö und ähm also das waren nen ganz, das war, da hat, da hat die Welt irgendwie Kopf gestanden und es ging nicht, dass man das ähm das man das ernsthaft bespricht. Das war n ganz, ganz spannender Clash irgendwie, wo das einfach nich, nicht möglich war und da ham wir dann nochmal in der Supervision drüber gesprochen und da hat die Praktikantin dann, das fand ich ganz mutig von ihr, hat dann gefragt, ähm ähm stellt euch mal vor, ihr hättet gelacht, ähm und es wär umgekehrt gewesen, höhöhö die ist von ihrem Mann verprügelt worden und ähm muss jetzt deshalb, äh irgendwo Schutz haben, würde keiner drüber lachen und das fand ich ganz spannend. Also ich glaub, dass da viel Sensibilität doch auch fehlt bei uns in den Teams auch, also auch im geschlechtergemischten Teams, ich hab nicht das Gefühl, dass das immer so super funktioniert, wenn's dann mal zu so zusp/ zuspitzenden Situationen, zu eskalierten Situationen kommt, also – ja. –
Forscherin I2: L Hm
(GD_BODEN 992-1013)

Heidi V. merkt zunächst die Geschlechterverteilung im Team an und erinnert sich an eine Teamsitzung, in der es um häusliche Gewalt in der Paarbeziehung geht. Ein männlicher Bewohner benötigte Schutz und sollte in einem anderen Erstwohnhaus untergebracht werden. Sie beschreibt die Reaktion ihrer männlichen Teamkollegen mit: „*da wurde gelacht und höhöhö [...] da hat die Welt irgendwie Kopf gestanden und es ging nicht, dass man das [...] ernsthaft bespricht*". Sie bezeichnet dies als „*ganz, ganz spannende[n] Clash*", der in die Supervision eingebracht wurde. Erst mit dem als „*mutig*" bezeichneten Beitrag der Praktikantin wurde der Konflikt auf der Geschlechterebene deutlich. Die Orientierung *produktive Irritation & Verbündung* dokumentiert sich hier als Bündnis zwischen Praktikantin und anleitender Fachkraft, erst darüber kann das Team ‚aufgerüttelt' und auf der Geschlechterebene gearbeitet werden. Heidi V. übernimmt hier die Perspektive der Praktikantin, die für das Thema Gender alltagsnah sensibilisiert. Darüber werden selbstreflexive Prozesse auf Seiten der anleitenden Fachkraft angestoßen. Das Verbindende zwischen anleitender Fachkraft und Praktikant*in scheint hier stärker zu sein als die ‚Solidarität' mit dem

275 Dies ist typisch für den Diskursverlauf der Gruppendiskussion BODEN und weist daraufhin, dass die Fachkräfte diesbezüglich keinen gemeinsame Erfahrungsraum teilen.

Team sowie das Intergenerationale.[276] Heidi V. setzt die Praktikantin in eine ‚neue Rolle', indem sie sich deren Kritik zu eigen macht. Hier zeigt sich exemplarisch, wie mit *begleiteten Praxisphasen* und dem Eintritt der Studierenden als ‚neue Mitspieler*in' (Veränderungs-)Impulse ins Berufsfeld gelangen können und wie diesen produktiv begegnet wird.[277] Interessant ist, dass erst die Supervision den Rahmen bietet, dass die Perspektive der Studierenden auf Teamebene eingebracht und zum Reflexionsmoment wird. Teamsupervision erscheint hier auf der institutionellen Ebene als Möglichkeitsraum zur Entfaltung und Anerkennung unterschiedlicher Perspektiven und Wissensbestände, wodurch ein reflektierter und reflektierender Umgang mit Gender möglich wird und sich ein Stück weit dem hierarchisch angelegten Verhältnis von Studierenden und Fachkräften zu entheben scheint – wie in einem hierarchieverdünnten Raum (vgl. Siller 2008, S. 92).[278]

Im Kontext der Orientierung *produktive Irritation & Verbündung* werden Studierende – in Bezug auf das Thema Gender – als ‚Motor' für Team- und Teamentwicklung in der beruflichen Praxis wahrgenommen. Erst mit der geschlechtersensiblen und -reflexiven Haltung, der Kritik und dem Infragestellen alltäglicher Praktiken, Zumutungen und Begrenzungen von Seiten der Studierenden, rücken Geschlechterkonstruktionen und Deutungsmuster sowie Verhaltensweisen und Verhältnisse im Team für die anleitende Fachkräfte in den Blick. Zwischen anleitenden Fachkräften und Studierenden wird bei dieser Orientierung ein produktives und tragfähiges Arbeitsbündnis hergestellt, in dem sich dokumentiert, wie Irritationen in *begleitete Praxisphasen* als Reflexions- und Bildungsanlässe für Team und Fachkräfte genutzt werden können.

276 Heidi V. ist die jüngste Fachkraft der Gruppendiskussion BODEN. Es kann davon ausgegangen werden, dass sie und die Studierenden einen geringeren Altersunterschied haben als dies die anderen Fachkräfte der Gruppendiskussion BODEN i. d. R. haben.

277 Der Eintritt neuer Mitspieler*innen bedeutet für das Feld auch „Perturbationen" (Schwarz/Teichmann/Weber 2015, S. 143). Diese können Veränderungsprozesse der objektivierten Strukturen auslösen (vgl. Weber 2012; Elven/Schwarz 2016).

278 Supervision wird hier als Aushandlungsraum konstruiert, in dem Asymmetrien zwischen Fachkräften und Studierenden auf einer fachlichen Argumentations- und Reflexionsebene irritiert werden (können).

6.3 *„da geht ne rote Lampe bei mir an“*: Institutioneller Alltag als begrenzter Möglichkeitsraum

Im Folgenden wird der Orientierung *Dilemma & Kompromiss* nachgegangen, die sich ebenfalls anhand der Basistypik *Irritation des Alltäglichen im Kontext des institutionellen Alltags* rekonstruiert wurde. Sie wird exemplarisch an der dichten Passage *wunde Punkte* entfaltet, die der Gruppendiskussion FLEN entstammt. Daran haben fünf anleitende Fachkräfte aus unterschiedlichen Handlungsfeldern der Sozialen Arbeit teilgenommen. Die Sequenz aus der ausgewählten Passage befindet sich in der Mitte der Gruppendiskussion und schließt an eine Passage zur Frage, wie sich Studierende in Teams einbringen, an. Marie W. fragt in die Runde:

Marie W.: *Wie geht ihr damit um, wenn Praktikanten in Anführungszeichen wunde Punkte ansprechen, ich meine jetzt nicht persönlich, ich meine jetzt nicht*
Theresa F.: *L Das kann ja jeder kann ja jeder*
Marie W.: *ich meine jetzt nicht persönlich, vielleicht versuch ich's irgendwie, also es geht ja immer da so'n bissl drum, wie politisch ist die Gemeinwesenarbeit*
Fachkraft: *L Hm*
Nils H.: *L Hm*
Marie W.: *und im Alltag ((lacht kurz)) ist es leider so <<lachend>>*
Fachkraft: *L Echt <<lachend>>*
Marie W.: *dass wir, dass wir auch funktionieren, also dass es den Stadtteil gibt und dass es nicht immer so total politisch ist oder so, nicht immer auf Krawall gebürstet, sondern eher, ja wie macht*
Theresa F.: *L Hm*
Marie W.: *man,*
Fachkraft: *L Hm, hm*
Marie W.: *wie kommt man zurecht*
Theresa F.: *L Hm*
Marie W.: *und wir hatten halt nen Studierenden, der gesagt hat, er hat hier gedacht, wir machen hier jeden Tag ne Revolution und gehen jeden Tag auf*
Nils H.: *L ((lachen))*
Marie W.: *die Straße und das war natürlich ein wunder Punkt und dann hab ich's versucht irgendwie so'n bisschen geradezu[biegen], ok es gibt das und es gibt den Alltag, aber trotzdem ist es einn wunder Punkt, merke ich immer wieder, ich hab mich dann quasi schon gerechtfertigt, aber das will ich eigentlich gar nicht so, aber ich hab da auch noch keine Antwort, also wenn, wenn die Studierenden quasi ne Erwartung an die Einrichtung haben, die dann nicht erfüllt wird oder nicht in dem Maße erfüllt wird, also das ist noch'n schwieriger Punkt.*

(GD_FLEN 1054-1073)

Über die Frage von Marie W. wird das Thema Umgang mit Erwartungen von *„Praktikanten“* eingebracht. Die Frage beinhaltet einen starken propositionalen Gehalt – *„wunde Punkte“* – und wird von den anderen Fachkräften sofort aufgegriffen. Schon während Marie W. zweimal formuliert, dass sie ihre Frage nicht persönlich meint und diese anhand eines Beispiels *„wie politisch ist die Gemeinwesenarbeit“* ausführt, versucht Theresa F. zu Wort zu kommen. Auch dadurch, dass die übrigen Fachkräfte immer wieder ratifizieren, entsteht der Eindruck, dass plötzlich alle etwas zu diesem Thema zu sagen haben. Schon das Bild der *wunden Punkte* erinnert an Verletzlichkeit, ‚Schwachstellen‘, sensible Bereiche und emotionale Berührtheit. Während Marie W. eine Grenze zwischen ‚Drinnen und Draußen‘ zieht, zwischen dem Alltag der Institution und dem *„auf die Straße gehen“* und *„ne Revolution“* machen, nimmt sie eine räumliche

Abgrenzung vor. Die Frage, wie sich ein Verständnis politischer Professionalität der Sozialen Arbeit im institutionellen Alltag ausdrückt und thematisiert oder bearbeitet werden kann, kommt hier nicht zum Ausdruck. Politisches wird im Außen verortet und als Gegensatz zum institutionellen Alltag formuliert, welcher Pragmatik, ‚Funktionieren' und Sicherheit verlangt. Interessant ist in dieser Sequenz der plötzliche Switch auf die Verwendung des Studierendenbegriffs „*wenn die Studierenden quasi ne Erwartung an die Einrichtung [haben], die dann nicht erfüllt wird*". Auch darin dokumentiert sich das Außen, was Studierende mit ihren Erwartungen repräsentieren und als Differenzbildung und Markierung der Feldgrenze interpretiert werden kann. Die Teilnahme der Studierenden an der spezifischen Alltagspraxis des Berufsfeldes kann hier zunächst als Irritation im Sinne einer ‚Ver-Störung' interpretiert werden. Zudem wird mit der Schilderung der Erwartungen von Seiten der Studierenden auch die Hochschule angerufen und es dokumentiert sich beispielhaft, wie Studierende als Repräsentant*innen der ‚abwesenden Hochschule' von Marie W. wahrgenommen werden. Im weiteren Verlauf der Passage knüpft Theresa F. an:

Theresa F.: *Also ich persönlich find immer, immer wenn was gesagt wird, was mich in ne Rechtfertigungsstimmung bringt, da geht ne rote Lampe bei mir an und dann guck ich, das gucken wir uns jetzt mal genauer an.*
Nora B.: *L Aha*
Fachkraft: *L Hm*
Theresa F.: *Weil warum, ich muss mich net rechtfertigen, ja wir*
Marie W.: *L Nee, mal genauer angucken, ja vielleicht was ist nic ganz*
Theresa F.: *machen unsere Arbeit und wenn ich mich rechtfertige, heißt es für mich, ich bin gar nicht zufrieden dem, was ich tu und ich finde, es is also eigentlich supergut, wenn sowas angesprochen wird,*
Nora B.: *L Hm*
Theresa F.: *weil im Alltag fällt mir das manchmal nicht auf, dass ich nicht zufrieden damit bin, wie ich was tu.*
Marie W.: *L Hm*
Forscherin I2: *(lautes Einatmen)*
Theresa F.: *Also ich fänd's eigentlich hilfreich und gut.*
Nora B.: *L Hm, hm*
Nils H.: *L klar* *L m*

(GD_Flen 1074-1084)

Theresa F. knüpft hier an *wunde Punkte* an, indem sie auf einer allgemeinen Ebene – nicht nur politisch – von einer eigenen „*Rechtfertigungsstimmung*" spricht, bei der für sie eine „*rote Lampe*" angeht. Damit verändert sie die Perspektive, weg von den Praktikant*innen, die Fragen und Erwartungen haben, hin zu sich selbst. Die Metapher der *roten Lampe* kann als Alarmsignal interpretiert werden, auch hier ist ‚Vorsicht geboten'. Von außen wird über die Studierenden etwas herangetragen, was den institutionellen Alltag der Fachkräfte irritiert. Während Theresa F. Rechtfertigung in Verbindung mit Unzufriedenheit an der eigenen Arbeit bringt, bezeichnet sie es als „*hilfreich und gut*", wenn ihr dies durch die Praktikantinnen auffällt. Zugleich möchte sie sich nicht rechtfertigen. Der Begriff der Rechtfertigung scheint für sie negativ konnotiert zu sein, wie zuvor für Marie W. Auch wenn Theresa F. den propositionalen Gehalt von Marie W. differenziert und sich selbst reflexiv in den Blick nimmt, weisen die Sequenzen bereits auf etwas Kollektives und gemeinsam Geteiltes im Sinne von Bedeutungs- und Erfahrungszusammenhängen hin. Fast wie eine Annäherung an ‚blinde Flecken' kommen über Studierende Aspekte des institutionellen Alltags in den Blick, die den Fachkräften weder vollständig bewusst noch unbewusst sind (vgl. Bourdieu 1976, S. 207). Die Handlungspraxis wird von Studierende – von außen – hinterfragt und erscheint legitimierungsbedürftig. Damit verbunden sind auch die Irritation von (Erfahrungs-)Wissen und Handlungsroutinen der Fachkräfte. Zudem werden diese auf der emotionalen Ebene berührt. Sotzek (2018) untersucht in ihrer qualitativ-rekonstruktiven Studie die professionalisierungsrelevante Bedeutung von Emotionen im Berufseinstieg von Lehrpersonen und fasst Emotionen u. a. „als Ausdruck des Erlebens habitueller Verunsicherung oder Bestärkung" (ebd., S. 81).[279] Der Annahme folgend, „dass jedes Wahrnehmen, Deuten, Erleben und Handeln von Emotionen begleitet und beeinflusst ist (Neckel/Pritz 2016: 2)" (zit. n. Sotzek 2019, S. 26), kann in diesem Kontext die emotionale Berührtheit als verbindendes Erleben, als implizite Reflexion von Spannungsverhältnissen interpretiert werden. Das, was in *begleiteten Praxisphasen* vielfach als Relationierungsherausforderung und -aufgabe an Studierende herangetragen wird, dokumentiert sich in der Passage *wunde Punkte* auf der Ebene der Fachkräfte. Im weiteren Fortgang der Passage ergreift Nils H. das Wort und hakt am Thema Rechtfertigung ein:

279 „Über Emotionen kann die Art und Weise des Erlebens der habituellen Auseinandersetzung mit wahrgenommenen Normen rekonstruiert werden. In Emotionen dokumentiert sich das Verhältnis der Akteur*innen zur Darstellung des Erlebten. Spannungsverhältnisse kommen demnach in Emotionen zum Ausdruck; sie werden in ihrem habituellen Erleben für die Akteur*innen wahrnehmbar und darstellbar" kann (Sotzek 2018, S. 86).

Nils H.: L Also ich seh's eigentlich so das, ich muss mich rechtfertigen, so seh ich's eigentlich – ich finde es eher ne Herausforderung dann, wenn sowas angesprochen wird, es ist unangenehm, es ist net bequem, das will man nicht, aber ich muss, wenn mir so ne Frage gestellt wird, dann muss ich [mich] damit auseinandersetzen so'n stückweit
Theresa F.: L Ja aber auseinandersetzen, ist ja nicht rechtfertigen oder ich versteh es falsch, also für mich heißt rechtfertigen, ich muss was erklären,
Fachkraft: L Hm
Nils H.: L Ja
Theresa F.: was mir unangenehm ist, warum ich was gemacht hab, aber das muss ich nicht, wenn ich was gemacht hab, dann hab ich das gemacht, weil das für mich das in dem Moment richtig war und dass die Entscheidung war, die ich getroffen hab, da muss ich mich aber nicht dafür rechtfertigen, die kann ich erklären und das ist für mich ein Unterschied
Nora B.: L Hm
Nils H.: L Das versteh ich halt darunter. Eigentlich,
Fachkraft: L Hm, hm
Nils H.: also dass ich mich erklären muss, dass ich [...] mein Handeln, dass ich
Theresa F.: L Ja okay, dann ham wir unterschiedliche Vorstellung von dem Wort Rechtfertigung
Nils H.: mein Handeln rechtfertigen muss. Ich muss sagen, warum ich so gehandelt habe und ich
Theresa F.: L Ja okay
Nils H.: handele halt nicht immer richtig, oder bei mir schlummert auch mal was ein,
Theresa F.: L Nee genau
Nils H.: was Vergessenes, so
Theresa F.: L Genau oder ich mach auch bewusst oder unbewusst auch manchmal Fehler ich treffe Fehlentscheidungen,
Nils H.: L Ja, ja genau, ne
Theresa F.: L aber das ist doch okay ((lachen)) Ich bin ja net perfekt.
Nils H.: na klar ist das okay, das ist ja, denk ich, mal das, was man ja auch dem Praktikanten irgendwie halt, dann irgendwie halt näherbringen kann.
Theresa F.: L Ja
Fachkraft: L Ja
Nils H.: es schlummert sich halt bei uns was ein, wir müssen's irgendwie vielleicht nochmal aufwickeln, ja, wir müssen's vielleicht nochmal angehen, zum Beispiel das Thema Gender, und das hab ich ja gemeint, genau das eigentlich, was so gut an Impulsen kommen könnte
Theresa F.: L Genau, genau, ja
Nora B.: L Ja
Theresa F.: also es ist eher gut, wenn sowas kommt,
Nils H.: L Ja
Theresa F.: weil man sich mit dem Thema dann wieder auseinandersetzen kann.
Nora B.: L Hm

(GD_Flen 1085-1117)

Die Sequenz zeichnet eine noch höhere interaktiver Dichte aus, die sich am Thema Rechtfertigung entzündet, als zuvor. Nils H. widerspricht Marie W. und Theresa F. in Bezug auf den Begriff der Rechtfertigung, teilt aber zugleich den übergeordneten Orientierungsgehalt. Er sagt „*ich muss mich rechtfertigen [...] [und] erklären*", da sich im Alltag sonst etwas „*einschlummert*". Die Metapher des ‚Einschlummerns' kann als Hinweis auf habitualisierte Praktiken, auf Erfahrungswissen als Körperwissen, interpretiert werden. Zugleich wird darüber auch das utopische Moment der Ermöglichung verdeckt. Von außen wird über den Fremdblick der Praktikant*innen das Alltägliche im institutionellen Alltag irritiert und destruiert, woraus Nils H. Impulse für sich und seine Einrichtung zieht. Erst dadurch können *„Vergessenes“* und *„Fehlentscheidungen“* nochmals angegangen werden. Im Ringen um den Begriff der Rechtfertigung kommen auch generationale Aspekte und Geschlechterverhältnisse in den Blick. Damit verbunden sind Diskrepanzen zwischen Selbst- und Fremdansprüchen sowie institutioneller Handlungspraxis. In dieser Passage arbeiten die Fachkräfte auf eine Synthese hin und der Orientierungsgehalt *„weil man sich mit dem Thema dann wieder auseinandersetzen kann“* wird mit dem Thema Gender beispielhaft verknüpft.

In der darauffolgenden Passage bringt Luise Z. die Relevanz einer selbstkritischen Haltung auf der Ebene von Anleitung und Leitung als Orientierungsgehalt ein, indem sie über den Rahmen spricht, in dem Praktikant*innen kritische Fragen äußern: *„In der Praxisanleitung hat man ja in der Regel Leute, die damit auch umgehen können, dass der Praktikant unter Umständen auch kritische Fragen stellt.“* Sich selbst als Leitung positioniert sie mit *„also ich find's immer gut, wenn Praktikanten mir was sagen, aber oft sagen sie's halt nicht in der großen Runde.“ (GD_FLEN 1119–1123).* Die hohe interaktive Dichte setzt sich auch bei diesem Orientierungsgehalt fort und Irritationen der eigenen, habitualisierten Praxis werden zur Erschütterung *„manchmal bin ich auch richtig erschüttert, weil ich denk, wieso muss jetzt nen Praktikant kommen und mir das sagen, weil es hätt mir auch schon mal auffallen können“ (GD_FLEN 1125–1127).* Wie zuvor in der Passage *wunde Punkten* kommt auch hier etwas von außen, plötzlich gerät etwas Alltägliches, etwas Routiniertes ins Wanken – der institutionelle Alltag. Es kommt etwas in den Blick, was den Fachkräften selbst hätte auffallen können, was sich wie das Aufdecken eines blinden Fleckes dokumentiert. Über Studierende wird der institutionelle Alltag der Fachkräfte destruiert und der Alltag offenbart sich in seiner Doppelbödigkeit (vgl. u. a. Thiersch/Grunwald/Köngeter 2012) von Gegebenem und Aufgegebenem (Realität und Möglichkeit).[280] Im weitere Diskursverlauf wird der Orientierungsgehalt ‚selbstkritischen Haltung der Fachkräfte als Voraussetzung für Praxisanleitung‘[281] nicht weiter entfaltet. Nora B. knüpft an die Metapher der wunden Punkte an:

280 Alltag wird hier im Sinne der kritischen Alltagstheorie als dialektische betrachtet (vgl. Thiersch/Grunwald/Köngeter 2012).

281 Es wird erwartet, dass „dass die Praxisanleitung von einer in hohem Maße selbstreflexiven, sensiblen, theoretisch und methodisch kompetenten Fachkraft durchgeführt wird“ (Markert 2020, S. 280).

Nora B.: [...] ich kann schon verstehen, das ist dann so'n wunder Punkt und da gibt's bei uns ja auch Dinge, wo wir Kompromisse machen, das sind letztlich ja, also so wunde Punkte sind ja häufig Kompromisse, wo man sagt, [...] eigentlich würde ich das gerne so machen, aber vor mir liegt jetzt so'n Feld
Nils H.: L Hm
Nora B.: und ich muss irgendwie einen Weg finden damit umzugehen, ich kann nicht jeden Tag auf die Straße gehen beispielsweise oder [...] wie gehen wir damit um und das ist letztlich ne Geschichte, wo wir'n
Nils H.: L Hm
Nora B.: Kompromiss finden müssen. [...]
Nils H.: L Hm
Nora B.: [...] wieso macht'n ihr das jetzt und dann können wir aber, also wir besprechen sowas immer im Team und überlegen, welche Entscheidung fällen wir da gemeinsam und wo, was können wir mittragen [...] dann haben wir zusammen diesen Konsens gefunden und wenn dann jemand aber kommt und sagt, wieso habt ihr'n das so gemacht, dann können wir's erläutern und hatten den Teamprozess und können darauf eingehen oder aber auch, wenn wir merken, hm nee da haben wir noch nicht drüber nachgedacht, dann haben wir so'n Mittel, dass wir regelmäßig Workshops haben mit den Teams [...] weil in der Teamsitzung geht's ja häufig, zack zack zack und dann zu sagen, da nehmen wir das mit rein, diese Frage und diskutieren die nochmal, kannst du dir vorstellen das vorzubereiten und diesen Fall mal reinzubringen,
Nils H.: L Hm
Marie W.: L Hm
Nora B.: so also das so aufzugreifen, weil da sind dann ja schon viele Gedanken gelaufen, wenn das jemand angesprochen hat und das dann mit aufzunehmen und zu sagen,
Fachkraft: L Hm
Nora B.: so ja an welchen Stellen kannst du dir denn vorstellen, wir könnten das Politische der Gemeinwesenarbeit integrieren, ähm hast du da Ideen, vielleicht kannst du's mal auf
Marie W.: L Hm
Nora B.: äh aufschreiben oder so, also so würde ich damit [...]
Fachkraft: L Hm L Hm
Nora B.: umgehen und dann ist es wirklich tatsächlich ja hilfreich, auch wenn's
Marie W.: L Hm
Nora B.: manchmal wehtut, ja.
Marie W.: L Hm, hm

(GD_FLEN 1139-1175)

Nora B. stellt einen Bezug zur Metapher *wunde Punkte* her. Sie verbindet dies mit Kompromissen und exploriert den Orientierungsgehalt mit ihrem beruflichen Alltag, indem sie davon spricht, dass es ja *„häufig Kompromisse [sind], wo man sagt, so okay eigentlich würd ich das gerne so machen, aber"*. In ihrer Darstellung greift sie auch das Bild von Marie W. *„nicht jeden Tag auf die Straße gehen können"* auf und die Passage ist durchdrungen von Ratifizierungen von Nils H. und Marie W. Den Orientierungsgehalt entfaltet sie in Bezug auf die Reflexion im Team und verbleibt damit nicht bei der Ebene der persönlichen Verwundbarkeit und emotionalen Berührtheit der Fachkräfte. Wenn *„Dinge"* im Team thematisiert wurden und ein Konsens gefunden wurde, kann dieser auch gegenüber den Praktikanten*innen erläutert und darauf eingegangen werden – so ihre Perspektive. Die kollektive Ebene im Team trägt damit zur Bewältigung des Spannungsverhältnisses zwischen Selbst- und Fremdansprüchen sowie institutioneller Handlungspraxis bei. Mit der Beschreibung der Workshops werden diese beispielhaft zu einem ‚Ort' um über Themen nachzudenken und Fragen diskutieren zu können. In diesem Kontext regt sie dazu an, dass sich auch Praktikant*innen mit ihren Fragen und Impulsen in diesem Rahmen einbringen. Sie stellt damit einen konkreten Bezug zur Eingangsfrage von Marie W. nach dem Umgang mit Erwartungen von Praktikant*innen her. Sie greift dann den Aspekt ‚das Politische der Gemeinwesenarbeit' auf, indem sie nach Vorstellungen und Ideen der Praktikant*innen und deren schriftlicher Fixierung fragen würde. Sie markiert zuvor ihre Leitungsposition und ihre geringe Erfahrung als Anleitung *„hab in der Praxisanleitung aus meinem Gefühl heraus gar nicht so viel Erfahrung" (GD_FLEN 189–190)*. Damit distanziert sie sich von der Rolle als Anleitung und die eigenen Erfahrungen bleiben diesbezüglich verdeckt. Erst in der die Passage *wunde Punkte* abschließenden Konklusion stellt Nora B. dann einen Bezug zur persönlichen Ebene her indem sie zusammenfasst *„und dann ist es wirklich tatsächlich ja hilfreich, auch wenn's manchmal wehtut, ja"*. Marie W. ratifiziert mit *„Hm, hm."* Und es kommt zu einem mustergültig konkludierten Ende von einer Passage, in der alle bei der starken Eingangsproposition *wunde Punkte* bleiben und mit hoher interaktiver Dichte etwas dazu beitragen. So zeigt sich mit der Metapher *wunde Punkte* eine eigene Relevanzsetzung der Gruppe FLEN, die sich zwischen Innen und Außen aufspannt und den Grenzbereich zwischen institutionellem Alltag und der von Seiten der Studierenden repräsentierten Außenwelt markiert. Die Studierenden spiegeln damit in *begleiteten Praxisphasen* den Fachkräften eine Realität, die ‚man eigentlich kennt', die jedoch über Kompromisse von Seiten der Fachkräfte handhabbar gemacht wird. Der institutionelle Alltag wird darüber als begrenzter Möglichkeitsraum und zugleich als erweiterbarer Raum konstruiert, indem Studierende ein ‚Fenster zur Kritik' und zu impliziter Reflexion (Bohnsack 2014, S. 44) öffnen können.

6.4 *„wenn man's sehen will, kann man's in vielen Bereichen sehen"*: Von Gender als analytischem Begriff zur Konkretisierung

Voranstehend wurde bereits in die zentrale Basistypik der Studie – *Irritation des Alltäglichen im Kontext des institutionellen Alltags* – eingeführt. Mit der Rekonstruktion unterschiedlicher handlungsleitender Orientierungen der Fachkräfte im Kontext *begleiteter Praxisphasen* wurden Spannungsverhältnisse auf unterschiedlichen Ebenen deutlich.[282] Davon ausgehend, dass das „die Handlungspraxis orientierende Wissen" (Bohnsack 2006, S. 142) der Fachkräfte in Anleitungsprozessen besonders bedeutsam ist und zugleich implizite Wissensbeständen nur schwer zu verbalisieren bzw. zu explizieren sind (vgl. Polany 1985), wird im Folgenden der Blick auf Gender*Wissen gerichtet, um daran exemplarisch auf Anschlüsse und Nicht-Anschlüsse zwischen Hochschule und professionalisierter Praxis zu fokussieren. Zunächst fällt auf: Während im akademischen Diskurs beispielsweise bei der Herausarbeitung sozialer Praxen von Individuen in den

282 Professionalitätsverständnisse und generationale Dimension, Studierende als ‚Botschafter*innen' im Grenzbereich, der institutionelle Alltag als begrenzter und zugleich erweiterbarer Möglichkeitsraum.

letzten Jahren vor allem intersektionale Modelle und Ansätze genutzt werden, die auf feministische, postkoloniale und queertheoretische Perspektiv-erweiterungen aufbauen und die Wechselwirkungen von Kategorien wie race, class, gender und body empirisch in den Blick nehmen (vgl. Walgenbach 2017; Riegler 2016; von Langsdorff 2014; Giebeler/Rademacher/Schulze 2013; Degele/Winker 2009), ist das empirische Material von binären Geschlechterkonstruktionen durchdrungen und folgt vielfach Prinzipien, die nach Eindeutigkeit verlangen.[283] In den folgenden Sequenzen aus den Passagen *Geschlechterrollen in der Arbeit* und *Genderpraxis steckt noch in den Kinderschuhen*, die der Gruppendiskussion FLEN mit fünf Fachkräften aus unterschiedlichen Handlungsfeldern entstammt, wird dies beispielhaft deutlich. Die erste Sequenz schließt daran an, dass sich Nora B. fragt, wie und für wen Themen wie Gender, Feminismus und Gleichberechtigung in der Anleitung von Studierenden relevant sind:

Luise Z.: Na gut in der offenen Jugendarbeit äh sind ja die Praktikantinnen und Praktikanten direkt auch mit ihrer Geschlechterrolle ähm in der, in der Arbeit. Das heißt, sie werden wahrgenommen,
Fachkraft: L Hm
Luise Z.: die Kinder und Jugendliche reagieren unterschiedlich, ob ein Mann oder eine Frau Praktikum macht, ähm also und dann kommt es aber auch noch drauf an, wie die jeweiligen in ihrer Persönlichkeit sind, also da spielt das schon ne große Rolle äh welches Geschlecht man hat und wel/ wie man selber auch wirkt,
Fachkraft: L Hm
Luise Z.: also gerade ich hab so den Eindruck, dass äh die Praktikantinnen sehr gezielt auch nach Gender oder oder auch feministischer Mädchenarbeit nachfragen auch schon im Vorstellungsgespräch bei den Jungs hab ich, glaub ich, noch nicht eine einzige Erfahrung gemacht, dass irgendein Mann danach gefragt hätte, was macht ihr denn für Jungenarbeit, also das is für, glaub ich, auch für die Studierenden nicht so nah wie für für die Frauen, die studieren. Also is meine Erfahrung, weiß nicht, wie das bei andern is. –

(GD_FLEN 257-269)

Luise Z. beginnt ihre Ausführungen indem sie auf das Handlungsfeld „*offene Jugendarbeit*" fokussiert. Analog zu Mädchen- und Jungenarbeit unterteilt sie Studierende zunächst binär in „*Praktikantinnen und Praktikanten*", die „*direkt auch mit ihrer Geschlechterrolle [...] in der Arbeit*" sind und auf unterschiedliche Reaktionen bei Kindern und Jugendlichen stoßen. Neben der Geschlechterzuschreibung verweist Luise Z. auch auf die „*Persönlichkeit*" der Studierenden „*dann kommt es aber auch noch drauf an, wie die jeweiligen in ihrer Persönlichkeit sind*". In ihrer Argumentation stellt sie weiblich markierte Studierende „*Praktikantinnen*" als an Gender Interessiert bzw. dafür sensibilisiert dar, die bereits im Bewerbungsverfahren um einen Praktikumsplatz nach (feministischer) Mädchenarbeit als geschlechtsspezifischem Angebot fragen – im Gegensatz zu männlich markierten Studierenden. In dieser Differenzkonstruktion dokumentiert sich der

283 So werden in nahezu allen Gruppendiskussionen die Kategorien „Praktikantin" und „Praktikant" aufgerufen und zur Einordnung der eigenen Anleitungserfahrungen genutzt.

tradierte geschlechterbezogene Zugang des zuvor genannten Handlungsfeldes.[284] Im weiteren Diskursverlauf erklärt Luise Z. das unterschiedliche Interesse von Praktikantinnen und Praktikanten an Gender:

Luise Z.: Das hängt wahrscheinlich aber auch damit zusammen, dass bei uns die Mädchenarbeit weiter entwickelt ist, als die Jungenarbeit und diese äh Genderpraxis is ja auch eigentlich, man sagt, schon fortgeschritten, aber in vielen Bereichen is sie wirklich noch in den Kinderschuhen, weil es immer
Fachkraft: L Hm
Luise Z.: noch nicht ganz klar ist, wo wo geht's denn da hin, ja also es könnte einer der Gründe sein, dass die Einrichtungen halt auch in der Mädchenarbeit in zumindest in der offenen Arbeit äh mehr Erfahrungswissen haben als die Jungenarbeit als solches.–
Fachkraft: L Hm

(GD_FLEN 281-288)

Luise Z. bleibt in ihrer Erklärung zunächst binär und spricht von einer Mädchenarbeit, die *„weiter entwickelt ist, als die Jungenarbeit"*. Dann nutzt sie den Begriff *„Genderpraxis"* und sagt, dass *„diese äh in vielen Bereichen [...] wirklich noch in den Kinderschuhen"* stecke und es noch nicht ganz klar sei, *„wo geht's denn da hin"*. Unklar bleibt an dieser Stelle auf der kommunikativen Ebene was sie mit *„Genderpraxis"* verbindet und worüber sie genau spricht. Bezüge zu beispielsweise queeren und heteronormativitätskritischen Perspektiven und Diskursen werden nicht expliziert.[285] Nils H. schließt an die Metapher der *Kinderschuhe* an:

Nils H.: Also bei uns steckt's bestimmt in den Kinderschuhen. Wir wir sind ne reguläre Wohngruppe
Fachkraft: L Hm
Nils H.: und ähm als als die Anfrage kam wegen ner ähm Gruppenanleitung [Gruppendiskussion] und in Verbindung mit Gender hat ich erstmal überlegt, ok wie spielt das denn bei uns ne Rolle überhaupt, also in der Praxis, also das also Genderarbeit
Nora B.: L ((kurzes lachen))
Fachkraft: L Hm L Hm
Nils H.: in der Praxis oder überhaupt äh Reflexion über das Geschlecht, ja und über geschlechtssensible Arbeit und dann nochmal in der Praxisanleitung, also wiev/ inwiefern spielt das in der Praxisanleitung. Gut ich muss sagen, wir sind jetzt noch nicht so ne alt, alte Einrichtung hier,
Fachkraft: L Hm, hm, hm
Nils H.: die jetzt zwanzig Jahre auf'm Buckel hat, ähm wir existieren jetzt seit [...] Jahren und ähm ich hab jetzt auch nicht die größte Erfahrung in Anleitung, aber ich muss dann einfach mal überlegen erstmal, okay inwiefern findet das bei uns in der Praxis statt, also bei ner Mädchenwohngruppe liegt's ja irgendwie auf der Hand,
Fachkraft: L Hm
Nils H.: sach ich jetzt mal so, also das is erstmal so [...]
Theresa F.: L Ja

(GD_FLEN 290-302)

284 Zu geschlechterbezogenen Zugängen in der offenen Kinder- und Jugendarbeit siehe u. a. Beiträge im Handbuch Offene Kinder- und Jugendarbeit (vgl. Deinet et al. 2021).

285 Siehe hierzu beispielsweise: https://www.kinder-undjugendarbeit.de/fileadmin/user_upload/FORUM_1_2019/FORUM_1-2019.pdf (Abruf 16.04.2023).

Nils H. greift die Metapher der *Kinderschuhe* sofort auf und validiert diese für seinen Arbeitskontext – stationäre Kinder- und Jugendhilfe. Er bezieht sich zunächst auf den Forschungskontext und expliziert schrittweise seine (innere) Reaktion auf die Kontaktaufnahme der Forschenden mit „*ich [hab] erstmal überlegt, ok wie spielt das denn bei uns ne Rolle überhaupt, also in der Praxis*". In seiner Suche nach Anschlussfähigkeit zwischen der Anfrage der Forscher*innen und der alltäglichen Praxis einer „*regulären Wohngruppe*" differenziert er zwischen „*Genderarbeit*" und „*Reflexion über das Geschlecht*" bzw. „*über geschlechtssensible Arbeit*". Erst im nächsten Schritt nimmt er die Ebene der Praxisanleitung hinzu „*und dann nochmal in der Praxisanleitung, also [...] inwiefern spielt das in der Praxisanleitung [eine Rolle]*". So markiert er die eigene Handlungspraxis als Ausgangspunkt für Praxisanleitung (siehe dazu auch Kapitel 7.2) und nimmt anschließend eine Verlagerung von Gender vor, indem er die Genderdimension in Verbindung mit „*Erfahrung*" sowohl auf der institutionellen Ebene „*wir sind jetzt noch nicht so ne alt, alte Einrichtung hier*" als auch auf der individuellen Ebene „*ähm ich hab jetzt auch nicht die größte Erfahrung in Anleitung*" bringt. Nils H. elaboriert weiter, dass er zunächst überlegen musste „*inwiefern findet das bei uns in der Praxis statt*" und bezieht sich mit „*also bei ner Mädchenwohngruppe liegt's ja irgendwie auf der Hand*" auf eine Teilnehmer*in der Gruppendiskussion, die zuvor von ihren Erfahrungen in einer Mädchenwohngruppe berichtet hat. Die Thematisierung von Geschlecht ist auch in dieser Sequenz ‚weiblich' konnotiert, so sind es zunächst Frauen und Mädchen (Fachkräfte, Studierende, Adressatinnen), denen die Relevanz von Gender offenkundig zugesprochen wird. In den ausgewählten Transkriptausschnitten scheint Mädchenarbeit in ihrer historischen und politischen Tradition auf, worauf in diesem Kontext nicht weiter eingegangen wird.[286]

Wie eigene binäre Konstruktionen und Zuschreibungen infrage gestellt werden können, zeigt der folgende Ausschnitt aus der Gruppendiskussion BODEN, woran vier anleitende Fachkräfte teilgenommen haben. Die nachstehende Sequenz aus der Passage *zwischen Benefit und Zuschreibung* schließt an die vorausgegangene Passage *Männer- und Frauenanzahl im Praktikum* an und befindet sich im ersten Drittel der Gruppendiskussion:

---

286 Näheres zu historischen und theoretischen Entwicklungen in der Mädchen*arbeit siehe z. B. Welser (2017).

Laura K.: *Und mir geht's ähnlich. Ich ha/ find das auch toll, wenn Männer [ins Praktikum] kommen,*
Fachkraft: *L Ja*
Laura K.: *weil wir eben halt auch so'n Überschwang an Frauen haben und dann find ich's immer schön, wenn Männer dazukommen, weil sie doch manchmal auf Dinge auch ne andere Sicht ham*
Fachkraft: *L Hm*
Laura K.: *oder ja andere ne andere Inspiration, ja ne andere Sicht oder man kommt an bestimmte Gruppen vielleicht auch nochmal anders und besser dran so, also insofern ist da schon Stück dabei, von dem [...]. Was du gesagt hast, dass man/*
Heidi V.: *L Also ich. Ich hab ja ähm, ich, also ich wollte das nicht so verstanden wissen, dass ich das ähm das ich das bewerte, sondern dass ich merke, dass da was reflexhaft hochkommt,*
Laura K.: *L ne Rolle spielt, hm*
Heidi V.: *ähm, was was ich überhaupt nicht, was ich erst mal gar nicht im im Griff hab, also das is einfach ähm*
Fachkraft: *L Hm*
Heidi V.: *einfach ne äh ne Zuschreibung, die da stattfindet vollkommen ungefiltert ähm und wo ich dann schon aufpassen muss ja und wenn ich das schon bei Praktikanten mache, ähm denk ich mir dann halt als nächsten Schritt kann ich mir ja lebhaft vorstellen, wie ich das auch ähm meinen Klienten aufstülpe. [...]*

(GD_BODEN 442-458)

Der Sequenzbeginn erinnert zunächst an Konflikte und Kontroversen zu ‚mehr Männer in die Kita' (vgl. u.a. Rose/May 2014). Laura K. knüpft an Geschlechterdifferenzen der vorausgegangenen Passage mit *„Ich [...] find das auch toll, wenn Männer kommen"* an. Über *„so'n Überschwang an Frauen"* und Männern, die *„doch manchmal auf Dinge auch ne andere Sicht ham"* offenbart sich eine Differenzkonstruktion, die einer Hierarchisierung und Aufwertung eines männlichen Anderssein unterliegt und das Dilemma der binären Essentialisierung von Differenzen (vgl. Rose 2014, S. 38) beinhaltet. Geschlechterdifferenz wird hier von Laura K. als relevante Kategorie eingeführt und in Verbindung mit den Alltagssubjekten *„Männer"* und *„Frauen"* und nicht als (angehende) professionelle Fachkräfte gebracht. Zu fragen wäre an dieser Stelle, welches Verständnis von Professionalität damit verbunden ist.[287] Heidi V. positioniert sich dagegen oppositionell mit *„also ich wollte das nicht so verstanden wissen, dass ich [...] das bewerte"* und spricht das *„reflexhaft"* Hochkommende, das Implizite und Affektive, an. Damit dekonstruiert sie Geschlecht und gibt – auch im weiteren Verlauf der Passage – selbstreflexive Einblicke. Die Rückbesinnung auf die affektive Dimension des Handelns in Bezug auf das Thema Gender verweist auf den Zusammenhang von Professionalität und Geschlecht und kann als Hinweis auf Gender als Reflexionskategorie sowie ein gendersensibles Verständnis von Professionalität interpretiert werden. In dieser Sequenz dokumentiert sich exemplarisch, wie über Positionierungspraktiken unterschiedliche Orientierungsgehalte aufeinanderstoßen und zur Verständigung anregen. Es dokumentieren sich unterschiedliche Bedeutungszuschreibungen sowie im Alltagswissen verankerte (Selbst-)Verständnisse von Gender, was im Berufsfeld der Sozialen Arbeit meist

287 Näheres zu professionstheoretischen und geschlechtertheoretischen Diskursen mit einem „empirischen Blick auf die alltäglichen Praxen der (Selbst)Zuschreibungen von Professionellen" siehe z.B. Sabla/Rohde (2014).

nicht als bewusst reflektierte und ausdrücklich bezeichnende Kategorie fungiert (vgl. Fleßner 2013). Gruppendiskussionen können daher auch zum impliziten Reflexionsanlass werden, als Anregung für (Selbst-)Reflexionsprozesse verstanden werden und als mögliche Initiierung „praktischer Reflexionspotentiale" (Bohnsack 2020, S. 123) dienen. Rainer (2020) beschreibt im Kontext ihrer Interview-Studie *Genderreflexion in der Schulsozialarbeit* wie voraussetzungsvoll, abstrakt und wie sperrig Gender als analytischer Begriff erlebt wurde (vgl. ebd., S. 170): „Hier wird das Verhältnis von Theorie und Praxis deutlich, da gender als theoretischer Begriff in der Praxis nicht immer geläufig ist, im Vergleich zu Geschlecht, der im Alltagsdiskurs verankert ist" (Rainer 2020, S. 170). Mit den Erfahrungen der Gruppendiskussionen und vor dem Hintergrund der Basistypik *Irritation des Alltäglichen im institutionellen Alltag* lässt sich ergänzen: Um über Gender ins Sprechen zu kommen bedarf es der Positionierung und der Konkretion. So kann die Gruppendiskussion selbst zum irritierenden Moment werden und das Aufeinanderstoßen unterschiedlicher Orientierungsgehalte birgt Möglichkeiten zur Hervorbringung impliziter Wissensbestände, die wiederum für die Suche nach Anschlüssen und Nicht-Anschlüssen zwischen Hochschule und professioneller Praxis erkenntnisreich sind und zugleich Hinweise auf Relationierungsherausforderungen in *begleiteten Praxisphasen* geben. Exemplarisch wird dies mit anhand einer weiteren Sequenz aus der Gruppendiskussion BODEN entfaltet. In der nachstehenden Sequenz aus der Passage *Die Genderfrage* wird zunächst die Mehrdimensionalität von Gender deutlich.[288] Der ausgewählte Ausschnitt beginnt nach dem ersten Drittel der Gruppendiskussion und schließt an eine Passage an, in der eine der Fachkräfte – Heidi V. – problematisiert, dass Gender nur als Querschnittsthema im beruflichen Alltag verstanden wird und somit kaum professionelle Relevanz in der beruflichen Praxis erhält. Judith S. ergreift daraufhin das Wort:

288 Siehe dazu auch Schimpf/Roth (2022a).

Judith S.: Ich hab eben gedacht, es gibt, glaub ich, so zwei Entwicklungen, also es gibt, ich nenn's jetzt mal so, ab gewissen Schichten Erwerbsleben alles läuft mittlerweile gleich, da ist so'n ne also Mann und Frau das das zerschmelzt quasi so also man ist, also es gibt ja nicht mehr die, es ist ja jetzt ne Kinderphase muss jetzt nicht mehr durch, [...] ausschließlich die Frau. Also ich find, da mischt sich ganz viel, es arbeiten beide, es ist also und dann das was eben so beschrieben wurde, so am [Straßenname] ((lachen)) wo's vielleicht auch nochmal darum geht, ja sich ((ausatmen)) anderswo vielleicht auch Erwerbstätigkeit nicht so ne Rolle spielt, also wo so'n anderes, wo man sich anders nochmal behaupten muss, wo irgendwie ob das auch nochmal, wo man vielleicht auch nochmal hingucken muss oder auch in diesem Flüchtlingsbereich neu irgendwo anzukommen, neue Strukturen ähm da auch nochmal, dass da diese Themen dann wieder relevant werden, aber in dem wo jetzt <u>wir so leben</u>, das vielleicht gar nicht mehr so'n Thema is. Also hab ich grad so, ähm und aber natürlich in anderen Bereichen oder in schwierigeren Situationen, das durchaus nochmal ne Rolle, ne andere Rolle spielt. –
Laura K.: Also ich weiß gar nicht, ich hab so das Gefühl das ist ja ganz oft nen Thema zum Beispiel auch
Judith S.: L Mhh, also.
Laura K.: wenn wenn Frauen die berufstätig waren, Mutter werden und dann plötzlich aus diesem Kontext der Tätigkeit rausfallen wieder in Abhängigkeit zu ihrem Mann geraten, ist ja eher nen Mittelschichts oder ja.
Judith S.: L Aber das gibt es ja kaum noch, also es ist ja schon so, dass ich, so erleb
Laura K.: L Was, also
Judith S.: ich's dass Frauen maximal noch'n <u>Jahr</u> vielleicht Zuhause
Laura K.: L Echt?
Judith S.: bleiben, dann aber wieder in die Erwerbstätigkeit gehen.

(GD_Boden 471-495)

Hier dokumentieren sich bereits unterschiedliche Aspekte und Perspektiven in Bezug auf das Thema Gender. Judith S. folgt in ihrer Argumentation dem wirkmächtigen Gleichheitsmythos (vgl. u.a. Klinger 2014; Wetterer 2003). Gender wird von ihr binär konstruiert und mit den Kategorien *Schicht* und *Erwerbsleben* in Verbindung gebracht. „In dieser Entwicklung wird Gleichheit als ein ‚*Zerschmelzen*' von Mann und Frau beschrieben, in der es keine Unterschiede mehr gibt. Sorgeverhältnisse und damit verbundene Care-Aufgaben werden als ‚*Kinderphase*' benannt, die inzwischen nicht mehr ‚*ausschließlich die Frau*' übernehmen muss, denn ‚*da mischt sich ganz viel, es arbeiten beide*'" (Schimpf/Roth 2022a, S. 297). Gleichberechtigung scheint hier über Erwerbsarbeit und individuelle Lebensplanung erreicht zu werden. Daneben führt sie eine zweite gesellschaftliche Entwicklung an und bezieht sich auf Quartiere mit besonderem Entwicklungsbedarf und den „*Flüchtlingsbereich*", wo Genderthemen „*wieder relevant*" sind. Damit nimmt sie eine Abgrenzung zwischen dem „*wo jetzt <u>wir so leben</u>*" und „*[Gender] vielleicht gar nicht mehr so'n Thema is*" und den ‚Anderen' vor. Gender wird von Judith S. als Spezialthema auf die Anderen bezogen und somit exkludiert. Zugleich konstruiert sie im Modus der Abgrenzung ein „*wir*", dem die anderen Teilnehmer*innen der Gruppendiskussion jedoch nicht folgen. Laura K. bringt unmittelbar einen oppositionellen Orientierungsgehalt ein, indem sie der Klassenzuschreibung und dem, dass Chancengleichheit inzwischen erreicht sei, von Judith K. widerspricht. „Während sich in dieser Sequenz die Relevanz bzw. der Bedeutungsverlust von *Gender* im Kontext von Erwerbstätigkeit und Mutterschaft wie auch Milieudifferenzen und hierarchisierenden Zuschreibungen und exkludierenden Markierungen aufspannt und sich darin bereits unterschiedliche Orientierungsgehalte dokumentieren, werden in der nachstehenden Sequenz weitere Aspekte und Dimensionen von *Gender* als Strukturkategorie alltagsnah auch im beruflichen Kontext verhandelt" (ebd., S. 297 f.):

Laura K.: Aber nicht voll oder seltenst, also das erleb ich überhaupt nicht.
Judith S.: L Also es gibt schon Mischformen, also ich seh nicht mehr so dieses [...], also ich sehe ein sehr schnelles Zurückkommen irgendwie, also so kurz dieses Jahr Elternzeit [...] ich habe den Eindruck, das verändert sich, aber es kann jetzt auch irgendwie, ich gucke ja auch mit nem Fokus auf [...]
Laura K.: L Also ich glaub, es verengt sich aber nicht auf eine bestimmte Schicht im Sinne von [Straßenname], also wenn wir in den Stadtteil gucken, zum Beispiel mit dem
Judith S.: L Hm
Laura K.: Generationenprojekt, dann gucken wir ja auch hin und sehen, ok da sind ganz viele Witwen zum Beispiel, also ganz viele verwitwete ältere Frauen, die
Judith S.: L Hm L Hm
Laura K.: teilweise prekär leben und es gar nicht anzeigen oder das gar nicht so wahrnehmen, die nicht mehr in das oberste Geschoss reinkommen, weil keine Wohnraumanpassung gar nicht mal nicht möglich sind, sondern überhaupt nicht gedacht werden und da ist man ja auch wieder sozusagen bei der Genderfrage, also von daher, [...] also ich glaube, wenn man's sehen will, kann
Judith S.: L Hm
Laura K.: man's in vielen Bereichen sehen, vollkommen schichtunabhängig, würd ich jetzt sagen. –
Judith S.: L Hm
Pia H.: Da würd ich mich anschließen. – [...] ----
Judith S.: L Hm

(GD_Boden 497-538)

Im weiteren Verlauf der Passage werden – in Abgrenzung zu Judith S. – Argumentation und Orientierungsgehalte von Laura K. deutlich, indem sie Gender als sozialen Wirkfaktor einführt, der *„nicht auf [eine] bestimmte Schicht"* im Sinne von bestimmten Stadtteilen bezogen werden kann. Sie bezieht sich auf ihre beruflichen Alltagserfahrungen und beschreibt dies anhand von verwitweten älteren Frauen. Mit ihrer Anmerkung *„da ist man ja auch wieder bei der Genderfrage"* nimmt sie auf die strukturelle Ebene Bezug. Mit Gender als Strukturkategorie werden soziale Ungleichheiten und Ausschließungsprozesse sichtbar und Gender wird als Wirkfaktor sozialer Ungleichheit von Laura K. alltagsnah und im konkreten Kontext und der Bedeutung für die Lebensführung und Lebensgestaltung von Frauen benannt. Damit distanziert sie sich von Gender als Spezialthema, welches nur noch für bestimmte Schichten und Quartiere relevant sei. „Mit ihrer Äußerung: *‚wenn man's sehen will, kann man's in vielen Bereichen sehen'* weist sie auf ‚geschlechtshierarchische Verdeckungszusammenhänge' (tifs 2000) hin und ein professionelles Selbstverständnis soziale Ungleichheiten im (beruflichen) Alltag wahrzunehmen" (Schimpf/Roth 2022a, S. 299).[289] Im weiteren Diskursverlauf wird die Verschränkung von Altersarmut und Gender deutlich, indem Pia H. alltagsnah im Kontext der von Laura K. geschilderten Problematik anknüpft und

289 „Der Verdeckungszusammenhang identifiziert hinter den modernen Diskursen, z. B. die Modernisierung von Weiblichkeitsbildern und Männlichkeitsbildern, die Verdeckung struktureller Probleme" (vgl. Klinger 2014, S. 14). Siehe auch Böhnisch/Funk 2022; Bitzan 2016; tifs 2000.

auf der Adressat*innenebene argumentiert.[290] In dieser Passage dokumentiert sich beispielhaft, wie sehr eigene Annahmen und berufliche (Alltags-)Erfahrungen der Fachkräfte die Wahrnehmungs- und Deutungsmuster in Bezug auf Gender bestimmen. „Dabei zeigt sich auch, wie wirkmächtige (Gender)Diskurse die subjektiven Ansichten und Vorstellungen und das Reden über die Geschlechter beeinflussen. Welche Relevanz *Gender* als Strukturkategorie in Bezug auf die Wahrnehmung und Deutung sozialer Ungleichheit und sozialer Ausschließung hat, kommt [...] exemplarisch zum Ausdruck“ (Schimpf/Roth 2022, S. 299f.).

Da Gruppendiskussionen Möglichkeiten der wechselseitigen Bezugnahme bieten, wird die Forschungssituation selbst zur *Irritation des Alltäglichen im institutionellen Alltag* – auch für die Forscher*innen. Konflikthafte gesellschaftliche Verhältnisse, Widersprüche und Spannungsfelder sowie unterschiedliche handlungsleitende Orientierungen, Erfahrungsräume und Unsicherheiten in Bezug auf das Thema Gender dokumentieren sich alltagsnah, wenn Fachkräfte über Gender ins Sprechen kommen. Im Diskursverlauf dokumentiert sich konjunktives Erfahrungswissen der Fachkräfte wie es am Beispiel des Phänomens der Auslagerung von Gender als wenig bedeutsames Spezialthema im beruflichen Alltag von Judith S. auf der einen Seite und des professionellen Selbstverständnisses von Gender als Struktur- und Konfliktkategorie im beruflichen Alltag von Laura K. und Pia H. auf der anderen Seite deutlich wird. Erst über Konkretion und Irritation treten die unterschiedlichen Orientierungen in Erscheinung und können in Verhandlung gebracht werden. „Sobald ich um unterschiedliche, um differente Praxen auf der performativen Logik weiß, die mit Bezug auf Erwartungen, auf institutionalisierte und/oder organisationale Normen und Identitätserwartungen, auf der propositionalen Ebene als gleichermaßen möglich, als funktional äquivalent erscheinen, so ist hiermit ein Reflexionsprozess in Gang gesetzt“ (Bohnsack 2017, S. 107a). Voraussetzung dafür kann das Einlassen auf wechselseitige Irritations- und Verunsicherungsprozesse sein, worüber die eigene Professionalität ein Stück weit infrage gestellt und unter Umständen auch entwertet wird. Die fremdinitiierte mehrdimensionale Verschränkung von (beruflichem) Alltagswissen und Gender*Wissen im Rahmen der Gruppendiskussionen sowie die Adressierung der Fachkräfte im Forschungsprozess[291] konfrontiert die Teilnehmenden (implizit) mit der Aufforderung zur Selbstthematisierung und Reflexion. Es werden beispielsweise Szenen aufgerufen, die noch weitgehend

290 *„[...] verwitwete Frauen, also genau die gleiche Zielgruppe, die jetzt beschrieben wurde, ham wir auch vertreten [...], da kam die Genderfrage auch wieder hoch, ne und dass viele in die Abhängigkeit gehen, weil [...] die Rente einfach zu klein ist ne oder auch äh die nicht mehr in den zweiten Stock hochkommen und so weiter, also die gleiche Problematik sehen wir auch“ (GD_BODEN).*

291 Adressierungen als Expert*innen in der Praxisanleitung von Studierenden, als Vertreter*innen der beruflichen Praxis der Sozialen Arbeit, als genderreflektierende Fachkraft (siehe dazu Kapitel 5.1).

'unverarbeitet' sind. Dies ist vor dem Hintergrund des Spannungsverhältnisses von Hochschule und professioneller Praxis und in Bezug auf *begleitete Praxisphasen* insoweit relevant, als von Studierenden die Relationierung differenter Wissensbestände sowie das Explizieren wissenschaftlicher Bezüge – im Modus der Reflexion – verlangt wird (vgl. u. a. Unterkofler 2020). Es stellt sich also die Frage wie in Anleitungsprozessen Anschlüsse und Nicht-Anschlüsse zwischen Hochschule und professioneller Praxis thematisiert und relevant gemacht werden können und welche Konflikte und Konfliktpotentiale damit für anleitende Fachkräften, Studierende und Lehrende praxisbegleitender Veranstaltungen verbunden sind. „Denn dass Student*innen und Praktiker*innen Bezüge nicht nur implizit herstellen, sondern auch explizieren können, erfordert ein durchgängiges Thematisieren und Praktizieren von Relationierungsprozessen schon im Rahmen des Studiums" (ebd., S. 41).

6.5 Das praktische Studiensemester – ein *Idealkonzept*

Ausgangspunkt der voranstehenden Ausführungen war die Rekonstruktion der Basistypik *Irritation des Alltäglichen im Kontext des institutionellen Alltags* und deren unterschiedliche Bearbeitungsformen bzw. handlungsleitenden Orientierungen der Fachkräfte, die sich u. a. exemplarisch am Thema Gender entfalten. Damit verbunden ist ein spannungsreiches Zusammenspiel von Hochschule und professioneller Praxis, welches mit *begleiteten Praxisphasen* – wie dem praktischen Studiensemester – einhergeht. So konnte gezeigt werden, wie *begleitete Praxisphasen* Schauplatz der Reproduktion sozialer Ordnung und von hierarchischen (Wissens-)Verhältnissen und generationalen Spielen sowie von Zuschreibungen, Konflikten und Konfliktpotentialen durchdrungen sind. Mit (Spannungs-)Verhältnissen zwischen Wissenschaftsfeld und Berufsfeld verbunden ist die Frage, welchem sozialen Feld *begleitete Praxisphasen* von wem und wie zugeordnet werden und welche Selbst- und Fremdpositionierungen die Beteiligten einnehmen und vornehmen. Den Blick auf den Grenzbereich zu richten, den Studierende *begleiteter Praxisphasen* betreten bzw. passieren, ist hier von zentraler Bedeutung. Dieser Grenzbereich trennt einerseits Berufsfeld und Wissenschaftsfeld, andererseits stehen die beiden sozialen Felder zugleich auch in Wechselbeziehung(en) zueinander. Den rekonstruierten Bearbeitungsformen der Basistypik *Irritation des Alltäglichen im Kontext des institutionellen Alltags* gemeinsam ist die Markierung der (Feld-)Grenze als Differenzmarkierung zwischen Innen und Außen, zwischen institutionellem Alltag mit der Handlungspraxis der Fachkräfte und akademischem Diskurs bzw. theoretischer Expertise an Hochschulen. Gleichsam ist mit *begleiteten Praxisphasen* für das Berufsfeld auch die Begegnung mit einer neuen und zukünftigen Generation an Fachkräften verbunden. Die in den voranstehenden Kapiteln rekonstruierten Diskrepanzen, Spannungen und

Anschlüsse eröffnen u.a. einen Einblick in die handlungspraktische Bewältigung des Spannungsverhältnisses zwischen Norm und Habitus – zwischen der propositionalen und performativen Ebene – der Fachkräfte. Studierende, die das Berufsfeld im Kontext *begleiteter Praxisphasen* betreten, konfrontieren (anleitende) Fachkräfte mit anderen Vergleichshorizonten.[292] Diese Konfrontation spiegelt sich auch in der Forschungssituation selbst wider. Zugleich stoßen Studierende und Fachkräfte auf institutionell und organisational gerahmte ‚Rollenangebote', die eigene Positionierungs-möglichkeiten eröffnen bzw. verschließen.[293] Am Beispiel Gender ist exemplarisch deutlich geworden, wie sich – in Anlehnung an Wolff (2000) – im Kontext *begleiteter Praxisphasen* „das Spannungsfeld von Mitgliedschaftsrolle und Grenzerhaltung" (Bollig 2010, S. 108)[294] als Koproduktions- und Aushandlungsprozess dokumentiert und zwischen Integration und Differenzierung (re)produziert. Das praktische Studiensemester als ‚begrenzten Ort'[295] und als ‚Idealkonzept' wahrzunehmen und konzeptionell zu gestalten setzt voraus, dass „wir anerkennen, dass die Sozialwissenschaften die eigentümliche Logik der Praxis – der eigenen wie der außerwissenschaftlichen – nicht so ohne Weiteres zu durchschauen vermögen, sich ihrer immer erst wieder empirisch zu vergewissern haben, entfällt auch der Anspruch einer höheren Rationalität, wie

---

292 Im empirischen Material dokumentiert sich implizite Reflexion, die daran beteiligt ist, die Spannung zwischen propositionaler und performativer Ebene (zwischen Norm und Habitus) handlungspraktisch zu bewältigen (vgl. Bohnsack 2020, S. 56ff.).

293 Siehe dazu auch Kapitel 8.

294 Bollig (2010) wendet sich in dem Beitrag „Ja, ist das jetzt mehr ein Praktikum, oder was?" Fragen des Feldzugangs in pädagogischen Organisationen aus ethnographischer Perspektive innerhalb eines Lehrforschungsprojektes zu: „Der Feldzugang, im Sinne eines sozialen Prozesses der Gewinnung von Vertrauen und Teilhabemöglichkeiten (vgl. Wolff 2000), endet daher auch nicht mit dem formalen Eintritt ins Feld (‚getting in'), sondern muss als andauernder Prozess der Gestaltung der sozialen Beziehungen im Feld thematisiert werden, bei dem vor allem die lange Teilnahme und die damit verbundene Intensivierung der Beziehung zwischen den beteiligten Akteuren immer wieder Aushandlungen von Zugangsrechten erforderlich werden lassen (‚getting on')" (ebd., S. 108).

295 „Die Rede von der Grenze verweist [...] einerseits auf die Komplexität der Verhältnisse und gleichzeitig auf deren Konkretion an einem bestimmten Ort, zu einer bestimmten Zeit, mit Hilfe bestimmter Praktiken – denn der Ort der Grenze existiert!" (Kessl/Maurer 2009, S. 94). Zu *begleiteten Praxisphasen* als ‚Orte der Grenzbearbeitung' siehe Kapitel 8.

er seitens der Sozialwissenschaft gegenüber dem außerwissenschaftlichen Alltag immer noch prinzipiell erhoben wird“ (Bohnsack 2022, S. 144).[296]

Mit der Hinwendung zum institutionellen Alltag der Fachkräfte wird die Verwobenheit von Wissenschaft und Praxis, von Denken und Handeln, im Kontext *begleiteter Praxisphasen* deutlich und die *„Situiertheit des Wissens“* (vgl. u. a. Singer 2005) tritt empirisch in Erscheinung. „Wissensproduktion gilt es als historisch und sozial, als alltäglich zu verorten und damit als machtvolle gesellschaftliche Praxis auszuweisen – als eine Praxis, die [...] niemals ‚unschuldig‘ ist“ (Bargetz 2016, S. 192).[297]

Das folgende Kapitel widmet sich nun, als letzter empirischer und rekonstruktiver Teil der vorliegenden Studie, mit anleitenden Fachkräften, der Frage der Relevanz der Kategorie Gender in Anleitungs- und Reflexionsprozessen. Auch darüber wird das Verhältnis von Hochschule und professionalisierter Praxis sowie das ‚Idealkonzept‘ und ‚Orte der Grenzbearbeitung‘ verhandelt.

---

296 „Auch wenn unter diesen Bedingungen dann von einer Höherrangigkeit der sozialwissenschaftlichen Perspektive im Sinne einer ‚Hierarchisierung des Besserwissens‘ nicht mehr ausgegangen werden kann, so ist damit allerdings die Fruchtbarkeit einer distanzierten sozialwissenschaftlichen Analyse der Praxis der Akteur*innen im Forschungsfeld nicht in Frage gestellt. Voraussetzung ist allerdings, dass die Eigenlogik der Praxis zunächst einmal überhaupt erkannt und expliziert wird. Auf dieser Grundlage können dann Kontingenzen sichtbar gemacht, funktionale Äquivalente angeboten und auf diese Weise Reflexionspotentiale eröffnet werden – immer vorausgesetzt, dass der empirische Zugang zur Eigenlogik der Praxis gelingt (wenn möglicherweise auch nur in jeweils begrenzten Bereichen)“ (Bohnsack 2022, S. 144).

297 Bargetz schlägt vor den Alltag als Denkfigur zu begreifen und betrachtet diesen als kritisches Konzept (vgl. Bargetz 2016).

7 Gruppendiskussionen: Zur (Selbst-)Evaluation herausgefordert

Betrachtet man *begleitete Praxisphasen* als Verbindung zur Profession Sozialer Arbeit und als Möglichkeitsraum für (individuelle) Professionalisierungsprozesse und Professionalitätsentwicklung im Studium, rücken auch anleitende Fachkräfte in den Blick. Die curricularen Erwartungen der Hochschulen an berufliche Praxis als Lern- und Bildungsort im Studium sind hoch (vgl. Kittl-Satran/Reicher 2018) und anleitenden Fachkräften wird eine bedeutsame ‚Schlüsselrolle' bei der Relationierung differenter Wissensbestände im Kontext professionellen Handelns zugesprochen (vgl. u.a. Kunz 2015). Davon ausgehend, dass (Selbst-) Reflexion und Reflexionsfähigkeit zentrale Kriterien professionellen Handelns in der Sozialen Arbeit darstellen (vgl. u.a. Dewe 2009; Ebert 2008; Müller/Becker-Lenz 2008; Heiner 2004) und Professionalisierungsprozesse in Geschichte und Gegenwart mit Geschlechterfragen verbunden sind (vgl. z.B. Ehlert 2018; Teubner 2004; Wetterer 2002),[298] steht im Folgenden das Thema *Gender in der Praxisanleitung reflektieren* im Mittelpunkt.[299] Die rekonstruierten Orientierungen werden bespielhaft anhand unterschiedlicher Phänomene dekonstruiert, um Spannungs- und Konfliktverhältnisse aufzuzeigen, in denen sich Studierende und Fachkräfte im Rahmen *begleiteter Praxisphasen* bewegen. Da „Geschlecht ein zentraler Wirkfaktor sozialer Ungleichheit" ist, der in Verbindung mit anderen Wirkfaktoren (Intersektionalität) „auf soziale Ausschließung und Ausgrenzungsprozesse verweist" (Bitzan 2021, S. 533) und soziale Praxis auch als Ergebnis eines geschlechterhierarchischen Verdeckungszusammenhangs (vgl. Bitzan 2002; tifs 2000) verstanden werden kann, kommt der Frage nach der Relevanz der Kategorie Gender in Anleitungs- und Reflexionsprozessen eine wichtige Bedeutung zu. Wie positionieren sich Fachkräfte in Bezug auf Gender, wenn es um die Anleitung von Studierenden geht? Welche Bedeutung schreiben

298 „(...) lässt sich feststellen, dass Profession und Geschlecht sich (immer noch) wechselseitig kodieren und die Reproduktion von Professionshierarchien mit der Reproduktion von Geschlechterhierarchien verbunden" (Ehlert 2018, S. 210).

299 „Verschiedene Studien können nachweisen, wie Genderkompetenz, basierend auf einer Dekonstruktion vergeschlechtlichter pädagogischer Praktiken und der Reflexion der eigenen (auch biografischen) Verwobenheit in gesellschaftlich virulente Systeme von Binarität, Differenzkonstruktion und Stereotypisierung, eine notwendige Voraussetzung für professionelles Handeln im pädagogischen Feld darstellt" (Baar/Hartmann/Kampshoff 2019, S. 39f.).

sie *Genderreflexion in der Praxisanleitung* zu? Wie wird darüber das Verhältnis von Hochschule und professionalisierter Praxis sowie *begleiteten Praxisphasen* als ‚begrenzte Orte' verhandelt?

Die folgenden Kapitel wenden sich diesen Fragestellungen zu und zeichnen die zentralen Orientierungen anhand von empirischen Materialauszügen nach. Ausgangspunkt der Rekonstruktion waren zunächst thematisch ähnliche Passagen in allen fünf Gruppendiskussionen, die mit einer Nachfrage zum Thema *Gender in der Praxisanleitung reflektieren* beginnen, sowie anschließend fallinterne Vergleiche mit weiteren Passagen zu dieser Thematik. Tabelle 4 gibt zunächst einen Überblick zu den ausgewählten Vergleichspassagen.

Tabelle 4: *Nachfrage zu Genderreflexion in der Praxisanleitung* (eigene Darstellung)

Gender in der Praxisanleitung reflektieren					
	BODEN	**KALLAX**	**DOKKAS**	**EDEFORS**	**FLEN**
Vorausgegangene Passage	Selbstfürsorge als wichtiger Aspekt für Fachkräfte	Begrenzte Handlungsmöglichkeiten in der Sozialen Arbeit	Wunsch nach mehr professionellem Selbstverständnis bei Studierenden	Gesellschaftliche „Durchlässigkeit" und Menschen mit Beeinträchtigung	Sozialisation und im Gruppenkontext über persönliche Themen sprechen können
Konkrete Nachfrage zum Thema	Forscherin I3 sagt, dass sie mit einer Frage an bereits Gesagtes anknüpft. Sie fragt, was es aus Sicht der Anleitung brauche, damit Gender im Anleitungs-prozess Thema werden kann. I2 ergänzt: „und bearbeitet werden kann".	Forscherin I2 sagt, dass sie sich jetzt gerne einmischen würde und nochmals nachdenken möchte, was Anleiter*innen bräuchten, um Gender mit Studierenden zu thematisieren.	Forscherin I2 sagt, dass die Gruppe schon an der Frage dran sei und fragt, was die anleitenden Fachkräfte bräuchten, um Gender mit Studierenden zu thematisieren.	Forscherin I2 sagt, dass sie eine Intervention wage und fragt danach, was die anleitenden Fachkräfte zur Unterstützung in Bezug auf die Praktikant*innen bräuchten.	Eine Fachkraft sagt, dass sie bereits Angesprochenes nochmals interessiert. Sie fragt in die Gruppe, wie man das Thema Gender in der Anleitung reflektieren kann, fragt nach Erfahrungen und konkreten Ideen der anderen Fachkräfte.
Beginn/ Dauer der Passage	Beginn bei 1:26 Std., Dauer ca. 3:30 Min.	Beginn bei 1:11 Std., Dauer ca. 11:30 Min.	Beginn bei 1:24 Std., Dauer ca. 11:00 Min.	Beginn bei 1:14 Std., Dauer ca. 8:45 Min.	Beginn bei 0:52 Std., Dauer ca. 17:00 Min.

Ein Blick auf Tabelle 4 zeigt bereits interessante Anknüpfungspunkte in Bezug auf das Erkenntnisinteresse der vorliegenden Studie. In allen fünf Gruppendiskussionen wird das Thema *Gender in der Praxisanleitung reflektieren* explizit und in unterschiedlicher Art und Weise nachgefragt. Die Nachfrage wird in vier der insgesamt fünf Gruppendiskussionen von den Forscherinnen in der zweiten Hälfte der ca. zweistündigen Gruppendiskussionen eingebracht und die dazugehörigen Passagen sind zwischen 3:30 Minuten und 11:30 Minuten lang. Darin, wie die Forscherinnen nachfragen, dokumentieren sich bereits verbale Praktiken der Selbst- und Fremdpositionierung. Indem die Forscherinnen danach fragen, was anleitende Fachkräfte brauchen, um Gender in der Praxisanleitung zu reflektieren, erfolgt eine wirkmächtige Selbstpositionierung, die zum Teil mit Begriffen wie „einmischen" oder „eine Intervention wagen" unterstrichen wird (siehe dazu auch Kapitel 5.2). Kontrastierend dazu wird in der Gruppendiskussion FLEN die Nachfrage aus dem Kreis der beteiligten Fachkräfte selbstläufig formuliert. Die dazugehörenden Passagen sind mit 17 Minuten am längsten und bereits in der ersten Hälfte der Gruppendiskussion verortet. Im Gegensatz zur Nachfrage der Forscherinnen (Intervention), entspringt die Nachfrage in der Gruppendiskussion FLEN dem selbstläufigen und natürlichen Diskursverlauf und wirkt ‚kollegial' und mit einem anderen Orientierungsgehalt. Während die Forscherinnen mit ihrer Frage proponieren, dass anleitende Fachkräfte *„etwas brauchen"*, um Gender in der Praxisanleitung zu reflektieren, proponiert in der Gruppendiskussion FLEN Marie W., dass die beteiligten Fachkräfte über Erfahrungen und Ideen verfügen, die es lohnt, miteinander zu auszutauschen. Sie selbst positioniert sich hier als Fragende und Suchende.

Drei herausgearbeitete zentralen Orientierungen, die über den Weg des systematischen, fallinternen und fallübergreifenden Vergleichs rekonstruiert werden konnten, stehen im Folgenden im Mittelpunkt. Diese spannen sich zwischen den beiden Kontrasthorizonten zur *Konstruktion von Gender als Spezialthema* (Kapitel 7.1) und *Grundlage ist sozusagen unsere eigene Praxis* (Kapitel 7.2) auf. Kapitel 7.3 wendet sich der Konstruktion von *Gender als Frage von Machtverhältnissen und Zuordnung* zu. Im abschließenden Kapitel 7.4 werden die rekonstruierten Orientierungen in ihrer alltäglichen Spannungs- und Konflikthaftigkeit in Verbindung zur kritischen Alltagstheorie gebracht und es wird an den Aspekt der ‚begrenzten Orte' angeknüpft. Ebenso werden daraus resultierende Konsequenzen und Herausforderungen für *begleitete Praxisphasen* als *sprachlose Zumutung* diskutiert.

7.1 *„wenn's […] so'n paar provokante Fragen gäbe":* Zur Konstruktion von Gender als Spezialthema im Anleitungsprozess

Die Frage, wie sich anleitende Fachkräfte in Bezug auf das Thema *Gender in der Praxisanleitung reflektieren* positionieren und welche Bedeutung sie Genderreflexion in Anleitungsprozessen zuschreiben wird im Folgenden zunächst mit einem Auszug aus der Gruppendiskussion BODEN eingeführt. Judith S. reagiert hier auf die Nachfrage der beiden Forscherinnen,[300] was es aus Sicht der anleitenden Fachkräfte brauche, damit Gender im Anleitungsprozess thematisiert und bearbeitet werden kann:

Judith S.: *Ich hab eben gedacht, wenn's […] so'n paar provokante Fragen gäbe, wirklich für den Praxiseinsatz, wäre das gar nicht verkehrt,*
Forscherin I2: *L Hm, ok* *L Mhm*
Judith S.: *wo beide Seiten nochmal draufgucken, weil ich tatsächlich wirklich mit hier angefangen hab zu denken […] aber wirklich so so'n paar provo/ also wo's dann wirklich nochmal Organisationsstruktur, Klienten, äh Umgang,*
Forscherin I2: *L Hm*
Judith S.: *also wirklich diese verschiedenen Faktoren nochmal zu nehmen, ähm wo beide Seiten nochmal in nem Anleitungsgespräch auch draufgucken können.*
Forscherin I2: *L Hm*

(GD_BODEN: 1099-1112)

Judith S. greift die Nachfrage und den propositionalen Gehalt der Forscherinnen auf, indem sie sagt, dass *„so'n paar provokante Fragen […] für den Praxiseinsatz […] gar nicht verkehrt"* wären. Damit wird zunächst deutlich, wie Judith S. anschließt: Für sie bedarf es der Konkretisierung und des Auftrags von Hochschule, um mit Studierenden über Gender ins Sprechen zu kommen (vgl. Garbade 2020, S. 101). Zugleich nimmt sie mit der Formulierung *„gar nicht verkehrt"* eine Distanzierung vor und spricht damit Gender keine Relevanz im beruflichen Alltag zu. Sie adressiert mit *„provokante Fragen […] für den Praxiseinsatz"* die Hochschule als dafür zuständige Instanz. Sie sagt, dass sie selbst erst *„hier angefangen [habe] zu denken"* und spielt auf die Forschungssituation an, was auch als Auslagerung des Themas aus dem institutionellen Alltag interpretiert werden kann. Zugleich dokumentiert sich darin ein Hinweis auf die Forschungssituation als möglicher Reflexionsanlass bzw. Reflexionsraum. In ihren weiteren Ausführungen stellt sie Bezüge zu *„Organisationsstruktur, Klienten […] Umgang"* her, worauf mit provokanten Fragen im Anleitungsgespräch *„beide Seiten […] draufgucken können"*. Auch daran wird deutlich, wie Gender von außen an die Praxis herangetragen werden muss und sich nicht (selbstverständlich) als Teil des professionellen Selbstverständnisses bzw. des professionellen Alltags darstellt. Judith S. markiert Gender in der ausgewählten Sequenz als Spezialthema, dem

300 Siehe dazu Tabelle 4.

sie in der beruflichen Alltagspraxis erstmal keine besondere Relevanz zuschreibt und welches nicht als analytische Reflexionskategorie in Anleitungsprozessen von ihr genutzt wird. Im weiteren Verlauf der Passage wird dies noch deutlicher:

Judith S.:	*Aber manchmal hat es ja auch was, so was Peinliches ((Lacher)) ne ich, ja*
Pia H.:	*L Jaa*
Judith S.:	*ich muss das jetzt ma frag/, also so und wenn beide Seiten das so'n bisschen ha/, also wissen,*
Pia H.:	*L Mhm*
Judith S.:	*hey wir gucken da jetzt mal drauf, äh dann kann man schon mal das, irgendwie weil ne, is das jetzt hier sehr frauen/, also ich weiß, das is nicht mehr so, ne man man fragt das einfach nicht mehr,*
Fachkraft:	*L Hm L Hm*
Judith S.:	*da spricht man nicht drüber ((lacht)).*
Fachkraft:	*L Hm*
Judith S.:	*Es ist so – und dann wird so'n so'n wirklich so ne Aufforderung nochmal helfen. ----*
Fachkraft:	*L Hm*
Fachkraft:	*L Hm*

(GD_Boden: 1132-1146)

Judith S. sagt, dass die Thematisierung von Gender *„etwas Peinliches"* hat und Pia H. validiert und bekräftigt mit einem *„Jaa"*. Die weiteren Ausführungen von Judith S. wirken unvollständig und um Worte ringend, so als werde das Unangenehme mit der Forschungssituation selbst hervorgebracht.[301] Das Sprechen über Gender erscheint ungeübt und negativ konnotiert, was sich auch in *„da spricht man nicht drüber"* dokumentiert. Damit folgt Judith S., wie bereits in vorausgegangenen Passagen, dem aktuell wirkmächtigen Gleichheitsmythos (siehe dazu auch Kapitel 6.4), wonach die Gleichberechtigung von Männern und Frauen erreicht zu sein scheint (vgl. u. a. Klinger 2014; Wetterer 2003).[302] Mit der Orientierung am Gleichheitspostulat findet eine De-Thematisierung statt und Ungleichheitserfahrungen werden tabuisiert (vgl. Bitzan 2002). Um sich der Thematisierung von Gender in Anleitungsprozessen zu nähern ist *„so ne Aufforderung"* notwendig. Die Thematisierung erscheint erklärungsbedürftig und es kommt zu einer Verlagerung dessen in die Zuständigkeit der Hochschule. In dieser Orientierung dokumentiert sich, wie Gender*Wissen keinen (explizit) relevanten Teil des Professionswissens der Sozialen Arbeit darstellt und somit von Judith S. zunächst keine fachliche Anerkennung erfährt. Darüber hinaus dokumentiert sich in dieser Sequenz, wie sie von *„beide[n] Seiten"* spricht und damit den Grenzbereich markiert. Anleitende Fachkräfte und Studierende sollen hier vorher wissen, dass das Thema auf sie zukommt, um das Peinliche überwinden zu können und die Grenze des Nicht-Sagbaren zu überschreiten. Gender bedarf also der Vorbereitung und der expliziten Hinwendung. Darüber wird erneut eine Distanzierung und Nicht-Anerkennung vorgenommen, weder bei Studierenden noch

301 Mit der Forschungssituation wird etwas aufgerufen, das noch nicht reflektiert und sprachlich ‚verflüssigt' ist.

302 Geschlechtsbezogene Benachteiligungen werden ausgeblendet oder als Einzelfälle betrachtet und somit nicht als Teil eines allgemeinen Musters erkannt (vgl. Hark 2008, S. 218).

bei Fachkräften wird Genderreflexion vorausgesetzt bzw. erwartet.[303] Beispielhaft dokumentiert sich am Thema Gender das Spannungsverhältnis zwischen Norm und Habitus. Während Judith S. auf der einen Seite von normativen Ansprüchen und Erwartungen eines ‚politisch korrekten Sprachgebrauchs' geleitet wird und in der Schriftsprache *„sehr akkurat"* auf geschlechtergerechte Sprache achtet, bezeichnet sie auf der anderen Seite Gender als *„kein Thema mehr"* und stellt keine Bezüge zur eigenen professionellen Handlungspraxis, zu Anleitungsprozessen oder zu Fachdiskursen der Sozialen Arbeit her.[304]

Die Konstruktion von Gender als Spezialthema im Anleitungsprozess dokumentiert sich auch innerhalb der Gruppendiskussion EDEFORS, an der vier Fachkräfte teilnehmen. Zunächst reagieren Lisa T. und Sophie K. auf die Nachfrage der Forscherin, was Praxisanleiter*innen zur Unterstützung *„in diesen [Gender]Fragen"* brauchen. Lisa T. zählt dazu *„ne Art ähm vielleicht Leitfaden oder Fragenkatalog"* auf, woran Hubert N. in der folgenden Sequenz anknüpft:

Hubert N.:	*Ich denke auch, dass es vielleicht, äh w wie du sagtest, hilfreich wäre, wenn wenn ne hochschulbezogene Fragestellung mit besonderer Brisanz, wenn die aufgelistet wäre, ja so dass das Praxisfeld ist dann nochmal wirklich n anderer*
Lisa T.:	*L Hm*
Hubert N.:	*Blickwinkel, so dass die von dieser Seite auch nochmal bb besonders*
David H.:	*L Hm*
Hubert N.:	*betrachtet werden könnten, weil die Studentinnen, Studenten, die sind genährt, die die ham eben den akademischen Blick und*
Fachkraft:	*L Hm*
Hubert N.:	*der einfach verarbeitet werden muss [...] nicht zurechtgerückt,*
Fachkraft:	*L Hm*
Lisa T.:	*L Hm*
Hubert N.:	*aber einfach ergänzt werden muss durch den den praxisbezogenen Aspekt*
Sophie K.:	*L Hm*
Lisa T.:	*L Ja*
Fachkraft:	*L Hm*
Hubert N.:	*und klar man, vieles ergibt sich im Moment [...] ich denke nicht, dass das sehr viele äh Personen äh davon ausgehen, dass solche Erfahrungen in einer Einrichtung für Menschen mit Behinderung unbedingt an der Tagesordnung sind, also die Notwendigkeit spontan zu reagieren und Dinge in Besprechungen einzuflechten, das ist ja ganz selbstverständlich, aber wenn's so besondere Schwerpunkte gibt, die [...] abgedeckt werden sollen,*
Lisa T.:	*L Hm*
Hubert N.:	*dann wär schon so ein Katalog sehr hilfreich. -----*

(GD_EDEFORS 955-969)

Hubert N. beginnt damit, dass es *„vielleicht [...] hilfreich wäre [...] wenn ne hochschulbezogene Fragestellung mit besonderer Brisanz [...] aufgelistet wäre"* und knüpft so an Lisa T. an. Er führt weiter aus, dass das *„Praxisfeld [...] dann*

303 Schon in der Anfangspassage derselben Gruppendiskussion sagte Judith S. „Ähm ich habe eben so auf der Fahrt überlegt, Gender Gender, ich weiß, wenn ich Konzepte schreibe (lachen), dass ich da sehr akkurat darauf achte im Schriftverkehr, dann habe ich gedacht Mensch unsere Homepage und bin so weiter gegangen, habe dann gemerkt, so dieses Thema, ist ein bisschen, wirklich war eigentlich kein Thema mehr" (GD_BODEN 167–171).

304 An dieser Stelle sei auch darauf hingewiesen, „dass praktische Vollzüge nicht abgebildet werden können, sondern lediglich die Deutung des sozialen Handelns in Worte gefasst werden kann" (Garbade 2020, S. 101).

nochmal wirklich n anderer Blickwinkel" ist und markiert hierüber die Differenz zwischen Hochschule und beruflicher Praxis. Er sagt, dass die Studierenden *„genährt"* sind und *„den akademischen Blick"* haben und ordnet Studierende der Hochschule zu – was auch mit der Nutzung der feldspezifischen Begriffe *„die Studentinnen, Studenten"* deutlich wird. Er sagt, dass dieser Blick in der Praxis verarbeitet und ergänzt werden müsse durch den *„praxisbezogenen Aspekt"*. Auch wenn er sich hier von *„zurecht gerückt"* distanziert, wird damit das Spannungsverhältnis zwischen Hochschule und beruflicher Praxis aufgerufen und mit *„vieles ergibt sich im Moment"* unterstreicht er den alltäglichen Handlungsdruck und die situativen Bedingungen sozialer Handlungsvollzüge, die jenseits dessen liegen, was Hochschulen vermitteln (können).[305] Gender wird in dieser Sequenz für das Handlungsfeld *„Menschen mit Behinderung"* als alltagsfern konstruiert, indem es als *„besonderer Schwerpunkt"* markiert wird und dem Üblichen – *„Dinge in Besprechungen einzuflechten"* – entgegensteht. So dokumentiert sich hier, wie für Hubert N. das Thema *Genderreflexion in der Praxisanleitung* – analog zu den voranstehenden Auszügen aus der Gruppendiskussion BODEN – zum Spezialthema wird, welches sozusagen im Auftrag der Hochschule zu thematisieren sei. Auch hier wird deutlich, wie Gender*Wissen nicht als handlungsrelevant betrachtet wird und somit keine fachliche Anerkennung in der beruflichen Praxis der Sozialen Arbeit erfährt.[306] Eine weitere Sequenz aus den Anfangspassagen derselben Gruppendiskussion beginnt damit, dass Hubert N. von Äußerungen in Texten berichtet hat, die im Rahmen eines Kulturprojektes mit Adressant*innen entstanden sind: *„[...] bei der Betrachtung dieser Texte hat eine Praktikantin [...] lautstark protestiert. Äh so dass wir dann auch Einfluss nehmend Texte verändert haben, [...] wir ham tatsächlich gemerkt, ähm wir sind da auf nem falschen Kurs [...], ohne dass da ne böse Absicht dabei war [...] und ähm es ist auch zu einem Mahnmal geworden, was wir da erlebt haben" (GD_EDEFORS 357–368).* Hubert N. nimmt hier Bezug zu eigenen Erfahrungen im Anleitungsprozess und berichtet, dass eine *„Praktikantin"* bei der Betrachtung von selbst geschriebenen Texten *„lautstark protestiert"* hat. Offen bleibt, um welche Textäußerungen es konkret ging. In dieser und in weiteren Sequenzen entsteht der Eindruck, dass es sich um Sexismus handeln könnte.[307] Die Dramaturgie und Metaphorik im Diskursverlauf lassen sich als erschütternden Einschnitt in die alltägliche Handlungspraxis und emotional aufgeladene Konfrontation mit dem Thema *Gender in der Praxisanleitung reflektieren* interpretieren, was die Markierung als *„Mahnmal"*

305 Siehe dazu u. a. Roth/Burkard/Kriener 2023.

306 Geschlecht als zentrales gesellschaftliches Ordnungskriterium bleibt darüber verdeckt.

307 Die Gruppe der Adressat*innen setzt sich nach den Ausführungen von Hubert N. aus mehreren Männern und einer Frau zusammen. Er räumt ein: *„[...] wir sind da auf nem falschen Kurs einfach um unseren äh Hauptprotagonisten [...] zu bedienen und um seine Rolle, seinem Verständnis zu entsprechen, ham wir auch ähm relativ unreflektiert Texte formuliert.]" (GD_EDEFORS 360–363).*

unterstreicht. Erschütterung und tiefgreifende Irritation werden in dieser Passage von Hubert N. ergänzt: *„[...] vielleicht war die Praktikantin damals auch ein stückweit übersensibel und und wir ham dann eher ihrer Rolle entsprochen, äh aber es es war trotzdem ein ein sehr wichtiger Hinweis, ja weil man geht [...] mit diesem äh Texten in die Öffentlichkeit, das ist der absolute Bezugsrahmen [...]" (GD_EDEFORS 394–397).* Neben der Metapher des Mahnmals tritt an dieser Stelle eine Relativierung: Während sich in der ersten Sequenz eine tiefgreifende Erschütterung dokumentiert, wird im weiteren Verlauf der Passage das Ereignis mit *„vielleicht war die Praktikantin damals auch ein stückweit übersensibel"* abgeschwächt. Zugleich wird die *„Öffentlichkeit"* als *„absolute[r] Bezugsrahmen"* bezeichnet und der Hinweis der *„Praktikantin"* als Korrektiv genutzt, um möglichen Ansprüchen und Erwartungen im Außen zu entsprechen. Interessant ist, dass Gender als Reflexionskategorie von Hubert N. nicht benannt wird und der Konflikt nicht auf der Geschlechterebene in den Blick kommt. Vielmehr erscheint es wie ein Kreisen um etwas Geheimnisvolles, etwas Unaussprechliches. Wie vor diesem Hintergrund *hochschulbezogene Fragestellung mit besonderer Brisanz* Eingang in den Anleitungsprozess finden und zu Genderreflexion anregen können, wird nicht ausgeführt.

Mit der Konstruktion von Gender als Spezialthema im Anleitungsprozess und der Auslagerung von Gender in die Zuständigkeit der Hochschule zeichnet sich diese Orientierung aus. So sind es die *provokanten Fragen für den Praxiseinsatz* bzw. die *hochschulbezogene Fragestellung mit besonderer Brisanz*, worüber eine Anschlussfähigkeit zwischen Hochschule und beruflicher Praxis in *begleiteten Praxisphasen* hergestellt werden soll. Auffällig ist der Wunsch nach *Provokation* bzw. *Brisanz*, worin sich dokumentiert, wie Genderreflexion von Seiten der Hochschule aktualisiert und fachlich bedeutsam bzw. attraktiv gemacht werden muss. Dass Soziale Arbeit „an der Herstellung von Geschlechterordnungen beteiligt" (Bereswill/Ehlert 2018, S. 31) ist und Genderreflexion als eine Dimension professionellen Handelns in der Sozialen Arbeit gilt (vgl. Rainer 2020, S. 165), stellt bei dieser Orientierung einen Gegenhorizont dar. Gender fungiert nicht als bewusst reflektierte Kategorie im beruflichen Alltag der Fachkräfte (vgl. Fleßner 2013) und wird als Thema der Hochschule davon abgegrenzt. Anhand einer weiteren Sequenz aus der Gruppendiskussion EDEFORS zur Nachfrage der Forscherin (siehe Tabelle 4) wird dies besonders deutlich. Sophie K. hat zuvor den Aspekt eingebracht, dass es hilfreich ist, wenn Studierende *„schon mit so ner Fragestellung" (GD_EDEFORS 937)* ins Praktikum kommen:

Sophie K.: *[...] weil mir im Alltag entgleitet das auch oft, ne dann ist Hektik, dann ist Stress, dann äh pfh kommen auch immer viele unvorhergesehene Sachen, ähm und dann verliert man so was auch aus'm Fokus, ja aa aber wenn's dann nochmal speziell*
Fachkraft: *L Hm*
Sophie K.: *[...] dann auf'm Schreibtisch ahja die Praktikantin kommt jetzt mit der und der Fragestellung, da muss man nochmal draufgucken und das is*
Forscherin I2: *((lacht kurz auf))*
David H.: *L Jaha*
Sophie K.: *auf meinem Schreibtisch und dann guck ich, ahja genau, da muss man*
Lisa T.: *L Hm*
Sophie K.: *nochmal, das wär so hilfreich, weil sonst is es im Alltagsstress oft einfach auch*
Fachkraft: *L Ja*
Sophie K.: *weg. Ja.*
Fachkraft: *L Hm*

(GD_EDEFORS 938-945)

Sophie K. entwirft hier den Alltag als begrenzten Möglichkeitsraum (siehe dazu auch Kapitel 6.3) und als eingeschränkten, bornierten Raum im Sinne der Alltagstheorie (vgl. u. a. Grunwald/Thiersch 2016)[308], der durch Provokation von Seiten der Hochschule destruiert und infrage gestellt oder auch verändert werden kann. Den Alltag prägen *„viele unvorhergesehene Sachen"* und darin *„entgleitet"* das Thema Gender. Vorstellungen dazu, wie Genderreflexion in der Praxisanleitung den *„Alltagsstress"* durchbrechen und in den Blick kommen kann, dokumentieren sich hier technokratisch. Ein Bewusstsein für die Bedeutung genderreflektierender Professionalität kommt in dieser Sequenz nicht zum Ausdruck. Vielmehr scheint der Handlungsdruck der Praxis durch. Vom Handlungsdruck entlastete kontinuierliche Zeiten und Räume, die für Praxisanleitung zur Verfügung stehen, werden nicht benannt. Um gemeinsam mit Studierenden zu *Gender* ins Sprechen zu kommen, wird auch hier ein konkreter Impuls der Hochschule eingefordert.[309]

Als eine zentrale Bearbeitungsform des Verhältnisses von Hochschule und professionalisierter Praxis im Studium konnte in diesem Kapitel die Auslagerung von Gender als Spezialthema in der Praxisanleitung rekonstruiert werden, dessen Thematisierung in *begleiteten Praxisphasen* von konkreten Impulsen und Relevanzsetzungen der Hochschule abhängig gemacht wird. Daran werden exemplarisch Herausforderungen und Spannungsverhältnisse deutlich, womit anleitende Fachkräfte in *begleiteten Praxisphasen* konfrontiert sind. Ausgehend von unterschiedlicher Bedeutungszuschreibung und Wissensformen und -beständen kommen auch Fachkräfte mit dem Wissenschaftsfeld und den entsprechenden Feldkräften sowie akademischen Diskursen in Berührung und sind zu Selbst- und Fremdpositionierung herausgefordert. Neben den Studierenden selbst müssen auch sie Praxis und Wissenschaft „bewusst, gezielt, implizit oder unbewusst, in jedem Fall aber faktisch in ein Verhältnis zueinander" (Kösel 2014,

308 Gramsci zufolge ist der Alltagsverstand „auf bornierte Weise neuerungsfeindlich und konservativ und baut stark auf bestehenden Traditionen auf" (Gramsci 1994, § 13, 1397).

309 Was auch als Aufmerksamkeitsfokussierung im Sinne der Alltagsbewältigung verstanden werden kann.

S. 247) bringen, was mit Macht- und Konfliktverhältnissen verbunden ist und sich bereits in der Analyse des Forschungszugangs gezeigt hat (siehe dazu Kapitel 5.1). Die ausgewählten Sequenzen veranschaulichen exemplarisch wie sehr sich die Fachkräfte beim Thema *Gender in der Praxisanleitung reflektieren* in den Gruppendiskussionen zurückhalten bzw. Szenen aufgerufen werden, die noch nicht reflektiert sind. Die Adressierungen der Fachkräfte im Forschungsprozess u. a. als genderreflektierende Fachkraft (siehe dazu 5.1) sowie die im vorliegenden Kapitel skizzierte Nachfrage der Forscherinnen weisen einen „Forderungscharakter" (Bohnsack 2014b, S. 43) auf, woraus Spannungsverhältnisse zwischen beruflichem Habitus und wahrgenommenen Normen und (Erwartungs-)Erwartungen resultiert. Zugleich stoßen die Forscherinnen mit dem, was sie im Rahmen des Projektes *(Praxis)Anleitung und Gender(Wissen)* zunächst als Gegenstand definiert haben, bei dieser Orientierung auf keine entsprechende Resonanz. So kann beispielsweise die wiederholte Nachfrage der Forscherin I2 in der Gruppendiskussion EDEFORS *„Ja vielleicht nochmal auf das Genderthema zu kommen, also was wäre da hilfreich, jetzt ist es fast n bisschen allgemein geworden, is ok. ((lacht)) Ich würde doch nochmal nachbohren mit dem Genderthema, was bräucht's dafür?" (GD_EDEFORS 992–994)* auch als Enttäuschung auf Seiten der Forschenden verstanden werden. Im *Ruf nach Fragen* dokumentiert sich beispielhaft, wie das Verhältnis von Hochschule und professioneller Praxis verhandelt und bearbeitbar gemacht wird. Die Diskrepanz zwischen der Bedeutung von (Gender*)Diskursen für die Forschenden – die als Repräsentant*innen der Hochschule wahrgenommen werden – und der Relevanzsetzung von Seiten der Fachkräfte im Berufsfeld wird als Spannungsverhältnis zwischen Fachkräften und Forscherinnen, zwischen Hochschule und beruflicher Praxis, deutlich und zwischen Norm und Habitus hervorgebracht. Diskrepanzerfahrungen und dem Erleben von Irritation, Verunsicherung und ‚Ver-Störung' auf Seiten der Fachkräfte wird mit *Distanzierung und Auslagerung* begegnet.

Charakteristisch für diese Orientierung ist: Die Fachkräfte suchen nach Gender in der Praxisanleitung und werden nicht fündig. Wenn Gender nicht explizit ausgewiesen ist, wird es von den Fachkräften – auf der Metaebene und in seiner Mehrdimensionalität – nicht erkannt. Bezüge auf öffentliche Diskurse und der Rückzug auf Privates, wie es sich im empirischen Material zudem dokumentiert, sind hierfür ebenfalls typisch. Der *Ruf nach Fragen* gleicht einer Suche nach Struktur und Orientierung im Anleitungsprozess und kann u. a. auf fehlende (Reflexions-)Räume zur Selbstvergewisserung für anleitende Fachkräfte hinweisen.[310] Das handlungsleitende (Erfahrungs-)Wissen der Fachkräfte wird exemplarisch am Thema Gender irritiert. Wie bei dem Gefühl ‚keine Ahnung mehr zu haben', bleiben Wissensbestände und Handlungspraktiken in der Anleitung von Studierenden im Kontext der Gruppendiskussionen verdeckt. Der Schritt, sich als

310 Siehe dazu auch Kapitel 8.

anleitende Fachkraft in der Öffentlichkeit der Gruppendiskussion mit eigenem Gender*Wissen und Anleitungsroutinen zu zeigen und sich in Bezug auf Gender fachlich zu positionieren, stellt bei dieser Orientierung ein Hemmnis dar. Darin dokumentieren sich Begrenzungen sowie eingelagerte Machtverhältnisse, die der Forschungssituation immanent sind.[311] An dieser Stelle kann bereits darauf hingewiesen werden, dass Machtbeziehungen zwischen Hochschulvertreter*innen und anleitenden Fachkräften sowie Asymmetrien von Wissensformen im Kontext *begleiteter Praxisphasen* i. d. R. nicht thematisiert und dekonstruiert werden. Hieran wird später in Kapitel 8 angeknüpft.

Kontrastierend zur rekonstruierten Orientierung *Auslagerung von Gender als Spezialthema in der Praxisanleitung* wird im Folgenden der Blick auf die *Grundlage ist sozusagen unsere eigene Praxis* gerichtet.

7.2 *„[…] die Grundlage ist sozusagen unsere eigene Praxis“*: Zur Konstruktion von Gender als Bestandteil des professionellen Alltags

In der unterschiedlichen Art und Weise des Umgangs mit dem Thema *Gender in der Anleitung reflektieren* zeigt sich die praktische Logik der Fachkräfte. Als maximale Kontrastierung zur Bearbeitungsform *Auslagerung von Gender als Spezialthema in der Praxisanleitung* wird nun der Blick auf *Grundlage ist sozusagen unsere eigene Praxis* gerichtet. Einen ersten Eindruck davon vermitteln die folgenden Sequenzen aus der Gruppendiskussion FLEN, an der fünf Fachkräfte teilnahmen. Es ist die einzige der insgesamt fünf Gruppendiskussionen in der die Nachfrage aus dem Kreis der Fachkräfte selbst formuliert wird. Wie in Tabelle 4 erkennbar, dokumentieren sich darin u. a. sprachliche Unterschiede aufgrund unterschiedlicher Relevanzsysteme (vgl. Bohnsack 2014a, S. 22 f.). Während die Forscherinnen in den anderen Gruppendiskussionen danach fragen, was anleitende Fachkräfte brauchen, um *„Gender im Anleitungsprozess Thema werden zu lassen“ (GD_BODEN 1106–1107)*, verbleiben sie auf einer Abstraktionsebene. Diese setzt voraus, dass die Fachkräfte in der Lage sind im Setting der Gruppendiskussion ihr implizites bzw. präreflexives Wissen (vgl. Mannheim 1964a, S. 100; Polanyi 1985) zu externalisieren bzw. sich als ‚Nicht-Wissende‘ in der Öffentlichkeit der Gruppendiskussion zu präsentieren. Dagegen fragt Marie W. als anleitende Fachkraft in der Gruppendiskussion FLEN die anderen Teilnehmer*innen nach ihren Erfahrungen, die sie mit Genderreflexion in der Praxisanleitung bislang gemacht haben und regt zum Sammeln von Ideen an: *„Mich interessiert das nochmal […], wie man dieses Thema in der Anleitung reflektieren kann. Also habt ihr da Erfahrungen, können wir irgendwie Ideen sammeln <<lachend>>, also wie man*

311 Siehe dazu auch Kapitel 5.2.

das Thema Gender in der Anleitung reflektiert konkret" (*GD_FLEN 747–748*). Im Unterschied zur Nachfrage der Forscherinnen wird hier zum kollegialen Austausch ‚auf Augenhöhe' angeregt, sozusagen auf Peer-Ebene. Wie bereits in Kapitel 6.3 „*da geht ne rote Lampe bei mir an*" dargestellt, wird auch hier die Frage der Fachkraft von den übrigen Teilnehmer*innen sofort aufgegriffen. Es entsteht der Eindruck, dass plötzlich alle etwas dazu zu sagen haben und die dazu gehörenden Passagen dauern insgesamt 17 Minuten. Theresa F. schließt an die Nachfrage von Marie W. sofort an:

Theresa F.: Im Grunde genommen, also ich hab vorhin die ganze Zeit so mitgedacht, was machen wir eigentlich im Team, also bei uns kommt nämlich sehr häufig die Frage auf, weil's halt hauptsächlich Jungs sind und wir aber hauptsächlich Frauen sind, kommt häufig die Frage auf, ähmm wann wäre es denn jetzt besser, wenn wir, wenn wir'n Kollege ähm hätten oder
Marie W.: L Hm
Theresa F.: wenn wir'n Kollege einsetzen könnten für welche Themen, wo scheuen wir uns denn über Themen zu sprechen oder wo
Marie W.: L Hm
Theresa F.: aus welchem Grund denken wir, dass es hier gut wäre, wenn n Mann einsteigen würde und ähm aufgefallen ist mir, dass wir uns häufig scheuen, wenn es um Körperlichkeit geht als Frau, also Hygienethema [...]

(GD_FLEN: 750-761)

Theresa F. beginnt damit, dass sie sofort einen Bezug zu sich selbst und dem Team herstellt „*was machen wir eigentlich im Team*". Sie sagt, dass sie häufig im Team vor der Frage stehen „*wäre es denn jetzt besser, [...] wenn wir'n Kollege einsetzen könnten für welche Themen*" und nennt „*wenn es um Körperlichkeit geht als Frau, also Hygienethema*", woran ihr dies besonders aufgefallen ist. In ihren Ausführungen hebt sie binär die Geschlechtszugehörigkeit der Fachkräfte hervor und fragt selbstkritisch „*aus welchem Grund denken wir, dass es hier gut wäre, wenn n Mann einsteigen würde*" und „*wo scheuen wir uns denn über Themen zu sprechen*".[312] Damit hält sie zwar am Konstrukt der Zweigeschlechtlichkeit fest, argumentiert jedoch nicht entlang des Diskursphänomens zur Forderung nach mehr Männern in sozialen Berufen (vgl. u. a. Fegter et al. 2019; Fegter 2012; Rose/May 2014), worin Männer zu „abwesenden Rettern und Frauen als Anwesende problematisiert" (Booth 2021, S. 77) werden, sondern hinterfragt die eigenen Vorstellungen in der ‚Wir-Form'. Sie konzipiert Geschlecht als Differenzkategorie auf der Adressat*innen- und Fachkräfteebene und bringt diese im weiteren Diskursverlauf in Verbindung zum Generationenverhältnis:

312 Zur Dominanz des gesellschaftlichen Rahmens im Berufsfeld siehe Kapitel 8.4.

Theresa F.: *[...] ähm das fällt mir jetzt noch n bisschen am leichtesten, sag ich mal, weil ich bin relativ alt*
Marie W.: *L Hm*
Theresa F.: *und ich hab nen großen Abstand zu den jungen Männern*
Fachkraft: *L Hm*
Theresa F.: *und ich seh mich oft so sogar schon als Oma, net mal mehr als Mutter sondern als Oma*
Fachkraft: *L Hm*
Theresa F.: *und dann kann ich solche Themen scheinbar n bisschen leichter ansprechen, aber da is, da is ne Scheu, das is net ganz klar, wie geht man da am besten mit um und dann n anderes Beispiel is [...], wir hatten nen jungen Mann, der war kurz davor rauszufallen aus dem Projekt, weil er äh aus persönlichen Gründen überhaupt nicht mehr in Kontakt gehen konnte und ähm wir, die die Frauen hatten echt, also alle Kolleginnen, hatten echt Schwierigkeiten mit [ihm] den Kontakt aufzubauen und unser Kollege ähm is einmal einfach einmal in der Woche mit ihm ins Kino gegangen, als*
Marie W.: *L Hm*
Theresa F.: *einziger Kontakt, den wir hatten. Das war natürlich echt mini Kontakt, aber über diesen s einmal in die Woche ins Kino zu gehen, kam der super gut mit ihm in ins Gespräch, erstmal nur über die Filme, aber von da aus konnte sich das wieder verbessern, so dass er wieder zu allen auch n guten Kontakt is jetzt. Aber ich muss dir ehrlich sagen, ich wär nicht auf die Idee gekommen, also mit dem jungen Mann in irgendwelche Marvelfilme zu gehen, k kann ich mir auch angucken, aber ich wär nicht auf die Idee gekommen*
Fachkraft: *L Hm*
Fachkraft: *L Hm*
Theresa F.: *und es is schon ne Frage, wie reflektier ich das, aber wie reflektier ich das im Team und dann reflektier ich das natürlich mit den Praktikantinnen genauso, also alle Sachen,*
Marie W.: *L Hm*
Theresa F.: *die mir auffallen.*
Fachkraft: *L Hm --*

(GD_Flen: 761-780)

Theresa F. bezeichnet sich hier als „*relativ alt*“ und sagt, dass sie sich „*oft so sogar schon als Oma, net mal mehr als Mutter*“ sieht und daher „*solche Themen scheinbar n bisschen leichter ansprechen*“ kann. Darüber entsteht der Eindruck, dass im Alter das Geschlecht der Frauen als Projektionsfläche in den Hintergrund rückt und der Generationenrolle der „*Oma*“ geschlechterneutral begegnet wird, so als werde sie im Alter ageschlechtlich und könne darüber in anderer Art und Weise Zugang finden.[313] Erst in der Verschränkung mit Alter und Generationenrolle kann das Beispiel des „*jungen Mann[es], der [...] kurz davor [war] rauszufallen aus dem Projekt*“ interpretiert werden. Theresa F. schildert, dass „*alle Kolleginnen*“ Schwierigkeiten hatten Kontakt mit ihm aufzubauen und eine männliche Fachkraft „*einfach einmal in der Woche mit ihm ins Kino gegangen [ist]*“. Sie sagt, dass darüber ein Kontakt entstanden ist, der dazu geführt habe, dass er jetzt „*wieder zu allen*“ im Team in einem „*guten Kontakt is*“. Sie führt weiter aus, dass sie dies zwar hätte auch tun können, jedoch „*nicht auf die Idee gekommen [sei], also mit dem jungen Mann in irgendwelche Marvelfilme zu gehen*“. Offen bleibt an dieser Stelle, wie der Kontakt zu den anderen Teammitgliedern wiederhergestellt wurde. Sie schließt damit ab, dass sie sagt, dass das „*schon ne Frage [ist], wie reflektier ich das, aber wie reflektier ich das im Team und dann reflektier ich das natürlich mit den Praktikantinnen genauso, also alle Sachen, die mir auffallen*“ und bezieht sich damit auf die Nachfrage von Marie

313 Siehe dazu z.B. an.schläge: Ageism. Von der Menopause in die Unsichtbarkeit. Ausgabe III/2023. (Abruf 24.04.2023) https://anschlaege.at/inhalt/2023-03.

W. In diesen Sequenzen dokumentiert sich ein Bewusstsein für die Relevanz von Gender im professionellen Alltag, sowie ein Gender*Wissen, welches weitere Differenzkategorien impliziert. Interessant ist, wie beim Thema *Gender in der Praxisanleitung reflektieren* das Team als Orientierungs- und Bezugspunkt und als Selbstvergewisserungsinstanz fungiert. Teams verfügen i. d. R. über eine gemeinsam geteilte Praxis und einen interaktiven Erfahrungsraum (vgl. Henn 2019, S. 73 ff.), so dass sich darin ein institutionalisierter Reflexionsraum für Theresa F. dokumentiert. Das Nachdenken über Gender und die Bearbeitung von Genderfragen knüpft an ihre Handlungspraxis an, und die Adressierung im Forschungsprozess als genderreflektierende Fachkraft wird von Theresa F. angenommen. Die Bearbeitung des Themas lässt sich am Beispiel von Theresa F. wie folgt zusammenfassen: *Selbst – Team – Praxisanleitung.* Mit einem weiteren Beispiel aus derselben Gruppendiskussion wird der Bezug zur eigenen professionellen Praxis noch deutlicher. Nora B. nimmt Bezug auf die Nachfrage von Marie W.:

Nora B.:	*Ähm zu deiner Frage wo das in der Anleitung ne Rolle spielt, ich glaub, dass das tatsächlich auch was damit zu tun hat, wie wir selber unsere Praxis reflektiern und da also wenn das da kein Thema ist, wie sollen wir das in der Anleitung thematisieren*
Marie W.:	*L Hm*
Nora B.:	*Das passt irgendwie*
Marie W.:	*L Ja*
Nora B.:	*nicht zusammen,*
Marie W.:	*L Jaja*
Nora B.:	*die Grundlage ist sozusagen unsere eigene Praxis und wenn ich darüber nachdenk, ist das häufig, wie wir selber, [lange beispielhafte Ausführungen zu eigenen sexistischen Erfahrungen als Leitungskraft] aber auch im Team reflektiern […].*
Theresa F.:	*L Hm*
Nora B.:	*wenn ich so darüber nachdenke und das is auch was […] wir mitnehmen und was ich dann auch mit der Praktikantin, wo wir drüber reden und gucken, woran liegt es […] und auch im Team is das für uns irgendwie schon ganz häufig Thema wf Geschlechterrollen, äh Feminismus, Gleichberechtigung, aber nich unbedingt immer auf die Arbeit bezogen, sondern eher manchmal auch*
Fachkraft:	*L Hm*
Nora B.:	*auf so Dinge, die passieren oder die auch so in der Öffentlichkeit passieren oder äh gehst du zur äh zum Frauenkampftag oder also so so Themen dann schon*
Fachkraft:	*L Hm*
Nora B.:	*schon auch. – Ja*
Fachkraft:	*L Hm*
Nora B.:	*also wo das auch, das is ja auch schön, wenn man da nich mm innerhalb des Teams nicht dafür, das erklären muss, warum is gendern wichtig, sondern ja natürlich und dann äh sacht jemand anderes, guck mal hast du da gelesen […].*

(GD_Flen: 864-917)

Nora B. nimmt in dieser Sequenz eine Verschiebung des propositionalen Gehalt der Nachfrage in ihrer Reformulierung vor *„wo das [Thema Gender] in der Anleitung ne Rolle spielt“*. Sie stellt in ihren Ausführungen einen unmittelbaren Bezug zur eigenen Praxis her und sagt, dass es davon abhänge *„wie wir selber unsere Praxis reflektiern“*. Damit richtet auch sie den Blick zunächst auf sich selbst als Fachkraft und sagt, wenn Gender *„da kein Thema ist, wie sollen wir das in der Anleitung thematisieren“*. Indem sie dies hervorhebt weist sie auf ihr eigenes genderbezogenes Reflexionsvermögen und Selbstverständnis hin und stellt ganz selbstverständlich einen Bezug zwischen dem professionellen Alltag als Fachkraft und dem Thema *Gender in der Praxisanleitung reflektieren* her. Dies kann als „komplexe[r] Zusammenhang zwischen Doing Gender und pädagogischer Professionalität“ (Venth/Budde 2010, S. 147) interpretiert werden, denn „in unseren alltäglichen Handlungsroutinen, Wahrnehmungs- und Bewertungsschemata [ist dies] fest verankert“ (vgl. ebd.) und wir können dem nicht entkommen (ebd.). Die Frage ist, wie sich das Gender*Wissen in der Reflexionskompetenz der Fachkräfte bzw. Teams abbildet und was davon für die Anleitung von Studierenden relevant gemacht wird. Auch bei Nora B. dokumentiert sich zunächst das Team als Bezugspunkt und das Nachdenken über Gender und die Bearbeitung von Genderfragen knüpft an eigene Praxiskontexte und den institutionellen Alltag an. Darüber hinaus dokumentiert sich in der ausgewählten Sequenz eine Verbindung zur gesellschaftlichen Dimension, sie bezieht sowohl Öffentliches als auch Privates ein und positioniert sich ganzheitlich als genderreflexive Person, die Geschlechterrollen, Feminismus und Gleichberechtigung als gesellschaftspolitische Themen über die Soziale Arbeit hinaus begreift. Mit der Frage „*gehst du [...] zum Frauenkampftag*“[314] erweitert sie den von ihr eingebrachten propositionalen Gehalt, indem sie sich als politisch aktive und feministisch denkende Person, die dies auch in der Rolle als Anleitung verkörpert, präsentiert. Damit nimmt sie frauenpolitische Themen selbstverständlich auf und schließt an die komplexe Geschichte frauenpolitischer und gewerkschaftlicher Aktivitäten an, es dokumentieren sich historische Bezüge.

Die ausgewählte Passage hat beispielhaft verdeutlicht, wie sehr in diesem Kontext die eigenen Erfahrungen, Perspektiven, Positionierungen und die eigene Praxis den Ausgangspunkt für Genderreflexion in der Praxisanleitung bilden. Anhand der nachstehenden beiden Sequenzen, in der Nora B. Ausführungen zu sexistischen Erfahrungen auf politischer Leitungsebene macht, wird dies noch anschaulicher:

314 Bezug genommen wird hier auf historische Ereignisse. „Der Internationale Frauentag hat seine Wurzeln in der Arbeiterinnenbewegung des späten 19. und frühen 20. Jahrhunderts. Wann und wo genau erstmals die Idee für einen politischen ‚Frauenkampftag‘ entstand, ist nicht gänzlich geklärt. Klar ist aber, dass in vielen Ländern ab Ende des 19. Jahrhunderts Frauen- und Arbeiterinnenbewegungen für einen Tag plädierten, an dem sich Frauen landes-, beziehungsweise weltweit für Gleichberechtigung, höhere Löhne und bessere Arbeitsbedingungen für Frauen sowie für ein Frauenwahlrecht und gegen Diskriminierung einsetzen“ (DGB Abruf 22.01.2023: https://www.dgb.de/schwerpunkt/internationaler-frauentag-weltfrauentag).

Nora B.: *und äh häufig tauchen wir drei Frauen [auf] und also ich würd jetzt auch sagen, ich bin jetzt auch noch nicht so alt, also wir drei jungen Frauen auf*
Theresa F.: *L ((lachen))*
Marie W.: *L ((lachen))*
Nils H.: *L ((lachen))*
Nora B.: *und […] kommen in irgendwelche Kreise rein,*
Nils H.: *L ((lachen))*
Marie W.: *L ((lacht)) tschuldigung wenn wir jetzt lachen, du lachst ja selbst <<lachend>>*
Nora B.: *äh beispielsweise, wir ham wir war'n, äh sind war'n in einem […]*
Marie W.: *L und dann kommen lauter so Leute wie wir*
Fachkraft: *L ((lachen))*

(GD_Flen: 871-876)

Nora B. beginnt ihre Ausführungen damit, dass sie von sich als Teil einer Gruppe von „*drei Frauen*" spricht und nimmt zugleich eine Verschränkung der Kategorie Geschlecht mit der Kategorie Alter vor. Dem wird mit Lachen begegnet, als sie sich mit „*noch nicht so alt*" beschreibt. Sie führt weiter aus, dass sie „*in irgendwelche Kreise*" reinkamen und Marie W. sagt lachend „*tschuldigung wenn wir jetzt lachen, du lachst ja selbst*". Die flapsig wirkende Sprechweise setzt sich fort mit „*und dann kommen lauter so Leute wie wir*", was darauf hinweist, dass Nora B. eine der beiden jüngeren Teilnehmer*innen der Gruppendiskussion ist und hier auf eine Generationenthematik angespielt wird. Alle Passagen zu *Gender in der Praxisanleitung reflektieren* gehen hier mit einer hohen interaktiven Dichte einher, sind von Lachen unterbrochen und wirken erheiternd, so als habe sich die Gruppe bereits warm geredet. Nora B. setzt fort:

Nora B.: *Naja gut, aber es is ja der der*
Marie W.: *L Jaja is halt*
Nora B.: *Äh wir war'n in einem, in einem […]Kreis ähm spielt auch keine Rolle welcher, das könnte sich an vielen*
Marie W.: *L Och sag doch mal welcher ((lacht))*
Nora B.: *Stellen wiederholen, nee und ähm da waren, es war ne Sitzung, wo Bürgermeister*innen äh kommen sollten und ähm Vertretungen, da waren […] Männer und […] Frauen und dann kamen wir – und wir wurden, also wir wurden einfach mehrfach, wurd war das Thema, Geschlecht spielte eine Rolle.*
Theresa F.: *L Hm*
Nora B.: *„Ach sie sind doch die von äh sie kommen doch bestimmt mit dem mit aus der […], oder?" Wir neee, wir sind selber hier, ((lacht)) wir sind von [Name des Trägers] und es war immer wieder, „Ach die drei Damen ham doch hier noch'n Vorschlag zu machen, wovon leben denn die drei Damen, irgendwie müssen wir das doch finanzieren", also immer wieder es war schon*
Luise Z.: *L Aha, eieijei, das is ja schon fast sexistisch.*
Nora B.: *sehr speziell, ja un/ Ja ne, ja war's, also ich*
Theresa F.: *L Hm*
Nora B.: *finde schon, ja nicht nur fast. Ich hab das so empfunden,*
Luise Z.: *L Hm L Hm L Hm*
Nils H.: *L Hm*
Nora B.: *weil das einfach auf unser Geschlecht bezogen war immer wieder […]*
Marie W.: *L Hm*
Luise Z.: *L Ja*

(GD_Flen: 876-890)

Nora B. schildert beispielhaft einen kommunalpolitischen Kontext auf der Ebene von Bürgermeister*innen und Vertreter*innen. Schon mit der Formulierung *„und dann kamen wir“* wird eine Grenze zwischen Innen und Außen, zwischen Zugehörigkeit und Nicht-Zugehörigkeit markiert, die vor dem Hintergrund ihrer weiteren Ausführungen auch als Hinweis auf ein hierarchisch strukturiertes und männlich dominiertes (politisches) Feld interpretiert werden kann. Sie sagt, dass das Thema Geschlecht dort auf unterschiedlichen Ebenen eine Rolle gespielt hat und schildert, wie sie mit normierenden Weiblichkeits- und Männlichkeitsvorstellungen konfrontiert waren: *„Ach sie sind doch die von äh sie kommen doch bestimmt mit dem mit aus der [...], oder?“* und wiederholt auf ihr Geschlecht angesprochen wurden. Offensichtlich hat das Auftreten der *„drei Frauen“* auf politischer Leitungsebene die Geschlechtervorstellungen und Stereotypen der Beteiligten so irritiert, dass Ihnen zunächst der Status der Begleitung bzw. der Abgesandten zugeschrieben wurde. Darin dokumentiert sich für Nora B. die Konfrontation mit einer vorherrschenden, hierarchischen Ordnung der Zweigeschlechtlichkeit. „Als sozialer Platzanweiser ist gender ein Instrument zur Herstellung und Sicherung von hierarchischer Ungleichheit und Herrschaft zwischen den Geschlechtern“ (Breitenbach 2005, S. 78). Während ihrer weiteren Ausführungen *„Ach die drei Damen [...], wovon leben denn die drei Damen, irgendwie müssen wir das doch finanzieren“* fällt ihr Luise Z. unmittelbar ins Wort und ordnet das Erzählte mit *„fast sexistisch“* ein. Es kommt zu einem kurzen Aushandlungsprozess in dem Nora B. die Äußerungen als *„also ich finde schon, ja nicht nur fast [sexistisch]“* bewertet und auf ihr eigenes Empfinden Bezug nimmt. Sie begründet dies mit *„weil das einfach auf unser Geschlecht bezogen war immer wieder“*. Luise Z. validiert mit *„Ja“*. An dieser Stelle wird ein Diskurs über Macht- und Diskriminierungsformen in Geschlechterverhältnissen aufgerufen, in dem sich Nora B. als Wissende um Sexismus und gesellschaftliche Diskriminierungsformen positioniert. „Geschlechtersysteme sind nicht nur polarisiert, sondern die beiden Pole sind typisch ungleichwertig; daher stehen die Macht- und Statushierarchien einer Gesellschaft, insbesondere die Rangordnung unter Männern, in enger Wechselwirkung mit der Geschlechterpolarität“ (Hagemann-White 2011, S. 444).

In den dargestellten Ausschnitten der Gruppendiskussion FLEN bilden die eigenen Erfahrungen der Fachkräfte den Ausgangs- und Bezugspunkt für das Thema *Gender in der Praxisanleitung reflektieren.* Somit erhält Gender im Anleitungsprozess Relevanz und Anerkennung, wenn es dem professionellen Selbstverständnis der Fachkräfte sowie den Routinen und Praktiken im Team entspricht.[315] Nora B. und Theresa F. nehmen keine inhaltliche Unterscheidung zwischen Selbstreflexion, Teamreflexion und der Reflexion mit Studierenden

315 *„[...] die Grundlage ist sozusagen unsere eigene Praxis und wenn ich darüber nachdenk, ist das häufig, wie wir selber, [...] aber auch im Team reflektiern“ (GD_FLEN 867–900).*

begleiteter Praxisphasen im Anleitungsprozess vor, wobei unklar bleibt, wie sie die Kategorie Gender konkret in der Praxisanleitung reflektieren. Vielmehr dokumentieren sich bei Nora B. und Theresa F. Reflexionsräume im institutionellen Alltag (z. B. Teamsitzungen), die für Genderreflexion genutzt werden (können). Gender wird als relevantes Thema und Perspektive zwischen alltäglichen (Reflexions-)Praktiken der Fachkräfte und der Hochschule konstruiert und eigenes Gender*Wissen als anschlussfähig – auch an Fachdiskurse – präsentiert. Bei der Orientierung *Ausgangspunkt ist sozusagen unsere eigene Praxis* wird Gender*Wissen als bedeutsam legitimiert und anerkannt. Dabei unterscheiden die beiden Fachkräfte nicht zwischen ihrer Rolle als Fachkraft und ihrer Rolle als Praxisanleitung. Zugleich fällt auf, dass sie keine „strikte Grenzziehung zwischen beruflicher Rolle und privatem Selbst" (Frühauf/Henn/Kessl 2021, S. 123) beim Thema Gender vornehmen. Die Bedeutsamkeit von Gender und Gender*Wissen wird sowohl auf der gesellschaftlichen und institutionellen Ebene als auch auf der individuellen und persönlichen Ebene verortet – es geht um (gesellschaftliche) Verhältnisse.

Der folgende Ausschnitt aus der Gruppendiskussion KALLAX greift beispielhaft die eigene Rolle als Praxisanleitung und die Bedeutung des Teams nochmals auf. Maike J. hatte zuvor in der Gruppendiskussion ihre eigenen konflikthaften Gender*Erfahrungen als Leitungsperson mit neuen *„Kollegen"* geschildert, die sie als *„Berufsanfänger"* eingestellt hat. Sie ist in ihren Ausführungen auf eine Person eingegangen, mit der sie *„viele Gespräche zu dem Thema hatte"* und bewertet das Verhalten mit *„was für mich einfach nicht nicht ging"* und sagt, dass dieser *„in ganz vielen Sachen, […] wenn wir Aufgaben verteilt haben, immer wieder gesagt, ja äh du als Frau"*. Er habe *„immer wieder diese Betonung [auf] […] ich als Frau"* gehabt und sie sagt, dass sie das *„ganz schlimm [fand], weil er quasi diese Arbeit, die ich mit den Mädchen in der Einrichtung gemacht hab, sozusagen auch torpediert hat" (GD_KALLAX 881–892)*. In ihren Schilderungen ist Maike J. mit essentialisierenden, geschlechterstereotypen Zuschreibungen und Erwartungshaltungen des *„Kollegen"* konfrontiert, die sie auf mehreren Ebenen betreffen – als Leitung, als Fachkraft, als Person und auf (sozial-)politischer sowie professioneller Ebene. Deutlich wird, dass es keinen geschlechterreflektierenden Bezug im Team gibt und sie mit Entwertung weiblicher Berufsarbeit sowie Frauen zugeschriebener Bereiche und Nicht-Anerkennung, auch in ihrer Rolle als Leitung, konfrontiert war. Im Kontext ihres Handlungsfeldes (offene Kinder- und Jugendarbeit) kann dies als Geringschätzung des Konzeptes parteilicher Mädchenarbeit, welches ihrem Bereich zugrunde liegt, interpretiert werden.[316] Vor diesem Hintergrund schließt Maike J. in der nachstehenden Sequenz an die Nachfrage der Forscherin (siehe Tabelle 4) zum Thema *Gender in der Praxisanleitung reflektieren* an:

316 Siehe dazu z. B. Bitzan/Daigler 2004.

Maike J.:	*Also mir ist im Moment noch so gekommen, ich weiß nicht, ob ich jetzt sagen kann, dass ich das bräuchte, aber ähm so grundsätzlich ähm is immer mein Weg auch mit Studierenden umzugehen, auch immer wieder den ihre also ihre eigene Rolle nochmal vor Augen zu*
Fachkraft:	*L Hm*
Maike J.:	*halten und und auch ähm ihnen zu spiegeln, wenn mir was aufgefallen ist in ihrem Verhalten gegenüber Klientel, das anzusprechen, das ich sage, mir is aufgefallen, dass du dich so und so verhalten hast, ähm kannst du das irgendwie erklären, also das sich die Studierenden*
Fachkraft:	*L Hm*
Maike J.:	*eben auch wirklich mit ihren, mit ihrem eigenen Tun und Handeln nochmal reflektieren, ähm und ich finde, das is eben auch grade ganz wichtig in in ähm, ja in in in der Ge/ in der Arbeit mit verschiedenen Geschlechtern, dass man sich eben seine eigene Rolle, Rolle bewusst macht und immer wieder in die Reflexion auch geht und ähm eben gerade weil man aus*
Fachkraft:	*L Hm*
Maike J.:	*seiner eigenen Sozialisation und Biografie ja vieles ähm vielleicht gar nicht mehr hinterfragt oder mitgenommen hat und es für selbstverständlich erachtet, also das immer da wieder in die Reflexion zu gehen und und auch zu*
Fachkraft:	*L Hm*
Maike J.:	*schauen, was vermittel ich denn eigentlich, ähm wenn ich so und so handel [...].*

(GD_KALLAX 927-941)

Maike J. beschreibt ihren „*Weg [...] mit Studierenden umzugehen*" damit, dass sie den Studierenden spiegelt, wenn ihr „*was aufgefallen ist in ihrem Verhalten gegenüber Klientel*". Sie sagt, dass sie nachfragt ob Studierende das jeweilige Verhalten erklären können und sie damit zur Reflexion des „*eigenen Tun und Handeln*" anregt. Damit fokussiert sie auf die Entwicklung von (Selbst-)Reflexionsfähigkeit, die sie in der „*Arbeit mit verschiedenen Geschlechtern*" als „*ganz wichtig*" hervorhebt und dabei die „*eigene Rolle*" in den Blick nimmt. Sie sagt, dass die eigene Sozialisation und Biografie prägt und man vieles als selbstverständlich mitgenommen hat, was „*vielleicht gar nicht mehr hinterfragt*" wird. Darin dokumentiert sich die Bedeutung der Auseinandersetzung mit der eigenen Geschlechtlichkeit und mit eigenen Geschlechtsidentitäten im professionellen Kontext. Über ein „*in die Reflexion gehen*" kann geschaut werden, „*was vermittel ich [...], wenn ich so und so handel*". Damit wird für Maike J. beim Thema Gender die (Selbst-)Reflexion zu einem zentralen Bezugspunkt in der Anleitung von Studierenden, „*dass man sich eben seine eigene Rolle [...] bewusst macht*". Hier dokumentiert sich ein professionelles Selbstverständnis, welches die reflexive Auseinandersetzung mit der eigenen Geschlechterrolle voraussetzt. „Sind SozialarbeiterInnen auf das Geschlecht betreffende Projektionen gefasst und vorbereitet und tragen sie sowohl die professionelle Autorität des Berufstandes in sich als auch die habituelle Sicherheit der Geschlechterrolle, so können sie geschlechtersensible Soziale Arbeit gewährleisten, indem sie Prozesse der Herstellung, der Konstruktion und Dekonstruktion des Geschlechts explizit in den Blick nehmen, reflexiv wahrnehmen und transparent machen" (Angerer 2008, S. 19).

Charakteristisch für diese Orientierung ist: Die Anschlussfähigkeit von professioneller Praxis und akademischem Diskurs wird von den Fachkräften hergestellt. Damit sind es bei der Orientierung *Grundlage ist sozusagen unsere eigene Praxis* die eigenen beruflichen Alltagserfahrungen und -praktiken der Fachkräfte, die hier reflexiv zugänglich gemacht werden und denen eine vermittelnde Funktion im Kontext *begleiteter Praxisphasen* zukommt. Interessant ist, wie sich bei dieser Bearbeitungsform in den Reaktionen auf die Nachfrage zum Thema *Gender in der Praxisanleitung* die eigene Selbstverständlichkeit im Zugang zu Gender und -reflexion dokumentiert und sich alltägliche Anknüpfungspunkte finden. Ausgehend von der Schilderung ‚emotionaler Schlüsselszenen', in denen eigene Erwartungen und Haltungen irritiert werden, wird Gender in seiner Konflikthaftigkeit zunächst auf der Ebene des Selbst und des Teams entfaltet und anschließend der Bezug zur Anleitung von Studierenden als ‚Parallele' hergestellt. Damit wird das Thema alltagsnah verhandelt und alltägliche Konfliktverhältnisse kommen den Fachkräften dabei in den Blick. Die Bereitschaft zur (selbst-)reflexiven Auseinandersetzung wird auch mit Team und Teamkultur verknüpft und Genderreflexion wird zum professionellen Moment – auch in der Praxisanleitung. Professionalisierte Praxis im Studium erscheint hier in Bezug auf das Thema Gender als Möglichkeitsraum zur produktiven Verschränkung differenter Wissensbestände und als professioneller Erfahrungsraum. „Das entscheidende Instrument praktischen Handelns [liegt] genau genommen nicht in der Theorie, sondern in der Person des Handelnden selbst" (May/Schäfer 2018, S. 17), die eigene Wissens- und Könnensbestände reflexiv aufeinander beziehen muss (vgl. Müller 2012, S. 964).

7.3 *„es ist nen Thema, aber irgendwie is es nich irgendwo verankert so richtig"*: Zur Konstruktion von Gender als Frage von Machtverhältnissen und Zuordnung

In den voranstehenden Ausführungen wurden die beiden maximalen Kontrastierungen in der Bearbeitung des Themas *Gender in der Praxisanleitung reflektieren* dargestellt. Mit der in Kapitel 7.1 rekonstruierten Bearbeitungsform *Gender als Spezialthema in der Praxisanleitung* wird Gender in der Relevanz für den beruflichen Alltag ausgelagert und diesbezüglich eine Grenze zwischen akademischem Diskurs und professionalisierter Praxis gezogen. Die Bearbeitungsweise folgt einer technokratischen Logik. Mit der in Kapitel 7.2 rekonstruierten Bearbeitungsform *Grundlage ist sozusagen unsere eigene Praxis* wird die Anschlussfähigkeit von professionalisierter Praxis und akademischem Diskurs nicht infrage gestellt, sondern die eigene Handlungspraxis als Ausgangs- und Bezugspunkt für Genderreflexion in der Praxisanleitung genutzt. In dieser Bearbeitungsweise wird einer Logik gefolgt, die Gender*Wissen als Bestandteil des Professionswissens Sozialer Arbeit und als relevante Analyse- und Reflexionskategorie konstruiert. Zwischen den beiden Polen *Spezialthema* und *Grundlage eigene Praxis* bewegt sich die dritte rekonstruierte Bearbeitungsform, die nun im Folgenden dargestellt wird. Es ist die Bearbeitung des Themas *Gender in der Praxisanleitung* *reflektieren* als eine Frage von Machtverhältnissen und Zuordnung. Mit einem Ausschnitt aus der Gruppendiskussion KALLAX, an der vier Fachkräfte beteiligt sind, wird dies im Folgenden eingeführt. Auch diese Sequenz ist den Passagen entnommen, die der Nachfrage der Forscherinnen (siehe Abbildung 4) folgen. Johanna K. knüpft hieran an, nachdem Reflexionserfahrungen im Kontext von Anleitungsgesprächen bereits thematisiert wurden:

Johanna K.: Nochmal zurückzukommen zur Frage, es ist schon wichtig, dass man die Systeme auch im Studium beleuchtet [kurze Ausführung zu Frauenarbeit, Parteilichkeit und Männern] erstens Mal dass sich Studierende bevor sie in die Praxis gehen, auch darüber bewusst werden, dass es das gibt, ja genauso wie es Sozialrecht gibt,
Fachkraft: L Hm
Johanna K.: ja und andere Themen [...] und dass wir insbesondere, wo wir mit Menschen zu tun haben, ganz klar äh natürlich auch uns damit auseinandersetzen müssen. Und ich glaube, dass das mh ich
Fachkraft: L Hm
Johanna K.: könnte jetzt nicht sagen, dass das irgendwo in meinem Studium eine besondere Rolle gespielt hat. Es hat vielleicht in der Kinder- und Jugendarbeit, in der ich wenig unterwegs war,
Fachkraft: L Hm
Johanna K.: vielleicht eher ne Rolle gespielt, weil es dort etwas tradierter ist,
Fachkraft: L Hm
Johanna K.: ja weil man da auch äh das schon irgendwo auch oftmals in den Konzeptionen drinsteht, aber ich glaube, dass es bei anderen äh Arbeitsbereichen nicht in der Konzeption mitgedacht wird, sei's jetzt in der
Fachkraft: L Hm
Johanna K.: Wohnungslosenarbeit, sei's jetzt äh in anderen Bereichen bei der Frauenarbeit weiß ich jetzt nicht, ob nen Frauenhaus auch sich damit mit diesem Genderthema in in ner Konzeption
Franziska M.: L Hm – Bis jetzt nicht.
Johanna K.: auseinandersetzt, ich weiß es nicht. Und und das das zeigt ja eigentlich, wir sprechen hier drüber, es ist nen Thema, aber irgendwie is es nich irgendwo verankert so richtig, ja und auch nicht im Studium, glaub ich auch nicht.
Fachkraft: L Hm
(GD_KALLAX 990-1008)

Johanna K. beginnt damit, dass sie die Notwendigkeit „*Systeme auch im Studium*" zu beleuchten, einbringt. Was sie genau mit „*Systeme*" meint – beispielsweise Geschlechtersysteme – bleibt offen. Vielmehr thematisiert sie die Berührung mit dem Thema Gender im Studium vor Beginn der Praxisphase und vergleicht den curricular verankerten Bereich „*Sozialrecht*" mit Gender als nicht curricular verankertem Bereich im Studium. Damit spricht sie Gender als Thema im Studium zwar auf einer abstrakten Ebene Relevanz zu, nähert sich der Thematik jedoch über ihr eigenes Studium und resümiert, „*ich könnte jetzt nicht sagen, dass das irgendwo in meinem Studium eine besondere Rolle gespielt hat*". Sie nimmt eine handlungsfeldspezifische Einordnung vor und verbindet Gender mit dem Handlungsfeld der Kinder- und Jugendarbeit, „*weil es dort etwas tradierter ist*". Vor diesem Hintergrund erscheinen ihre eigenen Bezüge zum Thema distanziert, so als sei Gender in Handlungsfeldern der Sozialen Arbeit unterschiedlich relevant. Für Johanna K. bildet die konzeptionelle Ebene den Bezugspunkt für Gender in der Praxis der Sozialen Arbeit, worin sich der Auftrag der Kinder- und Jugendarbeit u. a. auf Grundlage des SGB VIII – die Gleichberechtigung von jungen Menschen zu fördern – beispielsweise spiegelt. Von der Kinder- und Jugendarbeit grenzt sie andere Handlungsfelder ab und vermutet, dass Gender beispielsweise in der Wohnungslosenhilfe oder in *„Bereichen bei der Frauenarbeit“* konzeptionell nicht mitgedacht wird. Eine andere Fachkraft aus einer frauenspezifischen Einrichtung validiert mit *„Hm – Bis jetzt nicht“*. Gerade am Beispiel der *„Frauenarbeit“* wird deutlich, wie Gender als analytischer Begriff „voraussetzungsvoll, abstrakt und ‚sperrig‘“ (Rainer 2020, S. 170) erlebt wird und keine Anschlussfähigkeit zu asymmetrischen Geschlechterverhältnissen (vgl. u. a. Henschel 2019), zu Dimensionen der Verwobenheit von Geschlecht und Gewalt (ebd.) und z. B. zur Entstehungsgeschichte und Funktion von Frauenhäusern (vgl. Brückner 2010) im Setting der Gruppendiskussion hergestellt werden kann. Johanna K. schließt ihre Argumentation damit ab, dass sie bilanziert *„wir sprechen hier drüber, es ist nen Thema, aber irgendwie is es nich irgendwo verankert so richtig, ja und auch nicht im Studium, glaub ich auch nicht“*. Johanna K. bleibt in ihren Ausführungen abstrakt und argumentiert handlungsfeldspezifisch. Die Verankerung von Gender in Konzeptionen wird für sie zum Bezugspunkt und zum Indiz für ‚Zuständigkeit‘ – hierüber wird eine Zuordnung getroffen. Ebenso, wie (sozial-)rechtliche Grundlagen die Soziale Arbeit normativ rahmen und prägen, wird auch die Relevanz der konzeptionellen Verankerung von Gender von ihr entworfen. Die Ebene der (Selbst-)Reflexion als Fachkraft – wie z. B. in Kapitel 7.2 mit der Orientierung *Grundlage ist sozusagen unsere eigene Praxis* dargestellt – tritt hier in Bezug auf Gender nicht in Erscheinung. Auf der (selbst-)reflexiven Ebene verbleibt Johanna K. bei der Erinnerung an ihre eigene Studienzeit – der Genderbegriff bleibt unbestimmt.[317] Es stellt sich die Frage mit welchem Gender*Wissen Studierende an der Hochschule in Berührung kommen (sollen). Ebenso lässt sich die Delegation der Zuständigkeit an die Hochschule als Markierung divergenter Vorstellungen bzw. Vorstellungserwartungen interpretieren. Bezogen auf die Situation der Gruppendiskussion dokumentiert sich in der ausgewählten Sequenz beispielhaft die Verunsicherung der Fachkräfte, sich mit dem eigenen Gender*Wissen in der Öffentlichkeit der Gruppendiskussion zu zeigen. Auch in den nachstehenden Ausschnitten der Gruppendiskussion BODEN, an der vier Fachkräfte teilnehmen, kommt dieser Aspekt zum Ausdruck.

Die im Folgenden ausgewählten Sequenzen der Gruppendiskussion BODEN sind dem ersten Viertel der Gruppendiskussion entnommen und schließen an eine Passage *extreme Zeiten* an, in der sich Judith S. an ihre Zeit nach dem Studium erinnert, in der sie einen starken Fokus auf Geschlechterthemen hatte. Sie sagt, dass sei heute anders – auch in der Praxisanleitung. Pia H. knüpft daran an:

317 Auf der Ebene der Fachkräfte und Studierenden wird im gesamten Diskursverlauf der Gruppendiskussion KALLAX binär kodiert. Dies bricht sich im Handlungsfeld der offenen Kinder- und Jugendarbeit auf der Ebene der Adressat*innen: *„Ne, also das is jetzt so der neue […] Blick, den man jetzt […] einnimmt, […] dass man auch in der Mädchenarbeit sich die Frage stellt, […] hat das immer noch, also hat das nach wie vor noch Berechtigung Mädchenarbeit zu machen und wie öffnet man die auch für queere Personen […]“ (Maike J. in GD_KALLAX 431–434).*

Pia H.:	*Also mir ging's ebenso, dass ähm ich gedacht hab, […] was mach ich in der Anleitung, -*
Forscherin I2:	*L Hm*
Judith S.:	*L Hm*
Pia H.:	*setz ich keinen Fokus, also ich […]*
Judith S.:	*L Ja*
Pia H.:	*es geht eher um die Inhalte, um die ähm praktische Inhalte, ne aber […] nicht unbedingt jetzt auf Gender bezogen,*
Judith S.:	*L Hm*
Laura K.:	*L Hm*
Pia H.:	*weil in jedem Projekt doch Männer und Frauen mittlerweile vertreten sind, ja – hab ich gedacht, ist es jetzt nen Fehler, dass ich da nicht äh speziell hingucke*
Laura K.:	*L Mhm*
Judith S.:	*L Mhm hab ich auch gedacht, jaja.*
Alle:	*L ((Lachen, Unruhe, Stimmengewirr unverständlich))*

(GD_BODEN 264-270)

Pia H. beginnt diese Sequenz, die eine hohe interaktive Dichte aufweist, damit, dass sie sich fragt, was sie in der Praxisanleitung macht und resümiert, dass sie *„keinen Fokus"* auf das Thema Gender legt. Sie benennt *„praktische Inhalte"*, die *„nicht unbedingt jetzt auf Gender bezogen"* sind als relevant in der Praxisanleitung und begründet dies damit, dass *„in jedem Projekt doch Männer und Frauen mittlerweile vertreten sind"*.[318] Ihre Frage *„ist es jetzt nen Fehler, dass ich da nicht äh speziell hingucke"* löst große Resonanz in der Gruppe aus und es entsteht der Eindruck, als spreche sie etwas aus, was die anderen Fachkräfte bis dahin zurückgehalten haben. Judith S. validiert mit *„Mhm hab ich auch gedacht, jaja"* und ein kurzer Moment höchster interaktiver Dichte folgt. Es wird gelacht und mit parallelen Äußerungen breitet sich Unruhe aus, die Szene ist von Stimmengewirr durchdrungen. Die Frage danach, als Anleitung einen Fehler gemacht zu haben, lässt sich als *verbindendes Moment* – als ein *dramaturgischer Höhepunkt* der Anfangsphase der Gruppendiskussion BODEN – interpretieren. Darin kommen Verunsicherungen der Fachkräfte in Bezug auf die Adressierung der Forschenden und ihre von Seiten der Hochschule zugeschriebene Rolle als Anleitung sowie die damit verbundenen Aufgaben und Erwartungen und Aspekte der (Selbst-)Vergewisserung kollektiv zum Ausdruck. Pia H. differenziert zwischen *„praktische[n] Inhalte[n]"* und Gender und legitimiert den in der Anleitung fehlenden Fokus damit, dass *„mittlerweile"* in allen Projekten *„Männer und Frauen"* vertreten seien. Sie bleibt hier in einer heteronormativen Matrix und entledigt sich dem Genderaspekt indem sie sich auf eine Zeit bezieht, in der es bei ihrem Träger ausschließlich frauenspezifische Angebote gab. Sie selbst habe *„ziemlich lange auch gekämpft, dass auch Männer vertreten sind" (GD_BODEN 278–279)*, führt sie im weiteren Diskursverlauf an. Ihre Argumentation erscheint im Setting der Gruppendiskussion zunächst als provokante Verkürzung der Genderthematik, indem sie gemischtgeschlechtliche Angebote – Männer erhalten Zugang zu ursprünglich für Frauen konzipierten Bildungsangeboten – als Errungenschaft im Sinne von

318 Siehe dazu die weiteren Ausführungen in diesem Kapitel sowie die nachstehende Fußnote.

‚Realitätsnähe' entwirft.[319] Vor dem Hintergrund von Binarität, die ihr Handlungsfeld strukturiert, und der darin eingelagerten Differenzkonstruktionen werden für Pia H. Geschlechterfragen zum Konfliktgegenstand auf der Ebene der Organisation. Sie bezieht sich auf eigene Erfahrungen aus der Vergangenheit, die sie als extrem bewertet und die für sie inzwischen keine Relevanz mehr haben.[320] Dieser Logik folgend sucht und nutzt sie in Bezug auf Gender keine spezifischen Reflexionsräume – auch nicht in der Praxisanleitung.

Neben der begrenzten Zuständigkeit der Praxisanleitung – in Abgrenzung zur Zuständigkeit der Hochschule – kann die voranstehende Sequenz auch als Verunsicherung und ‚Ver-Störung' in Bezug auf *Gender* als *„akademische[n] Begriff"* (Roth/Schimpf 2020, S. 137) interpretiert werden. Pia H. bringt dies an anderer Stelle auf den Punkt:

Pia H.:	*Ähm das Thema Gender ja allgemein grad begrifflich mal festzulegen, denke ich, dass ja ähm jede Person, was anderes vielleicht auch denkt, unter dem*
Fachkraft:	*L Hm*
Pia H.:	*Aspekt. Ich denk, das hat auch vieles damit zu tun, dass wir alle aus auf verschiedenen Ebenen uns vielleicht befinden.*
Fachkraft:	*L Hm*
Pia H.:	*Also Gender als Begriff und dann Umsetzung in der Praxis oder Praxisanleitung und so weiter, weil ich denk, wir sind jetzt alle oder wir sind ja auch hierher gekommen ohne zu wissen, was kommt denn auf uns zu, was wollen die wissen, äh wollen die den Begriff von uns oder ne also da fängt's ja schon an, ne und ähm – es ist auch schwierig, find ich, jetzt auf irgendwas sich zu festlegen oder konzentrieren oder ähm wir erzählen ja nur Erfahrungen oder Vermutungen oder oder vielleicht auch Defizite oder ne, also es ist so, mmmh – ja für mich so nicht ganz klar, ähm um was es eigentlich denn doch gehen soll, ((lacht))*
Fachkraft:	*L Hm*
Pia H.:	*grad in der Anleitung dann mit den Praktikantinnen, bis jetzt hat ich nur Frauen.*

(GD_BODEN 335-347)

Pia H. beginnt damit, dass sie auf eine fehlende begriffliche Festlegung des *„Thema[s] Gender"* im Kontext der Gruppendiskussion verweist und bringt darüber zum Ausdruck, dass sich die Beteiligten *„auf verschiedenen Ebenen"* befinden und nicht wissen, was die Forscherinnen von ihnen wollen. Mit *„Gender als Begriff und dann Umsetzung in der Praxis oder Praxisanleitung und so weiter"* differenziert sie den Bedeutungsgehalt von Gender zwischen Hochschule und professionalisierter Praxis sowie die Position der Fachkräfte im Forschungsprozess als Zumutung *„wir sind [...] ja auch hierher gekommen ohne zu wissen,*

319 *„[...] zu Beginn ähm meiner Tätigkeit bei (Name der Einrichtung) gab es wirklich nur [...] Projekte für Frauen, [...] das heißt die Arbeitsgelegenheiten für Frauen, für mich war das aber gleich am Anfang wo ich gesagt hab, es ist nicht realitätsnah. Wir bereiten die Frauen für den ersten Arbeitsmarkt vor, [...] aber auf dem ersten Arbeitsmarkt gibt es Männer [...] überall, wie können wir realitätsnah vorbereiten, war aus meiner Sicht, nicht [...] möglich, so in dem Rahmen und ich muss sagen, ich hab [...] ziemlich lange auch gekämpft, dass auch Männer vertreten sind, damit wir also nicht überwiegend Männer, nein das war nicht meine Absicht, nur dass mal auch ein, zwei Männer in den Projekten sind und die Frauen auch ne Konfrontation dann haben" (Pia H. in GD_BODEN 271–281).*

320 Diese Erfahrung dokumentiert sich als stark emotional angebunden.

was kommt denn auf uns zu, was wollen die wissen, äh wollen die den Begriff von uns". Darin zeigen sich beispielhaft in die Forschungssituation eingelagerte Machtverhältnisse. Mit der Konstruktion des *„wir"*, welches den Forscherinnen – als Vertreter*innen der Hochschule – gegenübergestellt wird, kommt am Beispiel Gender der Dualismus von ‚Theorie und Praxis' (vgl. u.a. Thaler 2013) – von Disziplin und Profession – in den Blick und wird als Machtungleichgewicht, bezogen auf die Forschungssituation, aufgerufen.[321] Die Frage *„was wollen die wissen, äh wollen die den Begriff von uns"* kann als Hinweis auf die Asymmetrien vorhandener Wissensformen und als soziale Platzanweisung interpretiert werden, denn differente Wissensformen und Wissensbestände sind im Wissenschaftsfeld und im Berufsfeld unterschiedlich präsent und zugänglich – sie unterliegen einer hierarchisierenden Klassifikation (vgl. Busche/Streib-Brzic 2019). Pia H. führt das mit *„wir erzählen ja nur Erfahrungen oder Vermutungen"* weiter aus. Auch kann die „Universität [Hochschule] mit ihren Räumen [...] die Zuschreibung der Wissenshoheit, der Macht über Wissen enthalten, der sich Praktiker_innen mit ihrem Handlungswissen untergeordnet fühlen könnten" (Gspurning/Mayr/Heimgartner 2021, S. 282).

In der folgenden Sequenz, die sich im letzten Drittel der Gruppendiskussion BODEN befindet und auf die Passagen mit der Nachfrage der Forscherinnen zum Thema *Gender in der Praxisanleitung reflektieren* folgt (siehe dazu Abbildung 4), kommt Pia H. zurück auf das institutionelle Konfliktgeschehen und Orte der Bearbeitung. Sie schließt im Folgenden an Judith S. an, die zuvor das Thema *Gender hat etwas Peinliches*[322] eingebracht hat:

Pia H.:	*[...] auch grade mit der Frage, warum gibt's äh keine [angestellten] Männer bei [Name der Einrichtung] zum Beispiel, ja, keine Angestellten, also wäre jetzt auch*
Judith S.:	*L Hm, Mhm.*
Pia H.:	*[...] wär aber schon sehr spezifisch, ja, wo man sich ja auch ganz genau damit auseinandersetzen würde oder auch das Thema in unsere internen Supervision auch äh nehmen könnte.*
Judith S.:	*L Wäre doch perfekt. Irgendwie, das is jaja, genau ja und dann*
Pia H.:	*zum Beispiel, ja. Ähm deswegen auch ((räuspert)) wie gesagt, wenn das gezielt ist, da kann man, glaub ich auch, mehr vor Ort machen.*
Judith S.:	*L Hm*
Fachkraft:	*L Hm*
Pia H.:	*Glaub ich. –*

(GD_BODEN 1142-1149)

Pia H. stellt zu Beginn der Sequenz mit *„der Frage, warum gibt's äh keine [angestellten] Männer bei [Name der Einrichtung]"* einen Bezug zur vorausgegangenen Passage *extreme Zeiten* her, in der sie eingebracht hat, dass in ihrer Einrichtung inzwischen Männer Zugang zu ursprünglich für Frauen konzipierten Bildungsangeboten erhalten haben. Sie bezeichnet die Frage, warum es keine

321 Zur im Berufsfeld dominierenden dualistischen Sicht auf Wissen siehe z.B. Eberitzsch/Keller (2022).

322 Siehe dazu Kapitel 7.1.

angestellten Männer in der Einrichtung gibt, als *„schon sehr spezifisch"* und auch darin dokumentiert sich beispielhaft, wie der Setzung des Themas *Gender in der Praxisanleitung reflektieren* bei der Orientierung *Gender als Frage von Machtverhältnissen und Zuordnung* mit Distanzierung begegnet wird. Darauf weist auch die Verwendung des Konjunktivs hin *„wo man sich [...] damit auseinandersetzen würde oder auch das Thema in unsere internen Supervision [...] nehmen könnte"*.[323] Die Verschränkung von Gender und Gender*Wissen mit der professionellen Praxis der Sozialen Arbeit wird in dieser Bearbeitungsform nicht grundsätzlich infrage gestellt,[324] jedoch wird deutlich wie wenig diese mit dem beruflichen Alltag der Fachkräfte im ‚Hier und Jetzt' verbunden ist. Vielmehr wird etwas ‚konkret Spezifisches' auf der institutionellen bzw. konzeptionellen Ebene als möglicher Anknüpfungspunkt für Genderreflexion in der Praxisanleitung betrachtet, was auch Eingang in professionelle Reflexionsräume – *„unsere interne Supervision"* – finden könnte.

Charakteristisch für diese Orientierung ist: Die Relevanz von Gender wird in die Zuständigkeit der Hochschule verlagert und in der professionellen Praxis über die konzeptionelle und institutionelle Ebene hergestellt – jenseits der anleitenden Fachkräfte. Bei dieser Bearbeitungsform dokumentiert sich, wie sich die Fachkräfte von Genderreflexion in der Praxisanleitung distanzieren, jedoch Gender im beruflichen Kontext nicht grundsätzlich infrage stellen *„es ist nen Thema, aber irgendwie is es nich irgendwo verankert so richtig"*. Anleitungspraktiken bleiben verdeckt und die Verbindung zwischen akademischem Diskurs und der Relevanz für die professionalisierter Praxis wird über die konzeptionelle und institutionelle Verankerung im Sinne eine Zuordnung hergestellt. Interessant ist hier die Nicht-Thematisierung der Ebene des reflexiv generierten Handlungswissens (vgl. Dewe 2009) sowie (Selbst-)Reflexion als verbindendes Element differenter Wissensbestände im Kontext *begleiteter Praxisphasen*.[325] Es zeigt sich, dass manches thematisiert und anderes nicht thematisiert wird, was sich auch als ‚Selbstschutz' der anleitenden Fachkräfte interpretieren lässt. Oder – mit Goffman gesprochen – als Spiel auf den unterschiedlichen Bühnen des Lebens (vgl. Goffman 1969).

323 Dies kann als Hinweis auf eine wahrgenommene Fremdrahmung gedeutet werden.

324 Siehe auch Kapitel 6.4.

325 Im Studium Soziale Arbeit nehmen *begleitete Praxisphasen* eine besondere Stellung ein, „da sie Hochschule und berufliche Praxis miteinander koppeln und darüber Relationierungserfordernisse in Bezug auf eigene Wissens- und Könnensbestände deutlich werden" (Roth et al. 2021, S. 12).

7.4 Das praktische Studiensemester – eine *sprachlose Zumutung*

Voranstehend wurde deutlich, wie Gruppendiskussionen zur (Selbst-)Evaluation herausfordern und damit Grundthematiken sowie Begrenzungen zwischen Hochschule und professioneller Praxis berühren. Im Kontext *begleiteter Praxisphasen* rückten sowohl Relationierungserfordernisse in den Blick (vgl. Roth et al. 2021, S. 12) als auch Sprechpositionen und Hintergrunderwartungen der Forschenden.

Angelehnt an die Vorstellung, dass Professionswissen „von den reflexiv agierenden Fachkräften durch Relationierung erzeugt [wird], in dem sie ihre erworbenen theoretischen Erkenntnisse auf aktuelle Problemsituationen beziehen und sie für die Bewältigung der spezifischen Situation nutzbar machen" (Ebert 2012, S. 73), bzw. sich bei ihrem Handeln auf professionelles Wissen als Konglomerat von wissenschaftlichem Wissen, Erfahrungswissen und dem Wissen über lebensweltliche Sinnzusammenhänge der Adressat*innen beziehen (vgl. u. a. Schützeichel 2007, S. 561), wird von den Forschenden auch Gender*Wissen als relevantes Professionswissen Sozialer Arbeit verstanden (vgl. Ehlert 2020; Bereswill/Ehlert 2012). Anhand des Themas *Gender in der Praxisanleitung reflektieren* ließ sich exemplarisch rekonstruieren, was i. d. R. im weitgehenden ‚Blindflug der Beteiligten' geschieht. So sind „Wissenschaft (als HW) und Praxis [...] unter der Bedingung einer wechselseitigen Intransparenz aufeinander verwiesen" (Göppner 2017, S. 301), und Ebert (2012) geht davon aus, dass ein „Austausch zwischen Theoretikern und Praktikern" nur gelingen kann, „wenn sich beide Seiten auf gleicher Augenhöhe begegnen und die Anliegen der jeweils anderen ernst nehmen" (ebd., S. 310). Drei zentrale Orientierungen wurden zu Genderreflexion in der Praxisanleitung herausgearbeitet, die wie folgt zusammengefasst werden können:

1 Mit der Rekonstruktion von *Gender als Spezialthema in der Praxisanleitung* (Kapitel 7.1) wurde die Diskrepanz der Bedeutungszuschreibung von Gender*Wissen zwischen Forscherinnen und Fachkräften deutlich. Die Fachkräfte suchen im Rahmen der Gruppendiskussionen nach Gender in der Praxisanleitung, werden jedoch nicht fündig. Die Kategorie Gender wird nur dann erkannt, wenn diese explizit ausgewiesen ist. Vor diesem Hintergrund ist auch ihr *Ruf nach provokanten Fragen* zu verstehen. Darin dokumentieren sich am Beispiel Gender technokratische Vorstellungen der Verbindung von Hochschule und beruflicher Praxis in *begleiteten Praxisphasen „wenn's dann nochmal speziell auf'm Schreibtisch [ist] ah ja die Praktikantin kommt jetzt mit der und der Fragestellung [...]"*. Gender*Wissen, welches von den Fachkräften in Kontext Praxisanleitung nicht als handlungsleitend wahrgenommen wird, wird zunächst keine unmittelbare Relevanz zugesprochen. Vielmehr wird dieses vor dem Hintergrund der eigenen feldspezifischen Logik

als Spezialwissen markiert und vom professionellen Alltag und dem Professionswissen der Fachkräfte ausgelagert *„weil die Studentinnen, Studenten, die sind genährt, die die ham eben den akademischen Blick"*. Der *Ruf nach provokanten Fragen* kann als ‚ermöglichungsdidaktische Vorstellung' interpretiert werden, wie Gender im Anleitungsprozess Thema werden kann. Inwieweit ein von außen an die Praxis Herantragen ausreicht, um Gender*Wissen für die eigene Handlungspraxis relevant zu machen und Reflexionsprozesse – auf professioneller Ebene – anzustoßen, bleibt an dieser Stelle eine offene Frage. Denn „wenn eine Praxis sich selbstgenügsam in ihren (lebbaren) Routinen eingerichtet hat, dann gibt es keinen Grund, sich auf dem Acker der Erkenntnissuche abzumühen" (Sommerfeld 2014, S. 146).[326] Mit der Bearbeitungsform *Gender als Spezialthema in der Praxisanleitung* geht zudem eine Entkoppelung der beiden Lern- und Bildungsorte einher. Gender als Analyse- und Reflexionskategorie ist kein Thema der Fachkräfte. Damit läuft auch die Adressierung von Seiten der Forschenden als *genderreflektierende Fachkraft* ins Leere und erzeugt in der Forschungssituation Spannungsverhältnisse. Die Fachlichkeit der Fachkräfte scheint mit dieser Adressierung und der Nachfrage der Forscherinnen irritiert und infrage gestellt zu werden.[327] In Bezug auf Gender*Wissen als Bestandteil des Professionswissens Sozialer Arbeit offenbart sich deren unhinterfragte Handlungspraxis, *„manchmal hat es ja auch was, so was Peinliches"* über Gender zu sprechen. Deutlich wird, dass mit dem Thema Gender das Spannungsverhältnis zwischen Norm und Habitus sowie die eigene Identität ganz unmittelbar berührt werden. Das Thema ist – auch in der Öffentlichkeit – emotional aufgeladen und stellt in der Forschungssituation eine ungewohnte „Zumutung" (Wolff 2008, S. 335) für die Fachkräfte dar. In der Konfrontation mit eigenem Nicht-Wissen und unhinterfragten Handlungsroutinen spiegeln sich u. a. ‚Sprachlosigkeit', Scham und (Status-)Unsicherheit.[328]

2 Mit der Rekonstruktion von *Grundlage ist unsere eigene Praxis* (Kapitel 7.2) wurde die Herstellung einer Verbindung der beiden Lern- und Bildungsorte deutlich. Hier dokumentiert sich insbesondere die eigene Selbstverständlichkeit der Fachkräfte in Bezug auf Gender als Analyse- und Reflexionskategorie *„dass das tatsächlich auch was damit zu tun hat, wie wir selber unsere Praxis reflektiern"*. Indem sie danach fragen, ob sich Genderreflexion in der

---

326 Siehe dazu auch Kapitel 3.5 *(Exkurs: Institutionen zwischen Regelstruktur und Wandlungsmöglichkeiten).*

327 Auszug aus dem Protokoll zur Gruppendiskussion EDEFORS: *„Eine Teilnehmer*in der Gruppendiskussion äußert gegenüber der Autor*in im informellen Teil der Verabschiedung, dass sie auch gerne mal wieder etwas Fachliches zu Gender lesen würde, im beruflichen Alltag dazu jedoch keine Zeit fände."*

328 Zum Umgang mit ‚Beschädigung' siehe beispielsweise Goffman (1969).

Praxisanleitung von Genderreflexion in ihrem professionellen Alltag (u.a. im Team) unterscheidet, markieren die Fachkräfte eine Anschlussfähigkeit zwischen ihrer Handlungspraxis und den darin eingelagerten Praktiken sowie dem aufgerufenen akademischen Diskurs. Oder, mit Nowotny (1975) gesprochen, sind hier „kognitive Strukturen" in der Praxis bereits vorhanden, die einen aktiven Prozess des (wechselseitigen) Relevant-Werdens ermöglichen.[329] Der Weg zu Genderreflexion in der Praxisanleitung geht hier über die Erfahrungen der Fachkräfte selbst und die Team- bzw. Kolleg*innenebene *„und es is schon ne Frage, wie reflektier ich das, aber wie reflektier ich das im Team und dann reflektier ich das natürlich mit den Praktikantinnen genauso"*. Deutlich wird auch, wie die Logik bzw. das professionelle Selbstverständnis der Fachkräfte mit der organisationalen Ebene im Sinne von ‚Team als (Selbst-)Reflexionsraum' verbunden ist. Das Verhältnis von Hochschule und professionalisierter Praxis in *begleiteten Praxisphasen* wird mit dieser Bearbeitungsform als anschlussfähig und aufeinander bezogen vermittelt und Genderreflexion wird dabei zum professionellen Moment. Berufliche Praxis als Lern- und Bildungsort hat diesbezüglich für Studierende hierzu etwas ‚zu bieten', kann an dieser Stelle zusammengefasst resümiert werden. Das Lernarrangement *begleitete Praxisphase* erscheint hier in Form einer Lernort- und Bildungsortkombination, bei der die Fachkräfte im Kontext von Gender*Wissen in ihrer Fachlichkeit sichtbar werden und sich – wie auch in der Forschungssituation – dem (selbst-)reflexiven Diskurs stellen (können). Professionelle Praxis wird so zum Ort koproduktiver Wissensbildung. Dass Gender „die Erwartungsmuster für Individuen bestimmt, die sozialen Prozesse des Alltagslebens regelt, in die wichtigsten Formen der sozialen Organisation einer Gesellschaft, also Wirtschaft, Ideologie, Familie und Politik, eingebunden und außerdem eine Größe an sich und für sich ist" (Lorber 1999, S. 41) wird nicht infrage gestellt. ‚Sprachlosigkeit' dokumentiert sich bei dieser Orientierung nicht in Bezug auf das Thema Gender. Vielmehr bleiben konkrete Praktiken im Anleitungsprozess verdeckt.

3 Neben den beiden voranstehenden kontrastierenden Orientierungen kam mit der Rekonstruktion von *Genderreflexion in der Praxisanleitung als Frage von Machtverhältnissen und Zuordnung* (Kapitel 7.3) eine dritte rekonstruierte Bearbeitungsform in den Blick. Die Relevanz der Kategorie Gender wird hier für das professionelle Handeln nicht grundsätzlich infrage gestellt, die Fachkräfte markieren jedoch eine begrenzte Zuständigkeit in der Praxisanleitung. Sie verlagern das Thema in die Zuständigkeit der Hochschule und setzen im

329 „Wenn im Handlungskontext keine Vorstellung der Relevanz wissenschaftlichen Wissens kulturell aufrechterhalten würde, wäre wissenschaftliches Wissen prinzipiell irrelevant" (Sommerfeld 2014, S. 138 f.).

Anleitungsprozess auf *„praktische Inhalte“*, die *„nicht unbedingt jetzt auf Gender bezogen“* sind. Darüber wird Gender eine akademische Bedeutung zugeschrieben und das eigene Gender*Wissen wird auch auf Nachfrage der Forscherinnen zurückgehalten. Auf der Suche nach eigenen Genderbezügen wird der Blick in die Vergangenheit bemüht, beispielsweise auf die Zeit des eigenen Studiums und der Berufseinmündung. Interessant ist bei dieser Bearbeitungsform, dass die Ebene von Gender als (Selbst-)Reflexionskategorie von den Fachkräften nicht berührt wird und sich in der Forschungssituation vielmehr Verunsicherungen der Fachkräfte in Bezug auf hochschulische Erwartungen ihrer Funktion als Anleitung dokumentieren *„ist es jetzt nen Fehler, dass ich da nicht äh speziell hingucke[?]“*. Im *„wir erzählen ja nur Erfahrungen oder Vermutungen [...]“* dokumentiert sich die soziale Ordnung im Verhältnis von Hochschule und professioneller Praxis worin sich das *„gesellschaftlich Selbstverständliche“* (vgl. Resch 2014) reproduziert und Wissen und Wissensbestände in einer hierarchisierenden Klassifikation (vgl. Busche/Streib-Brzic 2019) sichtbar werden. „Wissenshoheit“ (Gspurning/Mayr/Heimgartner 2021, S. 282) wird der Hochschule zugeschrieben während zugleich bemerkt wird *„wir sprechen hier drüber, es ist nen Thema, aber irgendwie is es nich irgendwo verankert so richtig, ja und auch nicht im Studium, glaub ich auch nicht“*. Damit wird eine Differenzierung vorgenommen zwischen ‚Thema sein‘ im Sinne von kommunikativ generalisiertem Gender*Wissen und ‚verankert sein‘ auf der konzeptionellen, institutionellen bzw. curricularen Ebene. Die Fachkräfte treten bei dieser Bearbeitungsform nicht als Anleitung von Studierenden in Erscheinung. Darum lässt sich insbesondere bei dieser Orientierung danach fragen, wie Forschende damit umgehen (können), wenn deren Hintergrunderwartungen enttäuscht werden, wenn Gender in die Zuständigkeit der Hochschule delegiert und die Rolle der anleitenden Fachkraft diesbezüglich ausgeklammert bzw. verdeckt wird.[330] Aus Arbeiten mit „gescheiterten Interviews“ (Eckert/Cichecki 2020) ist bekannt, „dass es methodenübergreifend vor allem als problematisch gilt, wenn die Interviewpartner*innen wenig erzählen bzw. den Erzählraum scheinbar nicht nutzen, um das für sie Relevante zu äußern“ (ebd., S. 55). Bezogen auf die Gruppendiskussionen bedeutet dies, dass Fachkräfte dieser Orientierung zwar an den Gruppendiskussion teilgenommen haben, sich jedoch in ihrer Funktion als Anleitung nicht gezeigt haben.[331] Anschließend an die in Kapitel 5.1 und 5.2 dargestellte Analyse zur Frage, wer an den Gruppendiskussionen

330 Garbade macht im Kontext von Interviews und Genderkonstruktionen deutlich, dass die Setzung von Begrifflichkeiten im Interviewkontext „unkalkulierbare Auswirkungen“ haben können, da das Fremdverstehen des Gegenübers kaum einschätzbar ist (vgl. Garbade 2020).

331 Der Erwartungsbruch betrifft dabei weniger die Ebene des immanenten Sinngehaltes (Was) als die Ebene des dokumentarischen Sinngehaltes (Wie).

teilgenommen hat, zeigt sich bei dieser Orientierung: Die Teilnahme an der Gruppendiskussion kam entweder per Delegation der Leitung zustande oder die Fachkräfte sind Alumni der ausgewählten Hochschule mit Leitungsfunktion.

Neben dem Aspekt der Fremdrahmung qua Adressierung und Machtverhältnissen wird aus der Zusammenschau dieser drei Bearbeitungsformen auch die Bedeutung der jeweiligen Organisationskultur(en) in Bezug auf das Thema Gender deutlich. Besteht zwischen dem Thema und den organisationskulturellen Praktiken keine Verbindung, wird Gender in der Praxisanleitung ausgelagert. Gender*Wissen wird dann als explizites Wissen und „externes Phänomen" (Jansen/Vogd 2017, S. 262) der professionellen Alltagspraxis gegenübergestellt. „Es ist etwas, das der Praxis gegenübersteht und mit dem irgendwie umgegangen werden muss" (ebd.).[332] Darin dokumentiert sich das Spiel um (An-)Erkennung.

Exkurs: Institutionen zwischen Regelstruktur und Wandlungsmöglichkeiten

Differenziert man an dieser Stelle zwischen Wissenschaftsfeld und Berufsfeld, kommen beide als institutionalisierte Felder in den Blick. Berger und Luckmann haben ein handlungstheoretisches Verständnis von Institutionen geprägt, indem sie „[…] erstens die Prozesshaftigkeit ihrer Entstehung und zweitens deren Historizität" (Berger/Luckmann 1980, S. 46) ausführen und den Begriff der Institutionalisierung ausgearbeitet haben. „Institutionen haben […] einen verhaltensregulierenden Effekt und werden durch (soziales) Lernen und (soziale) Kontrolle abgesichert […]" (ebd., S. 47). Dieser wissenssoziologische und handlungstheoretische Zugang von Berger und Luckmann ist anschlussfähig an die bereits aufgegriffenen Aspekte zu Geschlechterwissen von Dölling (2005) und Wetterer (2008).[333] Interessant ist in diesem Kontext auch das Scott'sche Institutionenmodell (2014), welches „Institutionen als verbindliche Regelungen und Anleitungen für soziale Handlungen" (ebd.) konzipiert.[334] Über Routinisierung kommen Regeln und Handlungsmustern eine Dauerhaftigkeit und Stabilität zu, die nicht mehr hinterfragt werden und sich somit verhärten. Eine Verhärtung von

332 Parallelen dazu finden sich in Diskursen zu Gender in Hochschule und Wissenschaft.

333 Betrachtet man Geschlecht als Institution, ist beispielsweise auch das Konzept von Goffman (2001) aufschlussreich. Er konzipiert Geschlecht in Interaktionsordnungen mit einer situativen Offenheit und dem von ihm geprägten Begriff der „institutionellen Reflexivität" (Goffman 2001). „Damit benennt Goffman (2001) die permanente Herstellung jener symbolischen Ordnung, die die Geschlechterdifferenz als Strukturprinzip sozialer Ordnung garantiert und damit institutionalisiert" (Eberherr/Hofmann 2018, S. 50).

334 „Institutions present a constraint/freedom duality" (Jepperson 1991, S. 146).

Handlungsroutinen erschwert das Distanzieren und Erproben von Handlungsalternativen (vgl. Berger/Luckmann 1980). Die Wissenssoziologie von Berger und Luckmann verknüpft Institutionen und Wissen (vgl. Berger/Luckmann 1969, S. 84). Daran anschlussfähig ist insbesondere die Scotts kognitive Dimension von Institutionen. Das Scott'sche Institutionenmodell (2014) betrachtet und unterscheidet vor dem Hintergrund des Neo-Institutionalismus Institutionen nach ihrer Funktion. In seinem nicht unumstrittenen Drei-Säulen Modell trifft Scott eine analytische Unterscheidung zwischen regulativer, normativer und kulturell-kognitiver Dimension. Der regulativen Dimension ordnet er Gesetze und vorgegebene Regeln sowie Kontrolle und Sanktionen zur Durchsetzung zu: „A stable system of rules, either formal or informal, backed by surveillance and sanctioning power, is one prevailing view of institutions“ (Scott 2001, S. 54). Die normative Dimension bezieht er auf Werte und Normen und nennt deren stabilisierende Wirkung auf Organisationen und Moral als Mittel der Durchsetzung, als innere Verpflichtung. Sich den Werten und Normen entsprechend zu verhalten ist dabei für die einzelnen Akteur*innen handlungsleitend. Mit der kulturell-kognitiven Dimension – von Kritiker*innen als die zentrale Dimension im Neo-Institutionalismus hervorgehoben[335] – fokussiert Scott auf Wirklichkeitskonzeptionen, auf Wahrnehmungs- und Vorstellungssysteme, auf unhinterfragte organisationale Wissensbestände und Selbstverständlichkeiten. Kognitionen können dabei als Regeln, Rahmen, Skripte bzw. Verhaltensabläufe und Schemata betrachtet werden (vgl. Klatetzki 2006, S. 52), die mit einer erwartungsgenerierenden Verwendung verbunden sind. „Institutionen bestehen weniger, weil sie durch bewusste Handlungen produziert werden, sondern, vielmehr weil sie durch quasi-automatische Verhaltensabläufe (Skripte) unterstützt und aufrechterhalten werden“ (Walgenbach 2006, S. 356 f.). Die kognitiven Institutionen und die damit verbundenen *constitutive rules* können als eine Art Dach bzw. als übergeordnete Kategorie betrachtet werden, da sie die Basis der sozialen Struktur bilden und als selbstverständlich erscheinen. Für Veränderungs- und Wandlungsprozesse bedarf es eines Rüttelns an allen drei der genannten Säulen. Bezogen auf die Bedeutung von Gender*Wissen in der Sozialen Arbeit können Wandlungsprozesse aufgrund anhaltender Wirkmächtigkeiten vergeschlechtlichter Institutionen als begrenzt betrachtet werden.

335 Vergleiche dazu beispielsweise Senge (2005).

8 Zusammenschau: Das praktische Studiensemester – ein Schauplatz für Spannungs- und Konfliktverhältnisse

„Ein nahezu paradox erscheinendes Spannungsfeld umschließt [...] curriculare Langzeit-Praxisphasen im Studium Soziale Arbeit" (Roth/Kriener/Burkard 2021, S. 30) – so hätte der Untertitel des vorliegenden Buches auch lauten können. In diesem die Arbeit nun abschließenden Kapitel werden die zentralen Rekonstruktionen der Studie mit anleitenden Fachkräften in Form einer thesenartigen Zusammenschau resümiert und vor dem Hintergrund der Forschungsfragen diskutiert sowie mit aktuellen Fachdiskursen und Debatten verknüpft und weitere Forschungsbedarfe aufgezeigt.[336]

Zunächst lässt sich zusammenfassend feststellen, dass ein grundständiges generalistisches Studium Soziale Arbeit ohne praxisbezogene Studienanteile – wie *begleitete Praxisphasen* – nicht denkbar ist.[337] Die Ausführungen in der vorliegenden Arbeit und die theoretische Fundierung zeigen, dass die in der Hochschule nicht initiierbare sinnliche Erfahrung der Praxis Sozialer Arbeit (vgl. Roth/Burkard/Kriener 2023) mit ihren immanenten Spannungsfeldern einen bedeutsamen Teil der Hochschul(aus)bildung darstellt (vgl. Müller-Hermann/Becker-Lenz 2012). Praxisphasen werden von Studierenden häufig als „identitätsstiftender Kern des Studiums" (Harmsen 2020, S. 200) betrachtet.[338] Auch greifen *begleitete Praxisphasen* als berufsfeldbezogene Studienanteile und *generalistische* Lernarrangements (vgl. Roth 2021) zentrale Paradoxien und Antinomien professionellen Handelns auf und sind für alle Beteiligten mit „Professionalisierungshoffnungen" (Roth/Burkard/Kriener 2023, S. 41) verknüpft. An dieser Stelle sei beispielhaft auf die Praxisantinomie hingewiesen, die „zwei deutlich kontrastierende und sich eigentlich ausschließende Haltungen miteinander zu vermitteln [sucht] – einerseits das hoch belastete und verantwortliche praktische Handeln und andererseits das gerade möglichst weitreichend vom Handlungsdruck befreite theoretisch-reflexive Handeln" (Helsper 2016, S. 54). Demgegenüber steht die Erkenntnis:

336 Zu den Forschungsfragen siehe Kapitel 1.1.

337 Praxisphasen gelten als unverzichtbarer Bestandteil sozialer und pädagogischer Studiengänge (vgl. u. a. Widulle 2009).

338 Harmsen hebt hier insbesondere auf das professionsbezogene Projektstudium ab, welches „Reflexivität, Relationierung unterschiedlicher Wissensformen, ethische Fragestellungen und gesellschaftliche Dimensionen Sozialer Arbeit beinhaltet" (Harmsen 2020b, S. 250 f.).

„Wie Fachkräfte Sozialer Arbeit die Herausforderungen *handlungspraktisch bearbeiten* und welche *Handlungsorientierungen* ihrer Praxis zugrunde liegen, ist bislang kaum empirisch erforscht" (Franz/Kubisch 2020, S. 191). Dies stellt immer wieder eine Leerstelle dar, die jedoch im Rahmen von Professionalisierung und Professionalitätsentwicklung von zentraler Bedeutung ist.

So lässt sich feststellen, dass sich Soziale Arbeit sowohl theoretisch als auch forschend und handelnd immer weiter differenziert, Verhandlungen zwischen Hochschule und professionalisierter Praxis wie sie *begleiteten Praxisphasen* im Studium immanent sind, jedoch in Deutschland bislang kaum systematisch Beachtung finden.[339] Es ist insbesondere die Perspektive anleitender Fachkräfte, die erst in jüngster Zeit vereinzelt in den Fokus der Forschung gelangt.[340] Den kollektiven Perspektiven und handlungsleitenden Orientierungen der Praxisanleitung und den Verhandlungen zwischen Hochschule und professioneller Praxis als zwei Lern- und Bildungsorten im Studium mit den darin eingelagerten ‚Spielen' (vgl. Bourdieu 1998) empirisch am Beispiel von Gender*Wissen auf die Spur zu kommen, war Kernanliegen dieser Arbeit. Entlang von drei Thesen werden im Folgenden die zentralen Ergebnisse der Studie fokussiert.

8.1 Praxisanleitung im Schattenfeld von institutionellem Alltag und hochschulischen Ansprüchen

These 1: Praxisanleitung vollzieht sich im Schattenfeld von institutionellem Alltag und hochschulischen Ansprüchen, indem anleitende Fachkräfte das Spannungsverhältnis zwischen normativen Verpflichtungen und habitualisierten Praktiken bewältigen und stets der Gefahr ausgesetzt sind, als defizitär in Bezug auf ihre Wissensbestände wahrgenommen zu werden.

Die Analyse des empirischen Materials zeigt zunächst, wie die alltäglichen Selbstverständlichkeiten und feldimmanenten Logiken von Hochschule und beruflicher Praxis in *begleiteten Praxisphasen* miteinander in Berührung kommen und sich die soziale Ordnung reproduziert. Bereits die von Seiten der Forschenden vorgenommene selbstverständliche Adressierung der Fachkräfte als Expert*innen in der Praxisanleitung, als Vertreter*innen der beruflichen Praxis und als genderreflektierende Fachkräfte (siehe dazu Kapitel 5.1) kann als Hinweis auf den „Ethnozentrismus der Gelehrten" (vgl. Bourdieu 1993b, S. 370) gedeutet werden.

339 Zu Forschungsstand und Fachdiskurs siehe Kapitel 2.4.

340 Vor diesem Hintergrund leistet die vorliegende Studie mit anleitenden Fachkräften einen Beitrag zur Erhellung des weitgehenden ‚Blindflugs der Beteiligten' im Kontext *begleiteter Praxisphasen*.

Das gilt ebenso für das Aufrufen eines akademischen Diskurses, indem zu Gruppendiskussionen *GenderWissen – (k)ein Thema in der Praxisanleitung!?* eingeladen wurde. Schnell zeigte sich, wie anleitende Fachkräfte zur Projektionsfläche unterschiedlicher Erwartungen, Zuschreibungen, Hoffnungen und Delegationen wurden, wie *begleitete Praxisphasen* selbst. Denn das, was anleitenden Fachkräften hochschulseitig zugesprochen wird – nämlich eine wichtige Schlüsselfunktion im Qualifizierungsprozess von Studierenden (vgl. Hochuli Freund/Stotz 2014, S. 151 f.) und eine vermittelnde Rolle zwischen den beiden Lern- und Bildungsorten einzunehmen (vgl. Roth/Burkard 2021) – stößt, zumindest am Beispiel von Gender*Wissen, in der professionalisierten Praxis auf wenig Resonanz. Vielmehr zeigt sich mit der vorliegenden Studie die Wirkmächtigkeit der Logik des Wissenschaftsfeldes, indem anleitende Fachkräfte hochschulseitig gleichsam als ‚Lehrbeauftrage in Praxisstellen' angerufen werden. Auch dokumentiert sich im empirischen Material, wie Hochschule auf sich selbst als impulsgebende und (wissens-)vermittelnde Instanz zurückgeworfen wird, wie es beispielsweise im *Ruf nach provokanten Fragen* (Kapitel 7.1) rekonstruiert wurde. Diese sowie die anderen rekonstruierten Orientierungen sind u. a. anschlussfähig an Erkenntnisse von Garbade: „Um über gender ins Sprechen zu kommen, bedarf es einer Konkretisierung […]" (Garbade 2020, S. 101). In den Gruppendiskussionen sind es insbesondere ‚emotionale Schlüsselszenen', in denen eigene Erwartungen und Haltungen der Fachkräfte irritiert werden, die Gender im Anleitungskontext thematisierbar machen.

Mit den Erkenntnissen der vorliegenden Studie sind auch anerkennungstheoretische Fragen aufgeworfen, da sich in den Adressierungs- und Re-Adressierungspraktiken habituelle und institutionelle Strukturen dokumentieren und Aufschluss über Strukturmomente des jeweiligen Feldes sowie Machtgeschehen geben. Denn: „Es ist unumgänglich, andere als jemand anzusprechen, zu positionieren und zu identifizieren und dadurch zu jemandem zu machen" (Ricken 2015, S. 143). Mit Adressierungen werden Vorstellungen davon transportiert, was in einer bestimmten Situation normal, erwünscht, möglich, unmöglich oder gar erforderlich ist, um ‚an-erkennbar' zu sein (vgl. Leonhard et al. 2019). Normen der Anerkennbarkeit (vgl. Ricken 2013) kommen in der Verbindung von *Praxisanleitung und Gender*Wissen* besonders deutlich zum Ausdruck, diese Verbindung wirkt wie ein Katalysator für Verunsicherungen, Irritationen, Abwehr- und Suchbewegungen. Bereits mit der Kontaktaufnahme der Forschenden wissen die möglichen Teilnehmer*innen ‚mit wem sie es zu tun haben' und werden von diesen als Praktiker*innen positioniert, was zugleich als soziale Platzanweisung gedeutet werden kann. Mit der Analyse der Frage, wer zu den Gruppendiskussionen gekommen ist, wie es insbesondere in Kapitel 5.1 *„nen bisschen ins Stolpern kommen"* herausgearbeitet wurde, konnte der persönliche Kontakt zu mindestens einer der Forscherinnen und zur Hochschule als verbindendes Element identifiziert werden. „Dieses weist auf eine *gewisse Vertrautheit* hin, beinhaltet aber auch Verstrickungen mit den Forschenden" (Schimpf/Roth 2022a, S. 295).[341] Der Rückgriff auf eine *gewisse Vertrautheit* kann als Hinweis interpretiert werden, wie die Teilnahme an Gruppendiskussionen leichter gelingen könnte. Dem wäre im Kooperationskontext von Hochschule und beruflicher Praxis noch genauer nachzugehen.

Die Erkenntnisse der vorliegenden Arbeit zeigen zugleich, wie Anleitungspraktiken in den Gruppendiskussionen verdeckt bleiben und sich, wie in Kapitel 7.4 resümiert, als *sprachlose Zumutung* dokumentieren. Charakteristisch für das empirische Material ist ein ‚*zugedecktes, abstraktes und nebulöses Sprechen*'[342] im beschreibenden und argumentierenden Modus. Vor diesem Hintergrund erschien das Phänomen der *sprachlosen Zumutung* ferner bei der Auswahl geeigneter Passagen als ‚analytisches Problem', da die Fachkräfte i. d. R. nicht zwischen ihrer beruflichen Tätigkeit als (Leitungs- und) Fachkraft und ihrer Funktion als Praxisanleitung unterscheiden. *„[…] es is schon ne Frage, wie reflektier ich das, aber wie reflektier ich das im Team und dann reflektier ich das natürlich mit den Praktikantinnen genauso […]" (GD_Flen: 778–780)*. Erst im weiteren Verlauf der komparativen Analyse wurde deutlich: Wenn Fachkräfte Gender*Wissen als Professionalitätsmerkmal im institutionellen Alltag und als Bestandteil handlungsleitenden Wissens erkennen, werden die Arbeit im Team und mit Kolleg*innen sowie institutionalisierte Reflexionsräume in den Gruppendiskussionen zum Bezugspunkt der Fachkräfte – auch im Kontext von Praxisanleitung.[343] Zugleich weist dies darauf hin, dass Praxisanleitung in der Sozialen Arbeit kein etablierter, anerkannter und didaktisch gestalteter Aufgaben- und Tätigkeitsbereich ist, sondern vielmehr ‚by the way' verläuft und in die jeweiligen Organisationen unterschiedlich eingebunden ist (vgl. Goldoni 2023). Mit der Adressierung als anleitende – und genderreflektierende – Fachkraft wird also im Rahmen der Forschung etwas berührt, was im institutionellen Alltag (aber auch in der

341 Gerade beim Thema Gender können interaktive Verstrickungen aufgrund theoretischer Ansprüche der Forschenden und hierarchisierter Wissensordnungen sowie damit verbundene Herausforderungen – Erfahrungswissen zugänglich zu machen und praktische Reflexionspotenziale zu aktivieren – verstärkt werden (vgl. Schimpf/Roth 2022a, S. 294).

342 Siehe dazu u. a. Kapitel 8.3.

343 Darin liegen Möglichkeiten der wechselseitigen Bezugnahme im Sinne der geforderten Lernortkooperation (vgl. Kriener et al. 2021; Freis 2019; Kösel 2017; Becker-Lenz/Müller-Hermann 2014).

Forschung) wenig Raum und Anerkennung erfährt.[344] Dies ist erstaunlich, da doch das Rechtsinstitut der staatlichen Anerkennung in Deutschland als Ausdruck einer gemeinsamen Qualifizierungsverantwortung von Hochschule und professionalisierter Praxis eng mit der Berufsgeschichte der Sozialen Arbeit und der Verknüpfung von (Fach-)Hochschulen und beruflicher Praxis als Lern- und Bildungsorte verbunden ist (vgl. Kriener/Gabler 2021).

Vor dem Hintergrund der Erkenntnisse der vorliegenden Studie kann das Phänomen der *sprachlosen Zumutung* ebenso wie die Verdeckung von Anleitungspraktiken in den Gruppendiskussionen als hoher Grad an Verunsicherung und als Hinweis auf wirkmächtige Wissenshierarchien gedeutet werden. Denn die Fachkräfte sind im Kontakt mit dem Wissenschaftsfeld stets der Gefahr ausgesetzt, als ‚defizitär' in Bezug auf ihre Wissensbestände wahrgenommen zu werden.[345] Dieses Ergebnis schließt auch an Erkenntnisse der Studien von Ghanem et al. An. Denn vor dem Hintergrund der in Deutschland seit den 1990er Jahren eingezogenen Debatten über ‚Evidenzbasierte Praxis' haben Ghanem et al. Am Beispiel der Bewährungshilfe förderliche und hinderliche Faktoren herausgearbeitet, die Bewährungshelfer*innen „in ihrem professionellen Kontext hinsichtlich der Beschäftigung mit wissenschaftlich generiertem Wissen" (Ghanem et al. 2016, S. 378) erleben. Das Thema „Angst vor mangelnder Professionalität" (ebd., S. 379) stellt eine zentrale Kategorie der Studie dar, der mit dem Wunsch „nach Sicherheit in der Arbeit und Anerkennung der Professionalität" (ebd.) verknüpft wird.[346] Damit schließen sich weitere Forschungsbedarfe an, die sowohl mit Fragen nach Zugangsmöglichkeiten und Beteiligung von Fachkräften an Wissenschaftskommunikation (vgl. Brielmaier 2023; 2020; Eberitzsch/Keller 2022), der Entwicklung einer dialogischen Wissenstransformation und -produktion (vgl. Schimpf/Roth 2022a; Unterkofler 2020; Sehmer et al. 2020b; Sommerfeld

344 Im Gegensatz zu internationalen Forschungen zu Praxisanleitung in der Sozialen Arbeit (siehe Kapitel 2.4) kann ‚Anleitungsforschung' vor dem Hintergrund grundständiger generalistischer Studiengänge Soziale Arbeit mit studienintegrierten *begleiteten Praxishasen* in Deutschland weitgehend als Leerstelle identifiziert werden. Erst in jüngster Zeit sind mit der Studie von Schimpf und Roth anleitende Fachkräfte im Kontext von Gender*Wissen in modularisierten Studiengängen Soziale Arbeit in den Blick gekommen (vgl. Roth/Schimpf 2020; Schimpf/Roth 2022a; 2022b). Auf das Forschungsvorhaben *ALFOSA* kann mit Blick auf Anleitungsforschung ebenfalls hingewiesen werden (siehe dazu Erdmann/Kloha/Sellmaier 2022).

345 Differente Wissensformen und -bestände sind im Wissenschaftsfeld und im Berufsfeld unterschiedlich präsent und zugänglich. Diese unterliegen einer hierarchisierenden Klassifikation (vgl. Busche/Streib-Brzic 2019).

346 Zur Bedeutung von wissenschaftlichem Wissen bei Fachkräften in der Sozialen Arbeit (Sozialarbeiter*innen/Sozialpädagog*innen) siehe auch Brielmaier/Roth 2019; Ghanem et al. 2018; Moch et al. 2014.

2014)[347] als auch mit Fragen zur gesellschaftlichen Anerkennung Sozialer Arbeit als geschlechtlich konnotierte Profession (vgl. u. a. Bitzan 2021; Brückner 2013) verbunden sind.[348] Denn wie im Schattenfeld von institutionellem Alltag und hochschulischen Ansprüchen vollzieht sich bislang Praxisanleitung im Studium.

Ein Heraustreten von Praxisanleitung aus dem Schattenfeld von institutionellem Alltag und hochschulischen Ansprüchen – auch forschungsmethodisch – wäre diesbezüglich bedeutsam; denn Anleitungspraktiken können zwar zur Darstellung, jedoch kaum zur Explikation gebracht werden. Der Weg der Dekonstruktion hochschulseitiger Projektionen auf anleitende Fachkräfte und berufliche Praxis als Lern- und Bildungsort im Studium kann hier neue Perspektiven eröffnen und dazu beitragen die eigenen ‚blinden Flecke' des Wissenschaftsfeldes ein Stück weit zu entschlüsseln. Am Beispiel Gender wurde exemplarisch deutlich, wie von Seiten der Forschenden im Kontext *begleiteter Praxisphasen* etwas zusammengedacht wird, was sich im empirischen Material der Studien so nicht bestätigt.[349] Interessant ist diesbezüglich, dass aktuell in der Sozialen Arbeit das Thema Praxisanleitung dahingehend aufgegriffen wird, dass nach einer Didaktik der Begleitung am Lern- und Bildungsort professionalisierte Praxis gefragt wird (vgl. Roth/Burkard/Kriener 2023), eine lernortübergreifende Hochschuldidaktik angeregt (vgl. Freis 2021) sowie Praxisanleitung als professionalisierungsbedürftiges Handeln betrachtet wird (vgl. Goldoni 2023; Kösel 2017). Zu fragen wäre zukünftig auch, wie die praktische Klugheit anleitender Fachkräfte, welche sich nicht vollständig explizieren lässt,[350] empirisch rekonstruiert und für die Weiterentwicklung professionalisierter Praxis als Lern- und Bildungsort im Studium nutzbar gemacht werden kann.[351] In Anlehnung an das Phänomen der praktischen Reflexion (vgl. Bohnsack 2020) wäre im Anleitungskontext dazu der Frage nach impliziten oder praktischen Reflexionspotentialen genauer nachzugehen. Denn diese sind für Professionalisierung von zentraler Bedeutung, „da sie integrale Bestandteile der Praxis selbst sind" (ebd., S. 118).

347 „Angeregt wird damit eine Sichtweise, die empirisches, theoretisches und praktisches Wissen nicht hierarchisch ordnet, also theoretisches Wissen als höherwertig adressiert, sondern als unterschiedliche, aber gleichrangige Perspektiven [...] versteht" (Sehmer et al. 2020b, S. 2).

348 Hier erweist sich zum Weiterdenken die Fachkulturforschung unter Einbezug des Habituskonzeptes Bourdieus sowie des Generationenkonzeptes Mannheims als gewinnbringende Perspektive.

349 Dies dokumentiert sich u. a. in der ‚Erzählnot' der Teilnehmer*innen. Zu Zugzwängen des Erzählens siehe z. B. Wolff 2008, S. 335.

350 Siehe dazu auch Kapitel 3.4.

351 Denn „we know more than we can tell" (Polanyi 1966, S. 4).

8.2 Professionalitätsentwicklungsprozesse im Spannungsfeld hierarchischer Beziehungen und konkurrierender Ordnungsprinzipien

These 2: Fachkräfte leiten Studierende vor dem Hintergrund kollektiver Erfahrungen und Vorstellungen zu Professionalisierung an. Diese spannen sich zwischen hierarchischen Beziehungen und konkurrierender Ordnungsprinzipien auf, sind nicht systematisch und explizit zugänglich und werden als Irritationen wahrgenommen.

Als weiteres Spannungsverhältnis, welches mit *begleiteten Praxisphasen* verbunden ist, konnten hierarchische Beziehungen im Kontext von individueller Professionalisierung und Professionalitätsentwicklung identifiziert werden. Studierenden wird mit dem Betreten des Berufsfeldes eine institutionalisierte Noviz*innenposition zugewiesen (vgl. Schwarz/Teichmann/Weber 2015, S. 143), was sich in der vorliegenden Studie entlang des feldspezifischen Begriffs der *Praktikant*innen* aufspannt.[352] Sie betreten als Neulinge eine ‚neue Welt' und sind mit eigenen Logiken, Rationalitäten und feldspezifischer Illusio konfrontiert. Zugleich treten sie in der jeweiligen Organisation berufserfahrenen Fachkräften gegenüber, die als Praxisanleitung fungieren und den individuellen Professionalisierungs- und Professionalitätsentwicklungsprozess der Studierenden begleiten, anleiten und bewerten (vgl. Roth/Burkard 2021). Erst ein sich daraus begründendes Machtgefälle lässt ‚das Praktikum zum Praktikum' werden und positioniert Studierende in einem hierarchischen Verhältnis und institutionellen Machtgefüge innerhalb der Praxisstelle. Zugleich bewegen sich Studierende in *begleiteten Praxisphasen* in einer Art ‚Pendelbewegung' zwischen Wissenschafts- und Berufsfeld. Sie sind mit verschiedenen Einflusskulturen konfrontiert und sollen im Studium einen doppelten Habitualisierungsprozess bewältigen (vgl. Ebert 2012), indem sie einen akademischen und einen professionellen Habitus ausbilden.[353] Auch anleitende Fachkräfte waren mit diesen Bewältigungsanforderungen während ihres Studiums konfrontiert. Davon ausgehend, dass Professionalisierung als lebenslanger Prozess betrachtet werden kann, dokumentiert sich mit der rekonstruierten Basistypik *Irritation des Alltäglichen im Kontext des institutionellen Alltags*, wie mit *begleiteten Praxisphasen* auch eigene (berufs-) biografische Erfahrungen der Fachkräfte aufgerufen werden. Am Beispiel Gender wird dies exemplarisch deutlich, denn *„ich könnte jetzt nicht sagen, dass das irgendwo in meinem Studium eine besondere Rolle gespielt hat" (GD_KALLAX 989–999)*. Die hier bereits aufscheinende Verwobenheit von Individuellem und

352 Siehe dazu Kapitel 5.4.

353 Zur Entwicklung eines fachspezifischen Habitus siehe auch Richter/Friebertshäuser 2019, S. 37.

Kollektivem wird am Phänomen der Passung und Nicht-Passung (siehe Kapitel 6.1) im Kontext von Professionalitätsverständnissen und generationalen Aspekten besonders deutlich und *begleitete Praxisphasen* werden zur Bewährungsprobe für die ‚neue Generation'. Denn Studierende repräsentieren den ‚Nachwuchs' einer zukünftigen Generation an Fachkräften, was immer auch konflikthafte Aspekte von Ablösung und Veränderung beinhaltet (vgl. Friebertshäuser 2020).

Die vorliegende Studie zeigt, wie Studierende das ‚Außen' – beispielsweise die abwesende Hochschule – verkörpern und Fachkräfte in *begleiteten Praxisphasen* herausgefordert werden, sich im Spannungsfeld von Hochschule und beruflicher Praxis zu positionieren und zugleich Wissenschaft und Praxis in ein Verhältnis zueinander zu bringen (vgl. Kösel 2014, S. 247).[354] Während anleitende Fachkräfte im institutionellen Alltag als Fachkräfte tätig und der Logik und Doxa des Berufsfeldes unterworfen sind, unterliegen sie dem Handlungsdruck der professionalisierten Praxis. Zugleich werden sie von Hochschulseite als anleitende Fachkräfte angerufen, die ‚per se' in der Lage sein sollen, vom praktischen Handlungsdruck weitgehend entlastete Lern- und Bildungsprozesse zu begleiten, anzuleiten und zu reflektieren (vgl. Kriener et al. 2021).[355] Diese ihnen zugewiesene vermittelnde Rolle (vgl. Kösel 2019, S. 286) spannt sich zwischen hierarchischen Beziehungen und konkurrierenden Ordnungsprinzipien auf, die nicht systematisch und explizit zugänglich sind.[356] Mit der Rekonstruktion der Basistypik rückte die Bedeutung und Bewältigung von Irritationen in den Fokus. Während Irritationen und Krisen im Studium als Bildungsanlässe für Professionalitätsentwicklung auf der Ebene der Studierende betrachtet werden (vgl. Müller-Hermann 2020; Becker-Lenz/Müller-Hermann 2012a; Becker-Lenz/Müller 2009), sind Irritationen auf der Ebene anleitender Fachkräfte nicht im Blick. Wie bewältigen diese die Fremdaufforderung, die Studierende – aber auch die Forschungssituation – repräsentieren? Bereits die Rekonstruktion der *wunden Punkte* (Kapitel 6.3) dokumentierte beispielhaft, wie sich die notorische Diskrepanz (vgl. u. a. Bohnsack 2017, 2017a) zwischen normativen Erwartungen und der Logik der Praxis als Irritationsmoment in *begleiteten Praxisphasen* entfaltet. Die Konfrontation mit Studierenden erscheint hier für die Fachkräfte wie die Spiegelung einer ihnen bekannten Realität, welche sie sich über Kompromisse

354 Bekannt ist, dass sich „Sozialarbeiter*innen […] beim Handeln auf professionelles Wissen beziehen, welches aus einem Konglomerat von wissenschaftlichem Wissen, Erfahrungswissen und Wissen über lebensweltliche Sinnzusammenhänge der Adressat*innen besteht" (Schützeichel 2007, S. 561).

355 So wird von Seiten der Hochschulen erwartet, dass Praxisanleitung von Fachkräften mit ausgewiesenen selbstreflexiven, theoretischen und methodischen Kompetenzen übernommen wird (vgl. Markert 2020, S. 280).

356 Denn dies würde andernfalls voraussetzen, dass alle an *begleiteten Praxisphasen* Beteiligten eigene Selbstverständlichkeiten reflektieren und infrage stellen und sich auf Verunsicherungen einlassen könnten.

handhabbar gemacht haben. In der Rekonstruktion des institutionellen Alltags als begrenztem Möglichkeitsraum wird u. a. deutlich, wie die Bearbeitung von Irritationsmomenten zum (Selbst-)Reflexionsanlass für Fachkräfte und Teams werden kann.[357] Dazu nutzen die Fachkräfte ‚institutionalisierte Reflexionsräume', wie z. B. Teamsitzungen und Supervision. Besonders interessant ist an dieser Stelle, wie Irritationen auch für Fachkräfte zu Bildungsanlässen werden können, wenn sich diese auf Verunsicherungsprozesse einlassen. Oder anders formuliert: „Interessant wäre es auch der Frage nachzugehen, was die PraktikerInnen von den Studierenden lernen und welche neuen Impulse bzw. Innovationen sich daraus für die Praxis ergeben" (Kittl-Satran/Reicher 2018, S. 124). Beispielhaft zeigte sich dies in der Gruppendiskussion BODEN, in der sich eine der jüngsten Teilnehmer*innen der Gruppendiskussionen die Kritik einer „Praktikantin" zu eigen machte und darüber die Studierende in eine ‚neue Rolle' versetzte. So konnten (Veränderungs-)Impulse ins Berufsfeld gelangen und Studierendenimpulse wurden zum ‚Motor' für Team und Teamentwicklung.[358]

Wechselseitige Irritationen, verstanden als Reflexions- und Bildungsanlässe (vgl. u. a. Bähr et al. 2019; Koller 2012) könnten hieran anschließend einen gewinnbringenden Ansatzpunkt für weitere Forschungsaktivitäten sein – ausgehend vom (professionellen) Alltag an Hochschulen und in der beruflichen Praxis sowie der eigene Standortgebundenheit der Akteur*innen sowie der ‚sprachlichen Verflüssigung' dessen. Denn im ‚Alltäglichen' beider Relevanzsysteme erscheinen im Kontext *begleiteter Praxisphasen*: Macht- und Herrschaftsverhältnisse, Konfliktpotentiale, Anerkennungsfragen, Ambivalenzen, Probleme, Herausforderungen, Widersprüche, Projektionen, Wünsche, Zwänge, Bedürfnisse und Utopien.[359] Irritationen und Verunsicherungen dahingehend zu verstehen, „dass ein Ereignis auf eine vorhandene Struktur wirkt und sie sozusagen in Unordnung bringt" (Hoffarth/Klinger/Plößer 2013, S. 53), öffnet einen Zugang zu Erfahrungen des ‚Andersmöglichen' (vgl. Ricken 2004, S. 29) und zum ‚Ver-Lernen' auf unterschiedlichsten Ebenen.[360]

357 Siehe dazu Kapitel 6.

358 Siehe Kapitel 6.2.

359 Zugleich ist – mit Gramsci gesprochen – der Alltagsverstand „auf bornierte Weise neuerungsfeindlich und konservativ und baut stark auf bestehenden Traditionen auf" (Gramsci 2019, § 6 1397).

360 Zur ‚Entselbstverständlichkeit' siehe u. a. Combe/Gebhard 2012, S. 30.

8.3 *Begleitete Praxisphasen* als umkämpfte (Grenz-) Erfahrungsräume und Perspektivkonflikt

These 3: Am Beispiel Gender werden begleitete Praxisphasen als Perspektivproblem deutlich. Die Bearbeitung ist ein Spiel um Grenzen und erfordert eine Grenzbearbeitung, die Erfahrungen – auch wissenschaftliche und hochschulische – zum Sprechen bringt und wechselseitige Irritations- und Verunsicherungsprozesse anerkennt und reflektiert.

Als ein gemeinsamer Erfahrungsraum, der an den Gruppendiskussionen Beteiligten, wurde die Basistypik *Irritation des Alltäglichen im Kontext des institutionellen Alltags* identifiziert. Es konnte gezeigt werden, dass es nicht die Anleitungsfunktion und -erfahrungen sind, worüber sich erfahrungsbezogene Gemeinsamkeiten der Fachkräfte bilden, sondern vielmehr wechselseitige Irritationen und (Selbst-)Verunsicherungen, die *begleiteten Praxisphasen* sowie der Forschungssituation immanent sind. Ausgehend von einer Art ‚vorbewussten Ordnung' und der Darstellung der sozialen Welt und der eigenen Position(ierung) entfaltet sich ein ‚Spiel um Grenzen', welches sich zwischen Innen und Außen, zwischen Zugehörigkeit und Nicht-Zugehörigkeit bewegt. Dieses Spiel ist eng verbunden mit dem Habitus der Beteiligten und der institutionellen Rahmung. Erst mit der komparativen Analyse wurden eingenommene Positionen sichtbar und konjunktive Erfahrungsräume rekonstruierbar. So sind es vielfach die unausgesprochenen Selbstverständlichkeiten und das Nicht-Gesagte (‚schweigsame Dimensionen'), was auf Zugehörigkeiten und Nicht-Zugehörigkeiten verweist. Interessant ist an dieser Stelle, wie in der Fachliteratur Praxisphasen eine ‚Brückenfunktion zwischen Theorie und Praxis' zugeschrieben wird (vgl. Arnold et al. 2011, S. 90; Schulze-Krüdener/Homfeldt 2001) und Vorstellungen von Studierenden praktischer Studiensemester im Zwischenraum von Hochschule und beruflicher Praxis transportiert werden (vgl. u. a. Freis 2021, S. 274 ff.). Diese entsprechen dem Konzept eines *Dritten Raums* (vgl. von Balluseck 2015),[361] welches dem frühpädagogischen Kontext entstammt, bzw. eines *third space* (vgl. Christoforatou 2011, S. 51 ff.), wie es im Rahmen berufspraktischer Studien bezeichnet wird (vgl. Zeichner 2010). Ein ‚Dazwischen' wird dabei als Idealkonzept konstruiert, „als Diskursraum, in dem alle Akteure bereit sind, ihre Positionen in Frage stellen zu lassen, auf Augenhöhe zusammenzuarbeiten und ein dialektisches Verhältnis von akademischem und praxisbasiertem Wissen zuzulassen"

361 Der dritte Raum ermöglicht es nach Balluseck die „Kluft zwischen (Hoch-)Schule/Universität und dem Lernort Praxis zu überwinden" (Balluseck 2015).

(Leonhard et al. 2016, S. 92).[362] Dies weckt einerseits Assoziationen von ‚dual studieren‘ (vgl. Böwer et al. 2023) und andererseits zeigt die vorliegende Studie am Beispiel von *Gender*Wissen in der Praxisanleitung*, wie umkämpft die Feldgrenzen beider Relevanzsysteme sind. Begrenzungen werden als strukturierendes und ordnendes Moment genutzt, derweil die ‚eigene Professionalität auf dem Spiel‘ zu stehen scheint. Während Grenzen Wirklichkeitsbereiche voneinander trennen und stets konstruiert, bestätigt bzw. ausgehandelt werden müssen, können sie zugleich überschritten und verschoben werden. In einem für das empirische Material charakteristisch *‚zugedeckten, abstrakten und nebulösen Sprechen‘* offenbarten sich die Wirkmächtigkeiten von (Nicht-)Zugehörigkeit(en) und Verdeckungen, was bereits in der Adressierung und Konstruktion von Studierenden und Praktikant*innen (siehe dazu Kapitel 5.4) deutlich wurde. Mit der institutionellen Setzung der Akteur*innen im Kontext *begleiteter Praxisphasen* ist – ebenso wie im Forschungsprozess – eine spezifische und wirkmächtige Ordnung aufgerufen. Dabei wirken die inkorporierten sozialen Strukturen als Wahrnehmungsschemata in den Beteiligten fort. Diese Ordnungsweisen sind sozial umkämpft und stehen ‚auf dem Spiel‘, was mit einer Begegnung der Felder sowohl im Rahmen der Forschung als auch in *begleiteten Praxisphasen* herausgefordert wird. „Das Phänomen einer ‚Hierarchisierung des Besserwissens‘ (Luhmann 1992, S. 510) ist […] nicht auf sozialwissenschaftliche Handlungstheorien begrenzt. Es findet sich auch in der Beziehung von Erkenntnistheorie, Methodologie und Forschungspraxis“ (Bohnsack 2022, S. 51). Vor diesem Hintergrund ist die Hinwendung zu Grenzbearbeitung besonders interessant: Die Hervorbringung und Aushandlung von Feldgrenzen und damit verbundene Ein- und Ausschlüsse werden in der Sozialen Arbeit entlang der Denkfigur der „Grenzbearbeitung“ (vgl. Maurer 2018a, Kessl/Maurer 2010) thematisiert. Grenzbearbeitung bezieht sich hierbei auf „[…] die gesellschaftlichen Verhältnisse als ‚gegebene‘ und machtvoll wirksame ebenso […] wie auf die vielfältigen Versuche, diese in kritisch-utopischer Absicht zu problematisieren und für neue, gerechtere, solidarischere Möglichkeiten zu öffnen“ (Maurer 2018b, S. 113). Diese Figur ist vor dem Hintergrund des Nachdenkens über Differenz und des Zusammenwirkens unterschiedlicher Differenzkategorien entstanden und „[…] lässt sich überall dort zum Einsatz bringen, wo die Frage von Diskriminierung auf der Tagesordnung steht […]“ (ebd., S. 116). Dabei kommt der Auseinandersetzung mit Raum

362 Wie es zum Beispiel auch in Perspektiven der Hochschulrektorenkonferenz zu „eine[r] flächendeckende[n], institutionalisierte[n], systematische[n], verbindliche[n] und kontinuierliche[n] Kooperation“ (Schubarth/Speck/Ulbricht 2016, S. 69) zwischen Trägern und Einrichtungen der beruflichen Praxis und Hochschulen sowie in Verständnissen zu „Lernortkooperation“ (Kösel 2014, S. 14f.) zum Ausdruck kommt. „Mit Pätzold (1998) kann man vier Verständnisse einer Lernortkooperation unterscheiden: ein pragmatisch-formales, ein pragmatisch-utilitaristisches, ein didaktisch-methodisch begründetes oder ein bildungstheoretisches Verständnis“ (zit. n. Kösel 2014, S. 268).

und Räumlichkeit besondere Bedeutung zu. Es gilt bestehende Räume als sogenannte begrenzte Orte mit beteiligten Akteur*innen zu begreifen, die „[…] zugleich aktive Gestalter der Reproduktion, damit (potenziell) aber auch der möglichen Veränderung bestehender Zusammenhänge sind" (Kessl/Maurer 2010, S. 162). Maurer und Kessl nehmen Differenzierungspraktiken in unterschiedlichen Dimensionen und Feldern in den Blick. „Sie lassen sich dadurch kennzeichnen, dass sie scheinbar gegebene Unterscheidungen (wieder)herstellen" (ebd., S. 163 f.). Differenztheoretische Reflexionen fokussieren somit auf Praktiken der Unterscheidung, wie zum Beispiel die Unterscheidung einer sozialen Positionierung, einer ethnischen Herkunft oder einer Geschlechterzuordnung. „Gerade darüber, was nicht sichtbar wird und nicht gesagt wird, lässt sich sehr deutlich machen, was zu einem bestimmten historischen Zeitpunkt überhaupt möglich ist" (ebd., S. 159). Die Frage, ob und wie eine selbstkritische Auseinandersetzung der Akteur*innen Sozialer Arbeit mit (Be)Grenz(ungs)verhältnissen stattfindet und ob bzw. wie darüber zu einer Veränderung gezogener Grenzen beigetragen wird, die zur Öffnung und Erweiterung von Lebensmöglichkeiten führen und Ansprüche von Adressat*innen einbindet (vgl. ebd.), ist dabei von großer Relevanz. Als *Überschneidungszone* sind praktische Studiensemester durchdrungen von Praktiken der Differenzierung und Begrenzung, was sich im empirischen Material der vorliegenden Studie am Beispiel von Gender*Wissen u. a. zwischen den Generationen und Sprechpositionen dokumentiert. Hieran könnte mit der Denkfigur der Grenzbearbeitung weitergedacht werden. Denn auch eine grenzanalytische Forschungsperspektive, die Praktiken der Grenzfixierung, -veränderung und -delegitimation in den Blick nimmt, widmet sich bestimmenden (hegemonialen) Differenzierungen ebenso wie den weitgehend unsichtbaren (marginalen) Differenzierungen (vgl. Kessl/Maurer 2010, S. 159). Kessl und Maurer schließen mit ihrer Konzeption Sozialer Arbeit als Grenzbearbeiter*in an frühere kulturtheoretische Perspektiven, z. B. an Arbeiten Paul Willis, an.[363] „Willis weist darauf hin, dass die Grenze zwischen Schule und Haushalt, Schule und Peer-Group oder zwischen Lehrer und Schüler nicht als Trennlinie zu begreifen ist, sondern als ständig (re)produzierte Verbindung, in der sich die Ein-(Integration) und Ausschließungen (Differenzierung) vollziehen. Integration und Differenzierung sind insofern nichts anderes als spezifische Formate, wie sich diese Verbindung ausprägt – als Formate der Grenzbearbeitung, wie sie von Schülern, Lehrern und der Institution Schule realisiert und (re)produziert werden" (Kessl/Maurer 2010, S. 162). Auch mit Willis Studie kommt das Passungsverhältnis von Feld und Habitus in den Blick und sein Verweis auf das, was er als

363 Willis unterscheidet in seiner ethnografischen Schulstudie in den 70er Jahren, in der er den Übergang von Schülern ohne höhere Schulbildung aus dem Arbeitermilieu ins Berufsleben als Arbeiter untersucht, zwischen Differenzierung und Integration (vgl. Willis 1979, S. 62 ff.).

pessimistische Schlussfolgerung bezeichnet (vgl. Willis 1979, S. 174), wird die sogenannte negative Seite des von Bourdieu beschriebenen Passungsverhältnisses von Feld und Habitus deutlich: „Solange der Habitus der sozial-räumlichen Ordnung entspricht, bleiben die inhärenten sozialen Strukturen des […] Raumes weitgehend unsichtbar und können als natürliche oder neutrale erscheinen" (Manderscheid 2008, S. 164). In dem Versuch, Soziale Arbeit als Grenzbearbeiter*in zu bestimmen, fassen Kessel und Maurer Grenzbearbeitung auf Praktiken der Differenzierung zusammen, „[…] die sich in so unterschiedlichen Dimensionen und Feldern wie Profession, Disziplin, institutionellen oder auch sektoralen Politiken manifestieren" (Kessl/Maurer 2010, S. 166).

Vor dem Hintergrund *begleiteter Praxisphasen* als Verhandlungsraum zwischen Hochschule und beruflicher Praxis wurde mit der Basistypik *Irritation des Alltäglichen im Kontext des institutionellen Alltags* deutlich, wie Gender*Wissen generational gebunden ist und sich die eigene Generationenzugehörigkeit der Fachkräfte „vor dem Hintergrund einer kollektiv geteilten inneren Erlebniszeit" (Franz 2010, S. 50) diesbezüglich darstellt. Gender scheint u. a. in seiner generationalen Konflikthaftigkeit auf und – darüberhinausgehend – wird daran exemplarisch deutlich, wie sowohl die Forschungssituation als auch die Anleitung von Studierenden im Rahmen *begleiteter Praxisphasen* zu ‚dialogischer Grenzbearbeitung' aufrufen. Sowohl in der feldspezifischen Rolle der Praktikant*in als auch der anleitenden Fachkraft dokumentiert sich – in Anlehnung an Wolff (2000) – „das Spannungsfeld von Mitgliedschaftsrolle und Grenzerhaltung" (Bollig 2010, S. 108).[364] Diesem Aspekt entlang der dargestellten Denkfigur der Grenzbearbeitung weiter nachzugehen, erscheint vor dem Hintergrund der vorliegenden Erkenntnisse gewinnbringend. Denn dem Idealkonzept *begleitete Praxisphasen* als drittem Raum unhinterfragt zu folgen, würde das Potential ‚dialogischer Grenzbearbeitung' ungenutzt lassen und Gefahr laufen, auf der Ebene des Kommunikativen zu verharren und die soziale Situiertheit der Beteiligten sowie die Kämpfe „um Zugang zu einem sozial anerkannten sozialen Sein" (Bourdieu 2001, S. 310 f.) auszublenden. Zudem setzt der Eintritt in einen gemeinsamen Diskursraum voraus, dass „die Vermittlung und Verknüpfung unterschiedlicher Diskurse und Wissensformen nicht nur an die Studierenden delegiert werden" (Schimpf 2022, S. 243). Oder wie Unterkofler konstatiert, „dass

364 Bollig wendet sich in dem Beitrag „Ja, ist das jetzt mehr ein Praktikum, oder was?" Fragen des Feldzugangs in pädagogischen Organisationen aus ethnographischer Perspektive innerhalb eines Lehrforschungsprojektes zu: „Der Feldzugang, im Sinne eines sozialen Prozesses der Gewinnung von Vertrauen und Teilhabemöglichkeiten (vgl. Wolff 2000), endet daher auch nicht mit dem formalen Eintritt ins Feld (‚getting in'), sondern muss als andauernder Prozess der Gestaltung der sozialen Beziehungen im Feld thematisiert werden, bei dem vor allem die lange Teilnahme und die damit verbundene Intensivierung der Beziehung zwischen den beteiligten Akteuren immer wieder Aushandlungen von Zugangsrechten erforderlich werden lassen (‚getting on')" (Bollig 2010, S. 108).

Student*innen und Praktiker*innen Bezüge nicht nur implizit herstellen, sondern auch explizieren können, erfordert ein durchgängiges Thematisieren und Praktizieren von Relationierungsprozessen schon im Rahmen des Studiums" (Unterkofler 2020, S. 41) sowie die selbstkritische Hinwendung zu Reproduktion der sozialen Ordnung von Seiten der Hochschulen. Die vorliegenden Ergebnisse zeigen, wie einer möglichen ‚Entwertung von Professionalität' wechselseitig mit Sprachlosigkeit begegnet wird und Gender als Perspektivproblem wirksam wird. Während sich Gender im akademischen Diskurs inter- und transdisziplinär sowie international theoretisch ausdifferenziert, ist der gesellschaftliche Rahmen im Berufsfeld dominanter und Fachkräfte sind herausgefordert in binären Verhältnissen und Strukturen professionell zu agieren.[365] Und anders formuliert: Der „Ethnozentrismus der Gelehrten" (vgl. Bourdieu 1993b, S. 370) lässt sich nur solange aufrechterhalten, wie Hochschulen nicht unmittelbar mit dem Berufsfeld konfrontiert sind.

8.4 Schlussbetrachtung: *Begleitete Praxisphasen* im Spiegel komplexer Resonanzen, Perspektiven und Positionen

Im Studium Soziale Arbeit nehmen *begleitete Praxisphasen* – wie das praktische Studiensemester – eine besondere Stellung ein, „da sie Hochschule und berufliche Praxis miteinander koppeln und darüber Relationierungserfordernisse in Bezug auf eigene Wissens- und Könnensbestände deutlich werden" (Roth et al. 2021, S. 12). Zugleich sind damit ‚Professionalisierungshoffnungen' verknüpft, die sich zwischen handlungsfeldspezifischer Berufsbefähigung (vgl. Böwer/Wendt/Klein 2023; Kriener et al. 2021; Roth 2021; Lenzen 2014) und dem Verständnis einer starken disziplinären Sozialen Arbeit (vgl. u. a. Otto 2018, S. 299) sowie studentischer Perspektiven (vgl. Egloff 2002, 2004) aufspannen. Mit der vorliegenden Studie sind *begleitete Praxisphasen als Verhandlungsraum zwischen Hochschule und beruflicher Praxis* am Beispiel von *Gender*Wissen in der Praxisanleitung* in den Fokus gerückt und es konnte gezeigt werden, wie wirkmächtig (Wissens-) Hierarchien und die soziale Ordnung das Verhältnis der beiden Lern- und Bildungsorte im Studium prägen.

Ausgehend von der Frage nach wechselseitigen (curricularen) Anschlussmöglichkeiten im Kontext von Professionalisierung und Professionalitätsentwicklung konnte der Blick für diesen Verhandlungsraum exemplarisch geöffnet werden. Die vorliegenden Erkenntnisse leuchten das Schattenfeld zwischen institutionellem Alltag und hochschulischen Ansprüchen aus, in dem sich Praxisanleitung vollzieht. Deutlich wird, wie anleitende Fachkräfte und *begleitete Praxisphasen*

365 Siehe dazu Kapitel 8.4.

zur Projektionsfläche unterschiedlicher Interessen, Erwartungen und Zuschreibungen werden. Die ihnen im Fachdiskurs immer wieder zugeschriebene vermittelnde Rolle (vgl. Kriener et al. 2021; Markert 2020; Kösel 2019; Kunz 2015) bestätigt sich in den Gruppendiskussionen in dieser Form nicht. Vielmehr zeigt sich, dass die Rolle der Anleitung im Berufsfeld kaum thematisiert ist und im organisationalen Kontext diesbezüglich Reflexionsräume fehlen.[366] „Das Berufsfeld (vgl. Carlson et al., 2018, S. 248) und die Aufgabe verlangen von den Praxisausbildenden [anleitenden Fachkräften] stete Reflexion und die Fähigkeit, das eigene Handeln begründen und kontextualisieren zu können (Goldoni 2023, S. 263 f.). Gleichzeitig sind anleitende Fachkräfte kein Teil der ‚Lehrenden' praxisbezogener Module und bleiben an Hochschulen i. d. R. außen vor, „partizipieren somit nicht an der Diskussion zur Theorie-Praxis-Relationierung" (Engler 2022, S. 204) und an Wissenschaftskommunikation (vgl. Brielmaier 2023, 2020; Eberitzsch/Keller 2022). Dies als strukturelle Begrenzungen zu verstehen, ist im Kontext von Professionalisierung und Professionalitätsentwicklung relevant.[367] Vor dem Hintergrund wirkmächtiger (Wissens-)Ordnungen und asymmetrischer Macht- und Anerkennungsverhältnisse zwischen Wissenschaftsfeld und Berufsfeld wird deutlich, wie mit *begleiteten Praxisphasen* stets die Gefahr verbunden ist, „die *Logik der Theorie,* wie sie ihrer eigenen wissenschaftlichen Expertise inhärent ist, in die Praxis hinein zu projizieren und damit deren *eigentümliche Logik* zu verkennen" (Bohnsack 2020, S. 7).

In der vorliegenden Studie wurde Gender(*Wissen) zum ‚eye opener' für *begleitete Praxisphasen* als Verhandlungsraum zwischen Hochschule und beruflicher Praxis. Zwischen Offenheit und begrifflicher Unschärfe wurde am Thema *Gender in der Praxisanleitung* beispielhaft deutlich, was auch in der Fachliteratur und in der Genderforschung diskutiert wird: „Über was genau wird eigentlich gesprochen, wenn von Geschlecht oder Gender die Rede ist?" (Ehlert 2022, S. 17).[368] In dem für das empirische Material typischen ‚*zugedeck-*

366 Auch „[…] organisationale Praxen bedingen ebenfalls eine implizite Ebene (neben den expliziten Regeln) und diese werden wiederum nicht einfach 1:1 von Professionellen umgesetzt. Es gibt innerhalb von Praxisorganisationen verschiedene relevante (geteilte und nicht geteilte) Erfahrungsräume, die mit der konkreten Praxis im Wechselverhältnis der Überlagerung stehen (vgl. Stützel 2019, S. 226–227). […] Das bedingt mitunter, dass die Spannungsverhältnisse nicht nur auf der Ebene von Theorie und Praxis, sondern auch von Person, Organisation und deren impliziten und expliziten Anteilen miteinander in eine konstruktive Relation gesetzt werden müssen" (Goldoni 2023, S. 263).

367 Dabei sind auch Aspekte wie Zeit und Zugangsmöglichkeiten bedeutsam (vgl. Brielmaier/Roth 2019; Ghanem et al. 2017).

368 Ehlert unterscheidet zwischen „Alltagsbewusstsein" – auch vor dem Hintergrund kultureller und geschichtlicher Entwicklungen – und der „Bedeutung von Geschlecht im Kontext von Sozialisationstheorien, der kritischen Männlichkeitsforschung sowie im Zusammenhang mit anderen Ungleichheitsdimensionen in den Debatten um Intersektionalität" (Ehlert 2022, S. 18).

ten, abstrakten und nebulösen Sprechen' scheinen für hochreflexive Berufsfelder typische argumentativ-evaluierende Kommunikationsmodi (vgl. Carlson/Kahle/Klinge 2017) ebenso durch wie die ‚Erzählnot' der Beteiligten. Letzteres kann auch als Ausdruck asymmetrischer Macht- und Anerkennungsverhältnisse zwischen Wissenschaftsfeld und Berufsfeld verstanden werden. Zum anderen dokumentiert sich darin eine (kollektive) Zumutung, in der Rolle als Praxisanleitung (professionelle) Erfahrungen zum Sprechen zu bringen. Am Beispiel Gender, verstanden als Teil des Professionswissens der Sozialen Arbeit, wurde dies besonders deutlich. Es ist ein öffentliches Thema, berührt die eigene Identität und die emotionale Ebene. Zugleich ist die Entwicklung von Sozialer Arbeit als Profession seit jeher „durchdrungen von emotional aufgeladenen Genderfragen und Soziale Arbeit prägt bis heute – ob sie will oder nicht – die Geschlechterverhältnisse mit […]" (Brückner 2018: 89). Fachkräfte wurden im Forschungsprozess als Professionelle adressiert und in den Gruppendiskussionen wurden mit *Gender in der Praxisanleitung* Szenen aufgerufen, die (noch) nicht bewusst reflektiert und explizierbar erschienen: *„[…] es is schon ne Frage, wie reflektier ich das, aber wie reflektier ich das im Team und dann reflektier ich das natürlich mit den Praktikantinnen genauso […]" (GD_Flen 778–780).* Mit der Teilnahme an Gruppendiskussionen haben sich die Fachkräfte in einen ‚offenen Raum' begeben, der viele Unsicherheiten birgt.[369] Auch sind Fachkräfte damit konfrontiert, dass der gesellschaftliche Rahmen im Berufsfeld dominanter ist als im akademischen Diskurs – sie unterliegen dem Handlungsdruck der professionalisierten Praxis. Während zum Beispiel Gender*Wissen im akademischen Diskurs als inter- und transdisziplinäres Wissen in intersektionaler Perspektive und in Verschränkung mit Diskursen zu heteronormativitäts-kritischen und queeren geschlechterbezogenen Reflexionen diskutiert wird, ist der Rahmen für professionelles Handeln im Berufsfeld von binären und heteronormativen Strukturen durchdrungen. Dies wird beispielhaft im Kontext von Normalitätskonstruktionen und hegemonialen Ordnungen in Angebotsstrukturen der stationären Kinder- und Jugendhilfe deutlich: *„Also bei uns steckt's [Queer] bestimmt in den Kinderschuhen. Wir wir sind ne reguläre Wohngruppe" (GD_FLEN 290–291).*[370]

Mit einer praxeologischen Perspektive und den Denkwerkzeugen Bourdieus konnten Verbindungen zwischen gesellschaftlicher Ebene und der Ebene der Handlungspraxis im Kontext *begleiteter Praxisphasen* rekonstruiert und beschrieben werden. So sind es die strukturellen, tief verankerten und habitualisierten Aspekte, sowie die Positionierung der Profession im sozialen Raum,

369 Z.B. die Gefahr als defizitär in Bezug auf die eigenen Gender*Wissensbestände wahrgenommen zu werden und in Legitimations- und Loyalitätskonflikte bezüglich der Organisationskultur(en) und Routinen zu kommen.

370 An dieser Stelle sei darauf hingewiesen, dass die Gruppendiskussionen zu einem Zeitpunkt stattfanden, an dem das Gesetz zur Stärkung von Kindern und Jugendlichen (KJSG) noch nicht in Kraft getreten war.

die *begleitete Praxisphasen* als paradox erscheinendes Spannungsfeld umschließen – daran haben auch ‚25 Jahre Bologna' nichts Grundlegendes verändert.[371] Weiterhin besteht ein Grundproblem: Empirische Forschungen zu *begleiteten Praxisphasen* im Studium Soziale Arbeit, die vor dem Hintergrund der Modularisierung und der staatlichen Anerkennung auch die Perspektive der professionellen Praxis rekonstruieren, wurden in der Forschungslandschaft bislang vernachlässigt. Ein kooperatives Zusammenwirken von Hochschule und beruflicher Praxis als zwei Lern- und Bildungsorte wird eingefordert (vgl. Ahrens 2021; Kriener et al. 2021; Schubarth/Speck/Ulbricht 2016; Kösel/Goldoni 2014; Dewe 2012) und fachdidaktische Fragestellungen bezüglich Professionalitätsentwicklung im Studium werden formuliert (vgl. Freis 2021; Debiel et al. 2020; Kösel 2017). Auch wird die Prämisse einer berufsbefähigenden Hochschul(aus)bildung diskutiert (vgl. Roth/Burkard/Kriener 2023; Schäfer/Bartosch 2016; Roth/Müller Fritschi 2014), der Verhandlungsraum zwischen beiden Relevanzsystemen und insbesondere die Praxisanleitung vollzieht sich jedoch ungeachtet und unbeachtet in einer Gemengelage unterschiedlichster Spannungsfelder, (Erwartungs-) Erwartungen, Ansprüche und unausgesprochener Selbstverständlichkeiten. Das darin eingelagerte Irritationspotential zu erkennen, sprachfähig zu machen und Reflexionsprozessen auf unterschiedlichen Ebenen zuzuführen, könnte als Bildungsanlass innerhalb der Trias (Hochschule, Praxis, Studierende) begriffen und genutzt werden. Dreh- und Angelpunkt wäre dann, sich den impliziten Verdeckungsstrukturen, wie der eigenen Standortgebundenheit und Praxis (auch wissenschaftlicher Praxis) aufdeckend und ernüchternd zu nähern und *das praktische Studiensemester als Verhandlungsraum zwischen Hochschule und beruflicher Praxis* im Sinne der (Selbst-)Befremdung von scheinbar Bekanntem (vgl. u. a. Bourdieu 1976) zugänglich zu machen. Genau hier zeichnet sich weiterer Forschungsbedarf ab. Denn die vorliegenden Erkenntnisse legen nahe, dass der Kampf um Positionen, Anerkennung und Deutungshoheiten als Ausdruck der Bewältigung struktureller Spannungsverhältnisse und Machtmechanismen verstanden werden wollen. Darin eingelagert sind u. a. Fragen zu Anerkennungsverhältnissen von Berufs- und Fachkulturen (vgl. u. a. Lebsa/Evans 2019; Huber 2011, 1991); denn diese strukturieren das jeweilige Feld und die Habitus der Beteiligten – vor dem Hintergrund gesellschaftlicher Macht. Perspektivisch wären auch die Adressat*innen der Sozialen Arbeit im Kontext *begleiteter Praxisphasen* in den Blick zu nehmen und der Verhandlungsraum im triadischen Verhältnis dahingehend auszuleuchten.

Die vorliegende Studie ist u. a. im Bereich der Hochschulforschung verortet und knüpft an die Relevanz der Relationierungserfordernisse und -herausforderungen differenter Wissens- und Könnensbestände in der „Tätigkeit des Relationierens" (Unterkofler 2020, S. 42) innerhalb der Trias an. Dies berührt vielfach

371 Zu 25 Jahren zweistufigem Studiensystem siehe z. B. Böwer/Wendt/Klein 2023.

auch tradierte Vorstellungen, die Polutta als „einen überkommenen Dualismus (Wissenschaft versus theorie- bzw. empirieabstinente Praxis)“ (Polutta 2020, S. 266) bezeichnet,[372] die jedoch nicht jenseits der Reproduktion sozialer Ordnung zu verstehen sind. Im ‚Alltäglichen‘ offenbart sich die soziale Struktur, „ist der soziale Raum durch die gegenseitige Exklusion oder Distinktion der ihn konstituierenden Positionen definiert“ (Bourdieu 2001, S. 172). Darauf weisen auch die vorliegenden Erkenntnisse hin. Die Frage, wovon sprechen wir, wenn von Gender die Rede ist, ruft exemplarisch eine zentrale Grundthematik *begleiteter Praxisphasen* auf: **Es ist ein dialogischer Anspruch im hierarchisierten Raum, der *begleitete Praxisphasen* als paradox erscheinendes Spannungsfeld umschließt.** Dies ist in den Gruppendiskussionen, als für die Fachkräfte fremdinitiiertem Setting, deutlich geworden. **Die Frage nach *dialogischer Grenzbearbeitung*** könnte hieran anknüpfend eine interessante Perspektive für die Weiterentwicklung der ‚gelebten Trias‘ im Studium Soziale Arbeit und darüber hinaus sein. Denn: „Ich glaube, dass es ganz allgemein bei jedem Feld um seine Grenzen geht, um die Zugehörigkeit oder Nicht-Zugehörigkeit zu diesem Feld“ (Bourdieu 2013, S. 105 f.).

372 Auch dominiert im Berufsfeld „nach wie vor bei vielen Akteur*innen […] [eine] dualistische Sicht auf Wissen aus Wissenschaft und Erfahrungswissen der Praxis“ (Eberitzsch/Keller 2022, S. 288). Eberitzsch und Keller zeigen in ihrem Beitrag, dass es im Rahmen des Projekts WiF.swiss „möglich ist wissenschaftliche und handlungs-praktische Erkenntnisse zu begrifflich-theoretischen Orientierungen zu verdichten und im Dialog weiterzuentwickeln“ (Eberitzsch/Keller 2022, S. 288).

Literaturverzeichnis

Abplanalp, Esther (2014): Lernen in der Praxis. Die Praxisausbildung im Studium der Sozialen Arbeit. Luzern: interact.

Ackermann, Friedhelm (1999): Soziale Arbeit zwischen Studium und Beruf. Frankfurt a. M.: Peter Lang.

Ackermann, Friedhelm (2000): Beruf, Disziplin, Profession? Ein kurzer Überblick über qualitative Studien zur Professionalisierung Sozialer Arbeit. In: Qualitative Sozialforschung, Juli: 1–3. (Abruf: 7.04.2021) https://nbn-resolving.org/urn:nbn:de:0168-ssoar-66133.

Ackermann, Friedhelm/Seeck, Dietmar (1999): Der steinige Weg zur Fachlichkeit: Handlungskompetenz in der sozialen Arbeit. In: Hildesheimer Schriftenreihe zur Sozialpädagogik und Sozialarbeit, 12. Hildesheim: Georg Olms.

Aghamiri, Kathrin (2021): Doing Social Work – Ethnographische Praxisprotokolle als Mittel der Reflexion beruflichen Handelns. In: Kriener, Martina/Roth, Alexandra/Burkard, Sonja/Gabler, Heinz (Hrsg.): Praxisphasen im Studium Soziale Arbeit. Weinheim, Basel: Beltz Juventa Verlag, S. 178–190.

AGJ (2011): Fachkräftemangel in der Kinder- und Jugendhilfe: Positionspapier der Arbeitsgemeinschaft für Kinder- und Jugendhilfe – AGJ, (Abruf: 29.04.2021) https://www.agj.de/fileadmin/files/positionen/2011/Fachkraeftemangel.pdf.

Ahrens, Daniela (2021): Kooperation entwickeln und gestalten. In: Kriener, Martina/Roth, Alexandra/Burkard, Sonja/Gabler, Heinz (Hrsg.): Praxisphasen im Studium Soziale Arbeit. Weinheim, Basel: Beltz Juventa, S. 220–231.

Amstutz, Nathalie/Eberherr, Helga/Funder, Maria/Hofmann, Roswita (Hrsg.): Geschlecht als widersprüchliche Institution. Baden-Baden: Nomos.

Amthor, Ralph-Christian (2016): Einführung in die Berufsgeschichte der Sozialen Arbeit. Studienmodule Soziale Arbeit. 2., überarbeitete Auflage. Weinheim und Basel: Beltz Juventa.

Andresen, Sünne/Dölling, Irene (2005): Umbau des Geschlechterwissens von Reformakteurinnen durch Gender Mainstreaming? In: Behning, Ute/Sauer, Birgit (Hrsg.): Was bewirkt Gender-Mainstreaming? Evaluierung durch Policy-Analysen. Frankfurt a. M./New York: Campus, S. 171–187.

Angerer, Barbara (2008): Geschlechterreflexivität im Selbst- und Professionsverständnis der Sozialen Arbeit. In: Bramberger, Andrea (Hrsg.): Geschlechtersensible Soziale Arbeit. Münster: Lit, S. 13–26.

Anhorn, Roland/Schimpf, Elke/Stehr, Johannes (2018): Politik der Verhältnisse – Politik des Verhaltens: Widersprüche der Gestaltung Sozialer Arbeit. Einleitende Anmerkungen zum Thema des Bundeskongresses Soziale Arbeit 2015. In: Anhorn, Roland/Schimpf, Elke/Stehr, Johannes/Rathgeb, Kerstin/Spindler, Susanne/Keim, Rolf (Hrsg.): Politik der Verhältnisse – Politik des Verhaltens. Widersprüche der Gestaltung Sozialer Arbeit. Wiesbaden: Springer, S. 1–17.

Arnold, Karl-Heinz/Hascher, Tina/Messner, Rudolf/Niggli, Alois/Patry, Jean-Luc/Rahm, Sibylle (2011): Empowerment durch Schulpraktika. Perspektiven wechseln in der Lehrerbildung. Bad Heilbrunn: Klinkhardt.

Autorengruppe Bildungsberichterstattung (2016): Bildung in Deutschland 2016. Ein indikatorengestützter Bericht mit einer Analyse zu Bildung und Migration. Bielefeld: Bertelsmann.

Baar, Robert/Hartmann, Jutta/Kampshoff, Marita (2019): Geschlechterreflektierte Professionalisierung – Geschlecht und Professionalität in pädagogischen Berufen. Eine Einführung. In: Baar, Robert/Kampshof, Marita/Hartmann, Jutta (Hrsg.): Geschlechterreflektierte Professionalisierung. Geschlecht und Professionalität in pädagogischen Berufen. Jahrbuch erziehungswissenschaftliche Geschlechterforschung. Opladen: Barbara Budrich, 15: S. 31–54.

Baar, Robert/Kampshof, Marita/Hartmann, Jutta (Hrsg.) (2019): Geschlechterreflektierte Professionalisierung. Geschlecht und Professionalität in pädagogischen Berufen. Jahrbuch erziehungswissenschaftliche Geschlechterforschung. Opladen: Barbara Budrich.

BAGFW – Bundesarbeitsgemeinschaft der Freien Wohlfahrtspflege. Konferenz der Fachbereichsleitungen der Fachbereiche für Sozialwesen in der Bundesrepublik Deutschland (Hrsg.) (1989): Praxisanleitung: Qualifikation und Anforderungsprofil. Freiburg und Berlin.

BAG Prax – Bundesarbeitsgemeinschaft der Praxisreferate an (Fach-)Hochschulen für Soziale Arbeit in der Bundesrepublik Deutschland (2019): Qualifizierung in Studium und Praxis. Empfehlungen zur Praxisanleitung in der Sozialen Arbeit. (Abruf: 19.10.2020) https://bagprax.sw.eahjena.de/data/publikationen/bag/BAG_Broschuere_2019_Qualifizierung_in_Studium_und_Praxis.pdf.

BAG Prax – Bundesarbeitsgemeinschaft der Praxisreferate an (Fach-)Hochschulen für Soziale Arbeit in der Bundesrepublik Deutschland (2019): Qualifizierung in Studium und Praxis. Empfehlungen zur Praxisanleitung in der Sozialen Arbeit. (Abruf: 19.10.2020) https://bagprax.sw.eahjena.de/data/publikationen/bag/BAG_Broschuere_2019_Qualifizierung_in_Studium_und_Praxis.pdf.

Baier, Florian/Borrmann, Stefan/Hefel, Johanna M./Thiessen, Barbara (Hrsg.) (2022): Europäische Gesellschaften zwischen Kohäsion und Spaltung. Rolle, Herausforderungen und Perspektiven Sozialer Arbeit. Opladen, Berlin, Toronto: Barbara Budrich.

Balluseck, Hilde von (2015): Lernort Praxis: Was brauchen angehende Fachkräfte? (Abruf: 18.02.2023) https://www.erzieherin.de/lernort-praxis-was-brauchen-angehende-fachkraefte.html.

Balzer, Nicole (2014): Spuren der Anerkennung. Studien zu einer sozial- und erziehungswissenschaftlichen Kategorie. Wiesbaden: Springer.

Balzer, Nicole/Ricken, Norbert (2010): Anerkennung als pädagogisches Problem. Markierungen im erziehungswissenschaftlichen Diskurs. In: Schäfer, Alfred/Thompson, Christiane (Hrsg.): Anerkennung. Paderborn: Schöningh, S. 35–87.

Bargetz, Brigitte (2016): Ambivalenzen des Alltags: Neuorientierungen für eine Theorie des Politischen. (Sozialtheorie). Bielefeld: transcript.

Barlösius, Eva (2011): Pierre Bourdieu. Frankfurt a. M.: Campus.

Barlow, Constance/Hall, Barry L. (2007): 'What about Feelings?': A Study of Emotion and Tension in Social Work Field Education. In: Social Work Education. London: Taylor & Francis, 26(4): S. 399–413.

Beck, Ulrich/Bonß, Wolfgang (1989): Weder Sozialtechnologie noch Aufklärung? Analysen zur Verwendung sozialwissenschaftlichen Wissens. Frankfurt a. M.: Suhrkamp.

Becker-Lenz, Roland (2016): Die Professionskultur der Sozialen Arbeit. In: Müller-Hermann, Silke/Becker-Lenz, Roland/Busse, Stefan/Ehlert, Gudrun (Hrsg.): Professionskulturen: Charakteristika unterschiedlicher professioneller Praxen. Wiesbaden: Springer, S. 63–84.

Becker-Lenz, Roland/Braches-Chyrek, Rita/Pantuček-Eisenbacher, Peter (2022): Befunde zur Professionalisierung und Akademisierung Sozialer Arbeit in der Schweiz, der Bundesrepublik Deutschland und Österreich – unter besonderer Berücksichtigung des Verhältnisses zu Lai*innen und sozialen Bewegungen. In: Baier, Florian/Borrmann, Stefan/Hefel, Johanna M./Thiessen, Barbara (Hrsg.): Europäische Gesellschaften zwischen Kohäsion und Spaltung. Rolle, Herausforderungen und Perspektiven Sozialer Arbeit. Opladen, Berlin, Toronto: Barbara Budrich, S. 267–278.

Becker-Lenz, Roland/Busse, Stefan/Ehlert, Gudrun/Müller, Silke (2009) (Hrsg.): Professionalisierung und Professionalität in der Sozialen Arbeit. Standpunkte – Kontroversen – Perspektiven. Wiesbaden: Springer VS.

Becker-Lenz, Roland/Busse, Stefan/Ehlert, Gudrun/Müller, Silke (Hrsg.) (2012): Professionelles Handeln in der Sozialen Arbeit. Materialanalysen und kritische Kommentare. Wiesbaden: Springer VS.

Becker-Lenz, Roland/Busse, Stefan/Ehlert, Gudrun/Müller-Hermann, Silke (Hrsg.) (2012b): Professionalität Sozialer Arbeit und Hochschule. Wissen, Kompetenz, Habitus und Identität im Studium Sozialer Arbeit. Wiesbaden: Springer VS.

Becker-Lenz, Roland/Müller, Silke (2009): Der professionelle Habitus in der Sozialen Arbeit. Grundlagen eines Professionsideals. Bern, Bruxelles, Frankfurt a. M., New York, Oxford: Peter Lang.

Becker-Lenz, Roland/Müller-Hermann, Silke (2012a): Krisen als Voraussetzung der Bildung von Professionalität. In: Becker-Lenz, Roland/Busse, Stefan/Ehlert, Gudrun/Müller-Hermann, Silke (Hrsg.): Professionalität Sozialer Arbeit und Hochschule. Wissen, Kompetenz, Habitus und Identität im Studium Sozialer Arbeit. Wiesbaden: Springer VS, S. 33–49.

Becker-Lenz, Roland/Müller-Hermann, Silke (2013): Die Notwendigkeit von wissenschaftlichem Wissen und die Bedeutung eines professionellen Habitus für die Berufspraxis der Sozialen Arbeit. In: Becker-Lenz, Roland/Busse, Stefan/Ehlert, Gudrun/Müller-Hermann, Silke (Hrsg.): Professionalität Sozialer Arbeit und Hochschule. Wissen, Kompetenz, Habitus und Identität im Studium Sozialer Arbeit. Wiesbaden: Springer VS, S. 203–229.

Becker-Lenz, Roland/Müller-Hermann, Silke (2014): Die Bildung des professionellen Habitus im Studium der Sozialen Arbeit. In: Roth, Claudia/Merten, Ueli (Hrsg.): Praxisausbildung konkret. Am Beispiel des Bachelor in Sozialer Arbeit der Fachhochschule Nordwestschweiz FHNW. Opladen, Berlin, Toronto: Barbara Budrich, S. 235–245.

Becker-Lenz, Roland/Silke Müller-Hermann (2022): Jenseits wissenschaftlichen Wissens – Wissensarten und Professionalität. Jahrestagung der Deutschen Gesellschaft für Soziale Arbeit [online]. Wiesbaden. 1 April 2022. (Abruf: 08.04.2023) https://irf.fhnw.ch/handle/11654/34076.

Becker-Schmidt, Regina/Knapp, Gudrun-Axeli (1987): Geschlechtertrennung – Geschlechterdifferenz: Suchbewegungen sozialen Lernens. Bonn: Dietz.

Behrens, Johann/Rabe-Kleberg, Ursula (1992): Gatekeeping in the Life Course: A Pragmatic Typology. In: Heinz, Walter R. (Hrsg.): Institutions and Gatekeeping in the Life Course. Weinheim: Deutscher Studien Verlag, S. 237–260.

Behrens, Johann/Rabe-Kleberg, Ursula (2000): Gatekeeping im Lebenslauf – Wer wacht an Statuspassagen? Ein forschungspragmatischer Vorschlag, vier Typen von Gatekeeping aufeinander zu beziehen. In: Hoerning, Erika M. (Hrsg.): Biographische Sozialisation. Stuttgart: Lucius, S. 101–136.

Bender, Gerd (2001): Einleitung. In: Bender, Gerd (Hrsg.): Neue Formen der Wissenserzeugung. Frankfurt a. M.: Campus, S. 9–22.

Bereswill, Mechthild (2004): „Gender“ als neue Humanressource? Gender Mainstreaming und Geschlechterdemokratie zwischen Ökonomisierung und Gesellschaftskritik. In: Meuser, Michael/Neusüß, Claudia (Hrsg.): Gender Mainstreaming. Konzepte, Handlungsfelder, Instrumente. Bonn: Bundeszentrale für Politische Bildung, S. 52–70.
Bereswill, Mechthild (2016): Hat Soziale Arbeit ein Geschlecht? Freiburg: Lambertus.
Bereswill, Mechthild/Ehlert, Gudrun (2012): Frauenberuf oder (Male)Profession? Zum Verhältnis von Profession und Geschlecht in der Sozialen Arbeit. In: Bütow, Birgit/Munsch, Chantal (Hrsg.): Soziale Arbeit und Geschlecht. Herausforderungen jenseits von Universalisierung und Essentialisierung. Münster: Westfälisches Dampfboot, S. 92–107.
Bereswill, Mechthild/Ehlert, Gudrun (2018): Geschlecht. In: Graßhoff, Gunther/Renker, Anna/Schröer, Wolfgang (Hrsg.): Soziale Arbeit. Eine elementare Einführung. Wiesbaden: Springer VS, S. 31–42.
Bereswill, Mechthild/Equit, Claudia/Burmeister, Christine (Hrsg.) (2018): Bewältigung von Nicht-Anerkennung. Modi von Ausgrenzung, Anerkennung und Zugehörigkeit, Weinheim: Beltz Juventa.
Berg, Eberhard/Fuchs, Martin (Hrsg.) (1993): Kultur, soziale Praxis, Text: Die Krise der ethnografischen Repräsentation. Frankfurt a. M.: Suhrkamp.
Berger, Peter L./Luckmann, Thomas (1969): Die gesellschaftliche Konstruktion der Wirklichkeit. Eine Theorie der Wissenssoziologie. Frankfurt a. M.: Fischer.
Berger, Peter L./Luckmann, Thomas (1980): Die gesellschaftliche Konstruktion der Wirklichkeit – Eine Theorie der Wissenssoziologie. Eine Theorie der Wissenssoziologie. Frankfurt a. M.: Fischer.
Bitzan, Maria (2002): Sozialpolitische Ver- und Entdeckungen. Geschlechterkonflikte und Soziale Arbeit. In: Widersprüche. Zeitschrift für sozialistische Politik in Bildungs-, Gesundheits- und Sozialbereich, 22(84), S. 27–42.
Bitzan, Maria (2004): Praxisforschung, wissenschaftliche Begleitung, Evaluation: Erkenntnis als Koproduktion. In: Becker, Ruth/Kortendiek, Beate (Hrsg.): Handbuch Frauen- und Geschlechterforschung. Theorie, Methoden, Empirie. Wiesbaden: Springer VS, S. 298–303.
Bitzan, Maria (2008): Geschlecht und Sozialer Ausschluss. Vom Ausschluss durch Einschließen. In: Anhorn, Roland/Bettinger, Frank (Hrsg.): Sozialer Ausschluss und Soziale Arbeit. Positionsbestimmungen einer kritischen Theorie und Praxis Sozialer Arbeit. Wiesbaden: Springer VS, S. 237–256.
Bitzan, Maria (2010): Praxisforschung, wissenschaftliche Begleitung, Evaluation: Erkenntnis als Koproduktion. In: Becker, Ruth/Kortendiek, Beate (Hrsg.): Handbuch Frauen- und Geschlechterforschung. Theorie, Methoden, Empirie. Wiesbaden: Springer VS, S. 344–350.
Bitzan, Maria (2016): Adressat_innen zwischen Konstruktion und Eigensinn- zur Vermittlung eines kritischen Adressatenbegriffs mit methodologischen Fragen der Genderforschung. In: Zipperle, Mirjana/Bauer, Petra/Stauber, Barbara/Treptow, Rainer (Hrsg.): Vermitteln. Eine Aufgabe von Theorie und Praxis Sozialer Arbeit. Wiesbaden: Springer VS, S. 99–112.
Bitzan, Maria (2018): Das Soziale von den Lebenswelten her denken. Zur Produktivität der Konfliktorientierung für die Soziale Arbeit. In: Anhorn, Roland/Schimpf, Elke/Stehr, Johannes/Rathgeb, Kerstin/Spindler, Susanne/Keim, Rolf (Hrsg.): Politik der Verhältnisse – Politik des Verhaltens. Widersprüche der Gestaltung Sozialer Arbeit. Wiesbaden: Springer VS, S. 51–71.

Bitzan, Maria (2021): Das Geschlechterverhältnis als Strukturelement sozialer Ausschließung. In: Anhorn, Roland/Stehr, Johannes (Hrsg.): Handbuch Soziale Ausschließung und Soziale Arbeit. Wiesbaden: Springer VS, S. 533–554.

Bitzan, Maria/Daigler, Claudia (2004): Eigensinn und Einmischung. Einführung in Grundlagen und Perspektiven parteilicher Mädchenarbeit. Weinheim, München: Juventa.

Bitzan, Maria/Funk, Heide/Stauber, Barbara (2000): Den Wechsel im Blick – Methodologische Ansichten feministischer Sozialforschung. Tifs: Tübinger Institut für frauenpolitische Sozialforschung e.V. Pfaffenweiler: Centaurus.

Bitzan, Maria/Kaschuba, Gerrit/Stauber, Barbara (2015): Den Wechsel im Blick – Gender und Diversity in Theorie, Politik und Praxis. In: Gender- und diversitybewusste Theorie und Praxis. Nr. 1. (Abruf: 08.04.2023) https://www.tifs.de/fileadmin/dateien/veroeffentlichungen/Online-Tagungsdokumentation_tifs_Januar_2015_ISSN.pdf.

Bogo, Marion (2010): Achieving competence in social work through field education. Toronto: University of Toronto Press.

Bogo, Marion (2015): Field education for clinical social work practice: Best practices and contemporary challenges. In: Clinical Social Work Journal. Cham: Springer, 43(3): S. 317–324.

Bogo, Marion (2022): A Model of Holistic Competence in Social Work: Implications for Education. In: Opačić, Ana (Hrsg.): Social Work in the Frame of a Professional Competencies Approach. Cham: Springer, S. 165–180.

Bogo, Marion/Regehr, Cheryl/Logie, Carmen/Katz, Ellen/Mylopoulos, Maria/Regehr, Glenn (2011): Adapting objective structured clinical examinations to assess social work students' performance and reflections. In: Journal of Social Work Education. London: Taylor & Francis, 47(1), 5–18.

Böhle, Fritz/Bolte, Annegret/Drexel, Ingrid/Dunkel, Wolfgang/Pfeiffer, Sabine/Porschen, Stephanie (2002): Umbrüche im gesellschaftlichen Umgang mit Erfahrungswissen – Theoretische Konzepte, empirische Befunde, Perspektiven der Forschung. München: ISF München Forschungsberichte.

Böhle, Fritz/Drexel, Ingrid/Dunkel, Wolfgang/Pfeiffer, Sabine/Porschen, Stephanie (Hrsg.) (2002): Umbrüche im gesellschaftlichen Umgang mit Erfahrungswissen. Theoretische Konzepte, empirische Befunde, Perspektiven der Forschung. München: ISF Forschungsberichte, Forschungsbericht A3 SFB 536.

Böhnisch, Lothar (2016): Lebensbewältigung: Ein Konzept für die soziale Arbeit. Weinheim: Beltz Juventa.

Böhnisch, Lothar (2020): Sozialpädagogik der Nachhaltigkeit. Eine Einführung. Weinheim: Beltz Juventa.

Böhnisch, Lothar/Funk, Heide (2022): Verdeckungszusammenhang. In: Ehlert, Gudrun/Funk, Heide/Stecklina, Gerd (Hrsg.): Grundbegriffe Soziale Arbeit und Geschlecht. Weinheim: Beltz Juventa, S. 630–635.

Böwer, Michael et al. (Hrsg.) (2023): Sozialmagazin 48(3–4). Weinheim: Beltz Juventa.

Böwer, Michael/Wendt, Wolf R./Klein, Martin (2023): Interview: Studieren nach, mit und trotz Bologna. In: Sozialmagazin. Weinheim: Beltz Juventa, 48(3–4): S. 6–18.

Bohnsack, Ralf/Schäffer, Burkhard (2002): Generation als konjunktiver Erfahrungsraum. Eine empirische Analyse generationsspezifischer Medienpraxiskulturen. In: Burkart, Günter/Wolf, Jürgen (Hrsg.): Lebenszeiten. Erkundungen zur Soziologie der Generationen. Martin Kohli zum 60. Geburtstag, Opladen: Leske & Budrich, S. 249–273.

Bohnsack, Ralf (1993): Rekonstruktive Sozialforschung – Einführung in Methodologie und Praxis qualitativer Sozialforschung. 2. Auflage. Opladen: Leske & Budrich.

Bohnsack, Ralf (1999): Rekonstruktive Sozialforschung – Einführung in Methodologie und Praxis qualitativer Forschung. 3. Auflage. Opladen: Leske & Budrich.
Bohnsack, Ralf (2000): Rekonstruktive Sozialforschung – Einführung in Methodologie und Praxis qualitativer Forschung. 4. Auflage. Opladen: Leske & Budrich.
Bohnsack, Ralf (2001): Dokumentarische Methode. Theorie und Praxis wissenssoziologischer Interpretation. In: Hug, Theo (Hrsg.): Wie kommt Wissenschaft zu Wissen? Einführung in die Methodologie der Sozial- und Kulturwissenschaften. Baltmannsweiler: Schneider Hohengehren, S. 326–345.
Bohnsack, Ralf (2002): „Die Ehre des Mannes". Orientierung am tradierten Habitus zwischen Identifikation und Distanz bei Jugendlichen türkischer Herkunft. In: Kraus, Margret/Marotzki, Winfried (Hrsg.): Biographische Arbeit. Perspektiven erziehungswissenschaftlicher Biographieforschung. Opladen: Leske & Budrich, S. 117–141.
Bohnsack, Ralf (2003): Rekonstruktive Sozialforschung – Einführung in qualitative Methoden. Opladen: Leske & Budrich.
Bohnsack, Ralf (2005): Gruppendiskussion, In: Flick, Uwe/von Kardorff, Ernst/Steinke, Ines (Hrsg.): Qualitative Forschung. Ein Handbuch. Reinbek bei Hamburg: Rowohlt, S. 369–384.
Bohnsack, Ralf (2006): Qualitative Evaluation und Handlungspraxis. Grundlagen dokumentarischer Evaluationsforschung. In: Flick, Uwe (Hrsg.): Qualitative Evaluationsforschung. Reinbek bei Hamburg: Rowohlt, S. 135–155.
Bohnsack, Ralf (2007): Rekonstruktive Sozialforschung. Einführung in qualitative Methoden. Opladen: Barbara Budrich.
Bohnsack, Ralf (2010a): Qualitative Evaluationsforschung und dokumentarische Methode. In: Bohnsack, Ralf/Nentwig-Gesemann, Iris (Hrsg.): Dokumentarische Evaluationsforschung. Theoretische Grundlagen und Beispiele aus der Praxis. Opladen: Barbara Budrich, S. 23–62.
Bohnsack, Ralf (2010b): Dokumentarische Methode. In: Bock, Karin/Miethe, Ingrid (Hrsg.): Handbuch qualitative Methoden in der Sozialen Arbeit. Opladen: Barbara Budrich, S. 247–258.
Bohnsack, Ralf (2013a): Dokumentarische Methode und die Logik der Praxis. In: Lenger, Alexander/Schneickert, Christian/Schumacher, Florian (Hrsg.): Pierre Bourdieus Konzeption des Habitus. Grundlagen, Zugänge, Forschungsperspektiven. Wiesbaden: Springer VS, S. 175–200.
Bohnsack, Ralf (2013b): Typenbildung, Generalisierung und komparative Analyse. Grundprinzipien der dokumentarischen Methode. In: Bohnsack, Ralf/Nentwig-Gesemann, Iris/Nohl, Arnd-Michael (Hrsg.): Die dokumentarische Methode und ihre Forschungspraxis – Grundlagen qualitativer Forschung. Wiesbaden: Springer VS, S. 241–270.
Bohnsack, Ralf (2013c): Die dokumentarische Methode in der Bild- und Fotointerpretation. In: Bohnsack, Ralf/Nentwig-Gesemann, Iris/Nohl, A.-M. (Hrsg.): Die dokumentarische Methode und ihre Forschungspraxis. 3. aktual. Auflage. Wiesbaden: Springer VS, S. 75–98.
Bohnsack, Ralf (2014a): Rekonstruktive Sozialforschung: Einführung in qualitative Methoden. Opladen: Barbara Budrich.
Bohnsack, Ralf (2014b): Habitus, Norm und Identität. In: Helsper, Werner/Kramer, Rolf-Torsten/Thiersch, Sven (Hrsg.): Schülerhabitus. Theoretische und empirische Analysen zum Bourdieuschen Theorem der kulturellen Passung. Wiesbaden: Springer VS, S. 33–55.

Bohnsack, Ralf (2017): Konjunktiver Erfahrungsraum, Regel und Organisation. In: Amling, Steffen/Vogd, Werner (Hrsg.): Dokumentarische Organisationsforschung – Perspektiven der praxeologischen Wissenssoziologie. Opladen: Barbara Budrich, S. 233–259.

Bohnsack, Ralf (2017a): Praxeologische Wissenssoziologie. Opladen: Barbara Budrich.

Bohnsack, Ralf (2018): Die Dokumentarische Methode und ihre praxeologischen und praxistheoretischen Grundlagen. In: Zeitschrift für Soziologie der Erziehung und Sozialisation. Weinheim: Beltz Juventa, 38(1), S. 103–111.

Bohnsack, Ralf (2020): Professionalisierung in praxeologischer Perspektive. Zur Eigenlogik der Praxis in Lehramt, Sozialer Arbeit und Frühpädagogik. Stuttgart: UTB.

Bohnsack, Ralf (2022): Metatheoretische Rahmung der praxeologisch-wissenssoziologischen Professionsforschung. In: Bohnsack, Ralf/Bonnet, Andreas/Hericks, Uwe (Hrsg.): Praxeologisch-wissenssoziologische Professionsforschung. Perspektiven aus Früh- und Schulpädagogik, Fachdidaktik und Sozialer Arbeit. Bad Heilbrunn: Verlag Julius Klinkhardt 2022, S. 31–55.

Bohnsack, Ralf/Geimer, Alexander (2019): Dokumentarische Medienanalyse und das Verhältnis von Produkt und Rezeption. In: Knaus, Thomas (Hrsg.): Forschungswerkstatt Medienpädagogik. Projekt – Theorie – Methode. München: kopaed, S. 775–816.

Bohnsack, Ralf/Hoffmann, Nora F./Nentwig-Gesemann, Iris (2019): Typenbildung und Dokumentarische Methode. In: Amling, Steffen/Geimer, Alexander/Schondelmayer, Anne-Christin/Stützel, Kevin/Thomsen, Sarah (Hrsg.): Jahrbuch Dokumentarische Methode. Berlin: Centrum für qualitative Evaluations- und Sozialforschung e.V., 1: S. 17–50.

Bohnsack, Ralf/Kubisch, Sonja/Streblow-Poser, Claudia (2018): Soziale Arbeit und Dokumentarische Methode. In: Bohnsack, Ralf/Kubisch, Sonja/Streblow-Poser, Claudia (Hrsg.): Soziale Arbeit und Dokumentarische Methode. Methodologische Aspekte und empirische Erkenntnisse. Opladen: Barbara Budrich, S. 7–38.

Bohnsack, Ralf/Kubisch, Sonja/Streblow-Poser, Claudia (2018b) (Hrsg.): Soziale Arbeit und Dokumentarische Methode. Methodologische Aspekte und empirische Erkenntnisse. Opladen: Barbara Budrich.

Bohnsack, Ralf/Marotzki, Winfried/Meuser, Michael (Hrsg.) (2003): Hauptbegriffe Qualitativer Sozialforschung. Wiesbaden: Springer VS.

Bohnsack, Ralf/Nentwig-Gesemann, Iris/Nohl, Arnd-Michael (2007b): Einleitung: Die dokumentarische Methode und ihre Forschungspraxis. In: Bohnsack, Ralf/Nentwig-Gesemann, Iris/Nohl, Arnd-Michael (Hrsg.): Die dokumentarische Methode und ihre Forschungspraxis. Grundlagen qualitativer Sozialforschung. Wiesbaden: Springer VS, S. 9–27.

Bohnsack, Ralf/Nentwig-Gesemann, Iris/Nohl, Arnd-Michael (Hrsg.) (2013b): Die Dokumentarische Methode und ihre Forschungspraxis. Grundlagen qualitativer Sozialforschung. Wiesbaden: Springer VS.

Bohnsack, Ralf/Nentwig-Gesemann, Iris/Nohl, Arnd-Michael (Hrsg.) (2007): Die dokumentarische Methode und ihre Forschungspraxis. Grundlagen qualitativer Sozialforschung. Wiesbaden: Springer VS.

Bohnsack, Ralf/Nentwig-Gesemann, Iris/Nohl, Arnd-Michael (Hrsg.) (2013): Einleitung: Die dokumentarische Methode und ihre Forschungspraxis. In: Bohnsack, Ralf/Nentwig-Gesemann, Iris/Nohl, Arnd-Michael (Hrsg.) (2013): Die Dokumentarische Methode und ihre Forschungspraxis. Grundlagen qualitativer Sozialforschung. Wiesbaden: Springer VS, S. 8–32.

Bohnsack, Ralf/Przyborski, Aglaia/Schäffer, Burkhard (Hrsg.) (2009): Das Gruppendiskussionsverfahren in der Forschungspraxis, Opladen: Barbara Budrich.

Bohnsack, Ralf/Przyborski, Aglaja (2006): Diskursorganisation, Gesprächsanalyse und die Methode der Gruppendiskussion, In: Bohnsack, Ralf/Przyborski, Aglaja/Schäffer, Burkhard (Hrsg.): Das Gruppendiskussionsverfahren in der Forschungspraxis. Opladen: Barbara Budrich, S. 233–248.

Bohnsack, Ralf/Przyborski, Aglaja (2007): Gruppendiskussionsverfahren und Focus Groups. In: Buber, Renate/Holzmüller, Hartmut (Hrsg.): Qualitative Marktforschung. Konzepte – Methoden – Analysen, Wiesbaden: Gabler, S. 491–506.

Bohnsack, Ralf/Przyborski, Aglaja/Schäffer, Burkhard (2006) (Hrsg.): Das Gruppendiskussionsverfahren in der sozialwissenschaftlichen Praxis. Opladen: Barbara Budrich.

Bohnsack, Ralf/Przyborski, Aglaja/Schäffer, Burkhart (2010): Einleitung. Gruppendiskussion als Methode rekonstruktiver Sozialforschung. In: Bohnsack, Ralf/Przyborski, Aglaja/Schäffer, Burkhart (Hrsg.): Das Gruppendiskussionsverfahren in der Forschungspraxis. Opladen: Barbara Budrich, S. 7–22.

Bohnsack, Ralf/Sparschuh, Vera (2022): Die Theorie der Praxis und die Praxis der Forschung. Ralf Bohnsack im Gespräch mit Vera Sparschuh. Opladen: Barbara Budrich.

Bolay, Eberhard (2001): Erfolgreiche Routine? Praktika im Rahmen des Diplomstudiengangs Erziehungswissenschaft in Tübingen. In: Schulze-Krüdener, Jürgen/Homfeldt, Hans-Günther (Hrsg.): Praktikum – eine Brücke schlagen zwischen Wissenschaft und Beruf, Neuwied: Luchterhand, S. 105–119.

Böllert, Karin/Karsunky, Silke (2008): Genderkompetenz. In: Böllert, Karin/Karsunky, Silke (Hrsg.): Genderkompetenz in der Sozialen Arbeit. Wiesbaden: Springer VS, S. 7–15.

Bondarowicz-Kaesling, Michaela/Polutta, Andreas (2017): ‚Professionsnovizen' im Jugendamt. In: Sozial Extra. Wiesbaden: Springer VS, 44: S. 33–39.

Bonß, Wolfgang/Hartmann, Heinz (Hrsg.) (1985): Entzauberte Wissenschaft: Zur Relativität und Geltung soziologischer Forschung. Göttingen: Otto Schwartz & Co.

Booth, Susanna (2021): Mehr Männer in soziale Berufe? Genderkonstruktion im Diskurs der kirchlichen Wohlfahrtsverbände. Soziale Passagen. Wiesbaden: Springer VS, S. 75–93.

Böpple, Dirk (2017): Berufseinmündung von Akademikern. Sequenzmuster der Übergänge zwischen Hochschule und Arbeitsmarkt. Baden Baden: Tectum.

Borbe, Cordula/Skyba, Diana (2020): Konzept der Praxisintegration und -begleitung. In: Debiel, Stefanie/Lamp, Fabian/Escher, Kristin/Spindler, Claudia (Hrsg.): Fachdidaktik Soziale Arbeit. Fachwissenschaftliche und lehrpraktische Zugänge. Opladen: Barbara Budrich, S. 263–277.

Bourdieu, Pierre (1976): Entwurf einer Theorie der Praxis. Auf der ethnologischen Grundlage der kabylischen Gesellschaft. Frankfurt a. M.: Suhrkamp.

Bourdieu, Pierre (1982): Die feinen Unterschiede. Kritik der gesellschaftlichen Urteilskraft, Frankfurt a. M.: Suhrkamp.

Bourdieu, Pierre (1983): Ökonomisches Kapital, kulturelles Kapital, soziales Kapital. In: Kreckel, Reinhard (Hrsg.): Soziale Ungleichheiten. Soziale Welt. Sonderband 2, Göttingen: Schwartz, S. 183–198.

Bourdieu, Pierre (1985): Sozialer Raum und ‚Klassen'. Leçon sur la leçon. Zwei Vorlesungen. Frankfurt a. M.: Suhrkamp.

Bourdieu, Pierre (1986): Der Kampf um die symbolische Ordnung. Pierre Bourdieu im Gespräch mit Axel Honneth, Hermann Kocyba und Bernd Schwibs. In: Ästhetik und Kommunikation. Berlin: Ästhetik und Kommunikation (1987), 16(61–62), S. 142–164.

Bourdieu, Pierre (1987): Die feinen Unterschiede. Kritik der gesellschaftlichen Urteilskraft. Frankfurt a. M.: Suhrkamp.

Bourdieu, Pierre (1987): Sozialer Sinn. Kritik der theoretischen Vernunft. Frankfurt a. M.: Suhrkamp.
Bourdieu, Pierre (1990): Was heißt sprechen? Zur Ökonomie des sprachlichen Tausches. Wien: Braumüller.
Bourdieu, Pierre (1991): Der Habitus als Vermittlung zwischen Theorie und Praxis. In: Bourdieu, Pierre (Hrsg.): Zur Soziologie der symbolischen Formen. Frankfurt a. M.: Suhrkamp, S. 125–158.
Bourdieu, Pierre (1991b): Language and Symbolic Power, Cambridge: Polity Press.
Bourdieu, Pierre (1992): Rede und Antwort. Frankfurt a. M.: Suhrkamp.
Bourdieu, Pierre (1992b): Homo academicus. Frankfurt a. M.: Suhrkamp.
Bourdieu, Pierre (1992c): Die verborgenen Mechanismen der Macht. In: Steinrücke, Margareta (Hrsg.): Schriften zu Politik & Kultur 1. Hamburg: VSA.
Bourdieu, Pierre (1993): Narzißtische Reflexivität und wissenschaftliche Reflexivität. In: Berg, Eberhard/Fuchs, Martin (Hrsg.): Kultur, soziale Praxis, Text. Die Krise der ethnographischen Repräsentation Frankfurt a. M.: Campus, S. 365–374.
Bourdieu, Pierre (1993a): Soziologische Fragen. Frankfurt a. M.: Suhrkamp.
Bourdieu, Pierre (1993c): Sozialer Sinn. Kritik der theoretischen Vernunft. Frankfurt a. M.: Suhrkamp.
Bourdieu, Pierre (1995): Sozialer Raum und ‚Klassen'. Lecon sur la lecon. 3. Aufl., Frankfurt a. M.: Suhrkamp.
Bourdieu, Pierre (1998): Praktische Vernunft. Zur Theorie des Handelns. Frankfurt a. M.: Suhrkamp.
Bourdieu, Pierre (1998b): Sozialer Raum und Feld der Macht. In: Bourdieu, Pierre (Hrsg.): Praktische Vernunft. Zur Theorie des Handelns, Frankfurt a. M.: Suhrkamp, S. 48–52.
Bourdieu, Pierre (1998c): Vom Gebrauch der Wissenschaft. Für eine klinische Soziologie des wissenschaftlichen Feldes. Konstanz: UVK.
Bourdieu, Pierre (1999): Die feinen Unterschiede. Kritik der gesellschaftlichen Urteilskraft. Frankfurt a. M.: Suhrkamp.
Bourdieu, Pierre (1999b): Die Regeln der Kunst. Genese und Struktur des literarischen Feldes. Frank-furt a. M.: Suhrkamp.
Bourdieu, Pierre (2001): Meditationen: Zur Kritik der scholastischen Vernunft. Frankfurt a. M.: Suhrkamp.
Bourdieu, Pierre (2001b): Über einige Eigenschaften von Feldern. In: Bourdieu, Pierre/Beister, Hella/Schwibs, Bernd (Hrsg.): Soziologische Fragen. Frankfurt a. M.: Suhrkamp, S. 107–114.
Bourdieu, Pierre (2005): Was heißt sprechen? Zur Ökonomie des sprachlichen Tausches. Wien: Braumüller.
Bourdieu, Pierre (2005b): Die männliche Herrschaft. Frankfurt a. M.: Suhrkamp.
Bourdieu, Pierre (2007): Die feinen Unterschiede. Kritik der gesellschaftlichen Urteilskraft. Frankfurt a. M.: Suhrkamp.
Bourdieu, Pierre (2013): Politik. Schriften zur politischen Ökonomie 2. Frankfurt a. M.: Suhrkamp.
Bourdieu, Pierre/Wacquant, Loïc J. D. (1996): Die Ziele der reflexiven Soziologie. In: Bourdieu, Pierre/Wacquant, Loïc J. D. (Hrsg.): Reflexive Anthroplogie. Frankfurt a. M.: Suhrkamp, S. 95–249.
Bourdieu, Pierre/Wacquant, Loïc J. D. (1996): Reflexive Anthropologie. Frankfurt a. M.: Suhrkamp.
Brake, Anna/Bremer, Helmut/Lange-Vester, Andrea (2013): Empirisch arbeiten mit Bourdieu. Theoretische und methodische Überlegungen, Konzeptionen und Erfahrungen. Weinheim: Beltz Juventa.

Breitenbach, Eva (2005): Vom Subjekt zur Kategorie. Veränderte Denkfiguren. In: Casale, Rita/Rendtorff, Barbara/Andresen, Sabine/Moser, Vera/Prengel, Annedore (Hrsg.): Geschlechterforschung in der Kritik. Opladen: Barbara Budrich, S. 73–86.

Breuer, Franz (2010): Reflexive Grounded Theory. Eine Einführung für die Forschungspraxis. Wiesbaden: Springer VS.

Breuer, Franz/Muckel, Petra/Dieris, Barbara (2019): Reflexive Grounded Theory. Eine Einführung in die Forschungspraxis. 4. Auflage. Wiesbaden: Springer VS.

Brielmaier, Julia/Roth, Günter (2019): Zur Relevanz wissenschaftlichen Wissens in der Praxis der Sozialen Arbeit. Ergebnisse einer standardisierten Befragung. In: Forum Sozial. Berlin: Deutscher Berufsverband für Soziale Arbeit, 2: S. 40–45.

Brielmaier, Julia (2020): Wissenschaftliches Wissen und die Praxis der Sozialen Arbeit. Eine Befragung unter berufstätigen Sozialarbeitenden. In: Archiv für Wissenschaft und Praxis der Sozialen Arbeit. Berlin: Deutscher Verein für öffentliche und private Fürsorge e.V., 4: S. 92–100.

Brielmaier, Julia (2023): Interne formale Wissenschaftskommunikation und ihre Infrastruktur kennen(lernen). In: Sozialmagazin. Weinheim: Beltz Juventa, 48(3–4): S. 72–78.

Brüchert, Oliver (2013): Bildung für alle – und zwar umsonst! In: Hirsch, Joachim/Brüchert, Oliver/Krampe, Eva-Maria u.a. (Hrsg.): Sozialpolitik anders gedacht: Soziale Infrastruktur. Hamburg: VSA, S. 118–134.

Brückner, Margit (2010): Erfolg und Eigensinn. Zur Geschichte der Frauenhäuser. In: Bereswill, Mechthild (Hrsg.): Geschlechterperspektiven für die Soziale Arbeit. Zum Spannungsverhältnis von Frauenbewegungen und Professionalisierungsprozessen. Weinheim: Beltz Juventa, S. 61–79.

Brückner, Margit (2013): Professionalisierung und Geschlecht im Berufsfeld Soziale Arbeit. In: Die Hochschule, Journal für Wissenschaft und Bildung. Wittenberg: Institut für Hochschulforschung Wittenberg e.V., 1: S. 107–117.

Brückner, Margit (2018): Geschlechterverhältnisse zwischen Liebe, Fürsorge, Gewalt und Geschlechtergerechtigkeit als Aufgabe Sozialer Arbeit. In: Anhorn, Roland/Schimpf, Elke/Stehr, Johannes/Rathgeb, Kerstin/Spindler, Susanne/Keim, Rolf (Hrsg.): Politik der Verhältnisse – Politik des Verhaltens. Widersprüche der Gestaltung Sozialer Arbeit. Wiesbaden: Springer VS, S. 89–106.

Budak, Sükran/Dumke, Thomas/Hellmann, Johanna (2019): Studieren zwischen Theorie und Praxis – Oder ist da noch mehr? Der erziehungswissenschaftlichen Fachkultur auf der Spur. In: Richter, Sophia/Friebertshäuser, Barbara (Hrsg.): Studieren – Forschen – Praxis. Erziehungswissenschaftliche Erkundungen im Feld universitären Lernens. Frankfurter Beiträge zur Erziehungswissenschaft. Norderstedt: Goethe-Universität, S. 137–160.

Bülow-Schramm, Margret/Heumann, Christoph (2012): Akkreditierung im Widerstreit: Entwicklungspfade in die Zukunft der externen Qualitätssicherung. Arbeitspapier No. 255, Hans-Böckler-Stiftung. (Abruf: 01.05.2021) https://www.boeckler.de/pdf/p_arbp_255.pdf.

Bundesministerium für Bildung und Forschung (2017): Studiensituation und studentische Orientierungen. 13. Studierendensurvey an Universitäten und Fachhochschulen. (Abruf: 18.03.2023) https://www.bmbf.de/SharedDocs/Publikationen/de/bmbf/4/31379_Studierendensurvey_Ausgabe_13_Zusammenfassung.pdf?__blob=publicationFile&v=4.

Burkard, Sonja (2021): Reflexivität als eine zentrale Kompetenz. In: Kriener, Martina/Roth, Alexandra/Burkard, Sonja/Gabler, Heinz (Hrsg.): Praxisphasen im Studium Soziale Arbeit. Weinheim: Beltz Juventa, S. 53–68.

Burkard, Sonja/Kriener, Martina (2021): Gut geplant ist halb gewonnen: Praxisphasen planen und strukturieren. In: Kriener, Martina/Roth, Alexandra/Burkard, Sonja/Gabler, Heinz (Hrsg.): Praxisphasen im Studium Soziale Arbeit. Weinheim: Beltz Juventa, S. 126–140.

Busche, Mart/Streib-Brzic, Uli (2019): Die Entwicklung heteronormativitätskritischer Professionalität in Reflexions-Workshops. Zur Verbindung von pädagogischem Erfahrungswissen und wissenschaftlichem Erkenntniswissen im Kontext von Praxisforschung. In: Baar, Robert/Hartmann, Jutta/Kampshoff, Marita (Hrsg.): Geschlechterreflektierte Professionalisierung. Geschlecht und Professionalität in pädagogischen Berufen. Opladen: Barbara Budrich, S. 83–101.

Busse, Stefan/Ehlert Gudrun (2009): Studieren neben dem Beruf als langfristige Professionalisierungschance. In: Becker-Lenz, Roland/Busse, Stefan/Ehlert, Gudrun/Müller, Silke (Hrsg.): Professionalisierung und Professionalität in der Sozialen Arbeit. Standpunkte – Kontroversen – Perspektiven. Wiesbaden: Springer VS, S. 319–349.

Busse, Stefan/Ehlert, Gudrun (2011): Professionalität zwischen Kontinuität und Veränderung berufsbegleitend Studieren. In: Becker-Lenz, Roland/Busse, Stefan/Ehlert, Gudrun/Müller, Silke (Hrsg.): Professionelles Handeln in der Sozialen Arbeit. Materialanalysen und kritische Kommentare. Wiesbaden: Springer VS, S. 217–243.

Busse, Stefan/Ehlert, Gudrun (2013): Studieren neben dem Beruf als langfristige Professionalisierungschance. In: Becker-Lenz, Roland/Busse, Stefan/Ehlert, Gudrun/Müller-Hermann, Silke (Hrsg.): Professionalität in der Sozialen Arbeit. Standpunkte, Kontroversen, Perspektiven. 3. Durchgesehene Auflage, Wiesbaden: Springer VS, S. 331–356.

Butler, Judith (1991): Das Unbehagen der Geschlechter. Frankfurt a. M.: Suhrkamp.

Bütow, Birgit/Eckert, Lena/Teichmann, Franziska (2016): Fachkulturen als Ordnungen der Geschlechter. Praxeologische Analysen von Doing Gender in der akademischen Lehre. Opladen: Barbara Budrich.

Bütow, Birgit/Munch, Chantal (Hrsg.) (2012): Soziale Arbeit und Geschlecht. Herausforderungen jenseits von Universalisierung und Essentialisierung. Münster: Westfälisches Dampfboot.

Buttner, Peter (Hrsg.) (2007): Das Studium des Sozialen. Aktuelle Entwicklungen in Hochschule und sozialen Berufen. Berlin: Deutscher Vereins für öffentliche und private Fürsorge e.V.

Bähr, Ingrid/Gebhard, Ulrich/Krieger, Claus/Lübke, Britta/Pfeiffer, Malte/Regenbrecht, Tobias/Sabisch, Andrea/Sting, Wolfgang (Hrsg.) (2019): Irritation als Chance. Bildung fachdidaktisch denken. Wiesbaden: Springer VS.

Callen, Ann D. (2018): Social Work Field Education: Field Educator as Travel Guide between Two Worlds: Integrating theory and practice in field education. Dissertation. University of Sydney.

Carlson, Sören/Kahle, Lena/Klinge, Denise (2017): Wenn Narrationen nicht zustande komme … Wie hochreflexive Berufsfelder dazu beitragen, dass argumentativ-evaluative Darstellungsweisen im narrativen Interview dominant werden. Zeitschrift für qualitative Forschung (ZQF), 18(2), S. 239–262.

Christoforatou, Ellen (2011): „Third Space“. In: Journal für LehrerInnenbildung. Bad Heilbrunn: Klinkhardt, 3: S. 51–54.

Cloos, Peter 2008: „Na Herr Forscher, Sie machen doch bestimmt auch mit“. Ethnographen als Ko-Akteure des pädagogischen Geschehens. In: Hünersdorf, Bettina/Maeder, Christoph/Müller, Burkhard (Hrsg.): Ethnographie und Erziehungswissenschaft. Methodologische Reflexionen und empirische Annäherungen. Weinheim: Beltz Juventa, S. 207–219.

Combe, Arno/Gebhard, Ulrich (2012): Sinn und Verstehen. Die Rolle von Phantasie und Erfahrung. Wiesbaden: Springer VS.

Cremers, Michael/Klingel, Maria/Stützel, Kevin (2020): Die Dokumentarische Methode am Beispiel einer Geschlechterforschung im Feld der Kindheitspädagogik. In: Kubandt, Melanie/Schütz, Julia (Hrsg.): Methoden und Methodologien in der erziehungswissenschaftlichen Geschlechterforschung. Opladen: Barbara Budrich, S. 107–124.

Debiel, Stefanie/Escher, Kristin/Lamp, Fabian/Spindler, Claudia (2020): Soziale Arbeit in der Lehre – Ein (hochschul-)didaktisches Wechselspiel theoriebezogener und praxisintegrierender Professionalisierungsprozesse. In: Debiel, Stefanie/Lamp, Fabian/Escher, Kristin/Spindler, Claudia (Hrsg.): Fachdidaktik Soziale Arbeit. Fachwissenschaftliche und lehrpraktische Zugänge. Opladen: Barbara Budrich, S. 11–18.

Deinet, Ulrich/Sturzenhecker, Benedikt/von Schwanenflügel, Larissa/Schwerthelm, Moritz (Hrsg.) (2021): Handbuch Offene Kinder- und Jugendarbeit. Wiesbaden: Springer VS.

Degele, Nina/Winker, Gabriele (2009): Intersektionalität. Zur Analyse sozialer Ungleichheit. Bielefeld: transcript.

Deutsche Gesellschaft für Soziale Arbeit (2016): Kerncurriculum Soziale Arbeit. (Abruf: 03.10.2020) https://www.dgsa.de/fileadmin/Dokumente/Aktuelles/DGSA_Kerncurriculum_final.pdf.

Deutsche Gesellschaft für Soziale Arbeit (2016): Promotionsrecht für Hochschulen für angewandte Wissenschaften/Fachhochschulen. Eine Stellungnahme des Vorstands der Deutschen Gesellschaft für Soziale Arbeit e.V. (Abruf: 01.05.2021) https://www.dgsa.de/fileadmin/Dokumente/Aktuelles/Stellungnahme_Promotionsverfahren.pdf.

Deutsche Gesellschaft für Soziale Arbeit (2019): Duale, trägernahe und reguläre Studiengänge Sozialer Arbeit – Qualitätsstandards für eine sich verändernde Hochschullandschaft. (Abruf: 04.10.2020) https://www.dgsa.de/fileadmin/Dokumente/Aktuelles/DGSA_Stellungnahme_Qualit%C3%A4tskriterien_duale_Studieng%C3%A4nge_Soziale_Arbeit.pdf.

Dewe, Bernd (1990): Wissen und Können in sozialarbeiterischen Handlungsvollzügen. In: Soziale Arbeit. Berlin: DZI, 39(3): S. 82–86.

Dewe, Bernd (2009): Reflexive Professionalität: Maßgabe für Wissenstransfer und Theorie-Praxis-Relationierung im Studium der Sozialarbeit. In: Riegler, Anna/Hojnik, Sylvia/Posde, Klaus (Hrsg.): Soziale Arbeit zwischen Profession und Wissenschaft. Wiesbaden: Springer VS, S. 47–64.

Dewe, Bernd (2012): Akademische Ausbildung in der Sozialen Arbeit – Vermittlung von Theorie und Praxis oder Relationierung von Wissen und Können im Spektrum von Wissenschaft, Organisation und Profession. In: Becker-Lenz, Roland/Busse, Stefan/Ehlert, Gudrun/Müller-Hermann, Silke (Hrsg.): Professionalität Sozialer Arbeit und Hochschule. Wissen, Kompetenz, Habitus und Identität im Studium Sozialer Arbeit. Wiesbaden: Springer VS, S. 111–128.

Dewe, Bernd (2014): Transformation wissenschaftlicher Informationen in Praxisdeutungen, in: Ursula Unterkofler/Elke Oestreicher (Hrsg.): Theorie-Praxis-Bezüge in professionellen Feldern. Opladen: Barbara Budrich, S. 77–197.

Dewe, Bernd/Otto, Hans-Uwe (2012): Reflexive Sozialpädagogik. In: Thole, Werner (Hrsg.): Grundriss Soziale Arbeit. Ein einführendes Handbuch. 4. Auflage. Wiesbaden: Springer VS, S. 197–217.

Dewe, Bernd/Stüwe, Gerd (2016): Basiswissen Profession. Zur Aktualität und kritischen Substanz des Professionskonzeptes für die Soziale Arbeit. In memoriam Wilfried Ferchhoff. Weinheim: Beltz Juventa.

DGfE – Deutsche Gesellschaft für Erziehungswissenschaft – Kommission Sozialpädagogik (2018): Expertise zum Status Staatlicher Anerkennung bei der Einstellung von Absolvent_innen universitärer Studiengänge der Erziehungswissenschaft mit sozialpädagogischem Qualifikationsprofil. (Abruf: 04.01.2021) https://www.dgfe.de/fileadmin/OrdnerRedakteure/Sektionen/Sek08_SozPaed/KSozPaed/2018_Expertise_Staatliche_Anerkennung.pdf.

Dischler, Andrea/Kulke, Dieter (Hrsg.) (2021): Politische Praxis und Soziale Arbeit. Theorie, Empirie und Praxis politischer Sozialer Arbeit. Opladen: Barbara Budrich.

Dittmann, Andrea (2012): Praxisanleitung ist nicht gleich Praxisanleitung. In: Sozial Extra, Zeitschrift für Soziale Arbeit. Wiesbaden: Springer VS, 1/2: S. 39–41.

Dölling, Irene (2003): Das Geschlechterwissen der Akteur/e/_innen. In: Andersen, Sünne/Dölling, Irene/Kimmerle, Christoph (Hrsg.): Verwaltungsmodernisierung als soziale Praxis. Geschlechter-Wissen und Organisationsverständnis von Reformakteuren. Opladen: Leske und Budrich, S. 113–165.

Dölling, Irene (2005): „Geschlechter-Wissen" – ein nützlicher Begriff für die „verstehende" Analyse von Vergeschlechtlichungsprozessen? In: Zeitschrift für Frauenforschung & Geschlechterstudien. Bielefeld: Kleine, 23(1+2): S. 44–62.

Dölling, Irene (2011): Pierre Bourdieus Praxeologie – Anregungen für eine kritische Gesellschaftsanalyse. Vortrag in der Klasse für Sozial- und Geisteswissenschaften am 10. Februar 2011. (Abruf: 21.05.2021) https://leibnizsozietaet.de/wp-content/uploads/2012/11/05_doelling.pdf.

Domes, Michael (2017): Einleitung: Erste Perspektiven. In: Domes, Michael/Eming, Knut (Hrsg.): Soziale Arbeit – Perspektiven einer selbstbewussten Disziplin und Profession. Opladen: Barbara Budrich, S. 7–14.

Eberherr, Helga/Hofmann, Roswita (2018): Geschlecht als Institution: polymorph und widersprüchlich. In: Amstutz, Nathalie/Eberherr, Helga/Funder, Maria/Hofmann, Roswita (Hrsg.): Geschlecht als widersprüchliche Institution. Baden-Baden: Nomos, S. 41–66.

Eberitzsch, Stefan/Keller, Samuel (2022): Miteinander statt nebeneinander – Dialogische Wissensgenese von Wissenschaft und Praxis Sozialer Arbeit am Beispiel von WiF.swiss. In: Baier, Florian/Borrmann, Stefan/Hefel, Johanna M./Thiessen, Barbara (Hrsg.): Europäische Gesellschaften zwischen Kohäsion und Spaltung. Rolle, Herausforderungen und Perspektiven Sozialer Arbeit. Opladen: Barbara Budrich, S. 279–291.

Ebert, Jürgen (2008): Reflexion als Schlüsselkategorie professionellen Handelns in der sozialen Arbeit. Hildesheimer Schriftenreihe zur Sozialpädagogik und Sozialarbeit. Hildesheim: Olms, Bd. 16.

Ebert, Jürgen (2011): Aneignung eines professionellen Selbstverständnisses. Analyse von Modulen zur Habitus- und Identitätsbildung aus Bachelorstudiengängen in Deutschland, Österreich und der Schweiz. (Abruf: 07.04.2021) https://www.hawk.de/sites/default/files/2018-10/professionelles_selbstverstaendnis.pdf.

Ebert, Jürgen (2012): Erwerb eines professionellen Habitus im Studium der Sozialen Arbeit. Hildesheimer Schriftenreihe zur Sozialpädagogik und Sozialarbeit. Hildesheim: Olms, Bd. 20.

Ebert, Jürgen (2015): Professionsentwicklung im Studium – Curricula im Widerstreit der Interessen – Einfluss- bzw. Beteiligungsmöglichkeiten des Berufsverbandsauf die Entwicklung der Studiengänge Soziale Arbeit. (Abruf: 02.05.2021) https://www.hawk.de/sites/default/files/2018-10/professionsentwicklung_im_studium_vortrag_jdbsh.pdf.

Eckert, Judith/Cichecki, Diana (2020): Mit „gescheiterten" Interviews arbeiten. Impulse für eine reflexiv-interaktionistische Interviewforschung. Weinheim: Beltz Juventa.

Effinger, Herbert (2018): Ganzheitlich arbeiten, fragmentiert studieren. In: Albrecht, Claudia/Schneider, Johanna (Hrsg.): Lernortverknüpfung. Didaktische Ansätze und Perspektiven berufsintegrierenden Studierens. Dresden, S. 46–55. (Abruf: 29.05.2021) https://slub.qucosa.de/api/qucosa%3A32262/attachment/ATT-0.

Egloff, Birte (2002): Praktikum und Studium, Diplom-Pädagogik und Humanmedizin zwischen Studium, Beruf, Biographie und Lebenswelt. Studien zur Erziehungswissenschaft und Bildungsforschung, Band 20. Opladen: Leske und Budrich.

Egloff, Birte (2004): Möglichkeitsraum Praktikum. Zur studentischen Aneignung einer Phase im Pädagogik- und Medizinstudium. In: Zeitschrift für Erziehungswissenschaft. Wiesbaden: Springer VS, 7(2): S. 263–276.

Egloff, Birte (2022): Das Praktikum als Reflexionsinstanz im Studium. In: Egloff, Birte/Richter, Sophia (Hrsg.): Erziehungswissenschaftlich denken und arbeiten: Ein Lehr- und Studienbuch. Stuttgart: Kohlhammer, S. 208–224.

Egloff, Birte/Männle, Iris (2012): Praktika in erwachsenenpädagogischen Studiengängen. In: Egetenmeyer, Regina/Schüßler, Ingeborg (Hrsg.): Akademische Professionalisierung in der Erwachsenenbildung/Weiterbildung. Baltmannsweiler: Schneider Hohengehren, S. 65–78.

Ehlert, Gudrun (2010): Profession, Geschlecht und Soziale Arbeit. In: Bereswill, Mechthild/Stecklina Gerd (Hrsg.): Geschlechterperspektiven für die Soziale Arbeit. Zum Spannungsverhältnis von Frauenbewegung und Professionalisierungsprozessen. Weinheim: Beltz Juventa, S. 45–61.

Ehlert, Gudrun (2011): Profession und Professionalität. In: Ehlert, Gudrun/Funk, Heide/Stecklina, Gerd (Hrsg.): Wörterbuch Soziale Arbeit und Geschlecht. Weinheim: Beltz Juventa, S. 326–330.

Ehlert, Gudrun (2012): Gender in der Sozialen Arbeit. Konzepte, Perspektiven, Basiswissen. Schwalbach/Taunus: Wochenschau.

Ehlert, Gudrun (2018): Profession, Disziplin, Geschlecht. In: Müller-Hermann, Silke/Becker-Lenz, Roland/S. Busse/Ehlert, Gudrun (Hrsg.): Professionskulturen – Charakteristika unterschiedlicher professioneller Praxen. Wiesbaden: Springer VS, S. 197–214.

Ehlert, Gudrun (2020): Professionalität und Geschlecht – Perspektiven der Geschlechterforschung und geschlechtertheoretische Überlegungen zum Professionalisierungsdiskurs in der Sozialen Arbeit. In: Rose, Lotte/Schimpf, Elke (Hrsg.): Sozialarbeitswissenschaftliche Geschlechterforschung: Methodologien, Konzepte, Forschungsfelder. Opladen: Barbara Budrich, S. 23–38.

Ehlert, Gudrun (2022): Geschlechterperspektiven in der Sozialen Arbeit, Basiswissen und Konzepte. 2. Auflage, Frankfurt a. M.: Wochenschau.

Ehlert, Gudrun/Busse, Stefan (2012): Die allmähliche Heraus-Bildung von Professionalität im Studium. In: Becker-Lenz, Roland/Busse, Stefan/Ehlert, Gudrun/Müller-Hermann, Silke (Hrsg.): Professionalität Sozialer Arbeit und Hochschule. Wissen, Kompetenz, Habitus und Identität im Studium Sozialer Arbeit. Wiesbaden: VS-Verlag, S. 85–111.

Elven, Julia/Schwarz, Jörg (2016): Organisation, Lernen, Wandel. Konturierung einer praxeologischen Organisationspädagogik. In: Schröer, Andreas/Göhlich, Michael/Weber, Susanne Maria/Pätzold, Henning (Hrsg.): Organisation und Theorie. Beiträge der Kommission Organisationspädagogik. Wiesbaden: Springer VS, S. 75–84.

Engelke, Ernst/Spatscheck, Christian/Borrmann, Stefan (2016): Die Wissenschaft Soziale Arbeit. Werdegang und Grundlagen (4., überarbeitete und erweiterte Aufl.). Freiburg: Lambertus.

Engler, Pascal (2014): Rahmenbedingungen der Praxisausbildung und deren Regelung an deutsch-schweizerischen Fachhochschulen. In: Abplanalp, Esther (Hrsg.): Lernen in der Praxis. Die Praxisausbildung im Studium der Sozialen Arbeit (2. aktualisierte Aufl.). Luzern: interact, S. 29–40.

Engler, Pascal (2022): „Expertise-in-action“: Der Königsweg zur Sonnenseite des beruflichen Lebens? In: Kösel, Stephan/Unger, Tim/Hering, Sabine/Haupt, Selma (Hrsg.): Mythos Reflexion. Zur pädagogischen Verhandlung von Reflexion zwischen Notwendigkeit und Unsicherheit. Opladen: Barbara Budrich, S. 193–215.

Engler, Pascal (2022): Kompetenzerwerb in Praxisorganisationen. Eine Analyse der Kompetenzprofile der Fachhochschulen der Sozialen Arbeit in der Deutschschweiz. (Abruf 10.03.2023) https://biblio.unibe.ch/download/eldiss/22engler_p.pdf.

Erdmann, Nina/Kloha, Johannes/Sellmaier, Claudia (2022): Ins kalte Wasser werfen. Anleitung in der Sozialen Arbeit. In: Blätter der Wohlfahrtspflege. Baden-Baden: NOMOS, 6: 213–215.

Escher, Kristin (2020): Praxis verstehen – rekonstruktive Perspektiven in der Praktikumsbegleitung. In: Debiel, Stefanie/Lamp, Fabian/Escher, Kristin/Spindler, Claudia (Hrsg.): Fachdidaktik Soziale Arbeit. Fachwissenschaftliche und lehrpraktische Zugänge. Opladen: Barbara Budrich, S. 229–246.

Faust-Siehl, Gabriele/Heil, Stefan (2001): Professionalisierung durch schulpraktische Studien? Leitbilder von Lehrenden an der Universität. In: Die deutsche Schule. Münster: Waxmann, 93(1): S. 105–115.

FBTS – Fachbereichstag Soziale Arbeit / BAG-Prax – Bundesarbeitsgemeinschaft Praxisreferate an Hochschulen für Soziale Arbeit (2020): Handreichung des Fachbereichstages Soziale Arbeit (FBTS) und der Bundesarbeitsgemeinschaft der Praxisämter/-referate an Hochschulen für Soziale Arbeit (BAG) zu Akkreditierungsverfahren und reglementierte Berufszugänge in grundständigen generalistischen Studiengängen „Soziale Arbeit“. (Abruf: 04.01.2021) https://bagprax.sw.eah-jena.de/data/stellungnahmen/bag/Handreichung_Staatliche_Anerkennung_Akkreditierungsverfahren_FBTS_BAG_09.pdf.

Fegter, Susann (2012): Die Krise der Jungen in Bildung und Erziehung: Diskursive Konstruktion von Geschlecht und Männlichkeit. Wiesbaden: Springer VS.

Fegter, Susann/Hontschik, Anna/Kadar, Eszter/Sabla, Kim-Patrick/Saborowksi, Maxine (2019): Bezüge auf Familie als Moment der Vergeschlechtlichung pädagogischer Professionalität: Diskursanalytische Perspektiven auf Äußerungen in Gruppendiskussionen mit Kita-Teams. In: Baar, Robert/Kampshof, Marita/Hartmann, Jutta (Hrsg.): Geschlechterreflektierte Professionalisierung. Geschlecht und Professionalität in pädagogischen Berufen. Jahrbuch erziehungswissenschaftliche Geschlechterforschung. Band 15. Opladen: Barbara Budrich, S. 135–152.

Felden, Heide von/Schäffter, Ortfried/Schicke, Hildegard (Hrsg.) (2014): Denken in Übergängen. Weiterbildung in transitorischen Lebenslagen. Wiesbaden: Springer VS.

Felden, Heide von/Schiener, Jürgen (2010): Transitionen – Übergänge vom Studium in den Beruf. Wiesbaden: Springer VS.

Fischer, Carina (2018): Professionalisierung trotz „marktgerechter“ Studiengänge? In: Stehr, Johannes/Anhorn, Roland/Rathgeb, Kerstin (Hrsg.): Konflikt als Verhältnis – Konflikt als Verhalten – Konflikt als Widerstand: Widersprüche der Gestaltung Sozialer Arbeit zwischen Alltag und Institution. Wiesbaden: Springer VS, S. 509–518.

Fischer, Jörg/Graßhoff, Gunther (Hrsg.) (2021): Fachkräfte! Mangel! Weinheim: Beltz Juventa.

Fleig, Anne (Hrsg.) (2014)_ Die Zukunft von Gender. Begriff und Zeitdiagnose. Frankfurt a. M.: Campus.

Fleßner, Heike (2013): Geschlechterbewusste Soziale Arbeit. In: Schröer, Wolfgang/Schweppe (Hrsg.): Enzyklopädie Erziehungswissenschaft Online (EEO), Fachgebiet Soziale Arbeit/Soziale Arbeit als Profession, Weinheim: Beltz Juventa, S. 1–24.

Förster, Till (2003): Victor Turners Ritualtheorie. Ethnologisches Seminar. (Abruf: 27.05.2021) https://www.yumpu.com/de/document/view/7317528/victor-turners-ritualtheorie-ethnologisches-seminar.

Franz, Julia (2010): Intergenerationelles Lernen ermöglichen. Orientierungen zum Lernen der Generationen in der Erwachsenenbildung. Bielefeld: Bertelsmann.

Franz, Julia/Kubisch, Sonja (2020): Praxeologische Perspektiven auf Professionalität – am Beispiel Sozialer Arbeit im Kontext von Flucht und Asyl. In: Neue Praxis 3. Lahnstein, S. 191–216.

Fraser, Nancy/Honneth, Axel (2003): Umverteilung oder Anerkennung? Eine politisch-philosophische Kontroverse, Frankfurt a. M.: Suhrkamp.

Freis, Manuel (2019): Vom Navigieren im Praxissemester – die Metapher der Expedition im Kontext eines ethnographischen Zugangs zur Praxis der Sozialen Arbeit. In: Studer, Judith/Abplanalp, Esther/Disler, Stephanie (Hrsg.): Persönlichkeitsentwicklung in Hochschulausbildung fördern. Aktuelles aus Forschung und Praxis. Bern: hep, S. 162–183.

Freis, Manuel (2021): Ethnographie im Praxissemester. Soziale Arbeit am Lernort Praxis studieren. Münster: Waxmann.

Friebertshäuser, Barbara (1992): Übergangsphase Studienbeginn. Eine Feldstudie über Riten der Initiation in eine studentische Fachkultur. Weinheim: Juventa.

Friebertshäuser, Barbara (2000): Sozialpädagogisches Studium im Spannungsfeld von akademischer Fachkultur und Berufskultur. In: Homfeldt, Hans-Günther/Schulze Krüdener, Jörgen (Hrsg.): Wissen und Nichtwissen. Herausforderungen für Soziale Arbeit in der Wissensgesellschaft. Weinheim: Juventa, S. 143–162.

Friebertshäuser, Barbara (2001): Feldforschung im Praktikum. Ein Konzept für das studienbegleitende Praktikum im Diplomstudiengang Erziehungswissenschaft? In: Schulze-Krüdener, Jörgen/Homfeldt, Hans-Günther (Hrsg.): Praktikum – eine Brücke schlagen zwischen Wissenschaft und Beruf. Neuwied: Luchterhand, S. 181–204.

Friebertshäuser, Barbara (2009): Verstehen als methodische Herausforderung für eine reflexive empirische Forschung. In: Friebertshäuser, Barbara/Rieger-Ladich, Markus/Wigger, Lothar (Hrsg.): Reflexive Erziehungswissenschaft. Forschungsperspektiven im Anschluss an Pierre Bourdieu. (2. Aufl.). Wiesbaden: Springer VS, S. 229–249.

Friebertshäuser, Barbara (2011): Perspektiven erziehungswissenschaftlicher und ethnographischer Geschlechterforschung auf Körperinszenierungen im Jugendalter. In: Ackermann, Friedhelm/Ley, Thomas/Machold, Claudia/Schrödter, Mark (Hrsg.): Qualitatives Forschen in der Erziehungswissenschaft. Wiesbaden: Springer VS, S. 97–114.

Friebertshäuser, Barbara (2020): Rituelle Bildung. Transformation und Reproduktion in Übergängen am Beispiel der Promotion. In: Walther, Andreas/Stauber, Barbara/Rieger-Ladich, Markus/Wanka, Anna (Hrsg.): Reflexive Übergangsforschung. Theoretische Grundlagen und methodologische Herausforderungen. Opladen: Barbara Budrich, S. 39–62.

Frühauf, Marie/Henn, Sarah/Kessl, Fabian (2021): Selbstreflexion als Selbstoptimierung? Professionstheoretische und gegenwartsanalytische Annäherungen. Einführung in den Themenschwerpunkt. In: Zeitschrift für Sozialpädagogik. Weinheim: Beltz Juventa, 19(2): S. 121–126.

Fuchs-Heinritz, Werner/König, Alexandra (2014): Pierre Bourdieu. Eine Einführung. Konstanz: UTB.

Füssenhäuser, Cornelia/Thiersch, Hans (2011): Theorie und Theoriegeschichte Sozialer Arbeit. In: Otto, Hans-Uwe/Thiersch, Hans/Grunwald, Klaus (Hrsg.): Handbuch soziale Arbeit. Grundlagen der Sozialarbeit und Sozialpädagogik. München: Reinhardt, S. 1632–1645.

Gans-Raschke, Johanna (2021): Das studienintegrierte Pflichtpraktikum Soziale Arbeit – eine rechtliche Einordnung. In: Kriener, Martina/Roth, Alexandra/Burkard, Sonja/Gabler, Heinz (Hrsg.): Praxisphasen im Studium Soziale Arbeit. Weinheim: Beltz Juventa, S. 94–107.

Garbade, Svenja (2020): Genderkonstruktionen bei Fachkräften in der Krippe – methodische Konsequenzen für eine geschlechterreflexive Haltung in einem schwierigen Themenfeld. In: Rose, Lotte/Schimpf, Elke (Hrsg.): Sozialarbeitswissenschaftliche Geschlechterforschung: Methodologien, Konzepte, Forschungsfelder. Opladen: Barbara Budrich, S. 263–278.

Garfinkel, Harold (1973): Das Alltagswissen über soziale und innerhalb sozialer Strukturen. In: Arbeitsgruppe Bielefelder Soziologen (Hrsg.): Alltagswissen, Interaktion und gesellschaftliche Wirklichkeit. Reinbek bei Hamburg: Rowohlt, S. 189–262.

Garfinkel, Harold (1973b). Studien über die Routinegrundlagen von Alltagshandlungen. In: Steinert, Heinz (Hrsg.): Symbolische Interaktion. Arbeiten zu einer reflexiven Soziologie. Stuttgart: Klett, S. 280–293.

Geißler-Pilz, Brigitte/Gerull, Susanne (2009): Soziale Arbeit im Gesundheitsbereich. Wissen, Expertise und Identität in multiprofessionellen Settings. Opladen: Barbara Budrich.

GenderKompetenzZentrum (2012): Gender Kompetenz. (Abruf: 29.11.2019) www.genderkompetenz.info/genderkompetenz-2003-2010/gender/genderkompetenz.

Gennep, Arnold van (1986): Übergangsriten (1909: Les rites de passage). Frankfurt a. M.: Campus.

Gephart, Hella (2015): Über das Verhältnis von Genderforschung, Lehre und psychosozialer Praxis – Impulse für einen neuen Dialog. In: Gephart, Hella/Kosuch, Renate (Hrsg.): Genderwissen – Gendernutzen für die Praxis der Sozialen Arbeit. Tagesdokumentation. Essen: Koordinations- und Forschungsstelle Netzwerk Frauen- und Geschlechterforschung NRW, S. 74–80.

Gesemann, Iris/Nohl, Arnd-Michael (Hrsg.) (2007): Die dokumentarische Methode und ihre Forschungspraxis. Grundlagen qualitativer Sozialforschung. 2. Auflage. Wiesbaden: Springer VS, S. 9–27.

Ghanem, Christian/Kollar, Ingo/Fischer, Frank/Lawson, Thomas R./Pankofer, Sabine (2018): How do social work novices and experts solve professional problems? A micro-analysis of epistemic activities and the use of evidence. In: European Journal of Social Work. London: Taylor & Francis, 21(1): S. 3–19.

Ghanem, Christian/Schwegele, Albert/Pankofer, Sabine/Kollar, Ingo/Fischer, Frank (2016): Bewährungshilfe und Wissenschaft – eine Annäherung (?). Bedingungen für eine evidenzbasierte Sozialarbeitspraxis aus Sicht von Bewährungshelfer_innen. In: Borrman, Stefan/Thiessen, Barbara (Hrsg.): Wirkungen Sozialer Arbeit. Potentiale und Grenzen der Evidenzbasierung für Profession und Disziplin. Opladen: Barbara Budrich, S. 374–394.

Giebeler, Cornelia/Rademacher, Claudia/Schulze, Erika (Hrsg.) (2013): Intersektionen von race, class, gender, body. Theoretische Zugänge und qualitative Forschungen in Handlungsfeldern der Sozialen Arbeit. Opladen: Barbara Budrich.

Glaser, Barney G./Strauss, Anselm L. (1968): Time for Dying. Chicago: Aldine.

Glaser, Barney G./Strauss, Anselm L. (1971): Status passage. London: Routledge & Kegan Paul.

Glaser, Michaela/Schuster, Silke (2007): Evaluation präventiver Praxis gegen Rechtsextremismus. Positionen, Konzepte und Erfahrungen. Leipzig: Omniphon.

Goffman, Erving (1969): Wir alle spielen Theater. Die Selbstdarstellung im Alltag. München: Piper.

Goffman, Erving (1974): Das Individuum im öffentlichen Austausch. Mikrostudien zur öffentlichen Ordnung. Frankfurt a. M.: Suhrkamp.

Goffman, Erving (1980): Rahmen-Analyse. Ein Versuch über die Organisation von Alltagserfahrungen. Frankfurt a. M.: Suhrkamp.

Goffman, Erving (1981): Geschlecht und Werbung. Frankfurt a. M.: Suhrkamp.

Goffman, Erving (1994): Die Interaktionsordnung. In: Knoblauch, Hubert A. (Hrsg.): Erving Goffman: Interaktion und Geschlecht. Frankfurt a. M.: Campus, S. 50–104.

Goffman, Erving (2001): Interaktion und Geschlecht. Herausgegeben und eingeleitet von Hubert A. Knoblauch. Frankfurt a. M.: Campus.

Goldoni, Marc (2023): Handlungsorientierungen von Praxisausbildenden der Sozialen Arbeit -Vom heterogenen Umgang mit einem herausfordernden Tätigkeitsfeld zwischen organisationalen Bedingungen und eigener Berufsbiografie. (Abruf 07.09.2023) https://phfr.bsz-bw.de/frontdoor/deliver/index/docId/3172/file/Diss_Goldoni_2023.pdf.

Goldoni, Marc (o. J.): Lern- und Bildungsorientierungen von Praxisausbildenden der Sozialen Arbeit. (Abruf: 21.04.2023) https://vasom.univie.ac.at/fileadmin/user_upload/k_vasom/Abstracts/DokM_-_Goldoni_-_Abstract.pdf.

Göppner, Hans Jürgen (2017): Damit „Hilfe“ Hilfe sein kann. Sozialarbeitswissenschaft als Handlungswissenschaft. Wiesbaden: Springer VS.

Gramsci, Antonio (2019): Gefängnishefte. Kritische Gesamtausgabe in 10 Bänden. In: Bochmann, Klaus/Haug, Fritz (Hrsg.). Band 1–10. Hamburg: Argument.

Graßhoff, Gunther (2022): „Dual Studieren?“ Studiengänge der Sozialen Arbeit zwischen Privatisierung, (De-)Professionalisierung und Prekarisierung. In: Sozial Extra, Zeitschrift für Soziale Arbeit. Wiesbaden: Springer VS, 3: S. 183–185.

Graßhoff, Gunther/Schweppe, Cornelia (2009): Biographie und Professionalität in der Sozialpädagogik. In: Becker-Lenz, Roland/Busse, Stefan/Ehlert, Gudrun/Müller, Silke (Hrsg.): Professionalität in der Sozialen Arbeit, 2. Auflage. Wiesbaden: Springer VS, S. 307–319.

Graumann, Sigrid (2021): Ethische Aspekte von Forschungsförderung und Forschungsförderungspolitik. In: Franz, Julia/Unterkofler, Ursula (Hrsg.): Forschungsethik in der Sozialen Arbeit. Prinzipien und Erfahrungen. Opladen: Barbara Budrich, S. 101–118.

Gröschner, Alexander/Hascher, Tina (2019): Praxisphasen in der Lehrerinnen- und Lehrerbildung. In: Harring, Marius/Rohlfs, Carsten/Gläser-Zikuda, Michaela (Hrsg.): Handbuch Schulpädagogik (Bd. 8698). Münster: Waxmann, S. 652–664.

Grunert, Cathleen (1999): Vom Pionier zum Diplom-Pädagogen. Lebensgeschichten und Berufsperspektiven von ostdeutschen Studierenden im Diplomstudiengang Erziehungswissenschaft. Opladen: Leske und Budrich.

Grunwald, Klaus/Thiersch, Hans (2004) (Hrsg.): Praxis Lebensweltorientierter Sozialer Arbeit. Weinheim: Juventa.

Grunwald, Klaus/Thiersch, Hans (2016): Lebensweltorientierung. In: Grunwald, Klaus/Thiersch, Hans (Hrsg.): Praxishandbuch Lebensweltorientierte Soziale Arbeit. Handlungszusammenhänge und Methoden in unterschiedlichen Arbeitsfeldern, 3. Auflage. Weinheim: Juventa, S. 24–64.

Grunwald, Klaus/Thiersch, Hans (2016): Praxishandbuch Lebensweltorientierte Soziale Arbeit. Handlungszugänge und Methoden in unterschiedlichen Arbeitsfeldern, 3. Auflage. Weinheim: Beltz Juventa.

Gspurning, Waltraud/Mayr, Andrea/Heimgartner, Arno (2021): Machtverhältnisse in der partizipativen Forschungswerkstätte. Power Relations in Participatory Research Workshops. In: Österreichisches Jahrbuch für Soziale Arbeit. Weinheim: Beltz Juventa, 3: S. 272–291.

Gugitscher, Karin (2019): „Mehr als Bestätigen" – Anerkennungstheoretische Perspektiven auf professionelle Praktiken der Validierung non-formal und informell erworbener Kompetenzen in der Erwachsenenbildung/Weiterbildung. (Abruf: 30.05.2021) https://unipub.uni-graz.at/obvugrhs/download/pdf/4708811?originalFilename=true.

Hagemann-White, Carol (1993): Die Konstrukteure auf frischer Tat ertappen? Methodologische Konsequenzen einer theoretischen Einsicht. In: Feministische Studien. Berlin: De Gruyter, 11(2): 68–78.

Hagemann-White, Carol (2011): Zweigeschlechtlichkeit. In: Ehlert, Gudrun/Funk, Heide/Stecklina, Gerd (Hrsg.): Wörterbuch Soziale Arbeit und Geschlecht. Weinheim: Juventa, S. 444–446.

Hall, Stuart (2004): Ideologie-Identität-Repräsentation. Ausgewählte Schriften 4. Hamburg: Argument.

Hanses, Andreas (2012): Forschende Praxis als Professionalisierung. Herstellung von Reflexivität durch forschendes Lernen im Studium Sozialer Arbeit. In: Becker-Lenz, Roland/Busse, Stefan/Ehlert, Gudrun/Müller-Hermann, Silke (Hrsg.): Professionalität Sozialer Arbeit und Hochschule. Wissen, Kompetenz, Habitus und Identität im Studium Sozialer Arbeit. Wiesbaden: Springer VS, S. 187–200.

Haraway, Donna (1995): Situiertes Wissen. In: Haraway, Donna (Hrsg.): Die Neuerfindung der Natur. Primaten, Cyborgs und Frauen. Frankfurt a. M.: Campus, S. 73–97.

Hark, Sabine (2008): Zwischen Aktivismus und Akademie. Die Zeiten feministischen Wissens. In: Casale, Rita/Rendtorff, Barbara (Hrsg.): Was kommt nach der Genderforschung? Zur Zukunft der feministischen Theoriebildung. Reihe Gender Studies. Bielefeld: Transcript, S. 215–231.

Hark, Sabine/Villa Paula-Irene (Hrsg.) (2015): Anti-Genderismus. Sexualität und Geschlecht als Schauplätze aktueller politischer Auseinandersetzungen. Bielefeld: transcript.

Harlow, Elisabeth (2003): New Managerialism, Social Services Departments and Social Work Practice Today. In: Practice – Social Work in Action. London: Taylor & Francis, 15: S. 29–44.

Harmsen, Thomas (2004): Die Konstruktion professioneller Identität in der Sozialen Arbeit. Theoretische Grundlagen und empirische Befunde. Heidelberg: Carl-Auer.

Harmsen, Thomas (2012): Professionalisierungsorte im Bachelor-Studiengang Soziale Arbeit. In: Becker-Lenz, Roland et al. (Hrsg.): Professionalität Sozialer Arbeit und Hochschule. Wissen, Kompetenz, Habitus und Identität im Studium Sozialer Arbeit. Wiesbaden: Springer VS, S. 129–144.

Harmsen, Thomas (2014): Professionelle Identität im Bachelorstudium Soziale Arbeit. Konstruktionsprinzipien, Aneignungsformen und hochschuldidaktische Herausforderungen. Wiesbaden: Springer VS.

Harmsen, Thomas (2020): Die Bedeutung von praxisintegrierenden Professionalisierungsprozessen im Studienverlauf. In: Debiel, Stefanie/Lamp, Fabian/Escher, Kristin/Spindler, Claudia (Hrsg.): Fachdidaktik Soziale Arbeit. Fachwissenschaftliche und lehrpraktische Zugänge. Opladen: Barbara Budrich, S. 196–209.

Harmsen, Thomas (2020b): Das integrierte Projektstudium. In: Debiel, Stefanie/Lamp, Fabian/Escher, Kristin/Spindler, Claudia (Hrsg.): Fachdidaktik Soziale Arbeit. Fachwissenschaftliche und lehrpraktische Zugänge. Opladen: Barbara Budrich, S. 247–262.

Harrer-Amersdorffer, Jutta/Auner, Carolin (2022): Dimensionen von Professionalität. Zur Systematisierung neuer Ansatzpunkte in der komplexen Diskussion der Weiterentwicklung Sozialer Arbeit. In: Soziale Arbeit. Zeitschrift für soziale und sozialverwandte Gebiete. Baden-Baden: Nomos, 71(10), S. 362–369.

Hartmann, Jutta (2014): Queere Professionalität als Haltung des Infragestellens und Dynamisierens. Zur Dekonstruktion geschlechtlicher und sexueller Identität in der Sozialen Arbeit. In: Sozialmagazin. Die Zeitschrift für Soziale Arbeit: Queerfeldein durch die Soziale Arbeit. Weinheim: Beltz Juventa, 3/4: S. 22–29.

Hartmann, Jutta (2019): Heteronormativitätskritische Jugendbildung – Pädagogische Professionalisierung zum Themenfeld ‚geschlechtliche und sexuelle Vielfalt'. In: Böhm, Maike/Timmermanns, Stefan (Hrsg.): Interdisziplinäre Perspektiven auf sexuelle und geschlechtliche Vielfalt. Weinheim: Beltz Juventa, S. 136–153.

Hartmann, Jutta (2020): Professionalisierung und Professionalität genderreflexiv begreifen – Pädagogische Zugänge einer vergeschlechtlichten Profession Sozialer Arbeit aus machtkritischer Perspektive. In: Cornel, Heinz/Gahleitner, Silke/Voelter, Bettina/Voss, Stephan (Hrsg.): Professionsverständnisse der Sozialen Arbeit. Weinheim: Beltz Juventa, S. 80–90.

Hascher, Tina (2012): Forschung zur Bedeutung von Schul- und Unterrichtspraktika in der Lehrerinnen- und Lehrerbildung. In: Beiträge zur Lehrerbildung. Zürich: SGL, 30(1), S. 87–98.

Heimann, Regina (2016): Habitusanalyse als Diagnoseinstrument in Supervision und Beratung. (Abruf: 30.05.2021) https://www.regina-heimann.de/images/downloads/downloadHabitusanalyseSupervision.pdf.

Heiner, Maya (2004): Professionalität in der Sozialen Arbeit. Theoretische Modelle, Konzepte und empirische Perspektiven. Stuttgart: Kohlhammer.

Helsper, Werner (2001): Praxis und Reflexion. Die Notwendigkeit einer „doppelten Professionalisierung" des Lehrers. In: Journal für LehrerInnenbildung. Bad Heilbrunn: Klinkhardt, 1(3): S. 7–15.

Helsper, Werner (2016): Antinomien und Paradoxien im professionellen Handeln. In: Dick, Michael/Marotzki, Winfried/Mieg, Harald (Hrsg.): Handbuch Professionsentwicklung. Bad Heilbrunn: Klinkhardt, S. 50–61.

Henn, Sarah (2017): Gelebte Reflexivität? Praxeologische Rekonstruktion einer Fallbesprechung im Team. In: Bilgi, Oktay/Frühauf, Marie/Schulze, Kathrin (Hrsg.): Widersprüche gesellschaftlicher Integration: Zur Transformation Sozialer Arbeit. Wiesbaden: Springer VS, S. 207–224.

Henn, Sarah (2018): Verständigungsprozesse in sozialpädagogischen Teamgesprächen. Fragen an die Konzeption von Kollektivität, Organisation und Bewältigung im Kontext der Dokumentarischen Methode. In: Peter Cloos, Peter/Fabel-Lamla, Melanie/Lochner, Barbara/Kunze, Katharina (Hrsg.): Pädagogische Teamgespräche. Methodische und theoretische Perspektiven eines neuen Forschungsfeldes. Weinheim: Belz Juventa, S. 74–92.

Henrich, Kathrin/Hof, Christiane (2022): Zwischen Selbstfindung und Alltagsbewältigung. Studium als biografischer Übergang des „ErwachsenWerdens". In: Bauer, Petra/Becker, Birgit/Friebertshäuser, Barbara/Hof, Christiane (Hrsg.): Diskurse – Institutionen – Individuen. Neue Perspektiven in der Übergangsforschung. Opladen: Barbara Budrich, S. 143–161.

Henschel, Angelika (2019): Frauenhauskinder und ihr Weg ins Leben. Das Frauenhaus als entwicklungsunterstützende Sozialisationsinstanz. Opladen: Barbara Budrich.

Hessler, Gudrun/Oechsle, Mechtild/Scharlau, Ingrid (Hrsg.) (2013): Studium und Beruf. Studienstrategien – Praxiskonzepte – Professionsverständnis. Bielefeld: Transcript.

Hillebrandt, Frank (1999): Die Habitus-Feld-Theorie als Beitrag zur Mikro-Makro-Problematik in der Soziologie – aus der Sicht des Feldbegriffs. Working Papers zur Modellierung sozialer Organisationsformen in der Sozionik. Hamburg: Technische Universität Hamburg-Harburg.

Hirschauer, Stefan (1996): Wie sind Männer? Wie sind Frauen? Zweigeschlechtlichkeit als Wissenssystem. In: Eifert, Christiane/Epple Angelika/Kessel, Martina (Hrsg.): Was sind Frauen? Was sind Männer? Geschlechterkonstruktionen im historischen Wandel. Frankfurt a. M.: Suhrkamp, S. 240–256.

Hirschauer, Stefan (2004): Social Studies of Sexual Difference. Geschlechterdifferenzierung in wissenschaftlichem Wissen. In: Steffen, Therese/Rosenthal Caroline/Väth Anke (Hrsg.): Gender Studies: Wissenschaftstheorien und Gesellschaftskritik. Würzburg: Königshausen u. Neumann, S. 19–43.

Hochuli Freund, Ursula/Stotz, Walter (2014): Kooperative Prozessgestaltung in der Praxisausbildung. Begleitung von Studierenden beim Kompetenzerwerb. In: Roth, Claudia/Merten, Ueli (Hrsg.): Praxisausbildung konkret. Opladen: Barbara Budrich, S. 151–173.

Hoffarth, Britta/Klinger, Birte/Plößer, Melanie (2013): Reizende Ereignisse. Irritation als Beunruhigung und als Verschiebung von Ordnungen. In: Mecheril, Paul/Arens, Susanne/Fegter, Susann/Hoffarth, Britta/Klingler, Birte/Machold, Claudia/Menz, Margarete/Plößer, Melanie/Rose, Nadine (Hrsg.): Differenz unter Bedingungen von Differenz. Wiesbaden: Springer VS, S. 51–70.

Hoffmann, Nicole (2018): Dokumentenanalyse in der Bildungs- und Sozialforschung – Überblick und Einführung. Weinheim: Juventa.

Hollstein, Betina (2007): Sozialkapital und Statuspassagen. Die Rolle von institutionellen Gatekeepern bei der Aktivierung von Netzwerkressourcen. In: Lüdicke, Jörg/Diewald, Martin (Hrsg.): Soziale Netzwerke und soziale Ungleichheit. Wiesbaden: VS-Verlag, S. 53–83.

Hollstein, Lea/Kunz, Regula (Hrsg.) (2019): Kasuistik in der Sozialen Arbeit. An Fällen lernen in Praxis und Hochschule. Opladen: Barbara Budrich, S. 181–196.

Honneth, Axel (1992): Kampf um Anerkennung. Zur moralischen Grammatik sozialer Konflikte, Frankfurt a. M.: Suhrkamp.

Honneth, Axel (1994): Kampf um Anerkennung. Zur moralischen Grammatik sozialer Konflikte, Frankfurt a. M.: Suhrkamp.

Hontschik, Anna/Sabla, Kim-Patrick (2018): Der Feldzugang als Möglichkeit und Herausforderung. In: Soziale Passagen. Wiesbaden: Springer VS, 2: S. 327–331.

HRK – Hochschulrektorenkonferenz (2012): Fachgutachten zur Kompetenzorientierung in Studium und Lehre. HRK-Fachgutachten ausgearbeitet für die HRK von Niclas Schaper unter Mitwirkung von Oliver Reis und Johannes Wildt sowie Eva Horvath und Elena Bender. Projekt nexus. (Abruf: 29.10.2022) https://www.hrk-nexus.de/fileadmin/redaktion/hrk-nexus/07-Downloads/07-02-Publikationen/fachgutachten_kompetenzorientierung.pdf.

Huber, Ludwig (1991): Sozialisation in der Hochschule. In: Hurrelmann, Klaus/Ulich, Dieter (Hrsg.): Neues Handbuch der Sozialisationsforschung. Weinheim: Beltz, S. 417–441.

Huber, Ludwig (2011): Fachkulturen und Hochschuldidaktik. In: Weil, Markus/Schiefner, Mandy/Eugster, Balthasar/Futter, Kathrin (Hrsg.): Aktionsfelder der Hochschuldidaktik: Von der Weiterbildung zum Diskurs. Münster: Waxman, S. 237–250.

IFSW Delegates Meeting Montreal (2014): Global Definition of Social Work. (Abruf: 20.02.2021) https://www.ifsw.org/what-is-social-work/global-definition-of-social-work.

Jähne, Miriam F./Gröschner, Alexander (2021): Kohärenz durch Reflexion? Eine qualitative Analyse zur Bewältigung wahrgenommener Inkohärenzen im Praxissemester. In: Reintjes, Christian/Idel, Till-Sebastian/Bellenberg, Gabriele/Thönes, Kathi V. (Hrsg.): Schulpraktische Studien und Professionalisierung. Kohärenzambitionen und alternative Zugänge zum Lehrberuf. Münster: Waxmann, S. 19–36.

Jansen, Till/Vogd, Werner (2017): Reflexivität in der Dokumentarischen Methode – metatheoretische Herausforderungen durch die Organisationsforschung. In: Amling, Steffen/Vogd, Werner (Hrsg.): Dokumentarische Organisationsforschung. Perspektiven der praxeologischen Wissenssoziologie. Opladen: Leske & Budrich, S. 260–278.

Jepperson, Ronald L. (1991): Institutional Effects, and Institutionalism. In: Powell, Walter W./DiMaggio, Paul J. (Hrsg.): The new institutionalism in organizational analysis. Chicago: The University of Chicago Press, S. 143–164.

JFMK – Jugend- und Familienministerkonferenz (2008): Beschluss der Sitzung am 29./30.05.2008 in Berlin – Staatliche Anerkennung von Ausbildungsabschlüssen im sozialen Bereich im Kontext der Hochschul- und Studienreform. (Abruf: 20.01.2021) https://www.dbsh.de/media/dbsh-www/downloads/Beschluss_Staatl_Anerkennung_2008.pdf.

Kajetzke, Laura (2008): Wissen im Diskurs. Ein Theorienvergleich von Bourdieu und Foucault. Wiesbaden: VS-Verlag.

Kaschuba, Gerrit (2001): „… und dann kann Gender laufen?" Geschlechterverhältnisse in der Weiterbildung: Entwicklung von Qualitätskriterien für Prozesse geschlechtergerechter Bildungsarbeit. Tübingen: Tübinger Institut für frauenpolitische Sozialforschung e.V.

Kaschuba, Gerrit/Hösl-Kulike, Cornelia (2014): Gender-Kompetenz in Koproduktion. In: GENDER, Zeitschrift für Geschlecht, Kultur und Gesellschaft. Leverkusen: Barbara Budrich, 6.(1): S. 9–26.

Kasten, Anna/von Bose, Käthe/Kalender, Ute (Hrsg.) (2022): Feminismen in der Sozialen Arbeit. Debatten, Dis/Kontinuitäten, Interventionen. Weinheim: Beltz Juventa.

Keller, Samuel/Scheffler, Franziska/Muñoz, Ashley (2021): Bildungsprozesse in der Übergangsgestaltung vom Studium in die Praxis ermöglichen. In: Forum Erziehungshilfen. Weinheim: Beltz Juventa, 27(4), S. 204–207.

Kerst, Christian/Wolter, Andrä (2020): Studienabschlüsse, Übergänge und beruflicher Verbleib der Absolventinnen und Absolventen. In: Abs, Hermann Josef/Kuper, Harm/Martini, Renate (Hrsg.): Datenreport Erziehungswissenschaft 2020. Erstellt im Auftrag der Deutschen Gesellschaft für Erziehungswissenschaft (DGfE). Opladen: Barbara Budrich, S. 79–113.

Kessl, Fabian/Maurer, Susanne (2009): Die ‚Sicherheit' der Oppositionsposition aufgeben. Kritische Soziale Arbeit als ‚Grenzbearbeitung'. In: Kurswechsel, Zeitschrift des Beirats für gesellschafts-, wirtschafts- und umweltpolitische Alternativen. Wien: BEIGEWUM, 24(3), S. 91–100.

Kessl, Fabian/Maurer, Susanne (2010): Praktiken der Differenzierung als Praktiken der Grenzbearbeitung. Überlegungen zur Bestimmung Sozialer Arbeit als Grenz-bearbeiterin. In: Kessl, F./Plößner, M. (Hrsg.): Differenzierung, Normalisierung, Andersheit: Soziale Arbeit als Arbeit mit den Anderen. Wiesbaden: VS-Verlag, S. 154–169.

Kittl-Satran, Helga/Reicher, Hannelore (2018): Vom Elfenbeinturm zum Streetwork: Lernerfahrungen im Praktikum aus Sicht der Studierenden der Sozialpädagogik. In: Blumenthal, Sara/Lauermann, Karin/Sting, Stephan (Hrsg.): Soziale Arbeit und soziale Frage(n). Opladen: Barbara Budrich, S. 113–125.

Klatetzki, Thomas (2006): Der Stellenwert des Begriffs „Kognition“ im Neo-Institutionalismus. In: Senge, K./Hellmann, K.-U. (Hrsg.): Einführung in den Neo-Institutionalismus. Mit einem Beitrag von W. Richard Scott. Organisation und Gesellschaft. Wiesbaden: VS Verlag, S. 48–61.

Kleemann, Frank/Krähnke, Uwe/Matuschek, Ingo (2013): Interpretative Sozialforschung. Eine Einführung in die Praxis des Interpretierens. Wiesbaden: Springer VS.

Klinger, Sabine (2014): (De-)Thematisierung von Geschlecht. Rekonstruktionen bei Studierenden der Erziehungs- und Bildungswissenschaften. Opladen: Barbara Budrich.

Klomann, Verena/Breuer-Nyhsen, Julia (2019): Fachkräftebedarf und Hochschulausbildung – Eine kritische Diskussion von Interessenslagen und Entwicklungsperspektiven. In: Jugendhilfereport, 1(19): S. 11–17.

KMK – Kultusministerkonferenz (2017): Musterrechtsverordnung gemäß Artikel 4, Absätze 1–4 Staatsakkreditierungsvertrag. (Abruf: 04.01.2021) https://www.kmk.org/fileadmin/Dateien/veroeffentlichungen_beschluesse/2017/2017_12_07-Musterrechtsverordnung.pdf.

Koller, Hans-Christoph (2012): Bildung anders denken. Einführung in die Theorie transformatorischer Bildungsprozesse. Stuttgart: Kohlhammer.

Kösel, Stephan (2014): Theorie-Praxis-Figuren in der Praxisausbildung. In: Roth, Claudia/Merten, Ueli (Hrsg.): Praxisausbildung konkret. Opladen: Barbara Budrich, S. 247–274.

Kösel, Stephan (2017): Practical Learning. Was können Praxisphasen für die Professionalisierung leisten? Eröffnungsvortrag der 1. Internationalen Tagung der Bundesarbeitsgemeinschaft der Praxisreferate Sozialer Arbeit (BAG Prax), 20. Mai 2017, TH Köln. (Abruf: 08.04.2023) https://irf.fhnw.ch/handle/11654/24998.

Kösel, Stephan (2019): Kasuistische Methoden für Praxisausbildende in der Begleitung von Studierenden in Praxisorganisationen während ihrer Praxisphasen. In: Hollenstein, Lea/Kunz, (Hrsg.): Kasuistik in der Sozialen Arbeit: An Fällen lernen in Praxis und Hochschule. Opladen: Barbara Budrich, S. 286–304.

Kösel, Stephan/Hering, Sabine/Unger, Tim (2022b): Theorie-Praxis-Figuren in der qualitativen Methodenausbildung – Bedürfnisse, Versprechungen, Irrlichter und Reflexionsimpulse. In: Kondratjuk, Maria/Dörner, Olaf/Tiefel, Sandra/Ohlbrecht, Heike (Hrsg.): Qualitative Forschung auf dem Prüfstand: Beiträge zur Professionalisierung qualitativ-empirischer Forschung in den Sozial- und Bildungswissenschaften. Opladen: Barbara Budrich, S. 303–324.

Kösel, Stephan/Goldoni, Marc (2014): Praxisausbildung als anspruchsvolle Lernortkooperation. Von der Transfer- zur Relationierungskompetenz. In: Sozial Aktuell. Bern: AvenirSozial, 11: S. 22–23.

Kösel, Stephan/Goldoni, Marc (2015): Concepts and strategies of field instructors and students. To facilitate connectivity between learning arrangements in Schools of Sozial Work and field agencies. EASSW-Congress 2015: Social Work Education in Europe: towards 2025. Milano. 2015. (Abruf: 08.04.2023) https://irf.fhnw.ch/handle/11654/24999.

Kösel, Stephan/Schreiber, Kathrin (2019): Explorative Evaluation von Kasuistik-Modulen und von deren Potenzialen zur Theorie-Praxis-Relationierung. In: Hollstein, Lea/Kunz, Regula (Hrsg.): Kasuistik in der Sozialen Arbeit. An Fällen lernen in Praxis und Hochschule. Opladen: Barbara Budrich, S. 181–196.

Kösel, Stephan/Unger, Tim/Hering, Sabine/Haupt, Selma (2022): Mythos Reflexion. In: Kösel, Stephan/Unger, Tim/Hering, Sabine/Haupt, Selma (Hrsg.): Mythos Reflexion. Zur pädagogischen Verhandlung von Reflexion zwischen Notwendigkeit und Unsicherheit. Leverkusen: Barbara Budrich, S. 7–32.

Köttig, Michaela/Kubisch, Sonja/Spatscheck, Christian (Hrsg.) (2023): Geteiltes Wissen – Wissensentwicklung in Disziplin und Profession Sozialer Arbeit. Opladen: Barbara Budrich.

Krais, Beate/Gebauer, Gunter (2002): Habitus. Bielefeld: transcript.

Kraler, Christian (2008): Professionalisierung in der Berufseingangsphase – Berufsbiografie und Kompetenzentwicklung. In: SchulVerwaltung Spezial. Hürth: Wolters Kluwer, 1: S. 4–7.

Krämer, Judith (2015): Lernen über Geschlecht. Genderkompetenz zwischen (Queer-)Feminismus, Intersektionalität und Retraditionalisierung. Bielefeld: transcript.

Kramer, Rolf-Torsten (2011): Abschied von Bourdieu? Perspektiven ungleichheitsbezogener Bildungsforschung. Wiesbaden: VS-Verlag.

Kriener, Martina (2017): „Fachöffentlichkeit und Berufspraxis messen der staatlichen Anerkennung weiterhin hohe Bedeutung bei": Gespräch mit Martina Kriener (Bundesarbeitsgemeinschaft der Praxisreferate an Hochschulen für Soziale Arbeit) zum Thema „Herstellung von Fachlichkeit". In: Sozial Extra. Zeitschrift für Soziale Arbeit. Wiesbaden: Springer VS, 41(6): S. 51–52.

Kriener, Martina/Gabler, Heinz (2021): Die staatliche Anerkennung von Sozialarbeiter*innen/Sozialpädagog*innen als Gütesiegel?! In: Kriener, Martina/Roth, Alexandra/Burkard, Sonja/Gabler, Heinz (Hrsg.): Praxisphasen im Studium Soziale Arbeit. Weinheim: Beltz Juventa, S. 69–91.

Kriener, Martina/Roth, Alexandra/Burkard, Sonja/Gabler, Heinz (2021) (Hrsg.): Praxisphasen im Studium Soziale Arbeit. Weinheim: Beltz Juventa.

Krüger, Heinz-Hermann/Rauschenbach, Thomas/u.a. (2003): Diplom-Pädagogen in Deutschland. Survey 2001. Weinheim: Juventa.

Kruse, Elke (2008): Das Studium der Sozialen Arbeit. Zwischen Tradition und Innovation. In: Sozial Extra. Wiesbaden: Springer VS, 32: S. 39–43.

Kruse, Elke (2012): Studium und Praxis Sozialer Arbeit. Zwei Seiten einer Medaille? In: Soziale Arbeit. Berlin: DZI, 61(9/10): S. 338–346.

Kruse, Elke (2017): Aus- und Weiterbildung in der Sozialen Arbeit. In: Kessl, Fabian/Kruse, Elke/Stövesand, Sabine/Thole, Werner (Hrsg.): Soziale Arbeit – Kernthemen und Problemfelder. Opladen: Barbara Budrich, S. 182–193.

Kubisch, Sonja (2008): Habituelle Konstruktion sozialer Differenz: Eine rekonstruktive Studie am Beispiel von Organisationen der freien Wohlfahrtspflege. Wiesbaden: VS-Verlag.

Kubisch, Sonja (2018): Professionalität und Organisation in der Sozialen Arbeit. Annäherungen aus praxeologischer Perspektive. In: Bohnsack, Ralf/Kubisch, Sonja/Streblow-Poser, Claudia (Hrsg.): Soziale Arbeit und Dokumentarische Methode. Methodologische Aspekte und empirische Erkenntnisse. Opladen: Barbara Budrich, S. 171–196.

Kubisch, Sonja (2020): Differenz(re)konstruktionen – Dokumentarische Evaluationsforschung in der Sozialen Arbeit. In: Bohnsack, Ralf/Nentwig-Gesemann, Iris (Hrsg.): Dokumentarische Evaluationsforschung. Theoretische Grundlagen und Beispiele aus der Praxis. 2. durchgesehene Auflage. Opladen: Barbara Budrich, S. 257–271.

Kubisch, Sonja/Franz, Julia (2022): Professionalisierung in der Sozialen Arbeit aus der Perspektive der Praxeologischen Wissenssoziologie. In: Bohnsack, Ralf/Bonnet, Andreas/Hericks, Uwe (Hrsg.): Praxeologisch-wissenssoziologische Professionsforschung. Perspektiven aus Früh- und Schulpädagogik, Fachdidaktik und Sozialer Arbeit. Bad Heilbrunn: Klinkhardt, S. 413–442.

Kubisch, Sonja/Lamprecht, Juliane (2013): Rekonstruktive Responsivität – Zum Begriff des Wissens in der dokumentarischen Evaluationsforschung. In: Loos, Peter/Nohl, Arnd-Michael/Przyborski, Aglaja/Schäffer, Burkhard (Hrsg.): Dokumentarische Methode. Grundlagen – Entwicklungen – Anwendungen. Opladen: Barbara Budrich, 301–319.

Kubisch, Sonja/Störkle, Mario (2016): Erfahrungswissen in der Zivilgesellschaft. Eine rekonstruktive Studie zum nachberuflichen Engagement. Wiesbaden: Springer VS.

Kunstreich, Timm (2017): Zurück zum Berufspraktikum mit staatlicher Anerkennung? In: FORUM für Kinder und Jugendarbeit. Hamburg: Verband für Kinder- und Jugendarbeit e.V., 4: S. 22–23.

Kunz, Regula (2015): Wissen und Handeln in Schlüsselsituationen der Sozialen Arbeit. Empirische und theoretische Grundlegung eines neuen kasuistischen Ansatzes. (Abruf: 04.04.2021) https://www.regulakunz.ch/pdfs/Kunz_Diss_Publikation_20150812.pdf.

Lamnek, Siegfried (2005): Qualitative Sozialforschung. Weinheim: Belz.

Lamnek, Siegfried/Krell, Claudia (2016): Qualitative Sozialforschung. 6. Auflage. Weinheim: Belz.

Lange-Vester, Andrea/Teiwes-Kügler, Christel/Bremer, Helmut (2019): Habitus von Lehrpersonen aus milieuspezifischer Perspektive. In: Kramer, Rolf-Torsten/Pallesen, Hilke (Hrsg.): Lehrerhabitus. Theoretische und empirische Beiträge zu einer Praxeologie des Lehrerberufs, Bad Heilbrunn: Klinkhardt, S. 27–48.

Langsdorff, Nicole von (Hrsg.) (2014): Jugendhilfe und Intersektionalität. Opladen: Barbara Budrich.

Lau, Christoph/Beck, Ulrich (1989): Definitionsmacht und Grenzen angewandter Sozialwissenschaft. Eine Untersuchung am Beispiel der Bildungs- und Arbeitsmarktforschung. Opladen: Westdeutscher Verlag.

Lebsa, Kathleen/Evans, Alison (2019): Von ‚Halbgöttern in Weiß' und anderen diensthabenden Geistern. In: Richter, Sophia/Friebertshäuser, Barbara (Hrsg.): Studieren – Forschen – Praxis. Erziehungs-wissenschaftliche Erkundungen im Feld universitären Lebens. Frankfurt a. M.: Goethe-Universität, FB04, S. 115–133.

LeCroy, Craig W./Ashford, Jose B. (1993): A Framework for Analyzing Knowledge Utilization in Social Work Practice. In: Journal of Sociology and Social Welfare. Kalamazoo: Western Michigan University, 10: S. 3–17.

Leinenbach, Michael (2018): „Lernort Praxis" in den Fokus nehmen. In: Forum Sozial. Berlin: DBSH, 1/2: S. 39–46.

Lenz, Gaby (2003): Genderperspektiven – eine Notwendigkeit in der Sozialen Arbeit. In: Beinzger, Dagmar/Diehm, Isabell (Hrsg.): Frühe Kindheit und Geschlechterverhältnisse: Konjunkturen in der Sozialpädagogik. Frankfurt a. M.: Johann Wolfgang Goethe-Universität, S. 53–70.

Lenzen, Dieter (2014): Bildung statt Bologna! Berlin: Ullstein.

Leonhard, Tobias/Lüthi, Katharina/Betschart, Benjamin/Bühler, Thomas (2019): Bewährung im ‚Normengewitter'. Zur Adressierung Studierender im Praktikumsbesuch. In: Zeitschrift für interpretative Schul- und Unterrichtsforschung. Opladen: Barbara Budrich, 8: S. 95–111.

Leonhard, Tobias/Fraefel, Urban/Jünger, Sebastian/Košinár, Julia/Reintjes, Christian/Richiger, Beat (2016): Zwischen Wissenschafts- und Berufspraxis. Berufspraktische Studien als dritter Raum der Professionalisierung von Lehrpersonen. In: Zeitschrift für Hochschulentwicklung. Graz: fnma, 11(1): S. 79–98.

Leonhard, Tobias (2016b): Fachlichkeit in zwei Praxen zur Geltung bringen. Beiträge der Berufspraktischen Studien zur fachlichen Professionalisierung von Lehrpersonen des Zyklus 1. In: Bachmann, Sara/Bertschy, Franziska/Künzli, David Christine/Leonhard, Tobias/Peyer, Ruth (Hrsg.): Die Bildung der Generalistinnen und Generalisten. Perspektiven auf Fachlichkeit im Studium zur Lehrperson für Kindergarten und Primarschule. Festschrift für Frau Prof. Dr. Charlotte Müller. Bad Heilbrunn: Klinkhardt, S. 194–209.

Lessenich, Stephan (2008): Die Neuerfindung des Sozialen. Der Sozialstaat im flexiblen Kapitalismus. Bielefeld: Transcript.

Liebau, Eckard (1987): Gesellschaftliches Subjekt und Erziehung. Zur pädagogischen Bedeutung der Sozialisationstheorien von Pierre Bourdieu und Ulrich Oevermann. Weinheim: Juventa.

Liebig, Brigitte/Nentwig-Gesemann, Iris (2009): Gruppendiskussion. In: Kühl, Stefan/Strodtholz, Petra/Taffertshofer, Andreas (Hrsg.): Handbuch Methoden der Organisationsforschung. Quantitative und qualitative Methoden. Wiesbaden: VS-Verlag, S. 102–123.

Lippuner, Roland (2011): Theorie und Praxis einer Theorie der Praxis. Bourdieus praxeologischer Ansatz als Grundlage einer reflexiven Humangeographie. (Abruf: 09.12.2016) http://www.geographie.uni-jena.de/geogrmedia/Roland+Lippuner/Theorie_und_Praxis.pdf.

Loch, Ulrike/Schulze, Heide (2002): Biografische Fallrekonstruktionen im handlungstheoretischen Kontext der Sozialen Arbeit. In: Thole, Werner (Hrsg.): Grundriss Soziale Arbeit. Ein einführendes Handbuch. Opladen: Leske & Budrich, S. 559–576.

Lochner, Barbara/Henn, Sarah/Meiner-Teubner, Christiane (2019): Fachliche Anforderungen in der Sozialen Arbeit und die organisationalen Bedingungen ihrer Bewältigung. In: Blätter der Wohlfahrtspflege. Baden-Baden: NOMOS, 166(3): S. 86–90.

Löffler, Eva Maria (2020): „Das ist wie 'ne Waage". Wissen und Haltung in sozialen Dienstleistungsberufen. In: Die Hochschule, Journal für Wissenschaft und Bildung. Wittenberg: Institut für Hochschulforschung Wittenberg e.V., 29: S. 85–97.

Loge, Lena (2021): Von Bauingenieurinnen und Sozialarbeitern. Studien(fach)wahlen im Kontext von sozialem Milieu und Geschlecht. Wiesbaden: Springer VS.

Loos, Peter/Schäffer, Burkhard (2001): Das Gruppendiskussionsverfahren. Opladen: Leske und Budrich.

Lorber, Judith (1999): Gender-Paradoxien. Wiesbaden: Springer.

Lorber, Judith (2003): Gender-Paradoxien. Opladen: Leske & Budrich.

Lorenzen, Jule-Marie/Zifonun, Dariuš (2012): Das Eigengewicht der Institutionen und die Zentralität der Laien: Anmerkungen zur Feldtheorie Pierre Bourdieus. In: SWS-Rundschau. Wien: Verein für interdisziplinäre sozialwissenschaftliche Studien und Analysen, 51(1): S. 92–108.

Lorenzen, Jule-Marie/Zifonun, Dariuš (2012): Wissensdyaden. Mentoring und (De) Professionalisierung im Feld der Sozialen Arbeit. In: Soeffner, Hans-Georg (Hrsg.): Transnationale Vergesellschaftungen. Verhandlungen des 35. Kongresses der Deutschen Gesellschaf für Soziologie in Frankfurt am Main 2010. Wiesbaden: VS-Verlag.

Lotte, Rose (2014): Kinder brauchen Männer! Zur Vergeschlechtlichung von Qualitätsentwicklungsfragen in der Elementarpädagogik. In: Rose, Lotte/May, Michael (Hrsg.): Mehr Männer in die Soziale Arbeit!? Kontroversen, Konflikte und Konkurrenzen. Opladen: Barbara Budrich, S. 29–46.

Lüders, Christian (1989): Der wissenschaftlich ausgebildete Praktiker. Entstehung und Auswirkung des Theorie-Praxis-Konzeptes des Diplomstudiengangs Sozialpädagogik. Weinheim: Dt. Studien-Verlag.

Luhmann, Niklas (1984): Soziale Systeme. Grundriß einer allgemeinen Theorie. Frankfurt a. M.: Suhrkamp.
Luhmann, Niklas (1990): Die Wissenschaft der Gesellschaft. Frankfurt a. M.: Suhrkamp.
Luhmann, Niklas (1992): Die Wissenschaft der Gesellschaft. Frankfurt a. M.: Suhrkamp.
Lutz, Ronald (2013): Bologna Reform und die Praxis Sozialer Arbeit. (Abruf: 10.12.2016) https://bagprax.sw.eah-jena.de/data/tagungen/2013_erfurt/Lutz_Ronald_2013_Bologna_und_Praxis_Sozialer_Arbeit.pdf.
Lutz, Tilman (2011): Soziale Arbeit im aktivierenden Staat – Kontinuitäten, Brüche und Modernisierungen am Beispiel der Professionalisierung. In: Widersprüche. Münster: Westfälisches Dampfboot, 31(1/2): S. 173–184.
Manderscheid, Katharina (2008): Pierre Bourdieu – ein ungleichheitstheoretischer Zugang zur Sozialraumforschung. In: Kessl, Fabian/Reutlinger, Christian (Hrsg.): Schlüsselwerke der Sozialraumforschung, Wiesbaden: VS-Verlag, S. 155–171.
Mannheim, Karl (1928): Das Problem der Generationen. Kölner Vierteljahreshefte für Soziologie. München: Duncker & Humboldt, 7 (1928), S. 157–185 und (1929), S. 309–330.
Mannheim, Karl (1929): Ideologie und Utopie. Bonn: Friedrich Cohen.
Mannheim, Karl (1952): Ideologie und Utopie, Frankfurt a. M.: Schulte-Bulmke.
Mannheim, Karl: (1964): Wissenssoziologie, eingeleitet und herausgegeben von Kurt H. Wolff, Berlin: Luchterhand.
Mannheim, Karl (1964a): Beiträge zur Theorie der Weltanschauungsinterpretation. In: Mannheim, Karl (Hrsg.): Wissenssoziologie. Neuwied. [Ersterschienen: 1921–1922 in: Jahrbuch für Kunstgeschichte XV, 4] S. 91–154.
Mannheim, Karl (1980): Strukturen des Denkens. Frankfurt a. M.: Suhrkamp.
Männle, Iris (2013): Professioneller durch Praktika. Individuelle Professionalisierung in erziehungswissenschaftlichen Studiengängen. Baden-Baden: Tectum.
Männle, Iris (2018): Individuelle Professionalisierung durch Praktika. In: Feld, Timm C./ Lauber-Pohle, S. (Hrsg.): Organisation und Profession. Felder erwachsenenpädagogischer Forschung. Festschrift für Wolfgang Seitter. Wiesbaden: Springer VS, S. 197–215.
Markert, Thomas (2020): Hybrides Begleitseminar des (Auslands-)Praxissemesters. In: Debiel, Stefanie/Escher, Kristin/Lamp, Fabian/Spindler, Claudia (2020): Soziale Arbeit in der Lehre – Ein (hochschul-)didaktisches Wechselspiel theoriebezogener und praxisintegrierender Professionalisierungsprozesse. In: Debiel, Stefanie/Lamp, Fabian/ Escher, Kristin/Spindler, Claudia (Hrsg.): Fachdidaktik Soziale Arbeit. Fachwissenschaftliche und lehrpraktische Zugänge. Opladen: Barbara Budrich, S. 279–292.
Marks, Svenja/Sehmer, Julian/Hildenbrand, Bruno/Franzheld, Tobias/Thole, Werner (2018): Verwalten, Kontrollieren und Schuld zuweisen. Praktiken im Kinderschutz – empirische Befunde. Zeitschrift für Sozialpädagogik. Weinheim: Beltz Juventa, 16(4): S. 341–362.
Matthies, Annemarie/Lau, Dayana (2019): Die Gestalt ‚des Akademischen'. Zum Wandel der Praxisvorstellungen im Curriculum Sozialer Arbeit In: Die Hochschule, Journal für Wissenschaft und Bildung. Wittenberg: Institut für Hochschulforschung Wittenberg e.V., 28(2), S. 14–28.
Maurer, Susanne (2015): Gesellschaftskritisches Bewusstsein und kontaktvolle Präsenz – Soziale Arbeit als „verlässliche Kooperation"?. In: Hußmann, Marcus/Kunstreich, Tim (Hrsg.): Membership und soziale Gerechtigkeit. Der Hans-Falck-Reader. Weinheim, Basel: Beltz Verlag, S. 81–96.

Maurer, Susanne (2018a): Grenzbearbeitung. Zum analytischen, methodologischen und kritischen Potenzial einer Denkfigur. In: Bütow, Birgit/Patry, Jean-Luc/Astleitner, Hermann (Hrsg.): Grenzanalysen – Erziehungswissenschaftliche Perspektiven zu einer aktuellen Denkfigur. Weinheim: Beltz Juventa, S. 20–33.

Maurer, Susanne (2018b): Die Perspektive der „Grenzbearbeitung" im Kontext des Nachdenkens über Verhältnisse und Verhalten. In: Anhorn, Roland/Schimpf, Elke/Stehr, Johannes/Rathgeb, Kerstin/Spindler, Susanne/Keim, Rolf (Hrsg.): Politik der Verhältnisse – Politik des Verhaltens. Widersprüche der Gestaltung Sozialer Arbeit. Wiesbaden: VS-Verlag, S. 113–125.

Maus, Friedrich/Nodes, Wilfried/Röh, Dieter (2008): Schlüsselkompetenzen der Sozialen Arbeit für die Tätigkeitsfelder Sozialarbeit und Sozialpädagogik. Schwalbach am Taunus: Wochenschau.

May, Michael (2010): Aktuelle Theoriediskurse Sozialer Arbeit. Eine Einführung. Wiesbaden: Springer VS.

May, Michael/Schäfer, Arne (2018): Theorien für die Soziale Arbeit. Studienkurs Soziale Arbeit. Baden-Baden: Nomos.

McRobbie, Angela (2010): Top Girls. Feminismus und der Aufstieg des neoliberalen Geschlechterregimes. Wiesbaden: Springer VS.

Mecheril, Paul (2003): Prekäre Verhältnisse. Über natio-ethno-kulturelle (Mehrfach-)Zugehörigkeit. Münster: Waxmann.

Merten, Ueli (2014): Praxisausbildung in der Sozialen Arbeit – delegierte Verantwortung im Ausbildungsprozess. In: Roth, Claudia/Merten, Ueli (Hrsg.): Praxisausbildung konkret. Opladen: Barbara Budrich, S. 23–46.

Meuser, Michael/Nagel, Ulrike (1991): ExpertInneninterviews – vielfach erprobt, wenig bedacht. Ein Beitrag zur qualitativen Methodendiskussion. In: Garz, Detlef/Kraimer, Klaus (Hrsg.): Qualitativ-empirische Sozialforschung. Opladen: Westdeutscher Verlag, S. 441–471.

Meuser, Michael (1999): Subjektive Perspektiven, habituelle Dispositionen und konjunktive Erfahrungen. Wissenssoziologie zwischen Schütz, Bourdieu und Mannheim. In: Hitzler, Roland/Reichertz, Jo/Schröer, Norbert (Hrsg.): Hermeneutische Wissenssoziologie. Standpunkte zur Theorie der Interpretation. Konstanz: UVK, S. 121–146.

Meuser, Michael (2003): Rekonstruktive Sozialforschung. In: Bohnsack, Ralf/Marotzki, Winfried/Meuser, Michael (Hrsg.): Hauptbegriffe Qualitativer Sozialforschung. Ein Wörterbuch. Opladen: Barbara Budrich, S. 140–142.

Meuser, Michael (2006): Riskante Praktiken. Zur Aneignung von Männlichkeit in den ernsten Spielen des Wettbewerbs. In: Bilden, Helga/Dausien, Bettina (Hrsg.): Sozialisation und Geschlecht. Theoretische und methodologische Aspekte. Opladen: Barbara Budrich, S. 163–178.

Meuser, Michael (2006a): Hegemoniale Männlichkeit – Überlegungen zur Leitkategorie der Men's Studies. In: Aulenbacher, Brigitte et al. (Hrsg.): FrauenMännerGeschlechterforschung. State of the Art. Münster: Westfälisches Dampfboot, S. 160–175.

Meuser, Michael (2006b): Geschlecht und Männlichkeit. Soziologische Theorie und kulturelle Deutungsmuster. 2. überarbeitete und aktualisierte Auflage. Wiesbaden: Springer VS.

Meuser, Michael (2007): Herausforderungen. Männlichkeit im Wandel der Geschlechterverhältnisse. Köln: Rüdiger Köppe.

Meuser, Michael (2010): Geschlecht und Männlichkeit. Soziologische Theorie und kulturelle Deutungsmuster. Wiesbaden: Springer VS.

Meuser, Michael (2010b): Geschlecht, Macht, Männlichkeit – Strukturwandel von Erwerbsarbeit und hegemoniale Männlichkeit. In: Erwägen Wissen Ethik (EWE). Stuttgart: Lucius & Lucius, 21(3): S. 325–336.
Middendorf, Tim (2021): Professionalisierung im Studium der Sozialen Arbeit. Eine sozialisationstheoretische Perspektive auf Ausbildungssupervision. Weinheim: Beltz Juventa.
Middendorf, Tim/Thorausch, Frank (2021): Studienintegrierte und praxisbegleitende Supervision. In: Kriener, Martina/Roth, Alexandra/Burkard, Sonja/Gabler, Heinz (Hrsg.): Praxisphasen im Studium Soziale Arbeit. Weinheim: Beltz Juventa, S. 190–205.
Miebach, Bernd (2014): Soziologische Handlungstheorie. Eine Einführung. Wiesbaden: Springer VS.
Mies, Maria (1978): Methodische Postulate zur Frauenforschung – dargestellt am Beispiel der Gewalt gegen Frauen. In: Beiträge zur feministischen Theorie und Praxis. München: Frauenoffensive, 1(1): S. 41–63.
Miethe, Ingrid/Stehr, Johannes (2007): Modularisierung und forschendes Lernen: Erfahrungen und hochschuldidaktische Konsequenzen. In: Neue Praxis. Lahnstein: Neue Praxis, 37(3), S. 250–264.
Miller, Thomas/Roland, Regina/Vonau, Victorie/Pfeil, Patricia (2021): Professionelle Identitätsentwicklung in der Sozialen Arbeit. Perspektiven auf ein berufsbegleitendes Studium. Wiesbaden: Springer VS.
Moch, Matthias (2006): Wissen – Verstehen – Können: Kompetenzerwerb durch reflexive Praxisanleitung im Studium der Sozialen Arbeit. In: Neue Praxis. Lahnstein: Neue Praxis, 5: S. 532–544.
Moch, Matthias/Bense, Oliver/Meyer, Thomas (2014): Kompetenzen in der Sozialen Arbeit Einschätzungen von Studienabsolventen in den ersten zwei Berufsjahren. In: Blätter der Wohlfahrtspflege. Baden-Baden: Nomos, 161(2): 71–73.
Moch, Matthias/Meyer, Thomas/Bense, Oliver (Hrsg.) (2013): Berufseinstieg in die Soziale Arbeit. Ibbenbüren: Münstermann.
Müller, Burkhard (2012): Professionalität. In: Thole, Werner (Hrsg.): Grundriss Soziale Arbeit. Ein einführendes Handbuch. 4. Aufl. Wiesbaden: Springer VS, S. 955–974.
Müller, Elisabeth/Gerber, Andrea/Markwalder, Sonja: Selbstreflexion im Bachelor Studium Soziale Arbeit Eine qualitative Studie als Grundlage für ein Modell zum Verständnis von Selbstreflexion. In: Neue Praxis. Lahnstein: Neue Praxis, 4: S. 354–377.
Müller, Matthias/Scheidgen, Alf (2018): Rahmenbedingungen von Wissenspolitik(en) in der Hochschulausbildung. Trends und Gegenbewegungen. In: Stehr, Johannes/Anhorn, Roland/Rathgeb, Kerstin (Hrsg.): Konflikt als Verhältnis – Konflikt als Verhalten – Konflikt als Widerstand. Widersprüche der Gestaltung Sozialer Arbeit zwischen Alltag und Institution. Wiesbaden: Springer VS, S. 497–508.
Müller, Silke/Becker-Lenz, Roland (2008): Der professionelle Habitus und seine Bildung in der Sozialen Arbeit. In: Neue Praxis. Lahnstein: Neue Praxis, 01/08: S. 25–41.
Müller, Simone (2003): Anleitung im praktischen Studiensemester. Ein Kernstück im Studium Soziale Arbeit. Konstanz: Hartung-Gorre.
Müller-Hermann, Silke (2020): Die Unterstützung von Professionalisierung und Professionalität – Gesamtgesellschaftliche Entwicklungen der Gegenwart und Herausforderungen für die Ausbildung. In: Steckelberg, Claudia/Thiessen, Barbara (Hrsg.): Wandel der Arbeitsgesellschaft. Soziale Arbeit in Zeiten von Globalisierung, Digitalisierung und Prekarisierung. Opladen: Barbara Budrich, S. 171–185.

Müller-Hermann, Silke/Becker-Lenz, Roland (2014b): Habitusformation und Bildungschancen im Studium der Sozialen Arbeit. In: Sander, T. (Hrsg.): Habitussensibilität. Eine neue Anforderung an professionelles Handeln. Wiesbaden: Springer VS, S. 135–146.

Müller-Hermann, Silke/Becker-Lenz, Roland (2012): Krisen als Voraussetzung der Bildung von Professionalität. In: Becker-Lenz, Roland/Busse, Stefan/Ehlert, Gudrun/Müller-Hermann, Silke (Hrsg.): Professionalität Sozialer Arbeit und Hochschule. Wissen, Kompetenz, Habitus und Identität im Studium Sozialer Arbeit. Wiesbaden: Springer VS, S. 33–49.

Müller-Hermann, Silke/Becker-Lenz, Roland (2018): Professionalisierung: Studium, Ausbildung und Fachlichkeit. In: Graßhoff, Gunther/Renker, Anna/Schröer, Wolfgang (Hrsg.): Soziale Arbeit. Wiesbaden: Springer VS, S. 687–697.

Nentwig-Gesemann, Iris (2001): Die Typenbildung der dokumentarischen Methode. In: Bohnsack, Ralf/Nentwig-Gesemann, Iris/Nohl, Arnd-Michael (Hrsg.): Die dokumentarische Methode und ihre Forschungspraxis. Grundlagen qualitativer Sozialforschung. Opladen: Barbara Budrich, S. 275–302.

Neuberger, Christa/Weiß, Barbara/Schneider, Sabine (2016): Entwicklung von Professionalität – zur Bedeutung von Praktika im Studium. In: Zipperle, Mirjana/Bauer, Petra/Stauber, Barbara/Treptow, Rainer (Hrsg.): Vermitteln. Wiesbaden: Springer VS, S. 217–238.

Neuweg, Georg Hans (2014): Das Wissen der Wissensvermittler. Problemstellungen, Befunde und Perspektiven der Forschung zum Lehrerwissen. In: Terhart, Ewald/Bennewitz, Hedda/Rothland, Martin (Hrsg.): Handbuch der Forschung zum Lehrerberuf. 2. Auflage. Münster: Waxmann, S. 583–614.

Nierobisch, Kira (2010): Signifikante Unterschiede zwischen PädagogInnen und MedizinerInnen in Studium, Übergang und Berufssituation. In: Felden, Heide von/Schiener, Jürgen (Hrsg.): Transitionen – Übergänge vom Studium in den Beruf. Wiesbaden: Springer VS, S. 106–156.

Nohl, Arnd-Michael (2001): Komparative Analyse: Forschungspraxis und Methodologie dokumentarischer Methode. In: Bohnsack, Ralf/Nentwig-Gesemann, Iris/Nohl, Arnd-Michael (Hrsg.): Die dokumentarische Methode und ihre Forschungspraxis. Grundlagen qualitativer Sozialforschung. Opladen: Leske & Budrich, S. 253–275.

Nohl, Arnd-Michael (2005): Dokumentarische Interpretation narrativer Interviews. In: Bildungsforschung 2(2). (Abruf: 30.06.2021) https://bildungsforschung.org/ojs/index.php/bildungsforschung/article/view/13/11.

Nohl, Arnd-Michael (2009): Interview und dokumentarische Methode Anleitungen für die Forschungspraxis. Wiesbaden: Springer VS.

Nohl, Arnd-Michael (2012): Interview und dokumentarische Methode. Anleitungen für die Forschungspraxis. Wiesbaden: Springer VS.

Nothdurft, Werner (2007): Anerkennung. In: Straub, Jürgen/Weidemann, Arne/Weidemann, Doris (Hrsg.): Handbuch interkulturelle Kommunikation und Kompetenz. Stuttgart: Metzler, S. 110–122.

Nowotny, Helga (1975): Zur gesellschaftlichen Irrelevanz der Sozialwissenschaften. In: Stehr, Nico/König, René (Hrsg.): Wissenschaftssoziologie. Wiesbaden: Springer VS, S. 445–456.

Obolenski, Alexandra/Meyer, Hilbert (2006): Einleitung. In: Obolenski, Alexandra/Meyer, Hilbert (Hrsg.): Forschendes Lernen. Theorie und Praxis einer professionellen LehrerInnenausbildung. 2. aktualisierte Aufl. Oldenburg: BIS, S. 9–14.

Oelsen, Virginia L. (2011): Feminist Qualitative Research and Grounded Theory. Complexities, Criticisms, and Opportunities. In: Bryant, Anthony/Charmaz, Kathy (Hrsg.): Handbook of Grounded Theory. Thousand Oaks: Sage, S. 417–435.

Oestreicher, Elke (2013): Wissenstransfer als Beziehungs- und Strukturarbeit. Transferpraktiken zwischen professionellen Akteuren aus den Feldern Wissenschaft und Praxis der Sozialen Arbeit. (Abruf: 03.04.2021) https://opus.bibliothek.uni-augsburg.de/opus4/frontdoor/deliver/index/docId/2814/file/Dissertation_Elke_Oestreicher.pdf.

Oestreicher, Elke (2014): Die PaarProbleme – Wie gestaltet sich das Verhältnis zwischen Wissenschaft und Praxis am Beispiel des Transfers professionellen Wissens? In: Unterkofler, Ursula/Oestreicher, Elke (Hrsg.): Theorie-Praxis-Bezüge in professionellen Feldern. Wissensentwicklung und -verwendung als Herausforderung. Opladen: Barbara Budrich, S. 113–133.

Oestreicher, Elke (2014b): Wissenstransfer in Professionen. Grundlagen, Bedingungen und Optionen. Opladen: Barbara Budrich.

Oestreicher, Elke/Unterkofler, Ursula (2014): Einleitung: Nicht mit dir und nicht ohne dich? In: Oestreicher, Elke/Unterkofler, Ursula (Hrsg.): Theorie-Praxis-Bezüge in professionellen Feldern. Wissensentwicklung und -verwendung als Herausforderung. Opladen: Barbara Budrich, S. 7–23.

Oevermann, Ulrich (1996): Theoretische Skizze einer revidierten Theorie professionalisierten Handelns. In: Helsper, Werner/Combe, Arno (Hrsg.): Pädagogische Professionalität. Untersuchungen zum Typus pädagogischen Handelns. Frankfurt a. M.: Suhrkamp, S. 70–182.

Oevermann, Ulrich (2000): Dienstleistungen in der Sozialbürokratie aus professionalisierungstheoretischer Sicht. In: Harrach, Eva-Maria/Loer, Thomas/Schmidtke, Oliver (Hrsg.): Verwaltung des Sozialen. Formen der subjektiven Bewältigung eines Strukturkonflikts. Konstanz: UVK, S. 57–78.

Ohling, Maria (2021): Professionelles Handeln in der Sozialen Arbeit: Sicht der Praktiker_innen. In: Sozial Extra. Wiesbaden: Springer VS, 45: S. 134–138.

Ott, Marion (2012): Ethnographische Zugänge zum Forschungsfeld – Machtverhältnisse in Forschungspraktiken. In: Schimpf, Elke/Stehr, Johannes (Hrsg.): Kritisches Forschen in der sozialen Arbeit. Gegenstandsbereiche – Kontextbedingungen – Positionierungen – Perspektiven. Wiesbaden: Springer VS, S. 165–180.

Otto, Hans-Uwe (2018): Kommentar: Dual – Ende oder Wende des Studiums einer modernen Sozialen Arbeit. In: Neue Praxis. Lahnstein: Neue Praxis, 3: S. 296–299.

Pack, Margaret (2018): Evaluating the field practicum experience in social work fieldwork programs using an online survey approach: Student and supervisor responses. In: Social Work & Society. Wuppertal: OJS/PKP, 16(1). (Abruf: 19.03.2023) https://ejournals.bib.uni-wuppertal.de/index.php/sws/article/view/544/1075.

Pahl, Jörg-Peter (2018): Fachhochschule. Von der Fachschule zur Hochschule für angewandte Wissenschaften. Bielefeld: wbv. Pfadenhauer, Michaela (2003): Professionalität. Eine wissenssoziologische Rekonstruktion institutionalisierter Kompetenzdarstellungskompetenz. Opladen: Leske & Budrich.

Pfister, Andreas (2017): Praktika im Studium Soziale Arbeit: Das Verhältnis von Theorie und Praxis vor dem Hintergrund eines kritisch verstandenen Kompetenzbegriffs. In: Soziale Arbeit – Zeitschrift für soziale und sozialverwandte Gebiete. Baden-Baden: Nomos, 66(4): S. 128–133.

Pigorsch, Stephanie/Lack, Matthias (2015): Kulturelle Nischen erobern die Stadt: Implizites Handlungswissen soziokultureller Initiativen. Opladen: Barbara Budrich.

Polanyi, Michael (1966): The tacit dimension. Chicago: University of Chicago Press.

Polanyi, Michael (1985): Implizites Wissen. Frankfurt a. M.: Suhrkamp.

Polutta, Andreas (2020): Die Bedeutung von Praxis- und Theoriestudium für die Fachlichkeit Sozialer Arbeit. Herausforderungen, Kontroversen und Perspektiven. In: Sozial Extra – Zeitschrift für Soziale Arbeit. Wiesbaden: Springer VS, 5: S. 265–269.

Porschen, Stephanie (2004): Gesellschaftliche Entwicklungen und Wissensmanagement. Zur Explikation des impliziten Wissens als Trend im Wissensmanagement. München: ISF.

Porschen, Stephanie (2008): Austausch impliziten Erfahrungswissens. Neue Perspektiven für das Wissensmanagement. Wiesbaden: Springer VS.

Przyborski, Aglaja (2004): Gesprächsanalyse und dokumentarische Methode. Qualitative Auswertung von Gesprächen, Gruppendiskussionen und anderen Diskursen. Wiesbaden: Springer VS.

Przyborski, Aglaja/Wohlrab-Sahr, Monika (2009): Qualitative Sozialforschung. Ein Arbeitsbuch. München: Oldenburg.

Przyborski, Aglaja/Wohlrab-Sahr, Monika (2014): Qualitative Sozialforschung. Ein Arbeitsbuch. München: Oldenburg.

Radvan, Heike (2010): Pädagogisches Handeln und Antisemitismus. Eine empirische Studie zu Beobachtungs- und Interventionsformen in der offenen Jugendarbeit. Bad Heilbrunn: Klinkhardt.

Radvan, Heike (2018): Der rekonstruktive Blick im Handlungsfeld der Jugendarbeit. Potentiale für nonformale Bildung. In: Bohnsack, Ralf/Kubisch, Sonja/Streblow-Poser, Claudia (Hrsg.): Soziale Arbeit und Dokumentarische Methode. Methodologische Aspekte und empirische Erkenntnisse. Opladen: Barbara Budrich, S. 81–101.

Rainer, Heike (2020): Datenkonstruktionen zum Verständnis von gender in Interviews mit Fachkräften der Schulsozialarbeit – Reflexive Überlegungen. In: Rose, Lotte/Schimpf, Elke (Hrsg.): Sozialarbeitswissenschaftliche Geschlechterforschung. Methodologische Fragen Forschungsfelder und empirische Beiträge. Opladen: Barbara Budrich, S. 165–182.

Rammert, Werner (2002): Zwei Paradoxien einer Wissenspolitik: Die Verknüpfung heterogenen und die Verwertung impliziten Wissens. (TUTS – Working-Papers, 8–2002). Berlin: Technische Universität Berlin. (Abruf: 08.04.2023) https://www.ssoar.info/ssoar/handle/document/1113.

Rauschenbach, Thomas (2020): Sozialpädagogik an drei Orten. Professionelle und disziplinäre Entwicklungen in der Hochschulausbildung in der Sozialen Arbeit. In: Cloos, Peter/Lochner, Barbara/Schoneville, Holger. (Hrsg.): Soziale Arbeit als Projekt. Konturierungen von Disziplin und Profession. Wiesbaden: Springer VS, S. 145–158.

Rauschenbach, Thomas/Züchner, Ivo (2018): Berufs- und Professionalisierungsgeschichte der Sozialen Arbeit. In: Otto, Hans-Uwe/Thiersch, Hans/Treptow, Rainer/Ziegler, Holger (Hrsg.): Handbuch Soziale Arbeit. 6. Auflage. München: Ernst Reinhardt, S. 132–144.

Reckwitz, Andreas (2003): Grundelemente einer Theorie sozialer Praktiken. Eine sozialtheoretische Perspektive. In: Zeitschrift für Soziologie. Berlin: De Gruyter, 32(4): S. 282–301.

Reintjes, Christian/Idel, Till-Sebastian/Bellenberg, Gabriele/Thönes, Kathi V. (Hrsg.) (2021): Schulpraktische Studien und Professionalisierung. Kohärenzambitionen und alternative Zugänge zum Lehrberuf. Münster: Waxmann.

Reitemeier, Ulrich/Frey, Cornelia (2012): „dass man erstmal sieht, wie arbeitet man" – Das Praktikum in der Sozialen Arbeit in der Erfahrungsperspektive der AbsolventInnen. In: Sozial Extra. Zeitschrift für Soziale Arbeit. Wiesbaden: Springer VS, 36(1/2): S. 34–38.

Reitemeier, Ulrich/Frey, Cornelia (2013): „dass es eine sehr große Herausforderung sein wird für mich" Das Berufspraktikum der Sozialen Arbeit als Statuspassage. (Abruf: 16.05.2021) https://dspace.ub.uni-siegen.de/bitstream/ubsi/1164/1/Reitemeier_Frey_Das_Berufspraktikum_der_Sozialen_Arbeit.pdf.

Rendtorff, Barbara (2012): Warum Geschlecht doch etwas Besonderes ist. (Abruf: 07.06.2021) http://portal-intersektionalitaet.de/uploads/media/Rendtorff.pdf.

Resch, Christine (2014): Reflexivität als Denkmodell und Perspektive in den Sozialwissenschaften. In: Widersprüche. Münster: Westfälisches Dampfboot, 34(132): S. 75–89.

Retkowski, Alexandra/Schäuble, Barbara/Thole, Werner (2011): Diese Familie braucht mehr Druck …". Praxismuster im Allgemeinen Sozialen Dienst – Rekonstruktion der Bearbeitung eines Kinderschutzfalles. In: Neue Praxis. Lahnstein: Neue Praxis, 41(5): S. 485–504.

Richter, Sophia/Friebertshäuser, Barbara (2019): Die Welt des Studiums forschend erkunden – Ethnografie, Habitus und Fachkulturforschung: Eine Einleitung. In: Richter, Sophia/Friebertshäuser, Barbara (Hrsg.): Studieren – Forschen – Praxis. Erziehungswissenschaftliche Erkundungen im Feld universitären Lernens. Frankfurter Beiträge zur Erziehungswissenschaft. Norderstedt: Goethe-Universität, S. 11–48.

Ricken, Norbert (2004): Diesseits von Relativismus und Universalismus: Kontingenz als Thema und Form kritischer Reflexionen. In: Schäfer, Alfred/Wimmer, Michael (Hrsg.): Tradition und Kontingenz. Münster: Waxmann, S. 27–58.

Ricken, Norbert (2013): Zur Logik der Subjektivierung: Überlegungen an den Rändern eines Konzepts. In: Ricken, Norbert/Gelhard, Andreas/Alkemeyer, Thomas (Hrsg.): Techniken der Subjektivierung. München: Wilhelm Fink, S. 29–47.

Ricken, Norbert (2015): Pädagogische Professionalität – revisited. Eine anerkennungstheoretische Skizze. In: Böhme, Jeanette/Hummrich, Merle/Kramer, Rolf-Torsten (Hrsg.): Schulkultur. Theoriebildung im Diskurs. Wiesbaden: Springer VS, S. 137–159.

Riegler, Anna/Hojnik, Sylvia/Posch, Klaus (Hrsg.) (2009): Soziale Arbeit zwischen Profession und Wissenschaft. Vermittlungsmöglichkeiten in der Fachhochschulausbildung. Wiesbaden: Springer VS.

Riegler, Christine (2016): Bildung – Intersektionalität – Othering. Pädagogische Herausforderungen in widersprüchlichen Verhältnissen. Bielefeld: transcript.

Röh, Dieter/Spatscheck, Christian/Borrmann, Stefan/Antes, Wolfgang/Franz, Julia/Löwenstein, Heiko/Rießen, Anne van/Stckelberg, Claudia (2023): Soziale Arbeit als Profession braucht eine eigene Disziplin und gute Studienbedingungen. Die DGSA meldet sich zu Wort. Der Vorstand der DGSA. In: Sozialmagazin. Weinheim, Basel: Beltz Juventa, 48(3–4): S. 63–71.

Rose, Lotte/May, Michael (Hrsg.) (2014): Mehr Männer in die Soziale Arbeit? Opladen: Barbara Budrich.

Rose, Lotte/Schimpf, Elke (Hrsg.) (2020): Sozialarbeitswissenschaftliche Geschlechterforschung. Methodologische Fragen Forschungsfelder und empirische Beiträge. Opladen: Barbara Budrich.

Rosenthal, Gabriele (1997): Zur interaktionellen Konstitution von Generation. Generationenabfolgen in Familien von 1890 bis 1870 in Deutschland. In: Mansel, Jürgen/Rosenthal, Gabriele/Tölke, Angelika (Hrsg.): Generationen-Beziehungen, Austausch und Tradierung. Opladen: Westdeutscher Verlag, S. 57–73.

Ross, Friso (2021): Grußwort des Vorsitzenden des Fachbereichstags Soziale Arbeit e.V. In: Kriener, Martina/Roth, Alexandra/Burkard, Sonja/Gabler, Heinz (Hrsg.): Praxisphasen im Studium Soziale Arbeit. Weinheim, Basel: Beltz Juventa.

Roth, Alexandra (2014): An der Schnittstelle der Lernorte Hochschule und Berufspraxis: „Praxiskultur“ in Studiengängen der Sozialen Arbeit. In: Kubon-Gilke, Gisela/Lanwer, Willehad (Hrsg.): Übergänge. Festschrift zum 65. Geburtstag von Prof. Dr. Alexa Köhler-Offierski, Freiburg: FEL, S. 167–174.

Roth, Alexandra (2021): Lernarrangements im Spannungsfeld von Hochschule und beruflicher Praxis. In: Kriener, Martina/Roth, Alexandra/Burkard, Sonja/Gabler, Heinz (Hrsg.): Praxisphasen im Studium Soziale Arbeit. Weinheim: Beltz Juventa, S. 36–52.

Roth, Alexandra/Burkard, Sonja (2021): Qualifiziert anleiten. In: Kriener, Martina/Roth, Alexandra/Burkard, Sonja/Gabler, Heinz (Hrsg.): Praxisphasen im Studium Soziale Arbeit. Weinheim: Beltz Juventa, S. 140–158.

Roth, Alexandra/Burkard, Sonja/Kriener, Martina (2023): Zur Relevanz des Praxisbezugs im Studium Soziale Arbeit – begleitete Praxisphasen studieren. In: Sozialmagazin Themenheft 3–4/2023. Weinheim: Beltz Juventa, 48(3–4): S. 33–43.

Roth, Alexandra/Gabler, Heinz (2012): Praxisorientierung im Studium. Aspekte zur Komplementarität der Lernorte (Fach-)Hochschule und Berufspraxis im Bachelorstudium Soziale Arbeit. In: Sozial Extra. Wiesbaden: Springer VS, 36(1/2): S. 24–28.

Roth, Alexandra/Kriener, Martina/Burkard, Sonja (2021): Zur Relevanz begleiteter Praxisphasen für die Entwicklung von Professionalität im Studium Soziale Arbeit. In: Kriener, Martina/Roth, Alexandra/Burkard, Sonja/Gabler, Heinz (Hrsg.): Praxisphasen im Studium Soziale Arbeit. Weinheim: Beltz Juventa, S. 20–35.

Roth, Alexandra/Kriener, Martina/Burkard, Sonja (2022): Keynote „Plötzlich zu dritt!? Begleitete Praxisphasen in der curricularen Verbindung von Hochschule und beruflicher Praxis entdecken“ im Rahmen der Internationalen Tagung (A-CH-DE) 2022, Soziale Arbeit – Praxislehre im Austausch an der FH OÖ Campus Linz. (Abruf: 08.04.2023) https://bagprax.sw.eah-jena.de/data/tagungen/2022_linz/Keynote_Linz_2022_Kriener_Roth_Burkard_Ploetzlich_zu_dritt.pdf.

Roth, Alexandra/Kriener, Martina/Burkard, Sonja/Gabler, Heinz (2021): Begleitete Praxisphasen im Studium Soziale Arbeit entdecken: Eine Einleitung. In: Kriener, Martina/Roth, Alexandra/Burkard, Sonja/Gabler, Heinz (Hrsg.): Praxisphasen im Studium Soziale Arbeit. Weinheim: Beltz Juventa, S. 12–17.

Roth, Alexandra/Schimpf, Elke (2020): Der Forschungszugang als Konfliktfeld – Gruppendiskussionen und Gender_Wissen. In: Rose, Lotte/Schimpf, Elke (Hrsg.): Sozialarbeitswissenschaftliche Geschlechterforschung. Methodologische Fragen, Forschungsfelder und empirische Beiträge. Opladen: Barbara Budrich, S. 131–149.

Roth, Claudia/Müller Fritschi, Elisabeth (2014): Kompetenzorientierung in der Praxisausbildung. In: Roth, Claudia/Merten, Ueli (Hrsg.): Praxisausbildung konkret. Opladen: Barbara Budrich, S. 61–79.

Rüegger, Cornelia/Becker-Lenz, Roland/Gautschi, Joel (2019): Zur Nutzung verschiedener Wissensformen in der Praxis Sozialer Arbeit. In: Hollenstein, Lea/Kunz, Regula (Hrsg.): Kasuistik in der Sozialen Arbeit. Opladen: Barbara Budrich, S. 35–52.

Sabla, Kim-Patrick/Plößer, Melanie (Hrsg.) (2013): Gendertheorien und Theorien Sozialer Arbeit. Bezüge, Lücken und Herausforderungen. Opladen: Barbara Budrich.

Sabla, Kim-Patrick/Rohde, Julia (2014): Vergeschlechtlichte Professionalität – Zuschreibungen einer ‚gelingenden‘ Praxis qua Geschlecht. In: JB Frauen- und Geschlechterforschung in der Erziehungswissenschaft. Opladen: Barbara Budrich, 10(1): S. 187–200.

Sackl-Sharif, Susanne (2018): Von typischen Metal-Sounds und „femininen Touch hinter dem Gebrüll“. Überlegungen zum auditiven (Geschlechter-)Wissen von Metal-Fans. In: Brabec de Mori, Bernd/Winter, Martin (Hrsg.): Auditive Wissenskulturen. Das Wissen klanglicher Praxis. Wiesbaden: Springer VS Verlag, S. 305–323.

Salomon, Alice (1917): Die Ausbildung zur sozialen Berufsarbeit. In: Die Frau. Berlin: Bund Deutscher Frauenvereine, 24(5): S. 263–267.
Santen, Eric van/Seckinger Mike (2003): Kooperation: Mythos und Realität einer Praxis. Eine empirische Studie zur interinstitutionellen Zusammenarbeit am Beispiel der Kinder- und Jugendhilfe. München: Verlag Deutsches Jugendinstitut.
Sarcletti, Andreas (2007): Der Nutzen von Kontakten aus Praktika und studentischer Erwerbstätigkeit für den Berufseinstieg von Hochschulabsolventen. In: Beiträge zur Hochschulforschung. München: IHF, 29(4): S. 52.
SASSA: Fachkonferenz Soziale Arbeit der Fachhochschulen Schweiz (2013): Empfehlungen für die Praxisausbildung. (Abruf: 07.05.2022). https://sassa.ch/wp-content/uploads/2019/06/Empfehlungen-Praxisausbildung-2013.pdf.
SASSA: Fachkonferenz Soziale Arbeit der Fachhochschulen Schweiz (2017): Das Studium Soziale Arbeit. Zürich: Schmid-Fehr AG – Goldach SG. (Abruf: 08.04.2023) https://sassa.ch/wp-content/uploads/2019/06/SASSA_Soziale_Arbeit_Broschuere_de.pdf.
Schäfer, Peter/Bartosch, Ulrich (2016): Qualifikationsrahmen Soziale Arbeit (QR SozArb) – Version 6.0. (Abruf: 03.10.2020) https://www.fbts-ev.de/qualifikationsrahmen-soziale-arbeit.
Schäffer, Burkhard (2003): Generationen – Medien – Bildung. Medienpraxiskulturen im Generationenvergleich, Opladen: Leske & Budrich.
Scheer, Katja (2023): Praxisanleitungen in frühpädagogischen Studien- und Ausbildungsgängen. Eine rekonstruktive Studie. Opladen: Barbara Budrich.
Schendzielorz, Cornelia (2011): Anerkennung im Sprechen: eine theoretische und empirische Analyse der sozialen Dimension des Sprechens. Freiburg: Universität. (Abruf: 30.05.2021) https://freidok.uni-freiburg.de/data/149356.
Scherpner, Martin/Richter-Markert, Waltraud (1992): Anleiten, beraten und lehren: Prinzipien sozialarbeiterischen Handelns. Anregungen für die Praxisanleitung und Beratung von Mitarbeiterinnen. Frankfurt a. M.: Eigenverlag des Deutschen Vereins für öffentliche und private Fürsorge.
Scherr, Albert (2002): Das Studium der Sozialen Arbeit als biographisch artikulierte Aneignung eines diffusen Wissensangebotes. In: Kraul, Margret/Marotzki, Winfried/Schweppe, Cornelia (Hrsg.): Biographie und Profession. Bad Heilbrunn: Klinkhardt, S. 225–252.
Schilling, Johannes (2016): Didaktik/Methodik Sozialer Arbeit. München: Ernst Reinhardt.
Schimpf, Elke (2002): Geschlechterpolarität und Geschlechterdifferenz in der Sozialpädagogik. In: Göttert, Margit/Walser, Karin (Hrsg.): Gender und soziale Praxis. Unterschiede: Diversity. Werkstattberichte des gemeinsamen Frauenforschungszentrums der Hessischen Fachhochschulen gFFZ, Königstein/Taunus: Ulrike Helmer, S. 198–218.
Schimpf, Elke (2022): Das kritische Potenzial der Konfliktorientierung im Studium der Sozialen Arbeit. In: Eichinger, Ulrike/Schäuble, Barbara (Hrsg.) Konfliktperspektiven als Element einer kritischen Sozialen Arbeit. Ein Studienbuch. Wiesbaden: Springer VS, S. 235–255.
Schimpf, Elke/Göbel, Anja (2015): Forschendes Lernen als eine Möglichkeit der Auseinandersetzung mit gesellschaftlichen Macht- und Konfliktverhältnissen. In: Schneider, Armin/Köttig, Michaela/Molnar, Daniela (Hrsg.): Forschung in der Sozialen Arbeit. Theorie, Forschung und Praxis der Sozialen Arbeit. Opladen: Barbara Budrich, 11: S. 213–229.

Schimpf, Elke/Rose, Lotte (2020): „Es gibt eigentlich keine sozialarbeitswissenschaftliche Geschlechterforschung und die Frage ist, ob es die so geben muss“ – Ein Gespräch von Genderforscherinnen in der Sozialen Arbeit als Einleitung, gemeinsam mit Lotte Rose. In: Rose, Lotte/Schimpf, Elke (Hrsg.): Sozialarbeitswissenschaftliche Geschlechterforschung: Methodologische Fragen, Forschungsfelder und empirische Erträge. Opladen: Barbara Budrich, S. 9–23.

Schimpf, Elke/Roth, Alexandra (2022a): Soziale Ausschließung und Partizipation – die Notwendigkeit koproduktiver (Gender)Wissensbildung zwischen Hochschule und beruflicher Praxis der Sozialen Arbeit. In: ogsa, herausgegeben von der AG Soziale Arbeit in der Migrationsgesellschaft: Soziale Arbeit in der Postmigrationsgesellschaft. Kritische Perspektiven und Praxisbeispiele aus Österreich. Weinheim: Beltz Juventa, S. 292–302.

Schimpf, Elke/Roth, Alexandra (2022b): „Auf der Stelle treten“ – Wirkmächtige (Wissens-)Hierarchien und partizipative (Forschungs-)Ansprüche an der Schnittstelle Hochschule und berufliche Praxis der Sozialen Arbeit. Band 7. In: Soziale Interventionsforschung. Frankfurt a. M.: Kompetenzzentrum Soziale Interventionsforschung.

Schimpf, Elke/Stehr, Johannes (2012): Kritisches Forschen in der Sozialen Arbeit – eine Einleitung. In: Schimpf, Elke/Stehr, Johannes (Hrsg.): Kritisches Forschen in der Sozialen Arbeit. Gegenstandsbereiche – Kontextbedingungen – Positionierungen – Perspektiven. Wiesbaden: Springer VS, S. 7–27.

Schimpf, Elke/Stehr, Johannes (2017b): Zur Genese und zum Design eines konfliktorientierten Forschungsprojektes. In: Schimpf, Elke/Stehr, Johannes (Hrsg.): Soziale Medien als Konfliktarena. Alltagskonflikte Jugendlicher und wie sie über die Nutzung von Social Network Sites bearbeitet werden. Marburg: Büchner, S. 15–29.

Schimpf, Elke/Stehr, Johannes (Hrsg.) (2012b): Kritisches Forschen in der Sozialen Arbeit. Gegenstandsbereiche – Kontextbedingungen – Positionierungen – Perspektiven. Wiesbaden: Springer VS.

Schimpf, Elke/Stehr, Johannes (Hrsg.) (2017): Soziale Medien als Konfliktarena. Alltagskonflikte Jugendlicher und wie sie über die Nutzung von Social Network Sites bearbeitet werden. Marburg: Büchner.

Schittenhelm, Karin (2021): Theoretisches und praktiziertes Sampling: Zwischen Felderkundung, Theoriebildung und Gütesicherung. In: Zeitschrift für Qualitative Forschung. Opladen: Barbara Budrich, 22(2): S. 283–298.

Schmitt, Christof (2007): Praxisorientierung – Staatliche Anerkennung – Berufspraktikum. Berlin: Lehmanns.

Schneider, Johanna (2018): Lernortverknüpfung. Zur Bedeutung des Theorie-Praxis-Verhältnisses in der Masterstudiengangsentwicklung. In: Albrecht, Claudia/Schneider, Johanna (Hrsg.): Lernortverknüpfung. Didaktische Ansätze und Perspektiven berufsintegrierenden Studierens. Dresden, S. 8–23. (Abruf: 29.05.2021) https://slub.qucosa.de/api/qucosa%3A32262/attachment/ATT-0.

Schondelmayer, Anne-Christin/Schröder, Ute/Streblow, Claudia (2013): Theorie und Praxis – Zum Verhältnis von theoretischem und praktischem Wissen in beruflichem Alltagshandeln. In: Loos, Peter/Nohl, Arnd-Michael/Przyborski, Aglaja/Schäffer, Burkhard (Hrsg.): Dokumentarische Methode. Grundlagen – Entwicklungen – Anwendungen. Opladen: Barbara Budrich, S. 287–300.

Schubarth, Wilfried/Speck, Carsten/Ulbricht, Juliane (2016): Fachgutachten: Qualitätsstandards für Praktika. Bestandsaufnahme und Empfehlungen. (Abruf: 21.08.2022) https://www.hrk-nexus.de/fileadmin/redaktion/hrk-nexus/07-Downloads/07-02-Publikationen/Praktika_Fachgutachten.pdf.

Schubarth, Wilfried/Speck, Karsten/Seidel, Andreas (2012b): Einführung in den Band. In: Schubarth, Wilfried/Speck, Karsten/Seidel, Andreas/Gottmann, Corinna/Kamm, Caroline/Krohn, Maud (Hrsg.): Studium nach Bologna: Praxisbezüge stärken?! Praktika als Brücke zwischen Hochschule und Arbeitsmarkt. Wiesbaden: Springer VS, S. 9–18.
Schubarth, Wilfried/Speck, Karsten/Seidel, Andreas/Gotmann, Corinna/Kamm, Caroline/Krohm, Maud (2012): Praxisbezüge im Studium – Ergebnisse des ProPrax-Projektes zu Konzepten und Effekten von Praxisphasen unterschiedlicher Fachkulturen. In: Schubarth, Wilfried/Speck, Karsten/Seidel, Andreas/Gottmann, Corinna/Kamm, Caroline/Krohn, Maud (Hrsg.): Studium nach Bologna: Praxisbezüge stärken?! Praktika als Brücke zwischen Hochschule und Arbeitsmarkt. Wiesbaden: Springer VS, S. 47–100.
Schubarth, Wilfried/Speck, Karsten/Seidel, Andreas/Gottmann, Corinna (Hrsg.) (2011): Nach Bologna: Praktika im Studium – Pflicht oder Kür? Empirische Analysen und Empfehlungen für die Hochschulpraxis. Potsdamer Beiträge zur Hochschulforschung. Potsdam: Universitätsverlag.
Schulze-Krüdener, Jörgen (2012): Fort- und Weiterbildung für die Soziale Arbeit. In: Thole, Werner (Hrsg.): Grundriss Soziale Arbeit. Ein einführendes Handbuch. Wiesbaden: Springer VS, S. 1067–1081.
Schulze-Krüdener, Jörgen/Homfeldt, Hans Günther (2001a): Praktika: Pflicht oder Kür? – Perspektiven und Ziele der Hochschulausbildung zwischen Wissenschaft und Beruf. In: Der pädagogische Blick. Zeitschrift für Wissenschaft und Praxis in pädagogischen Berufen. Frankfurt a. M.: BVPäd e.V., 9(4): S. 196–206.
Schulze-Krüdener, Jörgen/Homfeldt, Hans-Günther (2001) (Hrsg.): Praktikum – eine Brücke schlagen zwischen Wissenschaft und Beruf. Neuwied: Luchterhand, S. 205–220.
Schütze, Fritz (1978): Die Technik des narrativen Interviews in Interaktionsfeldstudien – dargestellt an einem Projekt zur Erforschung von kommunalen Machtstrukturen. Fakultät für Soziologie. Arbeitsberichte und Forschungsmaterialien Nr. 1. Bielefeld: Universität Bielefeld.
Schütze, Fritz (1982): Narrative Repräsentation kollektiver Schicksalsbetroffenheit. In: Lämmert, Eberhard (Hrsg.): Erzählforschung: Ein Symposion. Stuttgart: Metzler, S. 568–590.
Schützeichel, Rainer (2007): Laien, Experten, Professionen. In: Schützeichel, Rainer (Hrsg.): Handbuch Wissenssoziologie und Wissensforschung. Konstanz: UVK, S. 546–578.
Schützeichel, Rainer (2007a): Soziologie des wissenschaftlichen Wissens. In: Schützeichel, Rainer (Hrsg.): Handbuch Wissenssoziologie und Wissensforschung. Konstanz: UVK, S. 306–327.
Schützeichel, Rainer (2007b): Max Scheler. In: Schützeichel, Rainer (Hrsg.): Handbuch Wissenssoziologie und Wissensforschung. Konstanz: UVK, S. 55–76.
Schützeichel, Rainer (2014): Professionshandeln und Professionswissen – eine soziologische Skizze. In: Unterkofler, Ursula/Ostreicher Elke (Hrsg.): Theorie-Bezüge in professionellen Feldern. Opladen: Barbara Budrich, S. 43–53.
Schützeichel, Rainer (2018): Professionswissen. In: Schnell, Christiane/Pfadenhauer, Michaela (Hrsg.): Handbuch Professionssoziologie. Wiesbaden: Springer VS, S. 1–23.
Schützeichel, Rainer (Hrsg.) (2007): Handbuch Wissenssoziologie und Wissensforschung. Konstanz: UVK.
Schwandt, Thomas A. (2002): Evaluation Practice Reconsidered. New York: Peter Lang.

Schwarz, Jörg/Teichmann, Franziska/Weber, Susanne Maria (2015) Transitionen und Trajektorien. In: Schmidt-Lauff, Sabine/Felden, Heide von/Pätzold, Henning (Hrsg.): Transitionen in der Erwachsenenbildung. Gesellschaftliche, institutionelle und individuelle Übergänge. Opladen: Barbara Budrich, S. 139–149.
Schweppe, Cornelia (2002): Biografie, Studium und Professionalisierung – Das Beispiel Sozialpädagogik. Ergebnisse einer Studie zu Lebensgeschichten von SozialpädagogikstudentInnen. In: Kraul, Margret/Marotzki, Winfried/Schweppe, Cornelia (Hrsg.): Biografie und Profession, Opladen: Leske & Budrich, S. 192–225.
Schweppe, Cornelia (2006): Studienverläufe in der Sozialpädagogik. Biographische Rekonstruktionen. Weinheim: Beltz Juventa.
Schwingel, Markus (1993): Analytik der Kämpfe. Macht und Herrschaft in der Soziologie Bourdieus. Hamburg: Argument.
Scott, W. Richard (2001): Institutions and Organizations. Second Edition. Thousand Oaks: Sage.
Scott, W. Richard (2014): Institutions and Organizations: Ideas, Interests and Identities. Thousand Oaks: Sage.
Seeck, Dietmar/Ackermann, Friedhelm (2000): SozialpädagogInnen/SozialarbeiterInnen zwischen Studium und Beruf: Wissen und Können in der Sozialen Arbeit: Motivation, Fachlichkeit und berufliche Identität – eine empirische Annäherung. Rundbrief / Gilde Soziale Arbeit e.V., 1, S. 21–38.
Seemann, Malwine (2009): Gender Mainstreaming und Schule: Erfolgsfaktoren und Gegenkräfte; eine Studie zur Implementierung in Schweden. In: GENDER – Zeitschrift für Geschlecht, Kultur und Gesellschaft. Leverkusen: Barbara Budrich, 1(1): S. 88–106.
Sehmer, Julian/Gumz, Heike/Marks, Svenja/Prigge, Jessica/Rohde, Julia/Schildknecht, Lukas/Simon, Stephanie (2020a): Dialogische Wissenstransformation. Zum Beitrag qualitativ-rekonstruktiver Forschung für das Projekt der Sozialen Arbeit. In: Cloos, Peter/Lochner, Barbara/Schoneville, Holger (Hrsg.): Soziale Arbeit als Projekt. Konturierungen von Disziplin und Profession. Wiesbaden: Springer VS, S. 171–184.
Sehmer, Julian/Gumz, Heike/Marks, Svenja/Thole, Werner (2020b): Dialog statt Transfer. Dialogische Transformationen von Wissen in der Offenen Kinder- und Jugendarbeit als Herausforderung für Praxis, Forschung und Theorie. In: Corax 3/10. (Abruf: 05.11.2022) https://www.corax-magazin.de/wp-content/uploads/2020/11/Dialog-statt-Transfer_Sehmer-Gumz-Marks-Thole_ungekuerzt.pdf.
Sehmer, Julian/Thole, Werner (2021): Zwischen Aushandlung, Normierung und Moralisierung. In: Sozial Extra – Zeitschrift für Soziale Arbeit. Wiesbaden: Springer VS, 45(3): S. 182–187.
Senge, Konstanze (2005): Der Neo-Institutionalismus als Kritik der ökonomistischen Perspektive. Darmstadt: Technische Universität (Dissertation). (Abruf: 27.06.2021) https://tuprints.ulb.tu-darmstadt.de/620/1/BIB9.pdf.
Siller, Gertrud (2008): Professionalisierung durch Supervision. Perspektiven im Wandlungsprozess sozialer Organisationen. Wiesbaden: Springer VS.
Singer, Mona (2004): Feministische Wissenschaftskritik und Epistemologie. Voraussetzungen, Positionen, Perspektiven, In: Becker, Ruth/Kortendiek, Beate (Hrsg.): Handbuch Frauen- und Geschlechterforschung. Theorie, Methoden, Empirie. Wiesbaden: Springer VS, S. 285–294.
Smith, Debra/Cleak, Helen/Vreugdenhil, Anthea (2015): „What are they really doing?“. An exploration of student learning activities in field placement. In: Australian Social Work. London: Taylor & Francis, 68(4): 515–531.

Soiland, Tove (2008): Die Verhältnisse gingen und die" Kategorien kamen. Intersectionality oder Vom Unbehagen an der amerikanischen Theorie. In: Querelles-Net, 26: Dimensionen der Ungleichheit. DOI: https://doi.org/10.14766/694.

Soiland, Tove (2015): Die Ungreifbarkeit postfordistischer Geschlechterhierarchie. In: Walgenbach, Katharina/Stach, Anna (Hrsg.): Geschlecht in gesellschaftlichen Transformationsprozessen. Opladen: Barbara Budrich, S. 115–130.

Sommerfeld, Peter (2014): Kooperation als Modus der Verknüpfung von Wissenschaft und Praxis in der Sozialen Arbeit. In: Unterkofler, Ursula/Oestreicher, Elke (Hrsg.): Theorie-Praxis-Bezüge in professionellen Feldern. Wissensentwicklung und -verwendung als Herausforderung. Opladen: Barbara Budrich, S. 133–155.

Sotzek, Julia (2018): Lehrer*innenhabitus und Emotionen. Methodologische und empirische Überlegungen zur Bedeutung von Emotionen für die berufliche Praxis. In: Zeitschrift für interpretative Schul- und Unterrichtsforschung. Opladen: Barbara Budrich, 7: S. 81–94.

Sotzek, Julia (2019): Emotionen im Berufseinstieg von Lehrpersonen. Eine praxeologisch-wissenssoziologische Untersuchung ihrer Bedeutung für die Professionalisierung. Bad Heilbrunn: Klinkhardt.

Speth, Christiane/Bartosch, Ulrich (2007): Was wird aus der staatlichen Anerkennung für Sozialarbeiter/innen? Ein Antrag auf Ende der Debatte. In: Buttner, Peter (Hrsg.): Das Studium des Sozialen. Berlin: Eigenverlag des Deutschen Vereins für öffentliche und private Fürsorge e.V., S. 134–149.

Spiegel, Hiltrud von (2008): Methodisches Handeln in der Sozialen Arbeit. München: Ernst Reinhard.

Spindler, Claudia (2020): Lehren und Studieren in der Sozialen Arbeit – Annäherungen und Fragen aus hochschuldidaktischer Perspektive. In: Debiel, Stefanie/Lamp, Fabian/Escher, Kristin/Spindler, Claudia (Hrsg.): Fachdidaktik Soziale Arbeit. Fachwissenschaftliche und lehrpraktische Zugänge. Opladen: Barbara Budrich, S. 21–51.

Stauber, Barbara/Walther, Andreas (2004): Übergangsforschung aus soziologischer Perspektive: Entstandardisierung von Übergängen im Lebenslauf junger Erwachsener. In: Schumacher, Eva (Hrsg.): Übergänge in Bildung und Ausbildung. Gesellschaftliche, subjektive und pädagogische Relevanzen. Bad Heilbrunn: Klinkhardt, S. 47–67.

Stauder, Birgit (2017): Das Praktikum im Studium der Sozialen Arbeit/Sozialpädagogik als Element der individuellen Professionalisierung? Ein exemplarischer Vergleich von Erfahrungen Studierender im sozialpädagogischen Praktikum. Darmstadt: Technische Universität Darmstadt.

Steinhausen, Julia (2017): „Mind the gap". Mentoring für Frauen in der Statuspassage Studium – Promotion. In: Petersen, Renate/Budde, Mechthild/Brocke, Pia Simone/Doebert, Gitta/Rudack, Helga/Wolf, Henrike: Praxishandbuch Mentoring in der Wissenschaft. Wiesbaden: Springer VS, S. 301–314.

Stichweh, Rudolf (2005): Wissen und die Professionen in einer Organisationsgesellschaft. In: Klatetzki, Thomas/Tacke, Veronika (Hrsg.): Organisation und Profession Wiesbaden: Springer VS, S. 31–44.

Strauss, Anselm L./Corbin, Juliet (1990): Grounded Theory. Grundlagen Qualitativer Sozialforschung. Weinheim: Beltz Juventa.

Strauss, Anselm L. (1993): Continual permutations of action. New York: De Gruyter.

Streblow, Claudia (2005): Schulsozialarbeit und Lebenswelten Jugendlicher. Ein Beitrag zur dokumentarischen Evaluationsforschung. Opladen: Barbara Budrich.

Stützel, Kevin (2019): Jugendarbeit im Kontext von Jugendlichen mit rechten Orientierungen. Rekonstruktiv-praxeologische Perspektiven auf professionelles Handeln. Wiesbaden: Springer VS.

Südmersen, Ilse M. (1983): Hilfe, ich ersticke in Texten! – Eine Anleitung zur Aufarbeitung narrativer Interviews. In: Neue Praxis. Lahnstein: Neue Praxis, 13(3): S. 294–306.

Teubner, Ulrike (2004): Beruf: Vom Frauenberuf zur Geschlechterkonstruktion im Berufssystem. In: Becker, Ruth/Kortendiek, Beate (Hrsg.): Handbuch Frauen- und Geschlechterforschung. Theorie, Methoden, Empirie. Wiesbaden: Springer VS, S. 429–436.

Teubner, Ulrike/Wetterer, Angelika (1999): Gender-Paradoxien: Soziale Konstruktion transparent gemacht. Eine Einleitung von Ulrike Teubner & Angelika Wetterer. In: Lorber, Judith (Hrsg.): Gender-Paradoxien. Wiesbaden: Springer VS, S. 9–30.

Thaler, Tilman (2013): Handlungsforschung – eine methodologische Perspektive. In: Birgmeier, Bernd/Mührel, Eric (Hrsg.): Handlung in Theorie und Wissenschaft Sozialer Arbeit. Wiesbaden: Springer VS, S. 237–247.

Thiersch, Hans/Grunwald, Klaus/Köngeter, Stefan (2012): Lebensweltorientierte Soziale Arbeit. In: Thole, Werner (Hrsg.): Grundriss Soziale Arbeit. Ein einführendes Handbuch. Wiesbaden: VS Verlag, S. 175–196.

Thole, Werner (2018): Umgang mit Wissen. Wie die Kommunikation zwischen sozialpädagogischer und wissenschaftlicher Praxis gelingen könnte. In: FORUM Jugendhilfe. Berlin: AGJ, 66(1), S. 18–22.

Thole, Werner/Küster-Schapfl, Ernst-Uwe (1997): Sozialpädagogische Profis. Beruflicher Habitus, Wissen und Können von PädagogInnen in der außerschulischen Kinder- und Jugendarbeit, Opladen: Barbara Budrich.

Thole, Werner/Milbradt, Björn/Göbel, Sabrina/Rißmann, Michaela (2016): Wissen und Reflexion. Der Alltag in Kindertageseinrichtungen im Blick der Professionellen. Kasseler Edition Soziale Arbeit, 4. Wiesbaden: Springer VS.

Thole, Werner/Wegener, Claudia/Küstner, Ernst-Uwe (Hrsg.) (2005): Professionalisierung und Studium. Die hochschulische Qualifikation für die Kinder- und Jugendarbeit. Befunde und Reflexion. Wiesbaden: VS Verlag.

Thompson, John B. (2005): Einführung. In: Bourdieu, Pierre: Was heißt sprechen? Zur Ökonomie des sprachlichen Tausches. Wien: Braumüller.

Tov, Eva/Kunz, Regula/Stämpfli, Adi (2013): Schlüsselsituationen der Sozialen Arbeit. Professionalität durch Wissen, Reflexion und Diskurs in Communities of Practice. Bern: hep.

Truschkat, Inga (2011): Biographische Übergänge. In: Herzberg, Heidrun/Alheit, Peter (Hrsg.): Biographie und Gesellschaft. Überlegungen zu einer Theorie des modernen Selbst. Frankfurt a. M.: Campus, S. 363–378.

Turner, Victor (1969): Liminality and Communitas. In: The Ritual Process: Structure and Anti-Structure. Chicago: Aldline Publishing, S. 94–113.

Turner, Victor (1989): Das Ritual: Struktur und Anti-Struktur. Frankfurt a. M., New York: Campus.

Turner, Victor (2005): Das Ritual: Struktur und Anti-Struktur. Frankfurt a. M., New York: Campus.

Unterkofler, Ursula (2009): „Akzeptanz“ als Deutungsmuster in der Drogenarbeit. Eine qualitative Untersuchung über die Entstehung und Verwendung von Expertenwissen. Berlin: VWB.

Unterkofler, Ursula (2018): Professionsforschung im Feld Sozialer Arbeit. In: Schnell, Christiane/Pfadenhauer, Michaela (Hrsg.): Handbuch Professionssoziologie, Wiesbaden: Springer VS, S. 1–21.

Unterkofler, Ursula (2020): Transformation wissenschaftlicher Wissensbestände in reflexions- und handlungsleitendes Wissen. Die Hochschule, Journal für Wissenschaft und Bildung. Wittenberg: Institut für Hochschulforschung Wittenberg e.V., 29(2), S. 32–43.

Unterkofler, Ursula/Oestreicher, Elke (Hrsg.) (2014): Theorie-Praxis-Bezüge in professionellen Feldern. Wissensentwicklung und -verwendung als Herausforderung. Opladen: Barbara Budrich.

Venth, Angela/Budde, Jürgen (2010): Genderkompetenz für lebenslanges Lernen: Bildungsprozesse geschlechterorientiert gestalten. (Perspektive Praxis). Bielefeld: Bertelsmann.

Vereinte Nationen (1948): Allgemeine Erklärung der Menschenrechte. Resolution der Generalversammlung 217 A (III) vom 10.12.1948. (Abruf 1.11.2022): http://www.un.org/depts/german/menschenrechte/aemr.pdf.

Vester, Michael/Oertzen, Peter von/Geiling, Heiko/Hermann, Thomas/Müller, Dagmar (2001): Soziale Milieus im gesellschaftlichen Strukturwandel. Zwischen Integration und Ausgrenzung. Frankfurt a. M.: Suhrkamp.

Villa, Paula-Irene/Speck, Sarah (2020): Das Unbehagen mit den Gender Studies. Ein Gespräch zum Verhältnis von Wissenschaft und Politik. In: Open Gender Journal. Berlin: OJS/PKP, doi: 10.17169/ogj.2020.141.

Vogel, Peter (2019): Grundbegriffe der Erziehungs- und Bildungswissenschaft. Opladen: Barbara Budrich.

Voigt-Kehlenbeck, Corinna (2008): Flankieren und Begleiten. Geschlechterreflexive Perspektiven in einer diversitätsbewussten Sozialarbeit. Wiesbaden: Springer VS.

Völter, Bettina/Cornel, Heinz/Gahleitner, Silke Birgitta/Voß, Stephan (2020): Professionsverständnisse in der Sozialen Arbeit – eine Einführung. In: Völter, Bettina/Cornel, Heinz/Gahleitner, Silke Birgitta/Voß, Stephan (Hrsg.): Professionsverständnisse in der Sozialen Arbeit. Weinheim: Beltz Juventa, S. 7–26.

Wacquant, Loïc J. D. (1996): Auf dem Weg zu einer Sozialpraxeologie. Struktur und Logik der Soziologie Pierre Bourdieus. In: Bourdieu, Pierre/Wacquant, Loïc J. D.: Reflexive Anthropologie. Frankfurt a. M.: Suhrkamp, S. 17–76.

Wagner-Willi, Monika/Bischoff-Pabst, Stefanie/Nentwig-Gesemann, Iris (2019): Editorial: Die Dokumentarische Methode in der kindheitspädagogischen Forschung. In: Fallarchiv Kindheitspädagogische Forschung. Hildesheim: Universitätsverlag Hildesheim, 2(1): S. 3–9.

Wahl, Klaus/Honig Michael-Sebastian/Gravenhorst, Lerke (1982): Wissenschaftlichkeit und Interessen. Zur Herstellung subjektorientierter Sozialforschung. Frankfurt a. M.: Suhrkamp.

Walgenbach, Katharina (2017): Heterogenität, Intersektionalität, Diversity in den Erziehungswissenschaften. 2. Aufl. München: Ernst Reinhardt.

Walgenbach, Peter (2006): Neoinstitutionalistische Ansätze in der Organisationstheorie. In: Kieser, Alfred/Ebers, Mark (Hrsg.): Organisationstheorien. Stuttgart: Kohlhammer, S. 353–402.

Walther, Andrea/Stauber, Barbara (2013): Übergänge im Lebenslauf. In: Schröer, Wolfgang/Stauber, Barbara/Walther, Andreas/Böhnisch, Lothar/Lenz, Karl (Hrsg.): Handbuch Übergänge. Weinheim: Beltz Juventa, S. 23–43.

Wanka, Anna/Rieger-Ladich, Markus/Stauber, Barbara/Walther, Andreas (2020): Doing Transitions: Perspektiven und Ziele einer reflexiven Übergangsforschung. In: Walther, Andreas/Stauber, Barbara/Rieger-Ladich, Markus/Wanka, Anna (Hrsg.): Reflexive Übergangsforschung. Theoretische Grundlagen und methodologische Herausforderungen. Opladen: Barbara Budrich, S. 11–38.

Weber, Alexander/Neuhaus, Margarete/Kammler, Sara/Buttner, Peter/Reschauer, Georg/Bartz, Olaf (2023): Neuregelungen, Anforderungen und Grenzen der Qualitätssicherung im Rahmen von Akkreditierung. Was kann Akkreditierung leisten? In: Sozialmagazin. Weinheim: Beltz Juventa, 48(3–4): S. 52–62.

Weber, Susanne Marie (2012): Macht und Gegenmacht. Organisation in praxistheoretischer Perspektive und Implikationen für eine habitusreflexive Beratung. In: Zeitschrift für Organisationsberatung, Supervision und Gruppendynamik. Sonderheft zu „Macht in Organisationen". Wiesbaden: Springer VS, 2: S. 134–152.

Welser, Stephanie (2017): Fraktale Vielfalt zwischen Pädagogik und Politik. Eine rekonstruktive Studie zu handlungsleitenden Orientierungen in der Mädchenarbeit. Wiesbaden: Springer VS.

Wetterer, Angelika (2002): Arbeitsteilung und Geschlechterkonstruktionen: Gender at work in theoretischer und historischer Perspektive. Konstanz: UVK.

Wetterer, Angelika (2005): Gleichstellungspolitik und Geschlechterwissen. Facetten schwieriger Vermittlungen. In: GenderKompetenzZentrum. (Abruf: 06.06.2021) http://www.genderkompetenz.info/veranstaltungs_publikations_und_news_archiv/genderlectures/gl_wetterer_gleichstellungspolitik_und_geschlechterwissen_140205.pdf.

Wetterer, Angelika (2009): Gender-Expertise, feministische Theorie und Alltagswissen: Grundzüge einer Typologie des Geschlechterwissens. In: Riegraf, Birgit/Plöger Lydia (Hrsg.): Gefühlte Nähe – Faktische Distanz: Geschlecht zwischen Wissenschaft und Politik. Perspektiven der Frauen- und Geschlechterforschung auf die ‚Wissensgesellschaft'. Opladen: Barbara Budrich, S. 81–99.

Wetterer, Angelika (2009b): Gleichstellungspolitik im Spannungsfeld unterschiedlicher Spielarten von Geschlechterwissen: Eine wissenssoziologische Rekonstruktion. In: Gender. Zeitschrift für Geschlecht, Kultur und Gesellschaft. Leverkusen: Barbara Budrich, 1(2): S. 45–60.

Wetterer, Angelika (2003): Rhetorische Modernisierung. Das Verschwinden der Ungleichheit aus dem zeitgenössischen Differenzwissen. In: Knapp, Gudrun-Axeli/Wetterer, Angelika (Hrsg.): Achsen der Differenz. Gesellschaftstheorie und feministische Kritik II. Münster: Westfälisches Dampfboot, S. 286–319.

Wetterer, Angelika (2008): Geschlechterwissen: Zur Geschichte eines neuen Begriffs. In: Wetterer, Angelika (Hrsg.): Geschlechterwissen & soziale Praxis. Theoretische Zugänge – empirische Erträge. Frankfurt a. M.: Ulrike Helmer, S. 13–36.

Widulle, Wolfgang (2009): Handlungsorientiert Lernen im Studium. Arbeitsbuch für soziale und pädagogische Berufe (1. Aufl.). Wiesbaden: Springer VS.

Wiesner, Reinhard/Bernzen, Christian/Neubauer, Ralf (2017): Staatliche Anerkennung in Berufen der Sozialen Arbeit. Gutachterliche Stellungnahme für die Kommission Sozialpädagogik der Deutschen Gesellschaft für Erziehungswissenschaft (DGfE). (Abruf 17.03.23) https://www.dgfe.de/fileadmin/OrdnerRedakteure/Sektionen/Sek08_SozPaed/KSozPaed/2018_Expertise_Staatliche_Anerkennung.pdf.

Wigger, Annegret/Weber, Matthias/Sommer, Antje (2012): Eine Weiterbildung der besonderen Art: Ein Pilotprojekt zur Ausbildung Reflexiver Professionalität. In: Becker-Lenz, Roland/Busse, Stefan/Ehlert, Gudrun/Müller-Hermann, Silke (Hrsg.): Professionalität Sozialer Arbeit und Hochschule – Wissen, Kompetenz, Habitus und Identität im Studium Sozialer Arbeit. Wiesbaden: Springer VS, S. 251–269.

Wigger, Lothar (2006): Habitus und Bildung. Einige Überlegungen zum Zusammenhang von Habitustransformationen und Bildungsprozessen. In: Friebertshäuser, Barbara/Rieger-Ladich, Markus/Wigger, Lothar (Hrsg.): Reflexive Erziehungswissenschaft. Forschungsperspektiven im Anschluss an Pierre Bourdieu. Wiesbaden: Springer VS, S. 101–118.

Wilkesmann, Uwe (2009): Wissenschaftliche Weiterbildung als universitäre Grenzstelle. In: Beyersdorf, Martin/Christmann, Bernhard (Hrsg.): Strukturwandel der Arbeit – Zukunft der wissenschaftlichen Weiterbildung. DGWF Beiträge 47. Hamburg: DGWF, S. 41–48.

Willis, Paul (1979): Spaß am Widerstand. Gegenkultur in der Arbeiterschule. Frankfurt a. M.: Syndikat.

Wolff, Stephan (2000): Wege ins Feld und ihre Varianten. In: Flick, Uwe/von Kardorff, Ernst/Stein, Ines (Hrsg.): Qualitative Forschung. Reinbek bei Hamburg: Rowohlt, S. 334–345.

Wolff, Stephan (2008): Wege ins Feld und ihre Varianten. In: Flick, Uwe/von Kardorff, Ernst/Stein, Ines (Hrsg.): Qualitative Forschung. Ein Handbuch. Reinbek bei Hamburg: Rowohlt, S. 334–349.

Wollek, Michael (2020): Beiträge der Praxis für eine gemeinsame Professionalisierungsstrategie. In: Polutta, Andreas (Hrsg.): Kooperative Organisations- und Professionsentwicklung in Hochschule und Sozialwesen. Gleichstellungspolitik und Professionalisierung in geteilter Verantwortung. Wiesbaden: Springer VS, S. 33–43.

Zeichner, Ken (2010): Rethinking the Connections Between Campus Courses and Field Experiences in College- and University-Based Teacher Education. In: Journal of Teacher Education. Thousand Oaks: Sage, 61(1–2): S. 89–99.

Zorn, Sarah Katharina (2020): Professionalisierungsprozesse im Praxissemester begleiten. Eine qualitativ-rekonstruktive Studie zum Bilanz- und Perspektivgespräch. Wiesbaden: Springer VS.

Anhang

Anhang I Projektflyer und E-Mail

Evangelische Hochschule Darmstadt
University of Applied Sciences
eh-darmstadt.de

GenderWissen – (k)ein Thema in der Praxisanleitung!?

Prof. Dr. Elke Schimpf| EHD| Fachbereich Sozialarbeit/Sozialpädagogik
Dipl. Päd., Soz.päd. Alexandra Roth| EHD| Fachbereich Sozialarbeit/Sozialpädagogik

Projekt: „(Praxis)Anleitung und Gender(Wissen): Kollektive Wissensbestände und Positionierungen im Berufsfeld der Sozialen Arbeit"
Projektförderung: Hessisches Ministerium für Wissenschaft und Kunst
Projektlaufzeit: Juli 2018 – Dezember 2019

Zum Projekt

Angeleitete integrierte Praxisphasen sind wichtige Bestandteile des Studium der Sozialen Arbeit und für die Aneignung eines \`professionellen Habitus´ und die Generierung von Professions-Wissen bedeutsam. Welche Relevanz erhält in diesem Kontext Genderwissen? Wie wird dies von Studierenden eingebracht und thematisiert? Um den zentralen Fragestellungen des Projektes nachzugehen sind Gruppendiskussionen mit Praxisanleiter*innen aus unterschiedlichen Handlungsfeldern der Sozialen Arbeit geplant. Mit diesen Gruppendiskussionen öffnen wir Kommunikationsräume zur gemeinsamen Verständigung über Erfahrungen und Orientierungen in Anleitungsprozessen. Die Ergebnisse sollen rückvermittelt und gemeinsam mit den Beteiligten diskutiert werden, um zur Etablierung von \`Genderwissen im Studium´ beizutragen.

Ihr Interesse?

Unser Projekt spricht Sie oder Kolleg*innen von Ihnen an, die Erfahrung in der Praxisanleitung von Studierende der Sozialen Arbeit haben? Im Zeitraum von September bis November 2018 laden wir Praxisanleiter*innen zu Gruppendiskussionen zum Thema \`GenderWissen – (k)ein Thema in der Praxisanleitung!?´ herzlich an die EHD ein. Die Terminabstimmung erfolgt im Juli/August 2018.

Wir freuen uns, wenn Sie sich an den Gruppendiskussionen beteiligen. Bitte nehmen Sie Kontakt mit uns auf:

Betreff: Mitwirkung am Forschungsprojekt
‚GenderWissen – (k)ein Thema in der Praxisanleitung!?'

Anrede,

heute möchte ich Sie gerne anfragen, ob Sie Zeit und Interesse haben an einem Gruppengespräch mit Praxisanleiter*innen beispielsweise am [Datum] teilzunehmen.

Im Rahmen des von [Namen der Projektverantwortlichen] und mir gestarteten Forschungsprojektes, das vom Hessischen Ministerium für Wissenschaft und Kunst gefördert wird, nehmen wir ‚Praxisanleitung' in den Blick und fragen danach, welche Erfahrungen Sie mit Studierenden der Sozialen Arbeit machen und welches GenderWissen in diesem Kontext relevant wird. Einen Flyer zum Forschungsprojekt finden Sie im Anhang.

Ein erstes Gruppengespräch mit Praxisanleiter*innen zur Relevanz der Genderdimension in der Praxisanleitung und -beratung von Studierenden haben wir bereits im Rahmen eines Erkundungsprojektes geführt und freuen uns nun auf die Fortführung unseres Projektes. Erfahrungen von Praxisanleiter*innen sind empirisch bislang kaum erforscht.

Sehr gerne würde ich Sie und/oder interessierte Kolleg*innen von Ihnen für unser Gruppengespräch im [konkreter Zeitraum] gewinnen.

Die Gruppengespräche sind wie folgt terminiert: [konkrete Terminoptionen].

[Namen der Projektverantwortlichen und der WiMi] (wissenschaftliche Mitarbeiterin im Forschungsprojekt) und ich stehen Ihnen für weitere Informationen sehr gerne zur Verfügung. Sie erreichen uns über die Emailadresse des Projektes: [Kontaktdaten].

Vielen Dank und herzliche Grüße [Name Projektverantwortliche und Signatur]

Anhang II Richtlinien der Transkription

Die Transkription erfolgte in Anlehnung an Lamnek/Krell (Lamnek/Krell 2016) und Bohnsack (Bohnsack 1993):

- Die Gruppendiskussionen wurden zunächst durchbuchstabiert (A, B, C, D, E, F) und erhielten anschließend einen frei gewählten Städte-/Ortschaftsnamen (AKKA, BODEN, KALLAX, DOKKAS, EDEFORS, FLEN).
- Die beteiligten Personen werden nach Teilnehmer*innen (Fachkräfte) und Forscher*innen unterschieden. Die Vor- und Nachnamen der Fachkräfte wurden anonymisiert und werden in den Transkripten mit den Anfangsbuchstaben des anonymisierten Vor- und Nachnamens abgekürzt. Zur besseren Lesbarkeit werden die Vornamen in den Transkriptausschnitten in den einzelnen Kapiteln ausgeschrieben (Ausnahme Gruppendiskussion AKKA, die der explorativen Phase entstammt). Die Forscher*innen werden mit I1, I2 und I3 abgekürzt.

• L	Das „Häkchen" markiert den Beginn einer Überlappung bzw. den direkten Anschluss beim Sprecher*innenwechsel.
• Nicht	Betonung
• Neiiiiin	Gedehntes Sprechen
• ((lacht))	Kommentare bzw. Anmerkungen zu parasprachlichen, nonverbalen oder gesprächsexternen Ereignissen
• //Hm// //I2: Hm//	Hörsignal einer anderen Person, keine Überlappung (wenn es zugeordnet werden kann, wird es dazugeschrieben)
• -	1 Sek. Pause
• --	2 Sek. Pause
• ---	3 Sek. Pause
• ----	>4 Sek. Pause
• Spät-	Abbruch im Wort
• Text [Textüberschneidung] Text	Gleichzeitiges Sprechen von Personen, beide Einträge werden dementsprechend gekennzeichnet
• (? ?)	Unverständlicher Beitrag, Länge in Abhängigkeit von der Dauer der Passage
• (?später?)	Vermuteter Wortlaut
• <<lachend>>	Parasprachliche, nonverbale oder gesprächsexterne Begleitungen
• „Nicht"	Stimme wird imitiert
• Mhm	Bejahend
• Mhmh	Verneinend
• NEIN	Lautstärke
• Hm	Füllwort, Zustimmung
• Ähm, äh etc.	Verzögerungssignal
• (Vorname, Name)	Aufgrund von Anonymität nicht ausgeschrieben
• Fachkraft	Falls Teilnehmer*in nicht identifiziert werden kann

Das empirische Material entstammt dem Forschungsprojekt *(Praxis)Anleitung und Gender(Wissen)*. In diesem Rahmen wurden die elektronischen Aufzeichnungen mittels der Software „f4" komplett und wörtlich transkribiert (inkl. grammatikalischer Fehler, Versprecher, Verzögerungen etc.).

Martina Kriener | Alexandra Roth | Sonja Burkard |
Heinz Gabler (Hrsg.)
Praxisphasen im Studium Soziale Arbeit
2021, 252 Seiten, broschiert
ISBN: 978-3-7799-6322-6
Auch als E-BOOK erhältlich

Praxisphasen haben einen besonderen Stellenwert im Studium Soziale Arbeit. Sie zielen auf Theorie-Praxis-Relationierung sowie Entwicklung von Professionalität unter den Bedingungen beruflicher Praxis. In dieser Zeit sind Studierende an zwei unterschiedlichen Lern- und Bildungsorten aktiv, deren Akteur*innen sich aufeinander beziehen müssen. Das Buch führt ein in die Relevanz und Ausgestaltung der Praxisphasen über deren Konkretisierung in Hochschule und Praxis bis zur Lernortkooperation. Es wendet sich an Studierende der Sozialen Arbeit, genauso wie an Fachkräfte in der Berufspraxis und an Lehrende der Hochschulen.

www.beltz.de
Beltz Juventa · Werderstraße 10 · 69469 Weinheim

Jan V. Wirth (Hrsg.)
Sozialarbeiter*innen und ihr professioneller Alltag
Theorien, Konzepte, Methoden und Recht in der Praxis
2023, 396 Seiten, broschiert
ISBN: 978-3-7799-6651-7
Auch als E-BOOK erhältlich

Was passiert eigentlich genau, wenn Soziale Arbeit aktiv wird, begleitet, unterstützt, hilft oder eingreift? Das Vorgängerbuch »In Trouble« hat sich dieser Frage bereits angenommen und den beruflichen Alltag aus der Innenperspektive von Fachkräften der Sozialen Arbeit ausgeleuchtet.
Der vorliegende Band wird diese erzählerische Perspektive nun wissenschaftlich rahmen. Praktiker*innen aus wieder über 40 Arbeitsfeldern erklären sich in einmalig authentisch-echter Weise zu ihrem Aufgabenprofil und dessen Rahmenbedingungen, zu ihren im Praxisalltag verwendeten Theorien, Konzepten und Methoden sowie zu ihren ethischen Zielstellungen. Das Buch verknüpft also die Perspektive der Fachkraft mit derjenigen der Wissenschaft Sozialer Arbeit und ihren Bezugswissenschaften. Durch die hier angewendete Forschungsperspektive wird die unverkennbare strukturelle Ähnlichkeit zwischen professionell-praktischem Handeln und Forschungshandeln sichtbar. Diese Sichtweise bildet einen eminent wichtigen Beitrag zur Professionalisierung von Fachkräften Sozialer Arbeit als wissenschaftlich denkende wie persönlich fühlende Praktiker*innen.

www.beltz.de
Beltz Juventa · Werderstraße 10 · 69469 Weinheim

Davina Höblich | Dominik Mantey (Hrsg.)
Handbuch Sexualität und Soziale Arbeit
2023, 342 Seiten, gebunden
ISBN: 978-3-7799-6477-3
Auch als E-BOOK erhältlich

Das Handbuch Sexualität und Soziale Arbeit bildet erstmals den praxisorientierten, empirischen und theoretischen Stand des Fachdiskurses zu Sexualität und Sozialer Arbeit in Form eines Handbuchs ab. Beiträge zu Grundlagen und theoretischen Konzepten, Arbeitsfeldern, Handlungsformen und Herausforderungen ermöglichen interessierten Forschenden, Lehrenden, Studierenden und Fachkräften eine genuin sozialarbeiterische Perspektive auf Sexualität(en).

www.beltz.de
Beltz Juventa · Werderstraße 10 · 69469 Weinheim